国外高校优秀教材系列·交通类

智能交通系统数据分析

马什鲁·乔杜里（Mashrur Chowdhury）
【美】艾米·阿彭（Amy Apon） 编著
卡坎·戴伊（Kakan Dey）

北京航空航天大学交通科学与工程学院　组译
马晓磊　于海洋　译

机械工业出版社

本书提供了用于分析智能交通系统的各类数据驱动方法，其中包括了实现这些算法的各种大数据分析与计算工具；回顾了智能交通系统的主要特点，以及如何分析其产生数据的基本概念。

本书涉及数据采集、存储、处理和发布，数据架构设计、数据管理与展示系统，以及需要的软硬件技术。读者将会学习到如何设计有效的数据可视化界面、如何根据不同的交通场景评价不同的数据分析方法、在客车及货车领域面向安全与环境的案例应用、数据隐私和安全，以及社交媒体数据在交通规划中的应用。

本书可作为本科生和研究生学习智能交通系统数据分析的教材，也适用于从事智能交通行业的研发人员阅读使用。

前言

人类历史已经表明,文明的传播和经济的扩张在很大程度上可以归因于连接国家、地区、城市和社区的交通系统。从马车,到内燃机车,到电动汽车,再到未来的网联汽车和自动驾驶汽车,交通经历了一个快速发展的历程,使我们的生活和社会更加丰富多彩。智能交通系统(ITS)有望在使我们的城市和区域智能化以及与其他基础设施(如能源输电网)通信方面取得重大进展。ITS 正在成为物联网的一部分,新型的感知、控制、边缘和云计算技术已经准备好成为智慧城市的一部分。

交通运输系统将继续在经济全球化中起到战略性作用,通过日益复杂、相互连接和多式联运的运输系统运送货物和人员。然而,现代交通的复杂性是不能用过去的策略和工具来管理的。ITS 的特点在于其越来越复杂的数据,表现为异构的格式、大容量、空间和时间过程的细微差别以及频繁的实时处理需求。此外,ITS 将通过从个人设备、社交媒体和服务收集的数据得到加强。简单的数据处理、整合和分析工具并不能胜任复杂的 ITS 数据处理任务。新兴数据分析系统和方法的应用,加上有效的数据收集和信息分发系统,为建立今后的信息系统提供了必要的机会。考虑到新一代专业人员需要在数据密集型的 ITS 领域工作,就需要一种结合各种 ITS 相关数据分析主题的教科书。本书的目的是培养一个技术精湛的技术专家,重点读者对象是交通工程领域的学生和现有的专业人员,也包括数据科学领域的学生和专业人员,这些人将引领未来 ITS 的规划、发展和维护。

本书分 12 章,涵盖了不同的数据分析主题。

第 1 章概述了 ITS 及其各种应用的数据密集型本质。对其数据的来源和特征进行了总结,包括 ITS 与数据分析的相关性。此外,还对美国国家 ITS 架构进行了回顾,以作为 ITS 规划、设计和部署的示例框架,重点是数据分析。提供了 ITS 应用的概述,以演示不同的流程在 ITS 应用部署中的作用。最后简要介绍了 ITS 在世界各地的应用情况,包括由自动驾驶等技术创新催生的新趋势。

第 2 章介绍了 ITS 中的数据分析的基本原理及其背景。阐述了数据分析的描述性、诊断性、预测性和规范性方面的知识。然后介绍了数据分析解决方案的演变,例如 SQL 分析、视觉分析、大数据分析和认知分析。还列出了可用的开源数据分析工具和资源。最后讨论了 ITS 数据分析的未来方向。

第 3 章描述了基础的数据科学工具集,并为本书其余部分的分析技术奠定了基础。具体内容是:①用于复杂数据分析的基本统计编程 R 环境介绍;② ITS 数据存储库的"科研数据交换"的综述;③关于 R 中结构化数据的基本概念;④从外部读取数据到 R 的技术和工具包;⑤从网络资源提取数据到 R 的技术和工具包;⑥大数据处理技术的简介。

第 4 章聚焦于数据生命周期，使研究人员和从业人员能够有效地维护数据，以便实时和长期使用。数据对象可以是文件和链接的集合，也可以是数据库。这取决于数据类型和数据生命周期包含不同的阶段。此外，可以从不同的角度看待数据生命周期的各个阶段。本章旨在让读者对数据的生命周期有一定的认识和理解。

第 5 章探讨了数据基础设施的开发和解决方案，其中考虑了不同的应用程序、数据工作负载特征和相应的需求。概述了支持数据所需的基础设施，这些基础设施能够使用不同的抽象和运行系统来存储、处理和分发大量数据。然后将 ITS 应用程序的需求映射到数据基础设施的技术体系结构。总结了针对不同编程系统、抽象概念的不同高层基础设施，以及针对存储和计算管理的低层基础设施。

第 6 章研究了 ITS 的安全性和隐私问题，综述了通信网络及其创新应用。确定了汽车生态系统中的利益相关者及其需要保护的资产。讨论了一种攻击分类法，该分类法描述了对 ITS 以及网联车辆的攻击。对网联车辆的现有攻击进行了审查，并使用攻击分类进行了映射。最后，讨论了现有的和潜在的安全和隐私解决方案。

第 7 章介绍了交互式数据可视化概念、工具和数据挖掘算法在 ITS 环境下的应用。在 ITS 领域中，这些系统对于支持大型复杂数据流的决策非常必要，这些数据由不同的基础设施和组件（如交通摄像头、车辆和交通管理中心）生成和使用。介绍了与 ITS 数据可视化系统设计相关的几个关键问题。此外，还讨论了实用的可视化设计原则。最后是一个详细的案例研究，涉及一个多元可视化工具的设计。

第 8 章探讨了系统工程原则在 ITS 中的应用。系统工程用于以需求的形式将职责分配给参与 ITS 应用程序的所有平台上的硬件和软件。展开了针对数据分析为重点的 ITS 系统开发场景所需的信息的调查。在开发场景中，使用架构描述语言（ADL）识别数据通信需求并将其映射。其中，ADL 支持本章中讨论的建模系统的验证和分析活动。

第 9 章具体论述了公路交通安全方面的数据分析。探讨了不同的交通安全分析方法，如碰撞计数/频率建模、安全效果评估、经济评价、热点分析和损伤严重程度建模等。首先对高速公路交通安全研究进行了综述。总结了这些研究中使用的各种方法。讨论了应用于高速公路交通安全的数据详情以及约束。此外，还探讨了网联和自动驾驶汽车等新兴趋势所带来的潜在新型数据源。

第 10 章以多式联运为背景，讨论了 ITS 应用中通常使用的描述性和预测性数据分析技术。这些技术涵盖了单变量、双变量和多变量分析的全部范围。本章还演示了如何使用 R 语言实现这些技术。

第 11 章综述了社交媒体数据在 ITS 中的应用。因为 Twitter、INSTAGRAM 和 Facebook 等社交媒体平台包含人们所发布的日常活动信息（包括旅行信息）都能够被获取，它们已经成为支持交通规划和运营的丰富数据来源。本章所探讨的具体内容是：①社交媒体数据特征；②回顾最新的社交媒体数据分析工具和算法；③简述在交通运输中的新兴社交媒体应用；④未来的研究挑战和潜在的解决方案。

第 12 章介绍了机器学习方法的基本概念以及它们在 ITS 中的应用。这一章讨论了如何利用机器学习方法提高交通数据分析工具的性能。讨论了所选择的机器学习方法，以及可用数据的质量和数量的重要性。简述了为 ITS 应用所选择的数据处理流程和机器学习方法。并通过一个实例说明了机器学习方法在基于数据驱动的交通系统中的重要性。

本书为ITS专业人士介绍了数据分析的基础知识，并强调了数据分析对未来交通系统的规划、运营和管理的重要性。书中介绍的数据分析知识对参与ITS规划、操作和维护的人员非常有用。这些章节足够详细，可以将数据分析的关键方面内容和知识传达给任何地方（无论是发达国家还是发展中国家）的工作场所中的交通运输专业人员。

编者编写本书的动机是为了激发交通系统的创新，并把数据分析作为重要工具，旨在提高ITS领域的安全性、流动性和环境的可持续性。本书可以作为本科和研究生的ITS数据分析课程的教材，也可以作为其他工程学科（如土木工程、汽车工程、计算机科学、电气和计算机工程）专业人员的参考书籍。

编　者

译者序

无论是在学术界还是工业界,大数据正在成为热点问题,大数据技术已经应用在各行各业。在智能交通领域,交通大数据正在发挥新的生命力。智能交通技术融合了电子传感技术、数据传输技术、智能控制技术等先进手段,能够为出行者提供更好的出行服务。在智能交通系统中,数据可以通过不同渠道获取,例如公交智能卡、卫星定位系统、车载传感器、视频检测器、社交媒体等多种数据源。数据量正在从 TB 级迈向 PB 级,考虑到数据量的激增和数据种类的多样性,传统数据处理方式已无法适应智能交通领域的发展需求,迫切需要融合大数据技术与智能交通技术,这种学科交叉引起的良性互动无疑会促进交通学科的发展与繁荣。

马什鲁·乔杜里(Mashrur Chowdhury)、艾米·阿彭(Amy Apon)和卡坎·戴伊(Kakan Dey)三位教授于 2018 年出版了《智能交通系统数据分析》一书。我们很荣幸翻译本书,并抱着严谨的学术态度,尽可能忠实表达作者的原意,同时兼顾语言之美。本书由马晓磊和于海洋负责翻译工作。闫昊阳负责整理第 1 章、谭二龙负责整理第 2 章、姚李亮负责整理第 3 章、栾森负责整理第 4 章和第 5 章、刘小寒负责整理第 6 章、钟厚岳负责整理第 7 章、缪然负责整理第 8 章、霍恩泽负责整理第 9 章、刘路美负责整理第 10 章和第 11 章、李昱洁负责整理第 12 章。

本书主要作为本科生或研究生交通大数据课程的教材,也适用于从事交通大数据分析的研发人员使用。在国外,它已经被多所高校作为研究生和本科生课程教材,广受好评。

本书的出版得到了国家重点研发计划(编号:2018YFB1601600)、中国交通教育会交通教育科学研究课题、北京航空航天大学研究生教育与发展研究专项基金、北京航空航天大学本科教学改革项目以及北京航空航天大学校级教材立项的支持,在此表示衷心感谢。

由于水平有限,错误在所难免,恳请读者批评指正。

马晓磊

前言
译者序

第1章 智能交通系统的特征及其与数据分析的关系 … 1

1.1 智能交通系统作为数据密集型应用 … 1
- 1.1.1 ITS 数据系统 … 2
- 1.1.2 ITS 数据源与数据采集技术 … 3

1.2 智能交通系统的大数据分析方法与基础设施建设 … 4

1.3 ITS 架构：ITS 应用框架 … 7
- 1.3.1 用户管理及其要求 … 8
- 1.3.2 逻辑架构 … 8
- 1.3.3 物理架构 … 9
- 1.3.4 服务包 … 9
- 1.3.5 标准 … 10
- 1.3.6 安全 … 10

1.4 ITS 应用概述 … 10
- 1.4.1 ITS 应用类型 … 11
- 1.4.2 ITS 应用与数据分析的关系 … 13

1.5 智能交通系统：过去、现在与未来 … 15
- 1.5.1 20世纪六七十年代 … 15
- 1.5.2 20世纪八九十年代 … 16
- 1.5.3 21世纪初十年 … 17
- 1.5.4 2010 年及以后 … 17

1.6 本书概述：ITS 应用的数据分析 … 18
1.7 习题 … 20
参考文献 … 20

第2章 数据分析基础 … 23

2.1 简介 … 23
2.2 数据分析的功能类型 … 24
- 2.2.1 描述性分析 … 24
- 2.2.2 诊断分析 … 31
- 2.2.3 预测分析 … 32
- 2.2.4 规范性分析 … 34

2.3 数据分析的演化 … 34
- 2.3.1 SQL 分析：RDBMS、OLTP 和 OLAP … 35
- 2.3.2 商业分析：商业智能、数据仓库和数据挖掘 … 36
- 2.3.3 可视化分析 … 41
- 2.3.4 大数据分析 … 41
- 2.3.5 认知分析 … 42

2.4 数据科学 … 42
- 2.4.1 数据生命周期 … 43
- 2.4.2 数据质量 … 44
- 2.4.3 模型构建与评价 … 44

2.5 数据分析的工具与资源 … 46

2.6	未来方向 ································ 48
2.7	章节总结与结论 ························ 49
2.8	习题 ···································· 49

参考文献 ·· 50

第 3 章 交通应用的数据分析工具和科学方法 ············ 53

3.1	简介 ···································· 53
3.2	R 语言简介 ····························· 53
3.3	研究数据交换计划 ···················· 55
3.4	基础数据类型和结构：数据表和链表 ································ 56
	3.4.1 数据表 ························· 56
	3.4.2 链表 ···························· 58
3.5	从外部文件导入数据 ··············· 58
	3.5.1 逗号分隔文件 ················ 58
	3.5.2 XML 文件 ···················· 61
	3.5.3 SQL ···························· 65
3.6	在线社交媒体数据 ···················· 66
	3.6.1 静态搜索 ······················ 67
	3.6.2 动态数据流 ···················· 68
3.7	大数据处理：Hadoop MapReduce ······················· 69
3.8	章节总结 ································ 71
3.9	习题 ···································· 71

参考文献 ·· 72

第 4 章 数据核心：数据生命周期和数据管道 ················ 73

4.1	简介 ···································· 73
4.2	案例和数据波动 ······················· 74
4.3	数据和生命周期 ······················· 76
	4.3.1 USGS 生命周期模型 ······· 76
	4.3.2 数字管控中心管控模型 ······ 77
	4.3.3 DataONE 模型 ·············· 78

	4.3.4 SEAD 研究对象生命周期模型 ························· 79
4.4	数据管道 ································ 82
4.5	未来方向 ································ 85
4.6	章节总结与结论 ······················· 86
4.7	习题 ···································· 86

参考文献 ·· 88

第 5 章 智能交通系统的数据基础设施 ························· 90

5.1	简介 ···································· 90
5.2	网联的交通管理系统及其负载特征 ···································· 90
5.3	基础设施简介 ·························· 92
5.4	数据基础设施顶层设计 ··············· 93
	5.4.1 MapReduce：可拓展的数据处理 ························· 93
	5.4.2 数据接受和流处理 ············ 94
	5.4.3 SQL 和数据表 ················ 95
	5.4.4 短时随机数据读取管理 ······ 96
	5.4.5 基于搜索的分析 ··············· 96
	5.4.6 商业智能与数据科学 ········· 96
	5.4.7 机器学习 ······················ 97
5.5	数据基础设施底层设计 ··············· 97
	5.5.1 Hadoop：存储和计算管理 ··· 97
	5.5.2 云环境下的 Hadoop ········ 98
5.6	章节总结与结论 ······················· 99
5.7	习题 ···································· 100

参考文献 ·· 101

第 6 章 现代车辆的安全性和数据隐私 ························· 104

6.1	简介 ···································· 104
6.2	车联网及其应用 ······················· 105
	6.2.1 车内网络 ······················ 105

6.2.2 车外网络 …………………… 106
6.2.3 创新车辆应用 ……………… 106
6.3 股东和资产 …………………………… 108
6.4 网络攻击分类法 ……………………… 109
6.5 安全分析 ……………………………… 109
6.5.1 网络和协议脆弱性分析 …… 110
6.5.2 网络攻击 …………………… 112
6.6 安全和数据隐私解决方案 …………… 117
6.6.1 密码学基础 ………………… 118
6.6.2 车辆通信的安全解决方法 … 118
6.6.3 WPAN 安全和隐私 ………… 121
6.6.4 安全的 VANET 网络 ……… 123
6.6.5 安全的 OTA ECU 固件更新 … 124
6.6.6 传感器数据私密性测量 …… 126
6.6.7 安全的数据分发 …………… 126
6.7 未来研究方向 ………………………… 127
6.8 章节总结与结论 ……………………… 127
6.9 习题 …………………………………… 127
参考文献 …………………………………… 128

第 7 章 可交互的数据可视化 … 132

7.1 简介 …………………………………… 132
7.2 智能交通系统的数据可视化 ………… 133
7.3 数据可视化的魅力 …………………… 134
7.4 数据可视化流程 ……………………… 136
7.5 数据可视化系统分类 ………………… 137
7.6 可视化策略简介 ……………………… 138
7.6.1 数据数量压缩 ……………… 139
7.6.2 缩小可视化组件 …………… 140
7.7 图像视觉引导策略 …………………… 140
7.7.1 缩放和平移 ………………… 141
7.7.2 概览 + 细节介绍 …………… 141
7.7.3 聚焦 + 上下文介绍 ………… 142
7.8 视觉交互策略 ………………………… 142
7.8.1 选择 ………………………… 142
7.8.2 链接 ………………………… 143

7.8.3 筛选 ………………………… 143
7.8.4 二次排列和映射 …………… 143
7.9 有效数据可视化的设计原则 ………… 144
7.10 案例分析：多变量数据可视化
     设计 ………………………………… 146
7.10.1 用交互平行坐标实现的多变量
      可视化 ……………………… 146
7.10.2 通过数据处理的动态查询 … 146
7.10.3 通过嵌入式可视化的动态变量
      总结 ………………………… 147
7.10.4 多坐标系 ………………… 148
7.11 章节总结与结论 …………………… 149
7.12 习题 ………………………………… 149
参考文献 …………………………………… 150

第 8 章 智能交通系统系统工程中的数据分析 ……… 153

8.1 简介 …………………………………… 153
8.2 背景 …………………………………… 154
8.2.1 系统开发 V 模型 …………… 154
8.2.2 迭代开发 …………………… 156
8.2.3 架构分析和设计语言 ……… 156
8.3 开发场景 ……………………………… 161
8.3.1 架构中的数据分析 ………… 162
8.3.2 场景 ………………………… 162
8.4 章节总结与结论 ……………………… 167
8.5 习题 …………………………………… 167
8.6 习题答案 ……………………………… 169
8.7 附录 …………………………………… 169
参考文献 …………………………………… 171

第 9 章 安全应用的数据分析 … 172

9.1 简介 …………………………………… 172
9.2 安全研究概述 ………………………… 172
9.2.1 人为因素 …………………… 172

9.2.2	事故数量和频率模型	173	10.2.1 单变量分析	194
9.2.3	事前和事后研究	174	10.2.2 双变量分析	198
9.2.4	事故受伤严重程度建模	174	10.3 数据预测分析	201
9.2.5	商用车辆安全性	175	10.3.1 双变量分析	201
9.2.6	数据驱动的公路巡查计划	175	10.3.2 多变量分析	204
9.2.7	面向安全的海量异构数据深度学习	175	10.3.3 模糊变量回归	207

9.2.8 实时交通运行和安全检测 …… 176
9.2.9 网联车辆和交通安全 …… 176
9.3 安全分析方法 …… 177
  9.3.1 统计方法 …… 177
  9.3.2 人工智能和机器学习 …… 180
9.4 安全数据 …… 182
  9.4.1 事故数据 …… 182
  9.4.2 交通流数据 …… 183
  9.4.3 道路数据 …… 184
  9.4.4 天气数据 …… 184
  9.4.5 车辆和驾驶人数据 …… 185
  9.4.6 常规驾驶研究 …… 185
  9.4.7 大数据和开放数据提案 …… 186
  9.4.8 其他数据 …… 187
9.5 问题和未来研究方向 …… 187
  9.5.1 现有安全研究问题 …… 187
  9.5.2 未来方向 …… 188
9.6 章节总结与结论 …… 189
9.7 习题 …… 190
参考文献 …… 190

第10章 多式联运交通应用的数据分析 …… 193

10.1 简介 …… 193
  10.1.1 ITS驱动的多式交通联运 …… 193
  10.1.2 面向ITS驱动多式交通联运的数据分析 …… 194
10.2 描述性数据分析 …… 194

10.4 章节总结与结论 …… 210
10.5 习题 …… 210
10.6 习题答案 …… 211
参考文献 …… 211

第11章 交通领域的社交媒体数据 …… 213

11.1 社交媒体数据简介 …… 213
11.2 社交媒体数据特征 …… 214
  11.2.1 数量和更新速度 …… 215
  11.2.2 真实性 …… 215
  11.2.3 变化性 …… 216
  11.2.4 价值 …… 216
11.3 社交媒体数据分析 …… 216
11.4 社交媒体数据在交通领域中的应用 …… 218
  11.4.1 交通规划 …… 219
  11.4.2 交通预测 …… 219
  11.4.3 预定事件中的交通管理 …… 219
  11.4.4 突发事件中的交通管理 …… 220
  11.4.5 交通信息传播 …… 220
11.5 社交媒体数据分析的未来研究问题和挑战 …… 221
  11.5.1 社交媒体：一个补充性的交通数据源 …… 221
  11.5.2 潜在的数据基础设施 …… 221
11.6 章节总结与结论 …… 224
11.7 习题 …… 225
参考文献 …… 225

第 12 章　交通数据分析中的机器学习 ………… 229

- 12.1　简介 ………………………… 229
- 12.2　机器学习模型 ……………… 230
  - 12.2.1　监督学习 ………………… 230
  - 12.2.2　无监督学习 ……………… 231
- 12.3　数据理解 …………………… 231
  - 12.3.1　问题定义 ………………… 232
  - 12.3.2　数据收集 ………………… 233
  - 12.3.3　数据融合 ………………… 233
  - 12.3.4　数据预处理 ……………… 234
- 12.4　机器学习算法 ……………… 235
  - 12.4.1　回归 ……………………… 235
  - 12.4.2　决策树 …………………… 238
  - 12.4.3　神经网络 ………………… 239
  - 12.4.4　支持向量机 ……………… 241
  - 12.4.5　聚类 ……………………… 242
  - 12.4.6　评价 ……………………… 243
- 12.5　案例分析 …………………… 244
- 12.6　章节总结 …………………… 246
- 12.7　习题 ………………………… 246
- 参考文献 ………………………… 247

附录 ………………………………… 248

第 1 章

智能交通系统的特征及其与数据分析的关系

1.1 智能交通系统作为数据密集型应用

智能交通系统（ITS）的应用是复杂的、数据密集型的应用，其特点可以用"大数据的5V"来描述：①大量（volume），②多样（variety），③高速（velocity），④真实（veracity），⑤低价值密度（value）（对于最初的3V，见参考文献 [1]）。请注意，这些特性中的任何一个都可能对传统的数据库管理系统产生挑战，而具有其中多个特性的数据对于传统的数据处理系统来说是根本无法处理的。因此，需要能够处理大量历史和实时数据的数据基础设施和系统将ITS从传统的技术驱动系统转变为复杂的数据驱动系统。

第一个"V"是ITS的数据量，对于运输系统来说，它是呈指数增长的。随着越来越多的复杂数据采集技术，每一秒钟都在生成数量空前的交通相关数据。例如，2013年每个汽车制造企业采集了大约 480 TB 的数据，到 2020 年增加到 11.1 PB/年[2]。同样，伦敦市的闭路电视（CCTV）系统的 500 个摄像头产生 1.2 Gbps 的数据[3]。

ITS 数据的第二个"V"是数据多样性，它可以是以多种格式和多种方式采集的数据，包括从车辆和基础设施传感器上捕获的数字数据、来自社交媒体的文本数据以及从地图加载的图像和地理信息系统（GIS）数据。这些数据的组织程度从半结构化数据（例如，维修日志、图像、视频和音频文件）到结构化数据（例如，来自传感器系统的数据和来自交通事故数据存储库内的数据）之间各不相同[4]。社交媒体数据被认为是半结构化数据，包含标签或具有不同语义元素的通用结构。不同的数据集具有不同的格式，这些格式在文件大小、记录长度和编码方案方面有所不同，其内容可以是同构的，也可以是异构的（即，具有许多数据类型，如文本、离散数字数据和可能标记或不标记的连续数字数据）。这些由不同来源以不同格式生成的异构数据集对数据分析系统的接收和集成提出了重大挑战。然而，它们的融合使得复杂分析变成可能，包括用于模式检测的自学习算法到用于复杂预测的降维方法。

ITS 数据的第三个"V"是速度，变化很大。从批处理到在线数据源的实时事件处理，数据摄取率和处理需求差异很大，从而引起了对数据基础架构的高要求。有些数据是连续、实时采集的，而有些数据是定期采集的。例如，美国大多数州的交通部门（DOTs）使用自动数据采集器，向媒体提供数据。加利福尼亚州运输局（Caltrans）设计的商业/媒体大规模网络门户（CWWP）就是一个这样的例子，该网站旨在满足商业和媒体信息服务提供商的数据需求。CWWP请求并接收由Caltrans维护的数据采集设备生成的旅行者信息[5]。尽管该系统是从交通中连续采集速度数据，但是可以以较低的频率间隔更新道路地图等数据。

ITS数据的第四个"V"是真实，用于描述ITS数据的确定性或可靠性。例如，从数据流做出的任何决定都取决于源和数据流的完整性，即传感器的正确校准和对任何丢失数据的正确解释。因此，采集可靠和及时的交通相关数据的目标是ITS面临的重大挑战。

ITS数据最后的"V"是低价值密度，取决于数据的已获取时间、采样率和预期的应用。例如，几分钟前的数据对于避免碰撞应用可能没有任何价值，但在路线规划应用中可能有用。价值是从数据中提取有意义的、可操作业务见解的能力度量[6]。

以下内容将从不同的数据系统角度描述ITS，并解释ITS不同的数据源和数据采集技术。

1.1.1 ITS数据系统

使用ITS的一维视图可能会简化系统的某些方面。然而，它的复杂性要求使用多个视角。一种看待ITS的方法是把它看作一个数据密集型的应用，在这个应用程序中，数据由计算机、通信基础设施和交通基础设施组成的互联网络承载并在其中流通。该系统的特点是：①数据生产者和消费者；②数据存储系统；③智能决策支持组件。通过有线和无线技术支持通信。智能决策支持应用程序通过互联网络，从道路传感器及其设备中提取数十亿个数据源产生的相关数据。然后，这些数据被用于向道路使用者、交通规划人员和决策者提供特定的服务。

理解ITS的第二种方法是考虑系统构架的各个层，类似于开放系统互联网络模型[7]。对于该系统，基础层包含物理传输组件、计算机网络、计算机和存储设备。这些计算组件可能是现成的商品，也可能是小型社区或单个公司使用的专门设计的专用设备。该系统还具有一系列已经定义的标准，允许网络连接到计算机和存储设备。在基本物理层之上是数据链路层，它的特征是一系列日益复杂的标准，这些标准定义了特定网络技术（如无线或有线网络）的通信协议。互联网协议（IP）是用于将不同网络连接在一起的标准协议，它高于单个网络协议，以允许经由移动电话到数据中心的车辆通信，数据中心与10G以太网等有线网络技术互连。IP之上的传输层协议，例如传输控制协议（TCP）和其他协议，确保了端到端通信的可靠性，即使不同的源在移动和变化。传输层上方的会话、显示和应用程序层协议描述了应用程序期望的数据格式，并管理用户和系统之间以及不同自治系统之间传递的不同类型的消息。

看待ITS的另一种观点是"三个I"——仪表化、互联化和智能化[8]。这是一个仪表概念，包括高级设备和传感器，这些设备和传感器的采集数据的数量和类型日益多样化。例如，传感器可以测量位置信息、监测和测量振动，或使用不同类型的摄像头捕获视频。高速公路上的探测车可用于连续采集交通数据。虽然传感器需要电源，如电池或电力连接，但技术进步使得在交通基础设施上广泛部署廉价传感器成为可能，可以在没有电池或外部电源的情况下运行。在这里，复杂的有线和无线通信系统将数据从传感器传输到智能决策支持应用程序。

1.1.2 ITS 数据源与数据采集技术

通信和计算技术的重大进步反过来又使 ITS 数据采集技术取得了进展。相关数据来源很多。ITS 数据源可分为四大类：①道路数据；②基于车辆的数据；③基于出行者的数据；④广域数据。同样，数据采集技术分为四类：①道路数据采集技术；②基于车辆的数据采集技术；③基于出行者的数据采集技术；④广域数据采集技术。

数十年来，道路数据采集技术一直被用于从高速公路沿线的固定地点采集数据。道路上使用的传感器在本质上可以是无源的，采集数据而不中断正常的交通行为[9]。环形检测器是应用最广泛的道路数据采集技术之一。许多基于环路检测的应用目前正在使用中，如交叉口交通监控、事件检测、车辆分类和车辆再识别应用[10, 11]。某些类型的环形探测器可以提供数据，包括某个位置车辆的计数或检测。另一种类型的道路数据采集器是微波雷达，它可以检测车流量、速度和车辆是否存在。红外传感器可以用来测量车辆的反射能量，能用于推断车辆的类型或行为特征。超声波传感器可以识别车辆数、车辆是否存在和车道被占用情况。另一种广泛使用的道路数据采集技术是闭路电视摄像头。机器学习方法可以应用到视频中来检测交通特征。一旦这些图像被数字化，它们就会被处理并转换成相关的交通数据。采用不同的机器视觉算法对记录的交通图像进行分析，实现实时交通监控、事件检测和验证，以及车辆分类。

基于车辆的数据采集技术，例如带有电子收费标签的车辆和全球定位系统（GPS），与基于手机的蓝牙和 WiFi 无线电相结合，是 ITS 应用中的第二个数据源。当道路数据采集技术用于特定位置的数据采集时，从移动车辆源采集数据的机会推动了诸如路线选择、起点和终点调查、行程时间估计等新应用的发展。网联车辆（connected vehicle，CV）技术通过动态无线通信网络连接道路上的车辆，使车辆能够与其他车辆和交通基础设施，特别是路侧单元（road side units，RSU）实时共享数据。在网联车辆环境中，车辆和基础设施之间的这种无缝实时连接有可能为现有的基于基础设施的 ITS 应用带来新的好处，包括安全性、移动性和环境方面的好处。到目前为止，美国运输部（USDOT）已经确定了 97 个网联车辆申请，而且这个名单还在增加[12]。

使用手机应用的驾驶人为 ITS 提供了第三个数据采集源。这些广泛使用的通信和手机应用程序以及在线社交媒体已经被出行者用来自愿提供最新的交通信息。例如，现在由谷歌运营的 Waze 手机应用程序使用出行者的位置信息来推断交通减速和交通事故的潜在位置。然而，这些通过在线社交媒体平台获得的驾驶人数据是半结构化和不可靠的，驾驶人没有提供任何交通事件的具体位置信息。例如，只有 1.6% 的 Twitter 用户激活了地理定位功能[13]。

广域数据采集技术是第四种数据采集源，它通过多传感器网络监测交通流。由无人机和天基雷达获取的摄影测量和视频记录也可作为该技术的数据采集源。从这些技术中采集的数据包括车辆间距、速度和密度，这些数据反过来又用于不同的目的，如交通监控和事件管理。表 1-1 总结了不同的交通数据采集技术。除了四种经典的数据采集源采集的数据外，与交通相关的数据也来源于新闻媒体、气象站等。公共和私营机构在不同的交通决策活动中使用不同的技术采集的实时和存档数据，对迅速实施不同的 ITS 应用发挥了显著作用。

表 1-1　ITS 数据来源和数据采集技术

数据来源	数据采集技术	数据类型	用户	优点	缺点
道路数据	环形检测器	流量、速度、类型、占有率、是否存在	公共机构	·不受天气影响 ·使用广泛，熟练劳动力即可操作	·有限的范围 ·延长生命周期成本 ·易受货车重量影响而损坏
	基于视觉的技术（CCTV 摄像头）	流量、速度、类型、占有率、是否存在	公共机构	·比环形检测器覆盖范围大 ·不受交通负荷影响 ·持续采集数据	·延长生命周期成本 ·受天气影响较大
基于车辆的数据	浮动车辆数据（有 GPS 和蜂窝网络）	车辆位置、行驶时间、速度、横向和纵向速/减速、障碍物探测	公共和私人机构	·覆盖范围比环形探测器和摄像头大 ·车内无需特殊硬件设备 ·道路沿线无需修建特殊基础设施 ·持续采集数据 ·不受天气影响	·提取数据需要复杂的算法 ·GPS 定位精度低
	网联车辆	车辆位置、行驶时间、速度、横向和纵向速/减速、障碍物探测	公共和私人机构	·覆盖范围比环形探测器和摄像头大 ·持续采集数据 ·不受天气影响	·提取数据需要复杂的算法 ·需要专用的短程通信（DSRC）或其他通信设备
基于出行者的数据	推特、Waze	实时警报、意外检测	公共和私人机构	·由于旅客的存在，覆盖范围更广	·位置精度低 ·半结构化数据
广域数据	摄影测量	交通监控、事故管理、交通规划与设计	公共机构	·可以从地面难以靠近的位置收集数据	·受天气、植被和阴影的影响 ·精度受照相机质量和飞行高度的影响

来源：

[14] S. Bregman, Uses of social media in public transportation, Trans. Res. Board 99（2012）18-28.

[15] CDOT, Survey Manual, Chapter 4, Aerial Surveys, Colorado Department of Transportation. <https:// www.codot.gov/business/manuals/survey/chapter-4/chapter4.pdf>, 2015（accessed 17.07.16）.

[16] S.M. Khan, Real-Time Traffic Condition Assessment with Connected Vehicles, M.S. Thesis, Clemson University, Clemson, SC, 2015.

1.2　智能交通系统的大数据分析方法与基础设施建设

数据分析的目的是从收集的数据中获取见解和知识。无论是评估现有的运输网络还是比较拟议的备选方案，分析数据和提供按需决策支持的能力对于 ITS 都是至关重要的。因此，为 ITS 开发的大数据分析方法是基于能够合并来自各种数据源的不同类型的非结构化、实时或档案数据集的能力的。本节描述了 ITS 数据分析关键方面的一个示例，特别是数据分析的基本类型、数据时间维度的作用、大数据分析的基础结构以及 ITS 数据的安全性。更多详细的解释将在本书的其余章节中概述。

如第 2 章 "数据分析基础" 所述，数据分析可以是描述性的、判断性的、预测性的和说明性的，每一种都用于 ITS 数据分析。描述性分析使用统计方法来描述数据中的特征和模式。给定道路上车辆的观测数据，可以计算出：①一天中特定时间沿道路延伸的平均车辆数；②车辆的平均、最小和最大速度；③车辆的平均重量和尺寸。第 7 章 "可交互的数据可视化"中详细描述的各种可视化工具可能有助于描述数据的特征。例如，2011年美国国家公路系统收集了每日长途货车运输数据的平均计数，如图1-1[17]所示。描述性分析必须考虑到数据源和上下文的变化。例如，周末的交通情况与工作日的交通情况可能大不相同，并且交通情况可能随季节而变化。如美国国家公路运输官员协会（American Association of State Highway Transportation officers）等许多组织公布了计算年平均每日交通量的准则。

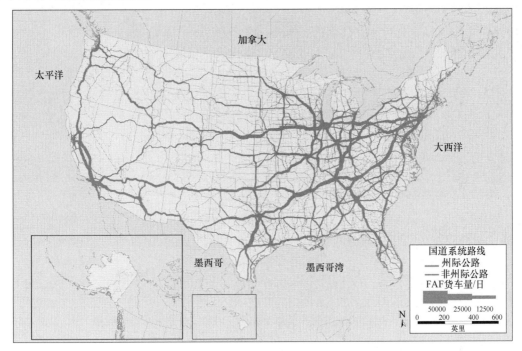

图1-1　2011年美国国家公路系统的平均每日长途货车运输数据

数据分析旨在发现数据中的异常或趋势，然后用于诊断问题或预测未来。统计和时空分析工具（如ArcGIS、R）、图像处理工具（如Matlab作为处理交通摄像头记录的工具）、自然语言处理工具（如Python作为处理社交媒体数据的工具）是在ITS数据分析中广泛使用的软件。本书第3章提供了大量使用R语言的例子。

参考前面的例子，图1-2展示了这些预测如何作为ITS数据分析的一个重要组成部分，就预测的每日长途货车交通的平均计数而言[18]。此图显示了2040年美国国家公路系统的数据[18]。这两个数字的比较说明了最高的预测流量增长，这对预测数据分析很有用。

如第4章"数据核心：数据生命周期和数据管道"所述，并非所有重要数据都是最近已获得的，数据分析中使用的数据生命周期和数据管道需要知道要使用什么数据，如何比较历史数据与当前数据，以及如何使用这些数据进行准确预测。作为集成车联网技术和识别标准化接口的框架，美国运输部开发了车联网参考实现架构（Connected Vehicle Reference Implementation Architecture，CVRIA），CVRIA的要求来源于美国运输部在2012年期间制定的一系列操作概念[19]。有关所采集数据时空背景的重要信息也是可用的，例如，高速公路警察使用位置参考来收集事故信息，该位置参考包括高速公路沿线的里程标记以及事故开始时间和持续时间。这些数据与其他事故检测和验证来源（如交通摄像头、911 紧急呼叫和私人公司数据）一起存储在交通管理中心（Traffic Management Center，TMC）的服务器中。这些数据根据特定事件的时间和位置进行存储和合并。第 4 章"数据核心：数据生命周期和数据管道"中的案例研究进一步说明了理解所收集数据的环境以及如何对不同时间周期数据进行价值评估的重要性。

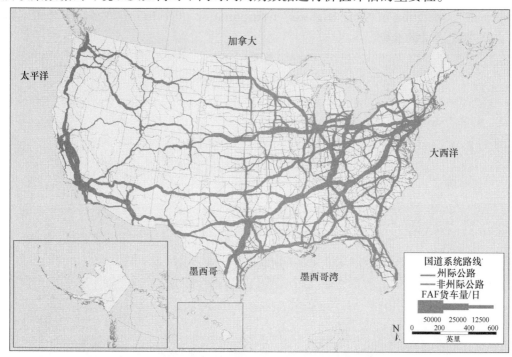

图 1-2　2040 年美国国家公路系统的平均每日长途货车运输数据

如第 5 章"智能交通系统的数据基础设施"所述，需要一个可扩展的基础设施来支持车辆、交通基础设施和人员之间的交互。ITS 数据规模和复杂性的快速增长要求创建数据基础设施和分析方法，以支持有效和高效地使用为不同应用程序收集、处理和分发的大量数据。批处理和流处理是两种不同的处理模型。例如，非常大的数据集的批处理可用于通过计算感兴趣的度量并生成结果以显示在图表中，创建给定区域在给定的一周内货运的描述性说明。但是，如果应用程序要提供最新的交通流和事故预测，则必须实时处理数据流。Hadoop[20] 是一个可扩展的计算和存储平台，已经成为互联网公司和科学界处理大数据的事实标准。许多工具都是用 Hadoop 开发的，包括用于并行、内存和流处理的工具、使用 SQL 的传统数据库方法以及使用 NoSQL 的非结构化数据引擎。Hadoop 环境还包括用于机器学习的库和工具，所有这些都在第 5 章"智能交通系统的数据基础设施"中描述。

ITS 面临的重要问题涉及解决安全和隐私问题。ITS 系统构架的各个层：物理层、网络层和应用层，可以通过配置它们来提供安全性，有关的详细说明参见第 6 章"现代车辆的安全性和数据隐私"。由于数据收集的性质，隐私在其中尤为重要。随着越来越多的数据，特别是带有时间戳的位置数据，被聚合起来以满足 ITS 复杂的需求，这些聚合的数据将有可能揭示个人的日常行为、关系、工作或娱乐行为的信息，这些信息仅通过一组数据是无法获得的。个人必须理解允许访问某些数据的含义，当某个社区或地区的行为是研究对象时，组织必须聚合数据以确保个人隐私的完好性。

1.3 ITS 架构：ITS 应用框架

理解 ITS 应用框架是感知 ITS 的不同数据系统组件的先决条件。ITS 构架提供了一个通用框架，用于：①计划；②定义；③实现不同的 ITS 应用程序。ITS 构架还定义了通过系统和相关标准的信息和数据流，以提供特定的 ITS 服务。例如，美国国家 ITS 构架提供了确保系统、产品和服务的互操作性的一般指导。一个关键目标是通过标准化确保互操作性，同时确保即使随着信息和电信技术的进步，该系统构架也将引导 ITS 项目的部署。美国运输部于 1993 年启动了定义和开发美国国家 ITS 构架的任务，现在该方案必须在所有 ITS 项目中使用，以获得联邦资助[21]。遵循美国国家 ITS 构架的为区域开发的集成 ITS 构架可以利用美国国家标准和共享数据源。这样做可以降低收集、处理和传播数据的成本，并在实现多个 ITS 应用程序时减少重复性工作。美国国家信息技术系统构架为规划、设计和实现其应用程序提供了系统指南，以确保不同 ITS 组件的兼容性和互操作性。

其他发达国家也做出了类似的努力来开发国家 ITS 架构。在欧洲，20 世纪 90 年代开始致力于建立欧洲 ITS 架构，并于 2000 年 10 月推出了完整的方案[22]。日本在 1999 年开发了 ITS 架构[23]，它是由多个政府机构以及车辆、道路和交通情报协会（现称为 ITS Japan）发起的。在开发这些体系结构之前，首先确定以下准则：关键参与者、应用功能、功能所在的物理实体以及物理实体之间的信息流。

美国国家 ITS 架构由三层组成：①机构层；②交通层；③通信层（图 1-3）。机构层定义了提供机构支持和做出有效决策的政策、资金激励措施和流程。交通层是 ITS 体系结构的核心组成部分，它定义了交通服务（例如，交通信号优先权、车辆安全性监控），包括每个交通服务的子系统、接口、功能和数据定义。通信层定义用于支持 ITS 应用的通信服务和技术。美国国家 ITS 架构有以下主要组成部分：

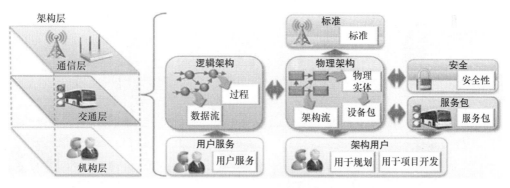

图 1-3 美国国家 ITS 架构的不同组建

1）用户服务和用户服务需求。
2）逻辑架构。
3）物理架构。
4）服务包。
5）标准。
6）安全。

以下各节介绍了美国国家 ITS 系统架构的各个组成部分。

1.3.1 用户管理及其要求

对于ITS系统架构，可以将用户服务视为第一个构建块，它们定义了系统需要执行的操作。用户服务是从用户或参与者的角度描述的。最初，用户服务是由美国运输部和ITS America共同定义的，并得到了不同利益相关者群体的支持。用户服务支持针对确定的交通问题建立高级运输服务。最初，基于行业共识定义了29种用户服务。迄今为止，用户服务共33种，可以归类到以下用户服务领域：①出行和交通管理；②公共交通管理；③电子支付；④商用车运营；⑤应急管理；⑥先进的车辆安全系统；⑦信息管理；⑧维护和施工运营。

定义一组函数来完成这些用户服务是必要的。例如，根据交通状况来定义道路速度，需要对交通进行监测，然后将通过监测交通流所收集的数据用于预测路段速度。一组用于定义每个用户服务的这些不同功能的函数语句称为用户服务需求，每个用户服务需求都包含一个"必须"语句，如果某个代理需要执行某个功能，而它没有映射到现有的用户服务需求，则需要定义一个新的用户服务需求。这些用户服务需求为开发ITS服务的功能流程和信息流提供了方向，而不是作为系统/架构实现者的任务。

1.3.2 逻辑架构

逻辑架构由一组活动、功能、流程、信息和数据流概述，以响应美国国家ITS架构中的用户服务要求。逻辑ITS架构的目标是定义ITS的功能流程和信息或数据流，并为生成新ITS应用的功能需求提供指导。逻辑架构不依赖于任何技术和实现。它不确定在哪里执行功能，由谁执行功能，也不确定如何实现功能。使用数据流程图描述ITS功能。图1-4显示了ITS简化数据流程图[25]。矩形代表终端，圆圈代表功能，连接圆圈和矩形的线代表数据流。在数据流程图中表示功能的圆圈可以在较低级别上进一步分解。流程规范是分解的最低级别。

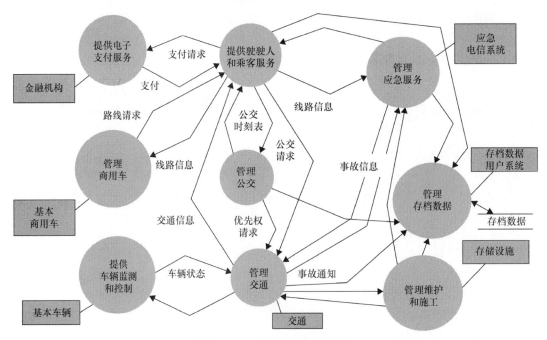

图1-4 ITS简化数据流程图

1.3.3 物理架构

在逻辑架构的基础上，开发了物理架构，由物理子系统和架构流组成。物理架构描述了系统应以何种方式提供必要的功能，将流程分配给 ITS 架构中的子系统和终端。子系统（图 1-5）是系统架构的物理实体，分为四类：

1）中心。为交通系统提供具体的管理、行政和支持等功能。
2）路侧子系统。它们沿路网分布，用于监视、提供信息和控制功能。
3）车辆。包括驾驶人信息和安全系统。
4）出行者。他们在出行前和出行中使用移动设备和其他设备访问 ITS 服务。

子系统的主要组成部分是设备包，它收集单个子系统的相同类型的进程，使它们成为可实现的包。逻辑架构中的数据流从一个子系统流向另一个子系统。数据流被组合成系统架构流。子系统和终端之间所需的接口 / 数据通信由系统架构流定义，其通信需求在不同的 ITS 标准中进行了概述。

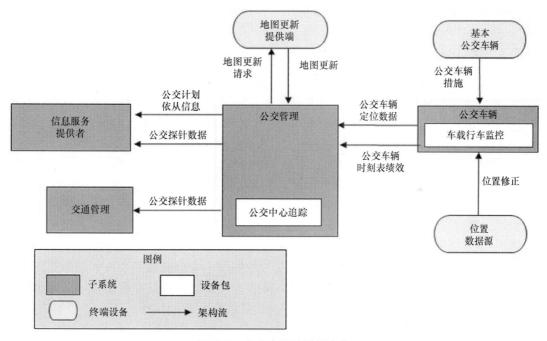

图 1-5　公交车辆追踪服务包

1.3.4 服务包

服务包提供了美国国家 ITS 架构的面向服务的视图。这些服务包的设计是为了适应现实世界的交通问题。在物理架构中，服务包处理特定的服务。例如，公交车辆追踪服务由公交车辆追踪服务包提供。为了提供所需的服务，服务包结合了多个子系统、设备包、终端设备和架构流。作为示例，图 1-5 展示了公交车辆跟踪服务包。使用自动车辆定位系统，该服务包监视公交车辆的位置。在这个服务包中，有四个子系统，包括：①信息服务提供者；②交通管理；③公交管理；④公交车辆。此外，该服务包有三个终端,包括:①基本公交车辆;②地图更新提供端;③位置数据源。公交管理子系统的任务有三个:①处理公交车辆位置信息;②更新公交时刻表;③向其他子系统提供实时信息,即信息服务提供者。

1.3.5 标准

美国运输部设想了一个开放的环境,ITS 标准是实现这一目标的基础。标准有助于集成独立操作的组件,以提供可互操作的系统。标准确保系统在不同级别(例如,地方、区域和国家级别)上的互操作性,而不妨碍技术进步。标准制定组织由美国运输部的 ITS 联合办公室(JPO)支持。逻辑和物理架构都为制定标准提供了基础。所标识的系统架构流(来自物理架构)和数据流(来自逻辑架构),以及跨不同接口交换信息的方式都需要标准化。多个组织参与标准的制定活动,如美国各州公路与运输工作者协会、美国国家标准学会、美国公共交通协会、美国材料与试验协会、电气电子工程师协会、美国交通工程师协会、美国电气制造商协会、美国汽车工程师学会等。

1.3.6 安全

安全定义了对地面交通基础设施和信息的保护,并为实现这一高级目标提供安全服务和机制。为了收集和发布信息,今天的地面交通系统高度依赖信息技术来提高整个系统的流动性和安全性。在国家 ITS 架构中,安全主要表现在两方面:①保护 ITS;② ITS 安全区域。ITS 安全系统的基础是"保护 ITS"。必须保护不同的组件(例如,子系统、系统架构流)以提供可靠的应用程序服务。保护 ITS 分为四个不同的领域,分别是:①信息安全;② ITS 人员安全;③操作安全;④安全管理。另一方面,存在多种安全区域,它们定义了如何使用 ITS 来检测和响应交通系统中的安全威胁和事件。这些安全区域包括:①灾害应对和疏散;②货运和商用车安全;③危险品安全;④ ITS 广域警报;⑤铁路安全;⑥公交安全;⑦交通和基础设施安全;⑧出行者安全。这八个 ITS 安全区域由"保护 ITS"安全服务提供支持。例如,可以考虑使用一个公交监测系统来解释这两个安全性方面,其中包括一个控制中心和 CCTV 摄像头。控制中心只能控制摄像头。从保护 ITS 的角度来看,任何敏感的相机图像都不会透露给任何未经授权的人,必须加以保护。这些考虑是作为"保护 ITS"的一部分。从另一个角度(即 ITS 安全区域的角度),公交监测系统提供了一个威慑和响应工具,以促进交通系统的安全,并在"公交安全"中进行了定义。

1.4 ITS 应用概述

为了"通过将先进的通信技术集成到交通基础设施和车辆内来提高美国的生产力",ITS 使用先进的计算和通信技术来解决交通问题,并提高地面交通系统的安全性、机动性和环境方面[19]。例如,由佐治亚州交通部(Georgia DOT)操作的佐治亚导航器(Georgia Navigator)已经实现了一个先进的交通管理系统(图1-6)。自1996年以来,"导航器"已经通过交通摄像头、匝道仪表、可变信息标志和交通速度传感器系统来管理亚特兰大市区的交通。"导航器"系统收集的数据（如交通情况、车道封闭情况、行车时间）可用于支持不同的 ITS 应用。

与昂贵的基于基础设施的传统道路开发[27]相比，ITS 的应用程序部署具有更高的投资回报。这些 ITS 应用的潜在目标是减少交通堵塞、提高安全性、减轻不利的环境影响、优化能源绩效并提高地面运输的生产率。本节提供了不同 ITS 应用程序的概述。

图 1-6　佐治亚导航器（Georgia Navigator），美国佐治亚州亚特兰大市的交通管理中心

1.4.1　ITS 应用类型

ITS 应用大致分为三类：移动、安全和环境。ITS 移动应用旨在基于 ITS 数据收集技术收集的信息，在数据丰富的出行环境中考虑不同因素（例如，距离、时间、能源消耗），从而提供移动服务，例如起讫点之间的最短路线。通过调整交通信号，动态管理公交运行或调派紧急维护服务，这些应用程序可以帮助运输管理中心监视和管理交通系统的性能。ITS 安全应用（例如在急转弯或湿滑的路面上提供速度警告）将通过提供建议和警告来减少碰撞事故。这些应用程序包括车辆安全应用程序（例如，车辆安全监测，驾驶人安全监测）、紧急情况管理（例如，应急路线）。即时的交通拥堵信息可以帮助出行者做出明智的决策，进而减少日常出行对环境的影响。出行者可以通过选择替代路线或调整他们的出行时间来避免拥堵，从而使出行更加环保。

ITS 的三个应用（移动、安全和环境）见表 1-2。列出了每个示例及其目标、数据源和数据用户。注意，数据源包括车辆和基础设施数据源，而"用户"包括人类用户、中心和车辆系统。

表 1-2 ITS 应用示例

应用类型	应用名称	目标	数据来源	数据用户
移动	公交信号优先	提高实时公交系统绩效	公共汽车交通信号灯	公交管理中心 交通管理中心
安全	车辆安全监测	检测车辆的关键部件 提醒驾驶人任何潜在危险	车载系统	车辆安全监测系统
环境	环境探测监控	从车辆上收集数据以推断实时环境条件	车载系统	气象服务 维修建设管理中心

每种 ITS 应用都有一组涉众，根据 ITS 应用的不同，这些涉众可能有所不同。例如，如下所述的变速限速应用，其涉众包括公共或私人交通机构（或两者）、执法机构、应急管理服务机构和车辆驾驶人。这些涉众的合作对于任何 ITS 应用的成功设计、部署和管理都是至关重要的。

下文以一个应用实例为例，介绍一种广泛应用的可变速限速系统。可变速限速系统使用交通设备和传感器，如环形探测器、摄像头和探测车辆来监控当前的交通和天气状况。该应用确定适当的速度限制，以发布在不同的信息标志上，目的包括安全改善、减少拥堵、车辆能源使用最小化、减少空气污染。这个应用对确保交通安全特别重要，因为规定的限速只适用于非拥挤的交通环境和良好的天气条件下。当条件不理想时，例如在高峰时段或恶劣天气时，安全运行速度低于规定速度。可变速限速系统利用有关交通速度、流量、天气信息、路面状况的实时数据来确定安全车速。

可变速限速应用说明了其不同组件（传感器、驾驶人及其中心）如何相互作用以实现特定目的。ITS 中心，如交通管理中心（TMC），接收和存储数据作为输入，并提供智能决策支持。在 TMC 中，可变速限速应用接收来自 ITS 设备和传感器的数据，计算给定通道的可变速限速，并通过可变速限速标志将限制速度传达给道路使用者。应用程序通常由 TMC 集中监控和管理。所收集的数据特性可以根据数据收集设备的不同而变化。从大数据分析的角度来看，数据从道路或车辆上的传感器数据源以流的形式到达。TMC 中适当的基础设施用于收集数据，统计方法用于测量异常，趋势分析用于测量交通流。采用机器学习方法预测未来趋势，应用程序在实时处理原始数据后设置适当的速度限制。

ITS 应用可以提供多种服务。美国国家 ITS 架构提出了服务包的概念，其中几个子系统、设备包、终端设备和架构流被组合起来，为利益相关者提供所需的服务[24]。例如，美国国家 ITS 架构已将可变速限速识别为一个服务包，该服务包由两个子系统组成，如图 1-7 所示。交通管理子系统（中心子系统）包含在交通设施管理中心中，支持对道路交通的监控。该子系统与可变速限速服务包中的另一个子系统（即道路子系统）交换数据。道路子系统包括分布在整个走廊的道路设备（例如交通检测器、环境传感器、交通信号），用于交通监控和道路管理。在这里，可变速限速服务包支持设置可变速限速的应用，以促进安全，并改善操作和环境条件。

可变速限速服务包执行四项功能：数据收集、数据处理、数据存档和信息发布。从道路、道路环境和交通收集的数据被转发到交通管理子系统。道路环境生成有关道路表面的物理条件和几何图形的数据。生成的数据还包括道路状况，如冰、雾、雨、雪或风的状况。来自交通的数据包括提供交通流的实时车辆数量，以及监测所需的交通图像。

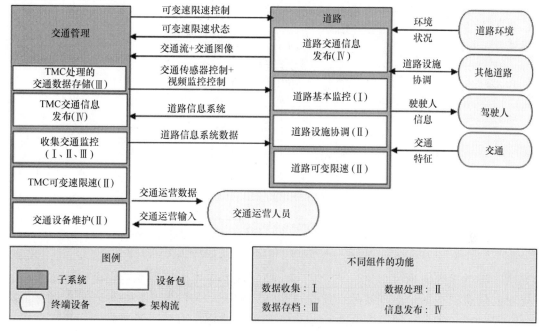

图 1-7　可变速限速服务包

可变速限速应用自 1960 年在美国引入以来，一直处于不断发展之中[29]。事实上，最近在华盛顿州 I-5 的某个路段上使用的最新迭代已经将交通事故减少了 13%[30]。新泽西州的一个类似版本显著降低了不良天气和交通条件下的平均交通速度，以及与天气相关的事故[30]。

1.4.2　ITS 应用与数据分析的关系

美国运输部开发了 CVRIA，以确保网联车辆（CV）早期部署的一致性。根据这一系统构架，正在开发不同网联车辆应用程序在多个网联车辆试点部署（如怀俄明州、佛罗里达州、纽约[31]），并进行了多次网联车辆现场演示。例如，克莱姆森大学（Clemson University）的研究人员在 2015 年卡罗莱纳年会上现场演示了三种网联车辆应用：①碰撞警告；②队列警告；③交通移动数据收集。多种无线通信技术 DSRC、蜂窝/LTE 和 WiFi 被用来证明不同的通信技术可以无缝集成，以支持不同的车联网应用需求。

在 CVRIA 中，美国运输部已经确定了 97 个网联车辆应用，分为四类：①环境应用；②移动性应用；③安全应用；④支持应用[12]。协同自适应巡航控制（CACC）是网联车辆移动性的应用之一。继传统的巡航控制（CCC）系统和自适应巡航控制（ACC）系统之后，CACC 应用代表了使用车辆对车辆（V2V）通信来同步车辆列队中网联车辆移动的一种演变进步。此应用程序的物理架构如图 1-8 所示。物理架构包括物理对象、应用对象和应用对象之间的信息流，这些是支持应用程序功能需求所必需的。

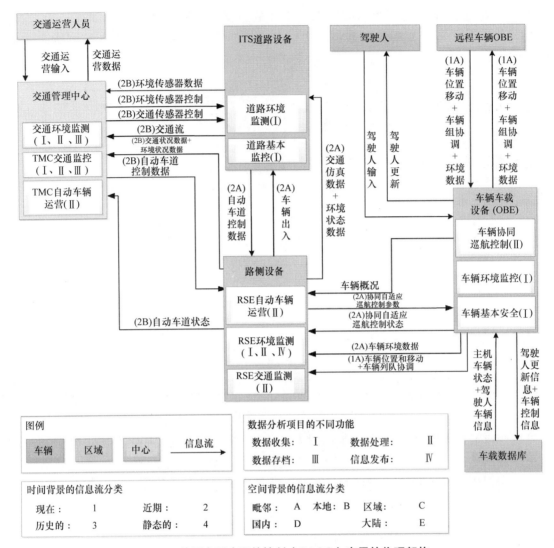

图 1-8 协同自适应巡航控制（CACC）应用的物理架构

此应用有四个不同的物理对象：①交通管理中心；② ITS 道路设备；③路侧设备（RSE）；④车辆车载设备（OBE）。每个物理对象都有一些特定的功能。从数据分析的角度，功能分为四类：①数据收集；②数据处理；③数据存档；④信息发布。例如，路侧设备的"RSE-交通监测"功能监测在网联车辆之间传输的基本安全信息（BMS）。此功能执行数据处理任务，并根据收集到的 BSM 计算交通流指标。

应用对象之间的信息流有两个环境：空间背景和时间背景。空间背景分为五类，时间背景分为四类（图 1-8 和表 1-3）。例如，来自 CACC 应用的"交通流"信息流表示从 ITS 道路设备到交通管理中心的原始/处理数据流。因此，信息流特征在空间上是"本地"，因为交通管理中心与 ITS 道路设备之间的距离预计在 3km 之内[32, 33]；在时间上是"近期"，因为信息需要在 1s 到 30min 之间进行传输，具体时间取决于应用程序要求。因此，要同时满足不同的网联车辆应用要求传输数据具有挑战性，这就需要为互联交通系统设计大数据分析。

表 1-3　CVRIS 信息流特征

信息流特征	CVRIS 数据流类别	特征值描述[33]
空间背景	毗邻（A）	0～300m
	本地（B）	300m～3km
	区域（C）	3～30km
	国内（D）	30km～全国
	大陆（E）	美国大陆
时间背景	现在（1）	<1s
	近期（2）	1s～30min
	历史的（3）	30min～1月
	静态的（4）	>1月

如第 1.1 节所述，在网联车辆和智能基础设施的范围内，大数据的定义如下：①大量——从我们的道路数百万网联车辆、RSE 和互联网数据上收集到的海量数据（例题 1 将帮助读者了解通过支持 GPS 的 ITS 设备产生的数据量有多大）；②高速——GPS 采样数据、社交媒体消息和车载设备生成的数据的高到达率；③多样——行业标准、采样率和数据类型的差异；④真实——由于环境条件、设备故障或恶意意图而导致数据丢失或错误的可能性。

例题 1

为了获得定位信息，可以从支持 GPS 的 ITS 设备中采集实时移动数据。例如，考虑一个城市中有 20000 人使用支持 GPS 的设备。假设 GPS 记录的最小单位为 20B（纬度和经度为 2 个 double 类型的 8 字节值，时间戳为 1 个 4 字节值），并且数据最多每 10s 收集一次（即，每台设备每天 8640 个样本）。一天能收集多少 GB 的存储数据？（用于存储，$1GB = 2^{30}B$）

解答：

从城市采集的每日 GPS 存储数据（GB）
= 一条 GPS 记录的大小（GB）× 每台设备每日采样数 × 支持 GPS 的设备数
= $\frac{20}{2^{30}} \times 8640 \times 20000$
= 3.219（GB/天）

它表明，对于一个拥有 20000 个 GPS 设备的城市，每天可以生成 3.219GB 的数据，我们需要进一步处理以提取相关的定位信息。

1.5　智能交通系统：过去、现在与未来

本节详细介绍了 ITS 的发展简史，从 20 世纪 60 年代的初期发展，到目前作为所有现代地面交通系统不可或缺的一部分的迭代，再到 21 世纪下一代 ITS 的发展设想。

1.5.1　20 世纪六七十年代

随着电子路径导航系统（ERGS）发展，ITS 的时代始于美国[27]。该计划的目的是

通过安装在车辆内和各交叉口的电子导航设备向驾驶人提供路线指引信息。首先,驾驶人在车内设备中输入一个行程目的地代码,再将其传输到安装在仪表化交叉口的设备中,然后对行程目的地代码进行解码,并将路线指引发送回车辆。在翻译为符号或文字信息后,驾驶人随后在即将到来的交叉口执行所需的操作。

与 ERGS 相比,20 世纪 70 年代开发的自动进路控制系统(Automatic Route Control System,简称 ARCS)更加复杂,自动化程度也更高[31]。与 ERGS 不同的是,ARCS 持续测量并比较车辆位置的坐标与预定路线的坐标,然后提供导航(音频、视频和/或打印指令)。该系统以数字处理和逻辑单元为核心,通过编程实时分析速度和方向传感器的输出,计算并比较车辆的行驶路线与盒式磁带上记录的行驶路线特征,并据此发出指令。

在日本开发的综合汽车交通控制系统主要是一个通信系统,连接:①在动车辆;② RSE;③中央数据处理中心[27]。信息通过 RSE 从车内发射器传输到中央计算机控制。中央计算机根据收集到的信息,持续监测干道和主要交叉口的交通状况,在每个交叉口向驾驶人指示最佳路线和紧急情况,并直接向每辆车发送驾驶警告。1977 年,汽车综合控制系统(CACS)在一个试点项目中成功地进行了测试[34]。

20 世纪 70 年代中期在德国开发的驾驶人引导和信息系统(ALI)与 CACS 类似,它是一种基于环路检测器采集真实交通状况数据的动态路径引导系统。这些信息通过车载显示器提供给车辆驾驶人。

1.5.2　20 世纪八九十年代

随着技术的进步(例如,引入高效的内存存储和计算机处理能力),ITS 应用的部署速度在 20 世纪 80 年代加快了。在这个 10 年的初期,开始了两个欧洲项目:①由欧洲汽车制造商联盟资助的"欧洲高效安全交通系统计划(PROMETHEUS)";②由欧盟主办的"保障车辆安全的欧洲道路基础设施计划(DRIVE)"。车路信息系统(RACS)于 1984 年在日本启动,它为今天存在的汽车导航系统奠定了基础[27]。RACS 侧重于将车辆和 RSU 通过无线通信连接起来,而道路设施和交通管理中心则通过有线网络连接起来。

1987 年,美国运输部开始实施"Mobility 2000"计划,该计划根据 1991 年颁布的《多式联运地面运输效率法》(ISTEA)演变为智能车-公路系统(IVHS)计划[31]。ISTEA 的目的是提高美国交通运输系统的安全性、容量和效率,同时尽量减少对环境的不利影响。同年,美国智能交通协会(ITS America)也开始提高其先进技术在美国地面交通运输系统中的应用。作为一个非营利组织,ITS America 为公共和私营部门的参与者提供了一个决策和宣传平台,并与其他国家的类似组织进行合作。

为了促进 ITS 的部署,欧洲智能交通协会(ERTICO)于 1991 年成立,其形式是与参与者建立一个以公私伙伴关系为基础的组织,以在 ITS 的广泛部署下改善旅客和货物运输的可靠、安全、干净、有序和舒适性。

三年后,在 1994 年 4 月,欧洲联盟的第四个框架方案成立,以发展交通车载智能通信及 ITS 应用。那一年,在世界的另一端,日本五个政府部门合作成立了日本智能交通协会(ITS Japan),与国家和国际运输组织一起工作。1996 年,车辆信息和通信系统(VICS)开始在东京和大阪运行,向驾驶人提供交通信息,这些信息是从国家公路交通信息中心获取的并通过路侧信标和 FM 广播进行传播。

20世纪90年代中期，ISTEA 授权开发一个自动化公路系统，其任务是开发一种自动车辆可以在没有人类直接参与的情况下转向、加速和制动的系统。这些自动化车辆可以是自动驾驶的，因为它们只使用车辆传感器，并通过车辆和路侧基础设施之间的无线连接进行连接。美国自动公路系统联盟（NAHSC）由九个核心公共和私人机构组成，是早期计划的一个演变。NAHSC 的工作是由美国运输部开发的，其工作以在 1997 年演示中使用 20 辆全自动车辆在加利福尼亚州圣地亚哥 1 至 15 号公路运行而结束[31]。

1.5.3 21世纪初十年

2001 年，美国运输部发起了"车路一体化（VII）"研究计划，以确定 DSRC 在 V2V 和车路（V2I）通信中的潜在用途。2004 年，美国联邦通信委员会发布了一项命令，为 5.9GHz 频段的 DSRC 制定了标准许可协议和服务规则[31]。DSRC 提供了一个无线通信链路，在车辆和路侧基础设施之间共享信息，可用于保护公众的出行安全。作为"Mobility 2000"所设想的先进车辆控制系统的延续，美国运输部发起了一项基于 5.9GHz 的 VII 概念验证。2008 年，美国运输部进行了一项试验，以调查 V2V 和 V2I 在密歇根州和加利福尼亚州试验台应用的技术可行性。

在此期间，车辆自动化取得了重大进展。在欧洲，大众汽车开发了临时自动驾驶（TAP）系统。TAP 根据驾驶情况、周围情况分析、驾驶人状态和系统状态，为驾驶人在 0~130km/h 速度的道路上提供最佳的自动化程度。最佳的自动化程度将防止因分心驾驶人的人为错误而造成的碰撞。在此期间，由美国国防部高级研究计划局（DARPA）资助的 DARPA 挑战系列赛在美国举行，这是第一次刺激自动驾驶汽车的发展。美国国防部高级研究计划局是美国国防部的一个研究所。关于自动驾驶汽车，分别在 2004 年、2005 年和 2007 年举行了三次 DARPA 活动。随后在 2009 年，谷歌正式启动了自动驾驶汽车项目。

1.5.4 2010年及以后

在美国，最近它的研究和部署集中在网联和自动化车辆上。在网联车辆环境中，车辆使用许多不同的通信技术（例如 DSRC）与其他周围车辆（V2V）和路侧基础设施（V2I）进行通信[35]。2012—2013 年，网联车辆安全试验模型在密歇根州安娜堡展开。作为网联车辆试点部署计划的参与者，美国运输部于 2015 年 9 月宣布了三个网联车辆部署地点。这些地点包括怀俄明州、纽约市和佛罗里达州的主要通道[31]。

为促进自动车辆研究，美国运输部的 ITS 联合项目办公室制定了 2015—2019 年多式联运项目计划，其中加利福尼亚州建立了公共道路上自动车辆运行的监管框架。佛罗里达州、哥伦比亚特区、内华达州和密歇根州也在考虑同样的立法。2011 年，日本启动了"ITS 站点"计划，使用 ITS 站点（DSRC 无线电）支持：①动态路线导航；②驾驶安全；③电子收费。继 2011 年计划之后，日本于 2014 年 5 月宣布了自动驾驶系统研究（ADSR）计划。该计划的目的是开发和验证在公共道路上安全运行的自动驾驶系统（ADS）。政府通过《日本振兴战略》的目标是到 2030 年进行自动驾驶系统的测试安装。该系统包括开发技术以生成动态地图与预测数据，并提高传感能力[36]。

在欧洲，ERTICO 自动驾驶路线图中概述的"地平线 2020"计划包括安全自动道路运输框架。事实上，许多欧洲国家，特别是英国、德国和法国，已经在各自管辖范围内积极开展自主车辆系统的研究[37]。英国最近完成了一项监管审查，以清除在英国道路上测试自动车辆的任何可能的障碍。自动驾驶圆桌会议（RTAD）的开展是为了支持德国道路上的自动驾驶。然而，德国的汽车制造商已经开始测试自动化技术。韩国、加拿大、澳大利亚、新加坡等国家也在进行自动车辆的研发。表1-4概述了美国、日本和欧洲正在进行的发展倡议。

表1-4　ITS在美国、日本和欧洲的发展

	1980年及更早	1981—1990年	1991—2000年	2001—2016年	2016年以后
美国	ERGS	Mobility 2000	IVHS、ITS America	VII	车辆自动化的多式联运项目计划
日本	CACS	RACS	VICS、ITS JAPAN	ITS站点、ADSR	ADS
欧洲	ALI	PROMETHEUS	DRIVE、ERTICO	RTAD	地平线2020

到2050年，城市人口将约占世界总人口的66%，比2008年人口普查数据增加16%。随着越来越多的人生活在城市地区，城市将面临巨大的交通挑战，其特征是在交通过度拥堵和基础设施不足的情况下管理安全和空气污染。在这些具有挑战性的未来场景中，ITS应用将变得更加关键。网联车辆将缓解交通拥堵，提高旅客安全性和环境效益。大众将可以使用自动驾驶汽车，以进一步提高移动效率和安全性。出行者信息等技术应用、优步（Uber）和Lyft等特定需求的拼车服务，以及共享移动应用的增加，将有助于缓解交通问题。智慧和互联的城市将形成一个互联系统，包括交通、居住、就业、娱乐、公共服务和能源分配。发展这样一个包罗万象的未来系统意味着要强调：

1）利用新兴功能的重要性，这些功能展现了在保护用户和公民隐私的同时改变交通方式的潜力。

2）标准和架构的演变，确保技术进步的有效利用，并维护不同ITS组件的向后兼容性和互操作性。

3）发展一批交通专业人员，训练他们采集、管理和存档从智慧城市系统中收集到的数据。

4）公共机构接受通过公私伙伴关系整合数据分析，为公共机构交通专业人员提供管理这些系统所需的技能。

1.6　本书概述：ITS应用的数据分析

本书旨在为支持数据分析的ITS培养受过教育的ITS工作者和工具建设者。为此，本章详细介绍的ITS数据分析概述，包括了关于ITS作为数据密集型应用的讨论、ITS数据来源、大数据分析综述和支持ITS中数据分析所需的计算基础设施，本章还介绍了ITS的应用和历史；对ITS架构作为ITS应用的框架也进行了讨论，包括美国、日本和欧洲国家在内的许多国家都在积极开展有关ITS发展的研究和创新。

这本书的其余章节提供了一个全面的ITS数据分析研究。本书分为两部分。第一部分为第2章至第7章，涵盖了数据分析的基本主题，是数据分析领域新手所需的入门知识。第2章"数据分析基础"介绍了数据分析的基本原理，介绍了数据分析的功能方面、

数据分析的发展历程和数据科学基础。在第 3 章"交通应用的数据分析工具和科学方法"讨论了数据分析工具，并提供了几个教程演示。在第 4 章"数据核心：数据生命周期和数据管道"中，数据生命周期和数据管道详细说明了对 ITS 可用的各种数据的理解，以及不同的数据必须如何以不同的方式管理和维护。第 5 章"智能交通系统的数据基础设施"全面概述了当前的数据基础设施，以及当今大规模数据接收、存储和转换所需的工具与系统，接着在第 6 章"现代车辆的安全性和数据隐私"中讨论了 ITS 数据安全中经常被忽视的问题，以及 ITS 数据的隐私问题。第 7 章"可交互的数据可视化"对数据可视化工具的讨论将引导读者了解数据可视化的原理以及工具的示例使用和交互式数据可视化练习。鼓励那些有兴趣了解 ITS 中数据分析领域的人学习所有这些章节。

为了支持 ITS 应用的大数据，随着越来越多的数据源出现，需要高性能的计算设施。许多高性能计算工具可用于支持大数据研究。例如，如图 1-9 所示，泰坦（Titan）是美国 2016 年最快的超级计算机，由克雷（Cray）建造，位于橡树岭国家实验室（Oak Ridge National Laboratory）。它同时使用常规的中央处理器和图形处理器，这样的数据分析研究设施将有助于管理从多个 ITS 设备收集的大量数据。

图 1-9　橡树岭国家实验室的泰坦（Titan），是美国最快的超级计算机

在大数据分析领域处于领先地位的信息技术公司也是世界上一些最大的公司，包括 Google、Facebook、Twitter、Amazon、Apple 等。这些公司建立了庞大的数据中心来收集、分析和存储大量数据。如图 1-10 所示为 Facebook 数据中心的服务器。该数据中心位于美国俄勒冈州。

图 1-10　美国俄勒冈州 Facebook 数据中心的服务器

本书的第二部分为第 8 章至第 12 章，涵盖了为 ITS 专业工作者提供的数据分析的其他主题。初学者可以有选择地阅读这些章节，对所有这些章节的深入研究将为 ITS 数据分析专业人员做好坚实的准备。第 8 章"智能交通系统系统工程中的数据分析"介绍了智能交通系统的系统工程，并介绍了该领域使用的主要工具和语言。新 ITS 应用的开发是一项复杂的系统工程任务。还包括系统工程任务描述和系统工程过程，以及使用系统架构分析和设计语言（AADL）的详细教程和案例研究。至第 9 章至第 11 章提供了几个重要领域数据分析的案例研究和示例：安全应用、多式联运交通应用和社交媒体应用。这些章节一起为读者准备了在各种 ITS 设置中解决数据分析问题的工具。最后，第 12 章"交通数据分析中的机器学习"涵盖了与 ITS 相关的主要机器学习方法。

1.7 习题

1. 确定在您所在地区实施公交信号优先应用的可能的用户服务需求。绘制数据流图并将数据流图映射到物理架构。表示用户服务需求、逻辑和物理架构之间的可追溯性。

2. 根据本书中描述的四个功能（即数据收集、数据处理、数据存档和信息发布）详细描述交通信号控制应用。

3. 描述大数据的 5V，并从 ITS 中举例说明。

4. 解释与 ITS 历史数据源相比，今天可用的数据源如何从 5V 的角度创建大数据。

5. 确定并描述自动驾驶系统的不同新兴数据收集技术。这些数据采集技术与传统的 ITS 数据采集技术（如环路检测器和闭路电视摄像头）有何不同？

6. 从数据分析的角度描述现代 ITS 的复杂性。自动驾驶系统的数据分析与当前的数据分析有何不同？

7. 你们当地的交通机构主要使用哪种数据收集技术？当地交通机构是否需要任何大数据分析基础设施来处理收集的数据？

8. 你需要量化支持 GPS 的 ITS 设备在某两个城市产生的数据。这两个城市启用 GPS 的设备数量分别为 6000000 台和 12754334 台。假设 GPS 记录的最小单位为 20B。在典型的 GPS 地图匹配过程中，一台设备的 GPS 数据采集率可以高达每 10s 一次（即每台设备每天 8640 个样本），也可以低至每 2min 一次（即每台设备每天 720 个样本）。计算：①以高数据采集率采集的 GPS 日数据量（GB）。②以低数据采集率采集的 GPS 日数据量（GB）。（用于存储，1 GB=2^{30}B）。使用以下公式计算每日 GPS 数据：

每日 GPS 存储数据（GB）= 一条 GPS 记录的大小（GB）× 每台设备每日采样数 × 支持 GPS 的设备数

参考文献

[1] D. Laney, 3D Data Management: Controlling Data Volume, Velocity, and Variety, Technical report, META Group, 2001.

[2] J. Dorsey, Big Data in the Drivers Seat of Connected Car Technological Advances. (http://press.ihs.com/press-release/country-industry-forecasting/big-data-drivers-seat-connected-car-technological-advance), 2013 (accessed 18.07.16).

[3] K. Lantz, S.M. Khan, L.B. Ngo, M. Chowdhury, S. Donaher, A. Apon, Potentials of online media and location-based Big Data for urban transit networks in developing countries, Transportation Research Record, J. Transport. Res. Board 2537 (2015) 52−61.

[4] B. Vorhies, The Big Deal About Big Data: What's Inside—Structured, Unstructured, and Semi-Structured Data. ⟨http://data-magnum.com/the-big-deal-about-big-data-whats-inside-structured-unstructured-and-semi-structured-data/⟩, 2013 (accessed 17.07.16).

[5] Caltrans, Commercial Wholesale Web Portal. ⟨http://www.dot.ca.gov/cwwp/InformationPageForward.do⟩, 2016 (accessed 17.07.16).

[6] A. Luckow, K. Kennedy, F. Manhardt, E. Djerekarov, B. Vorster, A. Apon, Automotive big data: applications, workloads and infrastructures, in: Proceedings of the IEEE International Conference on Big Data, Santa Clara, CA, USA, IEEE, 2015.

[7] The OSI Model's Seven Layers Defined and Functions Explained. ⟨https://support.microsoft.com/en-us/kb/103884⟩, 2014 (accessed 02.10.16).

[8] G. Rucks, A. Kuzma, How Big Data Drives Intelligent Transportation? ⟨https://www.greenbiz.com/blog/2012/08/15/how-big-data-drives-intelligent-transportation⟩, 2016 (accessed 15.06.16).

[9] BITRE, New Traffic Data Sources—An Overview. ⟨https://bitre.gov.au/events/2014/files/NewDataSources-BackgroundPaper-April%202014.pdf⟩, 2014 (accessed 17.07.16).

[10] W. Guo, Z. Wang, W. Wang, H. Bubb, Traffic incident automatic detection algorithms by using loop detector in urban roads, Recent Patents Comput. Sci. 8 (1) (2015) 41−48.

[11] B.A. Coifman, Vehicle Reidentification and Travel Time Measurement Using Loop Detector Speed Traps, Institute of Transportation Studies, Berkeley, CA, 1998.

[12] CVRIA, Connected Vehicle Reference Implementation Architecture. ⟨http://www.iteris.com/cvria/html/applications/applications.html⟩, 2016 (accessed 15.07.16).

[13] K. Leetaru, S. Wang, G. Cao, A. Padmanabhan, E. Shook, Mapping the global Twitter heartbeat: the geography of Twitter, First Monday 18 (5) (2013).

[14] S. Bregman, Uses of social media in public transportation, Trans. Res. Board 99 (2012) 18−28.

[15] CDOT, Survey Manual, Chapter 4, Aerial Surveys, Colorado Department of Transportation. ⟨https://www.codot.gov/business/manuals/survey/chapter-4/chapter4.pdf⟩, 2015 (accessed 17.07.16).

[16] S.M. Khan, Real-Time Traffic Condition Assessment with Connected Vehicles, M.S. Thesis, Clemson University, Clemson, SC, 2015.

[17] U.S. Department of Transportation, Federal Highway Administration, Office of Freight Management and Operations, Freight Analysis Framework, version 3.4. ⟨http://www.ops.fhwa.dot.gov/freight/freight_analysis/nat_freight_stats/nhsavglhft2011.htm⟩, 2013 (accessed 02.10.16).

[18] U.S. Department of Transportation, Federal Highway Administration, Office of Freight Management and Operations, Freight Analysis Framework, version 3.4. ⟨http://www.ops.fhwa.dot.gov/freight/freight_analysis/nat_freight_stats/nhsavglhft2040.htm⟩, 2013 (accessed 02.10.16).

[19] Intelligent Transportation Systems (ITS), Joint Program Office (JPO), Connected Vehicle Reference Implementation Architecture. ⟨http://www.iteris.com/cvria/docs/CVRIA_Feb_Workshop_Presentation_Slides.pdf⟩, 2016 (accessed 07.10.16).

[20] Hadoop: Open Source Implementation of MapReduce. ⟨http://hadoop.apache.org/⟩, 2016 (accessed 20.07.16).

[21] FHWA, National ITS Architecture and Standards Final Rule. ⟨http://ops.fhwa.dot.gov/its_arch_imp/asflyer.htm⟩, 2016 (accessed 07.10.16).

[22] Frame, Frame Architecture—Background. ⟨http://frame-online.eu/first-view/background⟩, 2016 (accessed 17.06.16).

[23] T. Yokota, R.J. Weiland, ITS System Architectures for Developing Countries, Transport and Urban Development Department, World Bank, http://siteresources.worldbank.org/EXTROADSHIGHWAYS/Resources/ITSNote5.pdf, 2004.

[24] The Architectural View. ⟨http://www.iteris.com/itsarch/html/menu/hypertext.htm⟩, 2016 (accessed 01.07.16).

[25] Iteris, National ITS Architecture Glossary. ⟨http://www.iteris.com/itsarch/html/glossary/glossary-l.htm⟩, 2016 (accessed 01.07.16).

[26] APTS01-Transit Vehicle Tracking. ⟨http://www.iteris.com/itsarch/html/mp/mpapts01.htm⟩, 2016 (accessed 24.10.16).

[27] L. Vanajakshi, G. Ramadurai, A. Anand, Intelligent Transportation Systems Synthesis Report on ITS Including Issues and Challenges in India, Centre of Excellence in Urban Transport IIT Madras, Chennai, TN, 2010.

[28] ATMS22-Variable Speed Limits. ⟨http://www.iteris.com/itsarch/html/mp/mpatms22.htm⟩, 2016 (accessed 24.10.16).

[29] D. Warren, Text from "Variable Speed Limits" PowerPoint Presentation. ⟨http://www.ops.fhwa.dot.gov/wz/workshops/accessible/Warren.htm⟩, Washington, DC, 2015 (accessed 08.10.16).

[30] FHWA, Weather-Related Variable Speed Limit Case Studies. ⟨http://safety.fhwa.dot.gov/speedmgt/ref_mats/fhwasa12022/chap_6.cfm⟩, 2015 (accessed 09.10.16).

[31] A. Auer, S. Feese, S. Lockwood, History of Intelligent Transportation Systems. ⟨http://www.its.dot.gov/history/index.html⟩, 2016 (accessed 15.06.16).

[32] CVRIA, Cooperative Adaptive Cruise Control. ⟨https://www.iteris.com/cvria/html/applications/app8.html#tab-3⟩, 2014 (accessed 09.10.16).

[33] Southeast Michigan Test Bed 2014 Concept of Operations. ⟨http://www.iteris.com/cvria/docs/SE_Michigan_Test_Bed_2014_ConOps_-_v1_-_2014-Dec_29.pdf⟩, 2014 (accessed 09.10.16).

[34] T. Mikami, CACS-Urban Traffic Control System Featuring Computer Control, Inafips, 1265, IEEE, 1899.

[35] CAAT, Automated and Connected Vehicles. ⟨http://autocaat.org/Technologies/Automated_and_Connected_Vehicles/⟩, 2016 (accessed 17.07.16).

[36] T. Yamamoto, Automated driving activities in Japan, in: Road Vehicle Automation 2, Springer International Publishing, 2015, pp. 17−28.

[37] ERTRAC, Automated Driving Roadmap. ⟨http://www.ertrac.org/uploads/documentsearch/id38/ERTRAC_Automated-Driving-2015.pdf⟩, 2016 (accessed 17.07.16).

第 2 章 数据分析基础

2.1 简介

数据分析是一门通过整合多源异构数据、推断结论、做出预测,从而实现创新、获得市场或战略竞争优势的科学。从广义上讲,数据分析涵盖在线分析处理、数据挖掘、可视化分析、大数据分析、认知分析等。同样,"分析"一词可以指代任何基于数据驱动的决策过程。实际上,"分析"一词普遍存在于不同学科、不同专业领域,例如道路交通分析、文本分析、空间分析、风险分析、图像分析等。

最近兴起的大数据浪潮使数据分析肩负起更大的作用与挑战,其中更大的作用体现在各个组织的战略主动性,无论组织规模大小都要利用大数据实现创新与竞争优势。当前迫切需要将除结构化数据之外的半结构化与非结构化数据引入到现有的分析方法中。融合诸如社交媒体、空间地理、自然语言文本等方面的多源异构数据价值巨大,然而这本身就是一个难点。其他的挑战还包括数据量与数据增长速度的快速增加,从 2008 年到 2015 年全球数据量已从 50 PB 增加到 200 PB[1]。

人们期望数据分析不仅可以洞察过去还能够预测未来。此外,分析也不仅限于预测模型。在 2011 年,IBM 机器人 Watson 在美国老牌问答节目 Jeopardy! 中击败了史上胜率最高的两位人类选手,揭示了数据分析将在未来起到越来越重要的作用。Watson 实质上是一个问答系统[2],它是运用认知分析的典范。Watson 能够针对每一道问答题给出不同的备选答案,并且为每一个答案分配一个自信度。

在 2013 年,数据分析和商业智能在首席信息官的技术优先列表中占据首位。它们还在十大首席信息官商务战略中出现。数据分析用于解决提高流程效率、降低成本、提供优质客户服务和经验、发现新产品与服务、增强安全能力等诸多问题。

数据分析在智能交通系统中发挥巨大作用,尤其是物联网的出现使数据分析在智能交通系统中变得不可或缺。交通异质数据大多数来自于埋入道路的气象传感器、交通信号控制系统、社交媒体、移动设备(例如智能手机)、交通预测模型、汽车导航系统、车联网等。同时来自智能软件的移动互联数据也正在被重视,这些软件包括紧急车辆告知系统、车车通信、实时交通状态预测与路径规划、自动限速执行、动态红绿灯排序等。本章的目标在于提供一个全面的、整体的数据分析基础回顾。回顾旨在为阅读后续章节提供必要的知识背景。其目的并不是提供与数据分析相关的严格数学表达与算法细节。整本书都致力于提供涉及智能交通系统的知识与理论细节，包括在线分析处理、数据挖掘、假设检验、预测分析、机器学习等。

本章内容如下：2.2节介绍描述性分析、诊断分析、预测分析、规范性分析四种功能类型的数据分析；2.3节介绍从20世纪80年代开始的数据分析的演化过程，分别对SQL分析、商业分析、可视化分析、大数据分析、认知分析等领域进行概述，数据分析的演变使其功能复杂性与应用范围逐渐增加；2.4节描述与数据科学相关的基本概念，具体包括数据生命周期、数据质量、模型构建与评价；2.5节介绍数据分析的工具与资源；2.6节给出了数据分析的未来方向；2.7节是本章的总结与结论；2.8节则是本章的练习题。机器学习作为数据分析最先进的技术将在第12章单独讨论。

2.2 数据分析的功能类型

一图胜千言，数据分析可以揭示庞大数据集背后的故事。依据数据分析的目的性，可将数据分析的功能类型分为四大部分：描述性分析、诊断分析、预测分析、规范性分析。这四个部分彼此关联、重叠、密不可分。以作者的观点来看，分类的目的仅仅是为了做一些必要的解释说明而已。这种分类表达了分析领域的一种通用的渐进过程，而不是在于清楚地表达数据分析的不同功能类型。因此，把这四种功能理解为分析工作流程中的工序更有助于对数据分析的进一步认识。

描述性分析是数据分析工作流程中的第一阶段。重点在于了解商业单元或组织的当前状态。这一阶段还旨在发现数据的分布规律与异常点的检测。它同时揭示分析者期望与不期望的结果，而诊断分析则去寻找在第一阶段中得到分析结果的原因与机理。

预测分析是数据分析工作流程中的第三阶段，它帮助分析者通过运用多样化的统计与数学模型来预测未来事件。预测分析与规范性分析两者有很多重叠之处，因此很容易令人产生困惑。预测分析预测不同场景下未来事件的潜在结果，而规范性分析则通过提供明智的建议从而确保得到一个既定的或者首要的结果。换句话说，预测分析只是提供事件发生的概率但并不提供明确的步骤以确保得到一个预期的结果。例如，尽管预测分析揭示了未来汽车市场巨大的潜在需求，然而可行的销售计划却因不同的区域而不同。规范性分析通过吸收不同地区的天气、文化、语言等信息可进一步给出针对每一个销售区的售车计划。

一般来说，随着工作流程从第一个阶段进行到最后一个阶段，数据源的多样性以及所需的数据量都在增加，分析模型的复杂性及其业务影响也是如此。根据Kart[3]截至2013年的调查实践可得，70%的组织只有描述性分析，30%的组织包含了诊断分析，16%的组织进行了预测分析。而规范性分析，仅仅占3%。

2.2.1 描述性分析

描述性分析基于历史数据给出定性与定量的信息。它的目标是利用统计描述、数据交互式探索、数据挖掘等技术来提供对研究对象从过去到现在的洞悉。描述性分析从过去学习到知识，并用来评估过去是如何影响未来的事件结果。

商业组织通常运用描述性分析以改善运营效率与发现资源流失。比如，软件开发组织在过去十几年中已经开始使用描述性分析，它们称之为软件度量与软件量度。这些商业组织的主要目标是在给定的时间和预算中生产高质量、可靠的软件。软件度量对软件开发项目、过程及其产品进行数据定义、收集以及分析的持续性定量化过程，目的在于对此加以理解、预测、评估、控制和改善。例如代码行总数、类数、每个类的方法数和缺陷密度是描述软件度量的典型定量标准。软件能力成熟度模型基于从众多的软件开发项目收集来的数据以改善组织现有软件开发过程。

1. 描述性统计

描述性统计是实现描述性分析的方法之一，它是一系列以概要和图形形式定量描述数据的工具集合。这样的工具用来计算数据的集中趋势与分散度。平均值、中位数、众数通常反映数据集的集中趋势，每种度量值揭示数据中不同类型的典型值。最小值、最大值、极差、分位数、标准差、方差、分布偏度、峰度通常反映数据集的离散特征。

在数据分析中变量分布特征起到至关重要的作用。它显示变量的一切可能值和每个可能值出现的频率。通常用表格或者函数来表示变量值的分布。尽管直方图构造简单、可视易懂，但是它们并不是确定分布形状的最佳途径。因为直方图的组距强烈地影响数据集的分布形状。因为这个原因，核密度图（稍后在本章讨论）是确定分布形状的推荐方法。偏度用来衡量变量分布的非对称性，峰度则度量分布尾部的厚度。

安斯科姆（Anscombe）四重奏数据集告诉人们分析数据时如果只进行集中趋势与分散度的度量是多么危险的一件事！四重奏数据集由 4 个子数据集组成，4 个子数据集在集中趋势与分散度的度量上表现得非常相似，但是它们的散点图揭示 4 个子数据集在分布特征上的显著差异。表 2-1 列出了每个子数据集包含的具体元素对 (x, y)，每个子数据集均有 11 个元素对。

表 2-1 安斯科姆四重奏数据集

数据集 1		数据集 2		数据集 3		数据集 4	
x	y	x	y	x	y	x	y
10.0	8.04	10.0	9.14	10.0	7.46	8.0	6.58
8.0	6.95	8.0	8.14	8.0	6.77	8.0	5.76
13.0	7.58	13.0	8.74	13.0	12.74	8.0	7.71
9.0	8.81	9.0	8.77	9.0	7.11	8.0	8.84
11.0	8.33	11.0	9.26	11.0	7.81	8.0	8.47
14.0	9.96	14.0	8.10	14.0	8.84	8.0	7.04
6.0	7.24	6.0	6.13	6.0	6.08	8.0	5.25
4.0	4.26	4.0	3.10	4.0	5.39	19.0	12.50
12.0	10.84	12.0	9.13	12.0	8.15	8.0	5.56
7.0	4.82	7.0	7.26	7.0	6.42	8.0	7.91
5.0	5.68	5.0	4.74	5.0	5.73	8.0	6.89

每一个子数据集中 x 和 y 的均值都为 9 和 7.5，x 和 y 的方差均为 11.0 和 4.12，x 和 y 的相关系数为 0.816，x 和 y 的线性归回方程均为 $y = 0.5x + 3$。尽管如此，图 2-1 却揭示了 4 个子数据集在分布特征上的显著差异。数据集 1 由一系列尽管方差显著，但遵守线性关系的点构成。相反，数据集 2 没有体现出明显的线性关系，事实上这些点看起来更像某种二次关系。数据集 1 和数据集 3 看起来更为相似，但数据集 3 似乎更符合线性关系。最后，在数据集 4 中除一个点以外其他 x 值均相等。

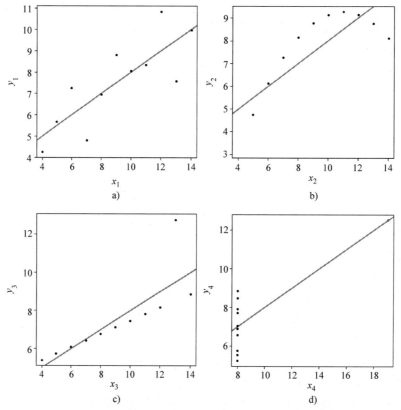

图 2-1　安斯科姆四重奏数据集的散点图与线性回归模型
a）数据集 1　b）数据集 2　c）数据集 3　d）数据集 4

总之，我们需要包括集中趋势与分散度度量、图表示、交互式可视化在内的多种方法来理解数据的真实分布情况。其中，交互式可视化属于一组被称为探索性数据分析的技术。

2. 探索性数据分析

探索性数据分析技术通常被用作交互式地发现以及可视化数据中的趋势、行为、关系[4, 5]。它们能够提供线索来帮助分析者选择合适的变量去构建数据分析模型（又称特征选择）。探索性数据分析支持三种不同且互补的数据分析过程：表示、探索和发现。可视化则完全贯穿于这三种数据分析过程。

表示过程的目标是快速地、粗略地熟悉数据集。它包括计算和可视化各种统计指标，如均值、中位数、众数、极差、方差、标准差（请参考 2.2.1-1 节）。变量的数据类型直接决定使用哪一类统计指标。常见的数据类型有定类变量、定序变量、定距变量、定比变量。表示过程的可视化技术涉及范围十分广泛，主要包括直方图、散点图、矩阵图、箱型图、茎叶图、平方根图、抗时间序列平滑图、气泡图等。视觉探索过程的本质在于从多个角度审视数据，识别感兴趣的模式，并对识别的模式进行定量描述从而支持决策。该过程既支持概念性的理解又支持富有洞察力的探究，即从教育与教学的视角帮助理解数据已知的部分以及从研究和发现的视角探索数据未知的部分。换言之，探索过程是为了获得对数据总体结构的直观理解和借助视觉探索促进分析推理。后者为探究型学习提供支撑。它可以加深对数据集的理解，并有助于为详细调研制定研究问题。近年来，这种探索过程普遍被称为可视化分析。

最后，发现过程能够使数据分析者完成针对具体研究问题的特定分析。发现过程包括提出假设、收集证据、使用证据验证假设。下面我们用一款名为 R 的统计计算与可视化软件说明上面提到的一些概念。

3. 探索性数据分析说明

首先，我们定义一些术语。分位数是指数据样本中的一个点，使给定比例的样本数据点低于该点的值。例如，0.2 分位数是数据点 q，该点使 20% 的数据点低于 q，同时使 80% 的数据点高于 q。通常涉及的分位数有四种：Q_1、Q_2、Q_3、Q_4。Q_1 为 0.25 分位数，Q_2 为 0.5 分位数，Q_3 为 0.75 分位数，Q_4 为 1.00 分位数。Q_3 与 Q_1 的差被称为四分位距（IQ）。离群点是指在一个总体的随机样本中与其他点的观测值异常偏离的点。观测值超过 Q_3 + 1.5IQ 的点被称为温和离群点，观测值超过 Q_3 + 3IQ 的点被称为极端离群点。同理，我们定义关于 Q_1 的离群点。观测值超过 Q_1 - 1.5IQ 的点被称为温和离群点，观测值超过 Q_1 - 3IQ 的点被称为极端离群点。

R 软件附带许多内置数据集，其中一个叫做 mtcars。该数据集描述了 32 辆汽车在 11 个指标上的数据。指标包括燃料耗费以及汽车设计和性能的 10 个方面。总之，该数据集共有 32 个观察样本，每次观察样本均有上述 11 个变量。这些数据来自 1974 年美国《汽车趋势》（Motor Trend）杂志。11 个变量具体为：①每加仑英里数（1 加仑约等于 3.8 升，1 英里约等于 1.6 千米）；②气缸数；③发动机气缸容积；④总功率；⑤后桥传动比；⑥总重量；⑦从静止到行驶 0.25 英里所需的秒数；⑧ V 型发动机还是直列发动机；⑨变速器类型（自动或手动）；⑩前进档档数；⑪化油器数量。下面，我们通过使用箱线图、分位数 - 分位数（Q-Q）图、核密度图来完成对 mtcars 数据集的探索性数据分析。

箱线图是表示变量分布的图形摘要。图 2-2 给出了 3 个箱线图。左、中、右图分别描述了 4、6、8 气缸汽车在每加仑英里数上的差异性。框中的水平粗线表示中位数（Q_2）。箱子顶边与底边的水平线分别表示 Q_3 和 Q_1。由箱子顶边与底边分别向上、下方向垂直引出的虚线被称为胡须。上胡须从 Q_3 开始到最大非极端离群点停止。相似地，下胡须从 Q_1 开始到最小非极端离群点停止。

Q-Q 图是两种分布的分位数相对彼此绘制的图。图 2-3 描述了每加仑英里数与理论（正态）分布之间的 Q-Q 图。图中也绘制出 45°参考线，该线穿过第一和第三分位数。如果两个数据集来源于具有相同分布的总体，则散点应该大致落在这条参考线上。这就是每加仑英里数的分布情况，因此我们可以认为该变量服从正态分布。

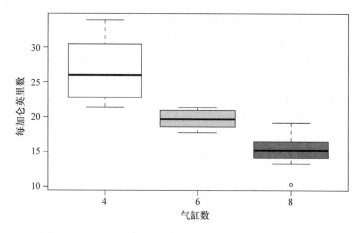

图 2-2　4、6、8气缸汽车对应的每加仑英里数箱线图

有时，我们需要研究若干变量之间的关系，散点图矩阵使这种探索成为可能。图 2-4 是关于每加仑英里数、发动机气缸容积、总功率、总重量的散点矩阵图。矩阵的行数与列数等于变量的个数。我们假设行数与列数从 1 开始。以矩阵（1，2）为例，该子图的横轴表示发动机气缸容积，纵轴表示每加仑英里数。该图显示发动机气缸容积与每加仑英里数呈现较好的负相关关系。我们再以矩阵（4，3）所代表的子图为例，横轴表示总功率，纵轴表示总重量。图中的散点似乎表示两者没有相关

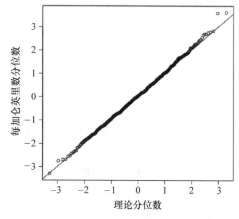

图 2-3　每加仑英里数与理论分布之间的 Q-Q 图

性。通过对散点图矩阵的可视化探索，我们可以深入了解变量之间的相关性，这种探索能够帮助我们识别具有更好预测能力的潜在变量。

图 2-5 左边显示的是每加仑英里数的频数分布直方图，并且用一条拟合密度曲线覆盖于直方图上，但是密度曲线不能准确地描述数据分布。核密度图在描述数据分布方面上比直方图更具有效力。核是带有特殊约束条件的概率密度函数。高斯概率密度函数就是核函数中的一个。核密度估计是一种估计连续随机变量概率密度分布的非参数方法，它是非参数估计的原因是事先没有假设变量的基本分布。图 2-5 右边显示了使用 R 软件得到的每加仑英里数的核密度图。相对于密度曲线，核密度图更接近于数据的真实分布。每加仑英里数的分布情况为右偏，这说明随着每加仑英里数的提高，汽车数量越来越少。

4. 探索性数据分析的案例研究

我们处理的大多数信息属于文本文档的形式。随着文档数量的增加，筛选、收集和理解变得更加困难。比如像大多数搜索引擎所运用的基于关键词的搜索方法会返回非常多的信息。此外，用户对信息的需求通常存在于任务级别中。基于自动化、响应式分析的文本领悟（TIARA）是一个能够从海量文本收集中定位关键信息的系统[7,8]。

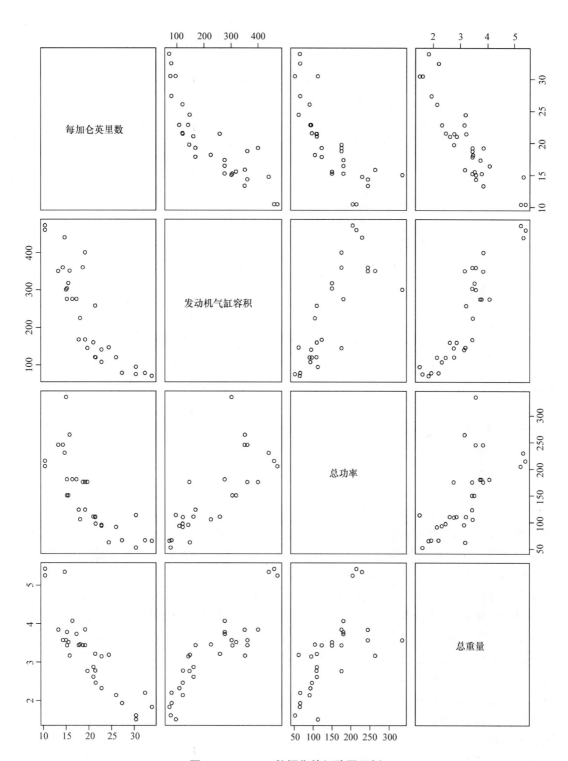

图 2-4 mtcars 数据集的矩阵图示例

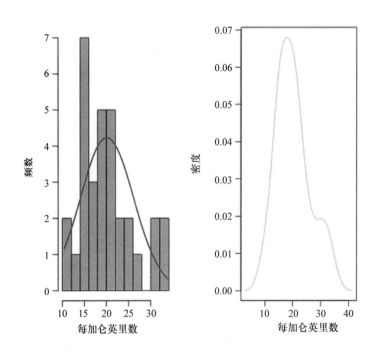

图 2-5　每加仑英里数的直方图以及核密度函数

TIARA 主要提供两个功能。第一个功能是主题生成。主题表示一组文本文档共有的话题信息，通常使用一组关键词来刻画一个主题。指代一个主题的关键词集合被称为主题关键词。为每个主题关键词分配一个概率，该概率测量关键词出现在对应主题中的可能性。TIARA 使用隐狄利克雷分配模型来自动提取文档收集的话题集合。隐狄利克雷分配模型输出的结果为一组话题、每个话题对应的关键词集合及关键词概率分布。为了便于理解隐狄利克雷分配模型输出的结果，TIARA 提供丰富的用户交互工具。因此，TIARA 的第二个主要功能就是帮助用户解释以及检查隐狄利克雷分配模型的结果输出，并从不同的视角概述文本。TIARA 还可以让用户直观地看到在一段时间内主题的演变过程。另外用户可以使用向下钻取和向上钻取功能来浏览和检查不同粒度水平的文本分析结果。例如，用户通过使用向下钻取功能可以从一个主题导航到表示该主题的源文档中。人们使用两个数据集来评价 TIARA 的表现效果。第一个数据集是电子邮件集合。第二个数据集来自国家医院门诊医疗调查（NHAMCS）数据库中的病历。

昆士兰医院住院病人数据收集（QHAPDC）是一个公共卫生数据集，由多家医院独立生成[9]。该数据集由临床数据和人口统计数据组成。临床数据采用国际疾病分类法进行编码。此外，可视化技术被用于评估 QHAPDC 的数据质量、检测异常、识别时间趋势、空间变化和 QHAPDC 的潜在研究价值。数据质量评估旨在识别 QHAPDC 的潜在改进。正异常和负异常检测都被用来促进临床实践的改进，并利用时间趋势和空间变化来平衡医疗资源的配置。对 QHAPDC 数据采用的可视化技术包括直方图、波动图、马赛克图、时间图、热力图和疾病地图。这些技术提供了对患者入院、转院、住院死亡率、发病率编码、诊断和治疗指南的执行以及疾病的时间和空间变化等方面的见解。这项研究讨论了可视化技术的相对有效性和相关的挑战。

文献 [10] 讨论了关于时空趋势信息的探索性分析的用户交互式建模，该建模使用可视化立方体。立方体由四个轴组成：空间轴、时间轴、统计值轴和视图类型轴。该模型的最终雏形已经应用于小学的教学当中。实践证明，该系统具有足够的可用性，可供五年级小学生进行探索性数据分析。不同粒度级别的空间、时间、数据是时空数据所固有的特征。将不同级别的内容进行整合可视化探索是一件具有挑战的事情。参考文献[11]提出了一种解决方案：将数据分解到各个维度并显示出来。这一方法在德国不同行政级别和不同时期的选举和民调数据中得到证明。

空间填充多维数据可视化是一种用来浏览、操作、分析多维数据的技术[12]。它使用水平线表示多维度数据项，从而减少视觉混乱和重叠。每个数据点都是可直接选择的，这个特性使得空间填充多维数据可视化变得独一无二。空间填充多维数据可视化的理念易懂并支持探索性数据分析的多种交互任务。它允许使用 AND 和 OR 运算符直接选择、缩放、排序数据以及对数据进行 K-均值聚类。

关联规则挖掘通常会生成大量的规则。为便于理解，需要一种可视化机制来组织这些规则。AssocExplorer 是一款能够进行关联规则的探索性数据分析的系统[13]。AssocExplorer 的设计基于三阶段工作流程。在第一阶段，使用散点图来提供关联规则的全局视图。在第二阶段，用户可以使用各种条件筛选规则。在第三阶段，用户可以深入查看所选规则的详细信息。颜色用于描绘相关规则的集合。这使得用户能够比较相似的规则并从中得到启示，这在孤立探索时并不容易。

2.2.2 诊断分析

当描述性分析解释过往的时候，它并没有回答"这为什么会发生？"这正是诊断分析所要做的事情。它通过使用多种技术（包括数据挖掘和数据仓库技术）来解释为什么会出现这样的情况。诊断分析是一种涵盖在线分析处理中的向上钻取与向下钻取技术（将在 2.3 节中讨论）的高级技术集合体。本质上讲，诊断分析既是探索性的也是劳动密集型的。诊断分析已经在教育和学习领域以诊断评估的名义实践了相当长的一段时间。下面我们列举一些实例加以说明。

我们的案例研究来自教育机构的教学领域。为改善教学与学习质量，一系列的数据集被用于学习分析研究。这些数据集一般分为两大类：一类是在学习环境中跟踪的数据，如教学管理系统；另一类是来自网页的链接数据。后者通过利用各种连接的数据源补充学习内容并增强学习体验。

LinkedUp 项目[14]的目标在于编写与教育相关的、可自由访问的、可链接的数据集以促进学生学习。2014 年 LinkedUp 项目组织了基于 LAK 数据集的第二个的数据挑战[15]。LAK 数据集是关于 LAK 全文会议录、教育数据挖掘会议录和一些开放期刊数据库的结构化语料库。除了全文，语料库还包括参考文献和元数据，如作者、标题、机构、关键词、摘要等。结构化语料库的首要目标是推进教育和学习领域的数据驱动和分析。

1. 学生过关系统

学生过关系统是由 Essa 和 Ayad 开发的用于识别和帮助风险学生的诊断分析系统[16]。该系统的功能有描述性、诊断性、预测性和规定性分析。该系统通过一整套预测模型识别风险学生，并借用风险分析和数据可视化实现其目标。Essa 和 Ayad 的方法既灵活又具有可扩展性，从而用来生成处理课程和机构间学习环境的显著差异的预测模型。

学生过关系统定义一个称为过关指数的通用度量，其特征是使用预备、出勤、参与、完成和社交学习这五个子指标。每个子指标是许多活动跟踪变量的组合，并在不同的尺度上被测量。其是应用集成方法进行预测建模的基础。

学生过关系统为课程教师提供一个带有颜色编码的学生列表，其中红色表示有风险，黄色表示可能有风险，绿色表示没有风险。教师可以深入了解学生的更多细节，包括课程和机构层面的预计风险。出于诊断目的的可视化技术包括风险象限图、交互式散点图、盈亏图和社交图等。比如，交互式散点图用于可视化学习者行为及表现随时间的变化情况，盈亏图能够可视化学生在整个班级中基于五个指标评判的表现情况。

学生过关系统为学习过程的每个方面均建立一个单独的预测模型。预测模型的初始领域包括出勤、完成、参与和社交学习。以出勤为例，为此收集的数据包括课程访问次数、总时长、每次会话的平均时间等。简单的逻辑回归或广义加性模型适用于出勤。相反，对于社交学习，文本分析和社交网络分析需要提取合适的风险因素和过关指标。因此，简单的逻辑回归并不适合。基于二级预测建模算法的层叠泛化策略可以将单独的预测模型组合到一起。

2. COPA

增强对学生认知加工水平的教学分析为获得对教学过程的深入见解提供新机会。Gibson、Kitto 和 Willis[17] 提出了一个名为 COPA 的框架，该框架能够将认知加工水平匹配到教学分析系统中。更具体地说，COPA 所提供的方法可以将课程目标、学习活动和评估工具匹配到布鲁姆教学目标分类体系（记忆、理解、应用、分析、评价、创造）。这就需要一个灵活的结构将课程目标与学习者期望的认知需求联系起来。作者证明了 COPA 在识别本科学位课程结构中关键缺失元素方面的实用性。

3. **教学中的诊断分析**

Vatrapu 等[18] 提出一种基于视觉分析的教师动态诊断教学决策支持方法。他们引入一种称为教学分析的方法，该方法依托于三个组件：教学专家、视觉分析专家和基于设计的研究专家。

2.2.3 预测分析

根据历史事件，预测分析模型可以预测未来可能发生的事情。预测分析对于提前认识未来事件并实施纠正行动是至关重要的。例如，如果预测分析显示五年以后市场不再需要某一种产品线，那么制造商可能会停止生产这种产品，并且该产品可能被另一个具有强大市场需求的产品替代。预测模型本质上是与概率相关。决策树和神经网络是最流行的预测模型。预测模型是由训练数据得到的。预测分析中的一个重要内容是特征选择，确定哪些变量具有最大的预测价值。下面我们回顾三种特征选择技术：相关系数、散点图和线性回归。

相关系数衡量两个变量的相关程度。它是一个从 −1 到 +1 的实数。当它等于 0 时，表示两个变量之间没有相关性。当相关系数大于 0 时，表示两个变量具有正相关关系。反之，表示两个变量之间具有负相关关系。

在 mtcars 数据集中每加仑英里数与气缸数之间的相关系数为 −0.852162。尽管这个值表示良好的负相关，但散点图（图 2-6a）表明气缸数并不是一个好的预测因子。比如，4 气缸汽车对应从 22 到 34 若干不等的每加仑英里数。散点图中还显示了叠加的线性回归线。这条线的目的是在给定气缸数时来预测每加仑英里数。回归线的斜率为负，因此变量之间的相关性也为负。换句话说，当一个变量增大时，另一个变量将减小。回归线的斜率也可以是正的。在这种情况下，当一个变量的值增加时，另一个变量的值也会增加。

散点图（图 2-6b）描述了每加仑英里数与总重量之间的关系。与图 2-6a 不同，该散点图反映了两个变量之间较好的线性特征。因为该图中直线的斜率为负，因此每加仑英里数与总重量之间呈负相关，相关系数为 −0.8676594。

散点图（图 2-6c）描述了总功率与气缸数之间的关系。与图 2-6a 一样，所有数据点都垂直堆叠在三个不同的位置，并且不能沿着斜率为正的回归线很好地对齐。总功率与气缸数之间的相关系数为 0.8324475。尽管如此，气缸数并不是一个好的预测因子。

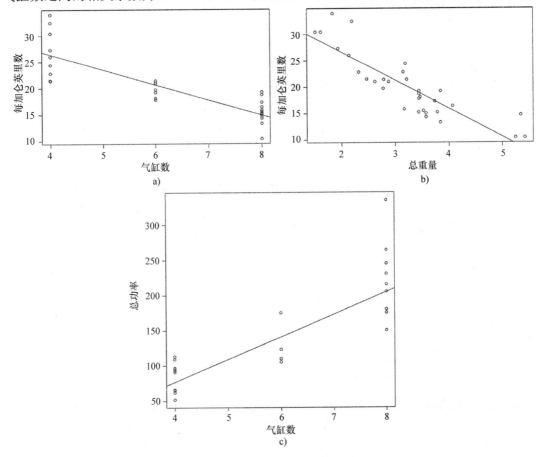

图 2-6　mtcars 数据集中叠加回归线的散点图

总之，散点图是描述性分析和预测分析的标准工具之一。它不同于线性回归，请不要通过拟合直线来描述数据点。

简单线性回归只是预测分析技术中的一种。其他技术还包括离散选择、多分类逻辑回归、probit 模型、logit 模型、时间序列、生存分析、分类回归树、多元自适应回归样条等。除回归方法之外，朴素贝叶斯、多层感知器、神经网络、径向基函数、支持向量机、K 最近邻算法同样是流行的预测技术。

预测分析有着丰富的应用案例。沃尔玛、亚马逊和 Netflix 等零售企业在很大程度上依赖于一系列预测分析活动。例如，预测分析有助于根据客户购买模式确定销售趋势。预测分析还用于预测客户行为和库存水平。通过预测客户可能一起购买的产品来推荐产品，这些零售商可以提供个性化服务。实时欺诈检测和信用评分应用程序也是由预测分析驱动，预测分析同样是银行和金融业务的关键。

2.2.4 规范性分析

顾名思义，规范性分析有助于解决诊断分析所揭示的问题。同时，规范性分析也被用来增加预测模型预测事件实际发生的可能性。规范性分析通过仿真技术对各种场景进行建模和评估，以便回答在防止潜在不良结果发生的同时，如何最大限度地实现期望结果的发生。通常使用随机优化技术决策如何才能取得更好的结果。同时，规范性分析也需要利用描述性分析、诊断分析和预测性分析。

业务规则是规范性分析的一个重要数据源。它们涉及最佳实践、约束、偏好和业务单元边界。此外，规范性分析要求软件系统应该自主地、持续地意识到它们的环境，并且随着时间的推移不断学习。一般来说，认知计算[19]，特别是认知分析[20]是实现规范性分析的必需条件。认知计算是一个新兴的跨学科领域，它借鉴认知科学、数据科学以及一系列计算技术。不同视角的认知计算取决于不同专业领域与快速发展的科学技术。

认知科学理论提供描述人类认知模型的框架。认知是一个基于自主计算获得知识并通过感官、思想和经验来改善行为的过程。认知过程对于自主系统的实现和存在至关重要。

数据科学提供从结构化和非结构化数据源中提取和管理知识的过程和系统。数据源具有多样性，数据类型具有异质性。数据科学的计算包括高性能分布式计算、大数据、信息检索、机器学习和自然语言理解。

认知分析是由认知计算驱动的。认知分析系统计算一个问题的多个答案，并使用概率算法关联每个答案的置信度。我们将在第 2.3.5 节重新讨论认知分析。由于该领域固有的复杂性和新兴性，很少有组织实施认知分析。

2.3 数据分析的演化

数据分析起源于数据库管理系统。数据库管理系统是当前应用软件的基础。集成数据库管理系统的初始版本于 1964 年发布，被公认为第一个集成数据库管理系统。集成数据库管理系统基于网络数据模型并在大型主机上运算。问世于 1968 年的 IBM 信息管理系统是另一个大型的集成数据库管理系统，信息管理系统基于分层数据模型。集成数据库管理系统和信息管理系统都经受住时间的考验，并继续在今天使用，特别是在任务关键型在线事务处理应用程序中。

20 世纪 70 年代中期，集成数据库管理系统迎来巨大的变化。1974 年，IBM 开始研发系统 R，一个基于关系数据模型的数据库管理系统原型[21]。IBM 将系统 R 商业化，并于 1981 年以 SQL/DS 的名称对其进行引入。甲骨文公司也于 1979 年发布基于关系数据模型的数据库管理系统，产品名为 Oracle。在随后几年中，基于关系数据模型的数十个数据库管理系统随之而来。这些系统称为关系数据库管理系统，直到最近才成为事实上的管理所有类型数据的标准。关系数据库管理系统在过去 30 年中一直保持市场主导地位。大数据[22]和 NoSQL 系统[23]的兴起给关系数据库管理系统的统治地位带来挑战。图 2-7 描述了过去 35 年中数据分析的发展历程。

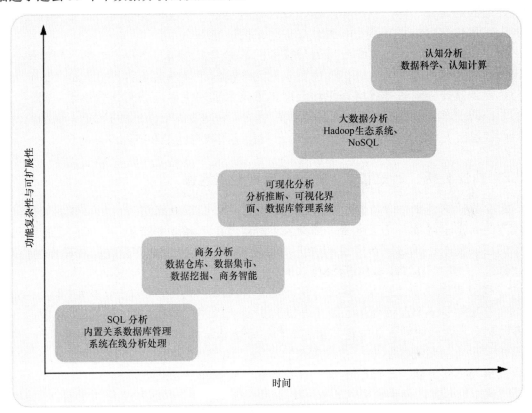

图 2-7 数据分析的发展历程

2.3.1 SQL 分析：RDBMS、OLTP 和 OLAP

尽管关系数据库管理系统最开始关注的是在线事物处理，但是越来越多的功能以在线分析处理的名义被引入到系统中。这是计算机数据分析时代的真正开端。有人可能会说，电子表格的概念起源于 1961 年，但是第一代电子表格仅限于小数据集，数据是通过键盘手动输入的。

多年来，关系数据库管理系统中的在线分析处理功能已经发展到高度复杂的程度[24]。它们包括数学、统计与金融库，它们能够生成复杂的报告、回答特殊查询、试验假设查询以及构建有限的预测模型。

SQL 分析是在线分析处理功能的集合，它可以通过 SQL 数据库查询语言访问这些功能。SQL 分析的一个巨大优势就是它的计算发生在数据所在的位置。但是仅使用关系数据库管理系统数据就可以执行的分析类型是有限的，更有用的分析则需要关系数据库管理系统之外的数据。例如，开发智能交通应用程序所需要的分析需要来自车联网数据、交通信号控制系统数据、嵌入式气象传感器数据、气象预测模型数据、交通预测模型数据。其他问题也随着数据清理和数据集成等这些外部数据而突显出来。

从 SQL 查询处理的角度来看，在关系数据库管理系统中针对在线事物处理工作负载和在线分析处理工作负载的数据组织是完全不同的。在线事物处理需要行组织来有效地获取一行数据，而在线分析处理需要列组织。例如，SQL 分析通常对整列数据进行数学和统计函数的聚合计算。另一个问题是查询延迟要求。在线事物处理的工作负载需要实时响应，而基于 SQL 的在线分析处理任务允许批量处理。

由于在线事务处理和在线分析处理任务的数据组织之间存在相互竞争，很难优化数据库设计以满足两者性能与可扩展性要求。关系数据库管理系统的实验人员和研究人员已经认识到需要分别通过数据仓库和数据集市技术来解决在线分析处理请求。同时，商业智能一词的诞生是为了区分在关系数据库管理系统内置的 SQL 分析和更全面的商业分析。后者超出关系数据库管理系统数据的范围并利用数据挖掘和机器学习算法。

2.3.2 商业分析：商业智能、数据仓库和数据挖掘

商业分析的首要目标是通过及时应对市场改变使组织变得更加灵活。商业分析采用迭代方法：①了解过去经营业绩；②深入了解运营效率和业务流程；③预测现有产品和服务的市场需求；④确定新产品和服务的市场机会；⑤为战略决策提供可操作的信息。商业分析是一套工具、技术和最佳实践的集合体。

1. 商业智能

商业智能是一个总括术语，是指帮助改进商业功能与实现组织目标的各种数据分析任务的集合。在术语"商业分析"出现之前，商业智能的作用类似于过去的描述性分析。商业智能包含一系列数据源、技术和最佳实践，如操作数据库、数据仓库、数据集市、在线分析处理服务器、多维数据集、数据挖掘、数据质量和数据治理。自 2004 年以来，术语"商业智能"的使用频率在下降，而术语"商业分析"的使用频率从 2009 年开始急剧增长。当前术语"商业智能"正在被术语"商业分析"所取代。

商业智能服务于企业并为企业的战略决策提供支持。它以需求为导向，遵循传统的自顶向下的设计方法。数据主要是结构化的，数据以结构化为主，数据的提取、清理、转换和加载都需要很大的支持。商业智能项目通常可以被重新利用。相比之下，商业分析侧重于创新和新机遇。自下而上的实验与探索处于商业智能的中心地位。总之，商业智能主要关心在商业方面已经发生的事情。另一方面，商业分析通过解决三个问题涵盖了更广泛的范围：发生了什么（描述性分析）、为什么发生（诊断性分析）、可能发生什么（预测性分析）以及应该做什么来增加可能发生的机会（规范性分析）。

2. 数据仓库、星型模式、立方体

数据仓库是专门为在线分析处理和商业分析工作负载设计的大型数据库。它们的数据组织针对面向列的处理进行了优化。数据来源于包括关系数据库管理系统在内的多个数据源，并将其清理、转换、加载到仓库中。用于数据仓库的数据模型称为星型模式或维度模型。

星型模式的特点是有一个大的事实表，其中附上几个较小的维度表。事实表中的每一行都为组织中的事件建模。通常事实表的行包括有关事件的时间信息，如订单日期。考虑沃尔玛等零售商及其数据仓库需求。星型模式的维度可能包括地理区域（例如东北

部、中西部、东南部、西北部），时间（第一、第二、第三、第四季度）和项目类别（电子、花园、室外、家庭时尚）。

图 2-8 展示医疗数据仓库的星型模式。中间位置为具有大量属性的事实表。它有 8 个维度表：性别代码、种族代码、年份、录取来源、薪资来源等。星型模式能够生成多维度在线分析处理立方体，这些立方体可以被切片和分块，以便查看维度中不同详细级别的数据。术语"立方体"与超立方体和多立方体同义。为了便于说明，我们把讨论限制在三个维度。

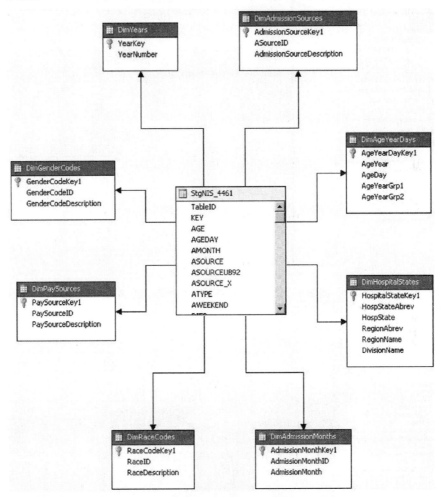

图 2-8 星型模式示例

在线分析处理将信息汇总到多维视图和层次结构中从而使用户能够快速地访问信息。在线分析处理查询通常是计算密集型的，并且对计算机资源提出更高的要求。为了保证良好的表现，运行在线分析处理查询并预先生成摘要。预计算的摘要称为聚合。

考虑如下立方体，其维度为地理区域、时间、项目类别。数据和商业分析师使用这些数据集来探索销售趋势。每个维度特定值交叉处的单元格表示相应的销售金额。例如，地理纬度为中西部、时间维度为第四季度、项目维度为电子产品的交叉点单元格表示中西部地区第四季度电子产品的销售收入。也可以对维度有更细的粒度。例如，第四季度可以细分为10月、11月和12月。同样地，地理区域的更细粒度维度包括该区域内的各个州。

在线分析处理立方体的结构允许通过向下钻取和向上钻取操作进行交互式探索。图2-9描绘了显示聚合的在线分析处理立方体。图2-10中在线分析处理视图显示了向下钻取的细节。

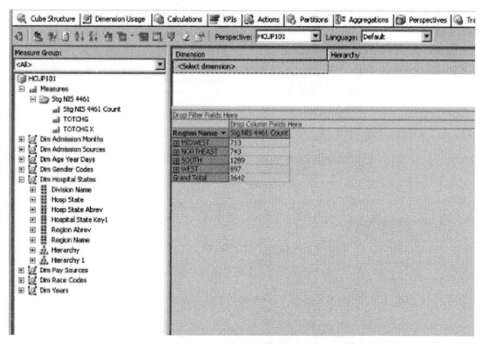

图2-9　显示聚合的在线分析处理立方体

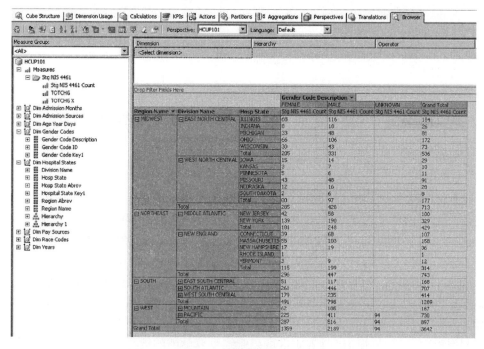

图2-10　在线分析处理视图中向下钻取的细节

3. 提取、转换、加载工具

提取、转换、加载是进行设计、开发、操作数据仓库的工具集合。从人员和计算基础设施的角度来看，数据仓库开发是一项资源密集型活动。即使使用提取、转换、加载工具，识别、清理、提取、集成来自多源的相关数据也是一个繁琐的手动过程。有些组织只构建一个综合数据仓库，称为企业数据仓库。相比之下，其他人则采用数据集市的方法。数据集市是范围有限的小型数据仓库，通常服务于单个部门的需求。数据集市也可从现有企业数据仓库构建。通常数据仓库和数据集市都是使用关系数据库管理系统实现的。

4. 在线分析处理服务器

数据仓库和数据集市一旦被构建，它们就可以被各种客户机访问，包括查询、报告、分析、数据挖掘工具。从客户端工具的视角来看，SQL 是访问数据仓库和数据集市的低级语言。在线分析处理服务器通过支持向下钻取与向上钻取操作的在线分析处理多维立方体提供更高级别的数据访问服务从而消除这一缺点。在线分析处理服务器充当数据仓库和客户端工具之间的中介。如前所述，在线分析处理服务器立方体还提供性能上的优势。

在线分析处理服务器使用四种方法之一实现：关系在线分析处理、多维在线分析处理、混合在线分析处理、专用 SQL 数据库管理系统。关系在线分析处理服务器是一个扩展的关系数据库管理系统，它将多维立方体上的操作匹配到标准 SQL 操作。后者由底层关系数据库管理系统执行。这有助于关系在线分析处理服务器的可伸缩性，并避免了数据冗余。

多维在线分析处理是一种专用服务器，它通过基于数组的多维存储引擎直接实现多维数据的处理。数据的两个副本有一个存在关系数据库管理系统中，另一个存在多维存储引擎中。基于数组的存储引擎支持使用快速索引预计算摘要数。相对于关系在线分析处理，多维在线分析处理方法的伸缩性不佳。

混合在线分析处理结合关系在线分析处理的可伸缩性与多维在线分析处理的计算速度。最后，专用 SQL 服务器提供了专门为星型模式设计的查询语言。它们自然地支持向上和向下钻取操作。

在线分析处理服务器提供的数据分析功能对于满足报告需求、启用探索性数据分析、识别改进商业流程的机会以及评估商业单元的性能非常有用。通常商业分析需要大量人力。与近实时应用程序相结合的大数据和 NoSQL 系统的出现[25]使批处理系统黯然失色，数据仓库和数据集市的关键作用正在减弱。

5. 数据挖掘

数据挖掘超越了在线分析处理的向下钻取和向上钻取功能。通过发现隐藏在数据中的相关性和模式，它能够从数据仓库和数据集市中自动提取有价值的情报。此类模式可用于通过减少拥堵改善道路交通、提供卓越的客户支持、减少装运产品中的缺陷数量、增加收入和降低成本等目的。数据挖掘通常对存储在仓库中的数据执行。但是，它也可以对保存在平面文件和其他存储结构中的数据执行。

如前所述，在执行挖掘之前数据要经过清理、转换、集成等步骤。为数据挖掘准备数据是一个重要的步骤，这是一个既繁琐又困难的步骤。这方面内容将在 2.4 节中讨论。本质上，数据挖掘涉及使用机器学习算法在数据元素之间寻找频繁模式、相关和关联关系[26]。

频繁模式包括项集、子序列和子结构。频繁项集是指一组经常出现在杂货店销售收据中的项目。这种洞察力对于理解客户的购买模式及其在一年中的变化是有用的。这反过来有助于计划库存，并通过发行相关优惠券来提高客户忠诚度。在智能交通系统中，如果两类不良交通事件似乎同时频繁发生，则可以利用这些信息设计有效的控制措施以减少其发生。

频繁子序列是指在数据集场景中频繁地被观察到的序列，例如先买房，然后买房屋保险，最后是家具。与项集不同，子序列中的购买行为强调的是时间间隔。了解客户的频繁子序列将有助于执行有针对性的营销活动。在 ITS 中的一个例子是由道路网络中的单个事故引起的具有时间间隔的一系列的交通拥堵。这种频繁子序列的信息可用于实现实时交通路线重规划。

频繁子结构是指结构形式，如树和图。挖掘频繁子图模式在生物学、化学、网页搜索中都有应用。例如，化合物结构和网页浏览历史可以自然地被建模和被分析为图。在图中寻找子结构称为图挖掘。图挖掘的应用包括发现频繁分子结构，在社交网络中发现强连接的群，以及网页文档分类。

挖掘频繁模式有助于揭示数据项之间有趣的关系与相关性。例如，考虑如下关联规则：演算分数（X，"29 ~ 34"）∧高中 AP 课程学习（X，"4 ~ 8"）⇒成功（X，计算机科学专业）[支持度 = 15%，置信度 = 75%]。这条规则规定，如果学生 X 的演算成绩在（29 ~ 34）范围内，并且在高中完成了 4 ~ 8 门 AP 课程，那么他将在大学成为计算机科学专业的学生。支持度 = 15% 表示数据集中 15% 的记录满足规则中的条件。最后置信度 = 75% 表示在符合规定条件下，学生将来成为计算机科学专业学生的可能性为 0.75。

其他数据挖掘任务包括分类、聚类分析、离群点分析和演化分析。

分类问题涉及到将一个新的对象实例分配给一个预定义的类。完成这项工作的系统称为分类器，它通常从一组训练数据中学习而得。分类器使用如果 - 那么规则、决策树和神经网络等形式表示。

将考虑如下分类问题：识别手写邮政编码。每个手写数字都由二维像素数组和如下特征表示：笔画数、距图像中心的平均距离、纵横比、水平半点以上像素的百分比以及垂直半点右侧像素的百分比。数字的这些特征被组合成一个称为特征向量的结构。

利用特征向量建立如果 - 那么规则、决策树和神经网络，对特征进行人工识别。在某些领域中，有大量的特征可以利用，特征选择任务决定了特征的子集，这些特征对分类任务具有重要意义。尽管特征在不同领域有所不同，但使用特征向量训练和验证分类器的过程独立于领域。

聚类（又称聚类分析）是将 n 个对象不重叠地划分成 m 个类的问题。其中，类的数目为 m，它不是先验信息。对象分组基于最大化类间相似度和最小化类内相似度的原则。换句话说，类中对象是内聚的，并且彼此相似，而一个集群中的对象与另一个集群中的对象应具有显著差异。与分类算法一样，聚类算法也需使用特征向量。

在统计分析中，离群点是与其他数据点截然不同的数据点。我们已经在第 2.2.1-3 节中看到如何使用箱线图手动检测离群点。大多数统计数据分析方法会舍弃离群点。然而，在数据挖掘背景下，离群点是揭示兴趣的数据点。例如，欺诈性信用卡交易和监视系统的安全漏洞。离群点可以使用统计测试来检测，该测试假设数据的分布。它们也可以通过距离测量来检测。如果某个数据点距离所有簇都超过某个阈值距离，则该点被视为离群点。

演化分析模型显示对象行为随时间变化的规律性。例如，该分析将有助于发现时间序列数据（如股票市场价格）的规律和趋势。对这些模式的了解可以用来预测股市趋势和做出股市投资决策。就智能交通系统而言，了解交通模式和交通量随时间演变的规律，将有助于道路通行能力规划和交通疏解措施设计。

我们以一个图数据挖掘应用程序来总结这一部分内容。我们利用图数据挖掘解决网页文档分类问题。首先，我们提取一组网页文档中所有不重复的单词，并删除常见的语法功能单词（例如，a、an、the、or、and），使用元素化技术将单词转换为它们最常出现的形式，并且只保留出现频率高于指定阈值的单词。其次，将每个单词作为图中的顶点，如果单词 w_2 跟在单词 w_1 后面，那么创建一条端点为 w_1、w_2 的边。每条边都被标记出其对应的单词在文中出现的位置。第三，挖掘频繁子图，并且将子图称为项。第四，使用基于度量的项频率、逆文档频率来给文档分配特性项。最后，采用聚类算法和 k 近邻分类算法对网页文档进行分类。

2.3.3 可视化分析

可视化分析是一个新的跨学科领域[27]。它融合以下领域：分析推理；规划和决策；可视化表示；交互技术；数据表示和转换；分析结果的产生、呈现和传播。分析推理方法使客户能够获得直接支持评估的见解。接下来的三种技术：规划和决策、可视化表示、交互技术利用人眼和大脑之间的高带宽连接，以并行模式探索和理解海量信息。数据表示和转换方法将冲突的、动态的数据转换为支持可视化和分析的形式。最后分析结果的产生、呈现和传播能够有效地将信息传达给一系列受众群体。

可视化分析将计算机的计算能力和人类稳健的决策能力结合在一起。它将数据分析与视觉设备和交互技术相结合，从而实现对大数据的有效分析。可视化分析应用程序基于大型时间演变图，包括用于应急管理和流感预测的实时信息疏散决策支持系统。

在可视化分析中使用的数据可能来自不同的数据源，包括关系数据库管理系统、NoSQL 系统、数据仓库、数据集市、平面文件等。许多可视化分析软件供应商提供源数据连接器以便导入使用的数据源。

可视化分析软件产品可从多个供应商中获得，包括 SAS、Tableau、IBM、Microsoft、Qlik。它们在功能特性与可扩展性方面差别较大。有些产品可以无缝地集成查询、探索、可视化过程，并根据上下文自动推荐有效的可视化效果。另一些则通过增强人的感知来鼓励视觉思维，并提供视觉视角的转换和链接功能从而在可选的视觉效果之间轻松切换，而多个相关的视觉效果在语义上是相互关联的。其他考虑因素包括支持的可视化范围和多维表达。最后，协作可视化允许多个地理位置分散的用户协作开发和共享可视化。

2.3.4 大数据分析

大数据分析的目标与我们之前讨论的其他数据分析技术类似。然而，有几个问题使得大数据分析相当具有挑战性[28, 29]：数据异构性和随之而来的复杂数据类型问题，数据量和数据生成的速度问题。这就需要专门的计算硬件和软件。在大数据环境中，数据质量问题也更为突出。从实际角度来看，可扩展性和性能是决定成功的因素[30]。

大数据之前的分析主要处理嵌套在关系数据模型中的结构化数据。相比之下，大数据分析包含自然语言文本，twitter 推文，多媒体数据如音频片段、图像、视频等非结构化数据。特征提取则是另一个挑战。在许多情况下特征选择本身就是非常困难的任务。此外，分析与解释 TB、PB 级数据集所需的知识和技能与分析和解释小规模数据集的知识和技能截然不同。

从积极的方面来说，大数据是有趣的，因为它有可能揭示在中小型数据中没有表现出来的新兴现象。探索性数据分析和可视化是深入了解大数据的初步工具。大量高性能计算设备可用于大数据分析。Hadoop 生态系统和 NoSQL 数据库是普遍流行的选择。我们将在第 2.4 节中重新讨论与大数据分析相关的问题。

2.3.5 认知分析

认知分析是可视化分析和大数据分析的自然演变与融合。认知分析将人类从循环中移除。它用模仿人类认知功能为目标的认知主体取代人的参与行为。认知分析利用若干领域的最新进展，但主要贡献来自计算与认知科学学科。

认知分析系统从结构化、半结构化和非结构化数据中提取特征。它们还使用分类法和本体论来支持推理。认知分析系统从数据中提取低级特征和高级信息。这些系统还依赖于各种机器学习算法和推理机来实现类似人类的认知能力。学习和适应是认知分析的组成部分。

认知赋予如自动驾驶汽车这样自主系统自我调节的能力，并从环境中获取知识，包括情境意识。学习、发展和进化是自主系统中的一部分，它通过认知过程来实现。认知科学为认知过程建模提供理论、方法、工具[31]。

认知架构是开发认知系统的蓝图。它规定固定的结构以及它们之间的交互关系以达到像人类一样的智能行为的目标。认知模型关注单一的认知过程，例如对口语界面的语言理解。一个认知结构可以支持多种认知模型。最后，认知计算系统为开发和部署认知系统提供必要的计算基础设施。

与我们目前看到的所有其他分析不同，认知分析为每一个问题生成多个答案，并将置信度量与每个答案关联起来。认知分析系统依靠概率得出具有不同关联度的多个答案。每个答案都对应一个假设。收集证据以支持每一个假设，并用于对假设的重要性进行评分。

在某些方面大数据分析和认知分析与数据科学重叠，我们在 2.4 节中讨论。数据科学为使用认知分析解决问题提供框架。

2.4 数据科学

数据科学属于一个新的跨学科领域，其目标是为困难问题提供数据驱动的解决方案。后者不适合精确的算法解。在自然语言理解和自动汽车导航方面，这样的问题比比皆是。

数据科学通过使用概率和机器学习算法提供问题的解决方案。通常一个问题有多个解决方案，每个解决方案都有一定的可信度。可信度越高，解的重要性就越大。这种方法是处理数据的自然结果，数据可能不完整、不一致、不明确、不确定。数据科学的方法密切地反映人类解决问题的方式，这些问题很难用算法描述，比如自动驾驶汽车中障碍物的检测和规避。

大数据的兴起是数据科学的起源。大数据使科学家能够克服与小数据样本有关的问题。在数据量足够大的情况下：①可以松弛理论模型中的某些假设；②可以避免预测模型与训练数据的过度拟合；③可以有效地处理噪声数据；④可以用大量测试数据验证模型。

Halevy、Norvig、Pereira[32]认为如果统计模型有足够大的数据量来进行模型训练和验证，那么它的准确选择并不重要。换言之，通过利用大数据的力量建立简单但高质量的模型，通过管理问题域的复杂性，不适定问题可以得到解决。例如，可以通过图像平均来消除真实的随机和加性噪声。通过对同一对象的连续图像序列进行平均，可以显著提高图像的质量。平均使用的图像数量越多，得到的图像的视觉质量就越高。这项技术通常用于卫星图像。

与计算机科学一样，数据科学既是一门科学学科，又是一门工程学科。它是一门科学学科，因为它采用以实验为导向的科学方法，基于经验证据，提出假设，并收集证据进行假设检验。它是一门工程学科是因为它用于开发和部署如自动导航车辆和认知助手等实用性系统。这就是认知科学在补充数据科学方面发挥关键作用的地方。数据科学研究数据问题、实验设计、假设检验[33]，而认知科学提供理论、方法、工具为认知任务建模[31]。更具体地说，认知科学提供描述人类认知的各种模型框架，包括信息是如何被大脑表示和处理的。

数据科学包含多种视角。计算视角主要处理存储和检索大数据的计算问题、身份验证和授权问题、安全性问题、隐私与出处问题。它为执行数据流提供高性能、可扩展的计算基础设施。数学视角涉及实验设计、假设检验、推理和预测。科学视角包括经验观察、提出有趣的问题、可视化并解释结果。总之，数据科学是关于探索性数据分析、发现模式、建立、验证模型以及进行预测的科学[1]。在本节的其余部分中，我们将从各个方面讨论数据科学。

2.4.1 数据生命周期

数据生命周期描述数据从开始到结束所经历的各种过程。数据生命周期阶段包括：①生成；②采集；③清理；④抽样；⑤特征提取；⑥模型开发。许多数据分析项目使用从第三方供应商获得的数据来增强内部数据。在选择数据供应商之前，应调查将内部数据与供应商数据集成时可能出现的问题。收购通常涉及如下环节：确定数据供应商、检查数据格式、解决许可问题、选择供应商。供应商可能对数据的使用方式和在下游应用程序中嵌入数据的版税有特殊限制。

清理阶段所涉及的工作可能差异较大。清理是指一系列广泛的活动，包括重复检测、数据插补、异常值检测、解决冲突与不明确数据、建立记录链接程序（即关联一个对象来自多个源的相关数据）。

数据抽样为下一阶段的特征提取选择数据子集。由于特征提取是一项计算密集型任务，因此一个重要的决策就是确定用于特征提取的数据量。抽样方法有多种，包括简单随机抽样、分层抽样、系统抽样、整群抽样、比例概率规模抽样等。

数据中的每个观察对象都具有多个属性（即特征）。例如，历史航班数据库可以记录每个航班的如下信息：计划起飞时间、实际起飞时间、计划到达时间、实际到达时间、起飞机场代码、到达机场代码、飞行持续时间、日期。其中一些属性可能彼此相关。对于模型构建来说，这样的属性并不能增加模型的价值，反而使模型陷入维数灾难。随着模型维数的增加，空间量也会急剧增加。这就导致数据稀疏性，需要额外的数据才能获得具有统计意义的结果。不幸的是，支持统计显著所需的数据量往往随着维数呈指数增长。特征选择是指确定对模型构建最有效的属性子集。

一旦进行特征选择，下一步就是从每次观测中提取特征。如果选择的特征数为 n，那么特征向量也是一个 n 维数值向量。假设数据由 m 个观测值组成，则特征提取的结果是 m 个特征向量的列表，每个特征向量都是 n 维向量。通常特征是在批处理模式下使用计算框架（如 Hadoop）提取的。模型建立将在第 2.4.3 节中讨论。

2.4.2 数据质量

数据质量在决策和战略规划中的关键作用使计算时代成为现实。数据质量的研究涉及多个方面，包括数据约束、数据集成、仓库问题、数据清理、框架和标准、数据质量度量等[34]。其中每个方面可能包含若干子方面。例如，数据清理包括错误检测、异常值检测、记录链接、数据填充。

某些数据质量问题很容易解决，而诸如记录链接等问题的解决方案仍然非常困难。记录链接问题涉及缺少唯一标识属性实体的不同数据片段。另一个数据质量问题源于数据转换，当数据经过各种转换时，数据质量错误会传播和累积。

关系数据库管理系统使用完整性约束作为增强数据质量的主要手段。完整性约束以声明方式指定。如果完整性约束的表达能力不够强，则使用触发器按程序指定约束。

数据质量的定量评估用来衡量数据缺陷的严重性和程度。如文献[35]所述，评估现有数据库中数据质量的方法需要执行三方面任务：数据库模式静态分析、数据库结构复杂性度量、数据库内容验证。静态数据库模式分析执行检查任务，例如供应商特定功能的使用以及违反数据库设计的常规表单。度量数据库结构复杂性的指标有三类：大小、复杂性和质量。最后，验证数据库内容需要验证现有数据是否传递使用谓词逻辑声明的断言。断言捕获的数据质量语义不能用完整性约束表示。

2.4.3 模型构建与评价

我们使用航空公司实时表现数据集[36, 37]来说明分类问题的模型构建和验证。该数据集涵盖 1987 年 10 月至 2008 年 4 月在美国境内所有商业航班的航班到达和出发信息。数据集中有近 1.2 亿条记录。压缩形式的数据集为 1.6GB，未压缩格式数据为 12GB。仅在 2007 年，数据集就包含了 7453216 个航班的信息。每个飞行记录由 29 个变量组成。其中一部分变量为年、月、日、周、实际起飞时间、计划起飞时间、实际到达时间、计划到达时间、唯一承运人代码、航班号、始发机场、目的地机场。数据集将通过机场、航空公司代码、飞机和天气的补充数据得到增强。

下面提取 2007 年数据用作探索性数据分析，该分析过程使用软件 RStudio 和 R。分析旨在回答以下问题：①哪个机场延误次数最多？②哪家航空公司的航班延误次数最多？③旧飞机比新飞机延误的更多吗？④天气对延误有影响吗？⑤一个机场的延误会导致其他机场延误吗？

下一步是建立预测模型，首先我们需要创建特征矩阵。因为我们不会使用所有 29 个变量，而是使用特征选择来选择具有更强预测能力的变量。例如，人们自然认为冬季可能比夏季造成更多的延误。因此我们保留月份变量。一些机场如芝加哥和亚特兰大，由于空中交通拥挤，延误的时间也会更多。根据这一推理，我们还选择日、星期、小时、飞行距离、假日天数变量。最后一个变量是离最近假日的天数。例如，如果出发日期是 7 月 2 日，则离假日的天数是 2 天（因为 7 月 4 日是最近的假期）。所有六个变量或特征是均为数值型。

2007 年从芝加哥起飞的所有航班数据都将用于训练模型。2008 年的相同数据将用于测试和验证该模型。为了使下面的论述更加具体，我们引用了文献[37]中的分析结果。

训练数据由 359169 个航班组成，每个航班有 6 个特征变量。接下来使用 Python 的 Scikit learn 机器学习包用于开发两个预测模型：L2 正则化 logistic 回归与随机森林。为比较在连续迭代中构建的预测模型的性能，我们需要定义一些指标。首先，我们定义混淆矩阵，如表 2-2 所示。

表 2-2 混淆矩阵的结构

		预测值		列总计
		正	负	
真实值	正	真正类（TP）	假负类（FN）	P'
	负	假正类（FP）	真负类（TN）	N'
	列总计	P	N	

考虑表中标记为"真正类"的单元格。给定由六个变量组成的特征向量作为输入，该单元格中的值表示模型正确预测实际延误的次数，该值越大越好。标记为"假正类"单元格中的值表示模型对实际没有发生延误的航班预测为延误的次数，该值越小越好。下一步，标记为"假负类"单元格中的值表示模型对实际发生延误的航班预测为未发生延误的次数，该值越小越好。最后，标记为"真负类"单元格中的值表示模型对实际没发生延误的航班预测为未发生延误的次数，该值越大越好。

令 $P = TP + FP$，$N = FN + TN$。我们定义如下四种指标：精确率、召回率、准确率、调和平均值：

$$\text{精确率} = \frac{TP}{TP+FP} \quad (2\text{-}1)$$

$$\text{召回率} = \frac{TP}{TP+FN} \quad (2\text{-}2)$$

$$准确率 = \frac{TP+TN}{P+N} \tag{2-3}$$

$$调和平均值 = \frac{2 \cdot TP}{2 \cdot TP + FP + FN} \tag{2-4}$$

L2 正则化 logistic 回归模型的混淆矩阵如表 2-3 所示。指标评估如下：精确率为 0.38、召回率为 0.61、准确率为 0.60、调和平均值为 0.47。

表 2-3　L2 正则化 logistic 回归模型的混淆矩阵

		预测值		列总计
		正	负	
真实值	正	58449	36987	95436
	负	96036	143858	239894
	列总计	154485	180858	

接下来我们尝试一种不同的航班延误预测模型，我们建立一个 50 棵树的随机森林分类器。随机森林模型的指标评估为：精确率 0.41、召回率 0.31、准确率 0.68、调和平均值 0.35。与 logistic 回归模型相比，随机森林模型的准确度有所提高，但调和平均值评分有所下降。由于该模型的目的为预测航班延误，因此准确率是一个更为突出的衡量指标。

有时需要将分类变量转换为二进制变量，以便简单地表示是否存在该特征。甚至其他变量比如出发延误，也可以映射到二进制值变量。假设变量出发延迟的值在 0～20 范围内。选择一个阈值，比如 10。如果值小于 10，该变量等于 0，否则该变量等于 1。

在下一次迭代中，在将分类变量和那些本质上是分类的变量转换为二元变量之后再建立随机森林模型。这将特征向量的维数从 6 增加到 409。该随机森林模型的指标评估为：精确率 0.46、召回率 0.21、准确率 0.71、调和平均值 0.29。其中准确率从 0.68 增加到 0.71。

在最后一次迭代中，利用气象数据对数据集进行补充和增强，建立另一个随机森林模型。这将特征向量维数从 409 增加到 414。另外，随机森林中的树增加到 100 棵。这个新的随机森林模型的指标评估为：精确率 0.63、召回率 0.23、准确率 0.74、调和平均值 0.34。准确率由以前的 0.71 提高到 0.74。

总之，特征选择是一门科学，也是一门艺术。在小心抽样的数据集上进行探索性数据分析有助于深入了解哪些变量可能具有更大的预测值。还有许多其他机器学习算法可以用来解决航班延误预测问题。注意某些算法在一个域中可能执行得很好，但相同的算法在其他域中可能执行得很差。

2.5　数据分析的工具与资源

数据分析需要大量的数据和高性能、高并行计算的基础设施。在大数据时代，数据无处不在。然而高质量的数据也需要高昂的价格。另一方面，云计算托管设备（如亚马逊网页服务）的使用价格相对便宜。

1）用于书面和口头语言分析的数据资源：《世界语言结构图集》（WALS）是一个大型数据库，包含从参考语法等描述性材料中收集的语言语音、语法和词汇特性[38]。WordNet 是一个英语词汇数据库[39]。在参考文献 [40] 中，有 10 亿字的基准来衡量统计语言建模的进展。

2）一般数据来源：UC-Irvine 机器学习存储库拥有 350 个数据集，用于促进机器学习研究[41]。Data.gov 是美国政府的一项开放数据计划[42]。目前有超过 185675 个数据集可供公众使用。古腾堡计划[43]提供超过 50000 本免费电子书。其他资源（如 data.stackexchange.com、DBpedia、LinkedIn、ResearchGate）提供对其数据的编程访问。例如，可以将参数化的 SQL 查询提交到 data.stackexchange.com 并检索目标明确的数据。这些资源的数据使用限制、成本和许可证类型各不相同。

3）软件库和工具：各组织都在竞相生产他们的开源软件和工具，但不是数据。例如，Google 最近开放的 TensorFlow，一个用于机器智能的开源软件库[44]。Google 还开放了 SyntaxNet，一个用于开发自然语言理解系统的开源神经网络框架[45]。SyntaxNet 可以在 TensorFlow 中实现。Weka 3 是进行数据挖掘任务的 Java 机器学习算法集合[46]。Apache UIMA 项目提供开源框架、工具和注释器以便于对文本、音频和视频等非结构化内容进行分析[47]。

R 是一个用于统计计算、图形、可视化的著名开源语言环境[6]。R 为线性和非线性建模、分类、聚类、时间序列分析、经典统计检验等提供广泛的统计工具。R 具有高度的可扩展性，可以使用数千个包来满足特定领域的需求。

R 的流行使得数据访问连接器可用于从 R 访问关系数据库管理系统和其他数据源。其中一个包是 dplyr，它不仅仅是一个数据库连接器，它还提供数据操作语法，将用 dplyr 编写的查询转换为 SQL，对数据库执行 SQL，并将查询执行结果提取到 R 环境中。dplyr 连接到的数据库包括 SQlite、MySQL、MariadB、PostgreSQL、Google BigQuery。在功能上与 R 类似的其他工具还有 SparkR、RHadoop、RJDBC、RODBC、DBI。

Hadoop 是用于大数据处理和认知分析的流行的开源计算平台。Hadoop 的主要组件有 Hadoop 分布式文件系统、Hadoop MapReduce（一种高性能并行数据处理引擎）、处理特定任务的各种工具。Hadoop 分布式文件系统、MapReduce 以及各种工具统称为 Hadoop 生态系统。工具包括 Pig、Pig Latin、Hive、Cascading、Scalding、Cascalog。

Pig 是一种用于指定 ETL 数据和计算分析的数据流的声明性语言。Pig 生成执行数据流的 MapReduce 作业。Pig 为 MapReduce 提供更高层次的抽象。Pig Latin 通过编程语言的扩展增强 Pig，它提了常见的数据操作，如分组、连接、过滤。Hive 为存储在兼容文件系统中的大型数据集提供基于 SQL 的数据仓库功能。

Cascading 是 MapReduce 编程中流行的高级 Java API。它有效地隐藏 MapReduce 编程的许多复杂性。Scalding 与 Cascalog 是比 Cascading 更高级、更简洁的 API。Scalding 利用矩阵代数库增强了 Cascading，而 Cascalog 增加了逻辑编程结构。Scalding 和 Cascalog 分别可以从 Scala 和 Clojure 编程语言中访问。

Storm 和 Spark 是用于事件流处理和实时流数据处理的 Hadoop 生态系统工具。Storm 含有一系列专门用于接收来自不同数据源的流数据的喷口。它还支持增量计算并在滚动数据窗口上实时计算度量。Spark 为数据库访问、图形算法和机器学习提供一些附加的库。

Apache Tez 是一个用于在 Hadoop 上执行分析作业的分布式执行框架。Tez 支持将计算表示为数据流图的功能，这是一个比 MapReduce 更高级别的抽象。更重要的是 Tez 可以直接将一个进程的输出作为下一个进程的输入，从而消除将中间结果存储到 Hadoop 分布式文件系统的情况。这赋予 Tez 比 MapReduce 更大的性能优势。

Python 是一个用于科学计算和认知分析的流行编程语言。Pydoop 是 Hadoop 的一个 Python 接口，它支持使用 Python 编写 MapReduce 应用程序。Python 和 Matplotlib 是探索性数据分析的理想工具。

AWS Elastic MapReduce 是亚马逊的云托管商业 Hadoop 生态系统。微软的 StreamInsight 是另一个用于流数据处理的商业产品，尤其针对复杂事件处理。

bigml.com 提供各种收费的机器学习算法和数据集（https://bigml.com/）。这些算法可以通过 REST API 获得。

Cloudera 和 Hortonworks 提供 Hadoop 及其生态系统组件作为"开源平台即服务"分布。它的优点是减少学习，而且可以付费购买产品支持。产品支持对于关键任务的企业部署至关重要。Cloudera 和 Hortonworks 是两家为 Hadoop 大数据分析提供支持和咨询服务的公司。

Cloudera 数据中心是 Cloudera 的开源 ApacheHadoop 平台发行版[48]。它包括 Hadoop 及其生态系统中的相关组件。可以使用 Cloudera 数据中心执行端到端的大数据工作流。QuickStarts 是在虚拟机环境中运行的单节点 Cloudera 数据中心。它消除了在 Hadoop 生态系统中安装和配置多个组件的复杂性。QuickStarts 是个人学习的理想选择环境。

Hortonworks 数据平台是一个开源的 Hadoop 平台，用于开发和操作大数据分析和数据密集型应用程序[49]。像 Cloudera 一样，Hortonworks 也提供了一个在虚拟机环境中运行的单节点 Hortonworks 数据平台。

2.6 未来方向

尽管目前大多数大数据分析项目都是以批处理模式执行，目前的趋势是从准实时到实时的处理。对于某些数据分析应用程序，如欺诈和异常检测、发现网络安全攻击和识别即将发生的恐怖攻击，即使在今天也需要实时处理。

大数据处理、认知计算、物联网等方面的进步将给数据分析领域带来巨大的变化。正如数据库管理系统是当前应用程序软件的基础，数据分析将是未来所有软件应用的组成部分。

随着发展中国家互联网连接的不断增强以及智能手机和平板计算机等手持计算设备的普及，越来越多的数据将通过社交媒体和 Web3.0 应用程序生成。此外，这些数据的媒介将从书面形式过渡到口头形式，原因如下。

世界上有超过 6000 种语言[50]。这些语言中的一些被广泛使用，其他的则是人口在几百人左右的小社区。几乎所有人都是通过语言媒介进行交流。在未来的十年里，口语交互将是与计算机系统进行通信的自然的和主要的方式。

实时口语到口语翻译系统已经作为试点开始实践。这一趋势将继续覆盖到更多的语言。这对数据分析领域和智能交通领域都有深远的影响。从旅行者的角度来看，口语界面将加速采用自动驾驶汽车等新的交通方式。口语界面还将改善自助服务机等服务设施的可达性,并显著地拓宽用户基础。

2.7 章节总结与结论

数据无处不在。然而对于消费者来说,识别、清理、转换、集成和管理数据是一项智力和财务的双重挑战。鉴于数据分析的深远影响,在进行数据分析之前必须对数据质量进行评估。

有人说大数据面临的最大挑战是保证数据质量。例如,InfoUSA 就是一个很好的例子。InfoUSA 出售有关消费者和企业的邮件列表数据,这些数据可用于客户分析和目标市场营销。其中企业数据来自 4000 多个电话簿和 350 个企业数据源,如新的企业档案、公用事业连接、县法院和公共记录通知。同样,消费者信息也从 1000 多个来源中收集,包括房地产记录、选民登记文件、税务评估等。数据缺失、不完整与不一致、重复、不明确等现象时有发生。InfoUSA 数据甚至不是一个大数据,但他们雇佣超过 500 名全职员工来收集和管理数据。

大数据和认知分析又带来额外的问题。数据通常来自于多个数据供应商,这些供应商生成的数据没有附加任何特定的背景。换句话说,数据在特定背景中生成。必须评估采购数据的背景,以确保数据背景与建议的数据分析应用程序一致。此外,还有与个人隐私和数据来源有关的问题。

数据供应商通常使用多种方法来收集和管理数据。众包是一个相对新颖的过程,它用于从在线社区的一大群人中获取想法、服务和数据。这项工作在参与者之间分配,他们共同完成任务。例如,通过众包为数字图像分配关键字。一些众包服务提供商如 Amazon Mechanical Turk 向参与者提供费用。维基百科和 DBpedia 就是众包项目的典型例子。然而,并非所有的众包数据收集和管理项目都可以公开征求公众意见和审查。

虽然智能交通系统的一些数据由机器生成,比如嵌入在道路和连接在汽车网络中的气象传感器,但是这些数据也会受到数据质量问题的影响。然而,将上述数据与第三方数据集成是实现智能交通系统真正潜力的关键。

美国交通部的联网车辆实时数据采集和管理计划证明大数据和数据分析将在交通领域发挥关键作用[51]。数据分析将实现一系列旨在提高安全性和机动性,并减少环境污染的战略。此外,它还将减少对传统数据收集机制(如交通检测器)的需求,将其替换为连接的车辆探测器。

物联网技术通过数据收集、集成、分析实现对机动车的实时监控。这需要提高车辆和驾驶人的态势感知能力,这反过来又可以用来预测问题并在问题出现之前解决它们。此外,与地理空间和旅行者模型集成的物联网数据将能够为旅行者提供个性化服务。

2.8 习题

1. 大数据在 ITS 背景下的来源是什么?

2. 请叙述数据分析过程中的各个步骤。

3. 列出大数据分析与一般数据分析的不同之处。换句话说，大数据如何影响数据分析的作用？

4. 数据科学与数据分析之间的联系是什么？

5. 描述性分析揭示数据的哪些性质？

6. 描述性分析与描述性统计之间的关系是什么？

7. 考虑表2-1所示的四重奏数据集。该数据集有什么意义？从数据分析的角度，你能从中吸取什么教训？

8. 你认为创建另一个与四重奏数据集有相同用途的数据集有多困难？

9. 在许多数据分析项目中，为什么需要将检测出来的离群点从分析中消除？

10. 在欺诈检测等应用中，离群点是最重要的观测值。为什么？

11. https://stat.ethz.ch/R-manual/R-devel/library/datasets/html/00Index.html 提供了几个可以使用的数据集。安全带数据集提供1969年1月至1984年12月期间英国汽车驾驶人死亡或重伤的每月总数。请使用R或其他统计软件为该数据集构造矩阵散点图。你能从该图中得到什么见解？

12. 请简述描述性分析与诊断分析的相同与异同之处。

13. 请简述预测分析与规范性分析的相同与异同之处。

14. 简单的线性回归只是用于预测分析的一种技术。列出并描述其他三个回归模型。讨论每个模型与线性回归模型有何不同。

15. 讨论数据分析发展过程中的技术和业务驱动因素。

16. 什么是星型模式？在ITS的背景下为未来的网联汽车设计一个星型模式。

17. 讨论减少对数据仓库和数据集市兴趣的原因。

18. 实现认知分析的计算技术限制是什么？

19. 考虑第2.4.3节中航空公司实时表现数据集的预测模型构建。对于这个模型，我们选择6个变量：月、日、星期、小时、飞行距离、假日天数。接下来我们建立logistic回归和随机森林预测模型。请选择不同的变量集来建立logistic回归和随机森林预测模型。你有不同的结果吗？这些结果更好吗？此外，还可以尝试其他预测模型，如决策树和支持向量机。

20. 前ITS的研究主要集中在城市道路交通方面。使用数据分析可以解决农村地区的哪些交通问题？

参考文献

[1] V. Dhar, Data science and prediction, Commun. ACM 56 (12) (2013) 64–73.

[2] W. Zadrozny, V. de Paiva, L.S. Moss, Explaining watson: Polymath style, in: Proceedings of the Twenty-Ninth AAAI Conference on Artificial Intelligence, Association for the Advancement of Artificial Intelligence, 2015, pp. 4078–4082.

[3] L. Kart, Advancing analytics. <http://meetings2.informs.org/analytics2013/Advancing%20Analytics_LKart_INFORMS%20Exec%20Forum_April%202013_final.pdf>.

[4] J.T. Behrens, Principles and procedures of exploratory data analysis, Psychological Methods 2 (1997) 131–160.

[5] NIST, Exploratory data analysis (2002). URL <http://www.itl.nist.gov/div898/handbook/eda/eda.htm>.

[6] The R Foundation, The r project for statistical computing. URL <https://www.r-project.org/>.

[7] S. Liu, M.X. Zhou, S. Pan, W. Qian, W. Cai, X. Lian, Interactive, topic-based visual text summarization and analysis, Proceedings of the 18th ACM Conference on Information and Knowledge Management, CIKM '09, ACM, New York, NY,, 2009, pp. 543–552.

[8] F. Wei, S. Liu, Y. Song, S. Pan, M.X. Zhou, W. Qian, et al., Tiara: A visual exploratory text analytic system, Proceedings of the 16th ACM SIGKDD International Conference on Knowledge Discovery and Data Mining, KDD '10, ACM, New York, NY, 2010, pp. 153–162.

[9] W. Luo, M. Gallagher, D. O'Kane, J. Connor, M. Dooris, C. Roberts, et al., Visualizing a state-wide patient data collection: a case study to expand the audience for healthcare data, Proceedings of the Fourth Australasian Workshop on Health Informatics and Knowledge Management – vol 108, HIKM '10, Australian Computer Society, Inc., Darlinghurst, Australia, 2010, pp. 45–52.

[10] Y. Takama, T. Yamada, Visualization cube: modeling interaction for exploratory data analysis of spatio-temporal trend information, Proceedings of the 2009 IEEE/WIC/ACM International Joint Conference on Web Intelligence and Intelligent Agent Technology – vol 03, WI-IAT '09, IEEE Computer Society, Washington, DC, 2009, pp. 1–4.

[11] H.-J. Schulz, S. Hadlak, H. Schumann, A visualization approach for cross-level exploration of spatiotemporal data, Proceedings of the 13th International Conference on Knowledge Management and Knowledge Technologies, i-Know '13, ACM, New York, NY, 2013, pp. 2:1–2:8.

[12] T.-H. Huang, M.L. Huang, Q.V. Nguyen, L. Zhao, A space-filling multidimensional visualization (sfmdvis for exploratory data analysis), Proceedings of the 7th International Symposium on Visual Information Communication and Interaction, VINCI '14, ACM, New York, NY, 2014, pp. 19:19–19:28.

[13] G. Liu, A. Suchitra, H. Zhang, M. Feng, S.-K. Ng, L. Wong, Assocexplorer: an association rule visualization system for exploratory data analysis, Proceedings of the 18th ACM SIGKDD International Conference on Knowledge Discovery and Data Mining, KDD '12, ACM, New York, NY, 2012, pp. 1536–1539.

[14] M. d'Aquin, A. Adamou, S. Dietze, Assessing the educational linked data landscape, Proceedings of the 5th Annual ACM Web Science Conference, WebSci '13, ACM, New York, NY, 2013, pp. 43–46.

[15] H. Drachsler, S. Dietze, E. Herder, M. d'Aquin, D. Taibi, M. Scheffel, The 3rd lak data competition, in: Proceedings of the Fifth International Conference on Learning Analytics and Knowledge, LAK '15, ACM, New York, NY, pp. 396–397.

[16] A. Essa, H. Ayad, Student success system: risk analytics and data visualization using ensembles of predictive models, Proceedings of the 2nd International Conference on Learning Analytics and Knowledge, LAK '12, ACM, New York, NY, 2012, pp. 158–161.

[17] A. Gibson, K. Kitto, J. Willis, A cognitive processing framework for learning analytics, Proceedings of the Fourth International Conference on Learning Analytics and Knowledge, LAK '14, ACM, New York, NY, 2014, pp. 212–216.

[18] R. Vatrapu, C. Teplovs, N. Fujita, S. Bull, Towards visual analytics for teachers' dynamic diagnostic pedagogical decision-making, Proceedings of the 1st International Conference on Learning Analytics and Knowledge, LAK '11, ACM, New York, NY, 2011, pp. 93–98.

[19] V. Gudivada, V. Raghavan, V. Govindaraju, C. Rao (Eds.), Cognitive Computing: Theory and Applications, vol. 35 of Handbook of Statistics, Elsevier, New York, NY, 2016 ISBN: 978-0444637444.

[20] V. Gudivada, M. Irfan, E. Fathi, D. Rao, Cognitive analytics: Going beyond big data analytics and machine learning, in: V. Gudivada, V. Raghavan, V. Govindaraju, C.R. Rao (Eds.), Cognitive Computing: Theory and Applications, vol. 35 of Handbook of Statistics, Elsevier, New York, NY, 2016, pp. 169–205.

[21] E.F. Codd, A relational model of data for large shared data banks, Commun. ACM 13 (6) (1970) 377–387.

[22] V. Gudivada, R. Baeza-Yates, V. Raghavan, Big data: promises and problems, IEEE Computer 48 (3) (2015) 20–23.

[23] V. Gudivada, D. Rao, V. Raghavan, Renaissance in database management: navigating the landscape of candidate systems, IEEE Computer 49 (4) (2016) 31–42.

[24] J. Celko, Joe Celko's analytics and OLAP in SQL, Morgan Kaufmann, San Francisco, California, 2006.
[25] V.N. Gudivada, D. Rao, V.V. Raghavan, NoSQL systems for big data management, 2014 IEEE World Congress on Services, IEEE Computer Society, Los Alamitos, CA, 2014, pp. 190−197.
[26] J. Han, M. Kamber, J. Pei, Data mining: concepts and techniques, third ed., The Morgan Kaufmann Series in Data Management Systems, Morgan Kaufmann, Burlington, MA, 2011.
[27] F. Greitzer, C. Noonan, L. Franklin, Cognitive Foundations for Visual Analytics, Pacific Northwest National Laboratory, Richland, WA, 2011.
[28] V. Govindaraju, V. Raghavan, C. Rao (Eds.), Big Data Analytics, vol. 33 of Handbook of Statistics, Elsevier, New York, NY, 2015 ISBN: 978-0444634924.
[29] J. Hurwitz, M. Kaufman, A. Bowles, Cognitive Computing and Big Data Analytics, Wiley, New York, NY, 2015.
[30] K.H. Pries, R. Dunnigan, Big Data Analytics: A Practical Guide for Managers, CRC Press, Boca Raton, FL, 2015.
[31] A. Abrahamsen, W. Bechtel, History and core themes, in: K. Frankish, W.M. Ramsey (Eds.), The Cambridge Handbook of Cognitive Science, Cambridge University Press, 2012.
[32] A. Halevy, P. Norvig, F. Pereira, The unreasonable effectiveness of data, IEEE Intelligent Systems 24 (2) (2009) 8−12.
[33] B. Baesens, Analytics in a Big Data World: The Essential Guide to Data Science and Its Applications, Wiley, New York, NY, 2014.
[34] S. Sadiq, N.K. Yeganeh, M. Indulska, 20 years of data quality research: themes, trends and synergies, Proceedings of the Twenty-Second Australasian Database Conference − vol. 115, Australian Computer Society, Inc., Darlinghurst, Australia, 2011, pp. 153−162.
[35] H.M. Sneed, R. Majnar, A process for assessing data quality, Proceedings of the 8th International Workshop on Software Quality, ACM, New York, NY, 2011, pp. 50−57.
[36] American Statistical Association, Airline on-time performance. URL <http://stat-computing.org/dataexpo/2009/>.
[37] O. Mendelevitch, Data science with Apache Hadoop: Predicting airline delays. URL <http://hortonworks.com/blog/data-science-apacheh-hadoop-predicting-airline-delays/>.
[38] Max Planck Institute for Evolutionary Anthropology, World atlas of language structures (wals). URL <http://wals.info/>.
[39] G.A. Miller, Wordnet: a lexical database for english, Communications ACM 38 (11) (1995) 39−41. Available from: http://dx.doi.org/10.1145/219717.219748.
[40] C. Chelba, T. Mikolov, M. Schuster, Q. Ge, T. Brants, P. Koehn, One billion word benchmark for measuring progress in statistical language modeling, Computing Research Repository (CoRR) abs/1312.3005.
[41] University of California, Irvine, Machine Learning Repository. URL <http://archive.ics.uci.edu/ml/>.
[42] DATA.GOV, Data catalog. URL <http://catalog.data.gov/dataset>.
[43] Project Gutenberg. Free ebooks by project gutenberg. URL <https://www.gutenberg.org/>.
[44] TensorFlow. An open source software library for numerical computation using data flow graphs. URL <https://www.tensorflow.org/>.
[45] SyntaxNet. An open source neural network framework for tensorflow for developing natural language understanding (nlu) systems. URL <https://github.com/tensorflow/models/tree/master/syntaxnet>.
[46] The University of Waikato. Weka 3: Data mining software in java. URL <http://www.cs.waikato.ac.nz/ml/weka/>.
[47] Apache, The UIMA Project. URL <http://uima.apache.org/>.
[48] Cloudera. QuickStarts. URL <http://www.cloudera.com/downloads.html>.
[49] HORTONWORKS. Hortonworks sandbox. URL <http://hortonworks.com/products/sandbox/>.
[50] Ethnologue: Languages of the world (Oct. 2016). URL Online version: <http://www.ethnologue.com>.
[51] Big Data's Implications for Transportation Operations: An Exploration (December 2014). URL Online version: <http://ntl.bts.gov/lib/55000/55000/55002/Big_Data_Implications_FHWA-JPO-14-157.pdf>.

第 3 章　Chapter

交通应用的数据分析工具和科学方法

3.1 简介

近年来，技术进步大大简化了信息的产生和传播过程。由此产生了大量不同来源的交通数据及相关基础设施数据，这些数据通过传统数据采集方法（例如，通过道路及路侧设备采集、交通基础设施调查）和新兴数据采集方法（例如，通过移动设备及在线媒体源中的嵌入式传感器采集）获得。数据来源的多样性导致了数据分析中的预处理步骤复杂程度提高。因此，从事交通运输系统的研究人员和工程师需要通过一套完整的工具和方法，对不同来源、不同格式的数据进行提取、挖掘和整合，获得有价值的数据并形成统一的数据结构，从而能够应用特定的数据分析技术对数据进行分析研究。

本章为介绍性章节，主要为读者介绍本书剩余部分的分析技术中所用到的数据科学工具，以便读者预先进行熟悉了解。本章包括以下内容：

1) 介绍 R，一种用于复杂数据分析的实际统计编程环境。
2) 介绍研究数据交换计划（RDE），最大的交通运输数据储存库。
3) 介绍关于如何在 R 中构造数据的基本概念。
4) 介绍从外部格式文件中提取数据到 R 的相关技术和库。
5) 介绍从网络资源中提取数据到 R 的相关技术和库。
6) 介绍大数据处理。

除了 R 之外，Python 是数据科学领域中的另一个流行选择。因为 R 是由统计学家进行开发，并在过去的几十年中为统计学界做出了重大贡献，R 具有比 Python 更为丰富的分析库。另一方面，Python 作为一种多用途编程工具的流行程度超过 R。随着本章的深入，针对数据提取等相关实例，我们也会提供 Python 的解决方案，以供读者进行参考。

3.2　R 语言简介

现在大多数的科学或工程学科已经将教授基础编程技巧的课程作为必修课。在这些课程当中，通常选择 C、Matlab 和 Fotran 进行教学，因为上述三种编程语言可以为工程计算和科学仿真任务提供强有力的支持，每种语言都有能力支持复杂数据的统计及可视化分析。然而，C 和 Fotran 要求用户遵循编写、编译、运行和调试代码的严格流程，不满足数据分析的交互性；Matlab 虽然可以为用户提供一个可交互的环境，但该环境是 Matlab 专有的，除此之外，Matlab 为完成其他的工程任务，其所具有的 GUI（图形用户界面）相对复杂（图 3-1）。

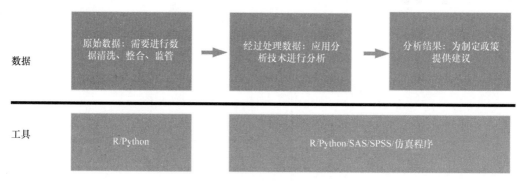

图 3-1　应用 R、Python 或其他编程工具对数据处理的流程

由于需要一个免费的开源环境来支持数据统计工作，因此新西兰奥克兰大学的两位统计学家设计开发了 R。R 作为标准的统计开源环境，很快得到了统计学界的认可与支持。

R 语言与 Matlab 和其他解释性语言类似，是面型对象式的函数型编程语言。为了支持矩阵运算，R 具有内置的数据结构，如向量、矩阵、数据表和链表。与其他产品相比，R 的优势在于其具有大量的定制库，以包的形式命名，并因此为学界做出了重大贡献。R 中存在大量不同功能的统计及可视化包，例如线性和非线性回归、统计检验、时间序列分析、机器学习等，R 还具有丰富的包用于执行导入、清理、操作数据和优化性能等非分析性的任务（图 3-2）。

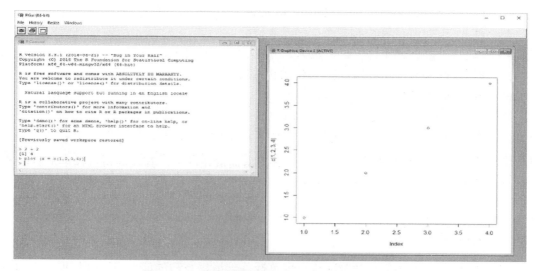

图 3-2　R 默认提供的原始图形用户界面（GUI）

作为一个开源软件，R 可以从 https∶//www.R-project.org/ 下载，并可用于 Windows、Linux 和 MacOS 三个平台。默认情况下，R 带有一个功能有限的标准 GUI，推荐的替代方法是使用 RStudio（https∶//www.RStudio.com/），这是一个 R 的开源 IDE（集成开发环境）。R 和 RStudio 的安装指南很简单，可以在上面的 URL 中找到（图 3-3）。

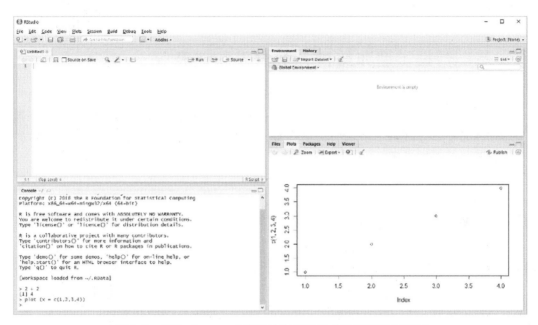

图 3-3　RStudio：一个流行的定制化集成开发环境（IDE）

3.3　研究数据交换计划

网联车辆系统（CVS）的数据来源广泛、类型繁多，其中，典型的交通数据包括诱导回路、磁强计、红外、声探测、超声探测、带电耦合装置、多普勒雷达探测、脉冲雷达等技术设备所得数据[1]。在不同的交通和环境条件下，这些设备所提供数据的质量和准确性有所不同，当数据用途为实时交通事件检测时更为明显。新型的交通数据由移动或嵌入式车载设备中传感器采集所得。很少有学术机构有能力建立实验室来支持 CVS 数据收集，即便是收集到的数据也仅能为特定的交通技术应用。

从美国州和联邦公路或街道中收集的交通数据可供公众使用，但由于管理和发布数据所需工作繁重，因此，只有少数州将全部数据提供在网上，其他的州只提供汇总的数据摘要，根据用户请求情况再提供更详细的数据。大多数州一级的交通数据可以直接获得或通过州交通部网站请求获得。

为了促进交通领域的研究、分析和应用程序开发，美国交通部（USDOT）提供了一个名为 RDE 的公共数据存储库。RDE 是美国交通部连接数据系统项目的关键组成部分，该项目旨在"改善地面交通系统的安全性、流动性和环境影响"。所有的 RDE 数据都可以在 https∶//www.its-rde.net 获得，根据数据集的大小，可以直接下载数据，或请求将带有下载链接的电子邮件发送到与注册账户相关的电子邮件地址中进行下载。

在本章中，我们将使用来自 Pasadena 环境的 RDE 数据集。该环境收集各种来源的数据，包括公路网数据、需求数据、公路性能数据、工作区域、天气和闭路电视摄像头等数据。更重要的是，在这个单独的环境中，可以提供三种在其他环境中具有代表性的数据格式：CSV、XML 和 SQL 文件。

3.4 基础数据类型和结构：数据表和链表

R 的基本数据类型不是单一标量，而是向量。向量的定义是具有相同索引的同一类型值的集合，其中值的类型被定义为该向量的类。R 中有五个主要的数据类型，分别为数值型、整数型、复数型、逻辑型和字符型，其中数值型是与 R 的统计特性最相符的数据类型，是一种双精度数据类型。

为了支持数值计算，R 将一维、二维及 n 维数据分为对应向量、矩阵和数组三种数据结构，且规定数据结构需要同质性的数据，即数据结构需要与数据维度一致。从推论角度理解，可以使用上述三数据结构的数学表示进行统计分析，但当用户需要使用非数值型数据进行数据分析时，利用上述数据结构难以完成。因此，为了支持异质性和复杂数据，R 具有另外两种数据结构：数据表和链表。

3.4.1 数据表

数据表是一种与矩阵相似的数据结构，但与矩阵结构不同的是，数据表的不同列可以包含不同类型的数据。

例 3.1

通过两个数值向量创建矩阵。
```
> A <- matrix (c(c(2,4,3),c(1,5,9)), nrow=3, ncol=2)
> A
     [,1] [,2]
[1,]  2    1
[2,]  4    5
[3,]  3    9
```
通过数值向量和文字向量创建矩阵。
```
> A <- matrix (c(c(2,4,3),c('1','5','9')), nrow=3, ncol=2)
> A
     [,1] [,2]
[1,] "2"  "1"
[2,] "4"  "5"
[3,] "3"  "9"
```

在例 3.1 的第二个示例中，由于矩阵结构不能具有不同类型的两列数据，两列数据都被转化为字符串类型。原因是在 R 中，矩阵结构被定义为额外具有维度属性的单个向量结构。如下述例子所示，值"4"可以通过二维索引 [2,1] 或一维索引 [2] 获得。

```
> A[2,1]
[1] "4"
> A[2]
[1] "4"
>
```

虽然数据表具有同矩阵一样的二维结构,但数据表结构被定义为多个向量的集合而不是额外具有维度属性的单个向量。从矩阵和数据表创建函数的语法中,我们可以看出二者的不同。

例 3.2
通过向向量添加维度信息创建矩阵
```
> A <- matrix (c(2,4,3,1,5,7), nrow=3, ncol=2)
> A
     [,1] [,2]
[1,]  2    1
[2,]  4    5
[3,]  3    7
```

例 3.3
通过多个向量组合创建数据表。没有指定列名的情况下,数据表将选取向量内容作为默认列名。
```
> A <- data.frame (c(2,4,3),c('one','five','seven'))
> A
  c.2..4..3.  c..1....5....7..
1     2           "one"
2     4           "five"
3     3           "seven"
```

例 3.4
数据表中的一维索引指向整个向量。
```
> A[2]
  c..1....5....7..
1      "one"
2      "five"
3      "seven"
```

例 3.5
包含列名的数据表。
```
> A = data.frame (x=c(2,4,3),y=c('one','five','seven'))
> A
  x  y
1 2  one
2 4  five
3 3  seven
```

数据表具有将不同类型数据整合到单一表格结构的功能，因此数据表结构为导入外部异构数据（包含不同类型的数据）的默认结构。此外，R 中大部分统计包选用数据表作为基本数据结构进行数据输入。

3.4.2 链表

链表是一个向量结构，与向量不同的是，链表的元素不必为单一数据类型，可以是任何类型。使用双括号表示法（[[X]]）对链表中元素进行访问。

```
例 3.6
包含多种数据结构的链表：向量、矩阵和数据表。
> A <- c(1,2,3,4,5)
> B <- matrix (c(2,4,3,1,5,7), nrow=3, ncol=2)
> C <- data.frame(x=c(1,2,3), y=c("two","four","six"))
> D <- list(A, B, C)
> D
[[1]]
[1] 1 2 3 4 5
[[2]]
     [,1] [,2]
[1,]  2    1
[2,]  4    5
[3,]  3    7
[[3]]
  x y
1 1 two
2 2 four
3 3 six
```

可以将链表作为另一个链表中的元素进而构建树形数据结构。因此，链表可以支持 XML 和 JSON 等嵌套数据类型。

3.5 从外部文件导入数据

3.5.1 逗号分隔文件

分隔文件是一种基于文本的文件，其包含由预定义分隔符分隔各列的表格数据。分隔符可以是制表符、逗号、分号或任意一种非数字字母的字符。在 Pasadena 数据集中，包含两种类型的分隔文件：逗号分隔文件和带有扩展标题行的制表符分隔文件。

扩展名为 CSV 的文件通常以逗号分隔。CSV 为逗号分隔值的英文简写。CSV 文件的第一行可以是标题行，也可以不是，标题行包含数据列的名称。Pasadena 数据集中的 CSV 文件示例包括线路流量数据、仿真路段流量、路段通行能力、路段速度、弯道通行能力、弯道延误、事故数据、天气数据、CMS 数据和信号相位数据。

CSV 文件由于其分隔符为逗号,因此不适用于包含逗号的数据(例如地址、句子)。因此 Pasadena 中的工作区域数据的分隔符为管道分隔符。

例 3.7

Pasadena 环境中以逗号分隔符文件(CSV)形式存储的部分线路流量数据如下:

2.01109E + 13,200011501,0,0,0,FALSE,FALSE,FALSE
2.01109E + 13,200011504,0,0,0,FALSE,FALSE,FALSE
2.01109E + 13,200011506,0,0,0,FALSE,FALSE,FALSE
2.01109E + 13,200028101,0,0,0,FALSE,FALSE,FALSE
2.01109E + 13,200028103,0,0,0,FALSE,FALSE,FALSE

例 3.8

Pasadena 环境中以管道分隔符文件形式存储的部分工作区域数据如下:

```
C5AA | 157 | 01/25/2011 18:38 | 02/06/2011 19:01 | 02/29/2012 06:01 | LA | LA | 5 | SB | 34.65 | EB/WB | Tuxford St | 34.65 | SB | Golden State Frwy, Rte 5 | On Ramp | Full | Bridge Construction | | All | 2 | Y | 03/01/2011 22:46 | N | | N |
C5TA | 304 | 03/07/2011 11:21 | 03/14/2011 20:01 | 01/13/2012 06:01 | LA | LA | 5 | SB | 36.86 | | Brandford St | 36.86 | SB | Golden State Frwy, Rte 5 | On Ramp | Full | Slab Replacement | | All | 1 | Y | 04/11/2011 20:01 | N | 08/10/2011 12:33 | N |
C5TA | 312 | 03/07/2011 11:24 | 03/14/2011 20:01 | 01/13/2012 06:01 | LA | LA | 5 | NB | 37.41 | EB | Osborne St | | 37.41 | NB | Golden State Frwy | On Ramp | Full | Slab Replacement | | All | 1 | Y | 03/08/2011 20:01 | N | 08/10/2011 12:34 | N |
C5TA | 308 | 03/07/2011 11:22 | 03/14/2011 21:01 | 01/13/2012 06:01 | LA | LA | 5 | NB | 37.41 | NB | Golden State Frwy, Rte 5 | | 37.41 | | Osborne St | | Off Ramp | Full | Slab Replacement | | All | 1 | Y | 03/07/2011 20:01 | N | | N |
```

Pasadena 中的第二种基于文本的文件,即带有扩展标题行的制表符分隔文件也包含表格数据。但是,在显示表格数据之前,它们首先显示关于数据本身的信息的多个标题行。示例包括网络定义、人口普查分组、小时 OD 数据和检测器影响数据。

例 3.9

Pasadena 环境中以具有多标题行的制表符分隔文件形式储存的系统检测器数据如下:

```
$VISION
* Mygistics
* 12/14/11
*
* Table: Version block
*
$VERSION:VERSNR  FILETYPE  LANGUAGE  UNIT
8.10  Att  ENG  MI
*
* Table: Count locations
*
```

```
    $COUNTLOCATION:NO
    PEMSID    LINKNO  FROMNODENO  TONODENO  CODE      NAME XCOORD    YCOORD      SMS_ID  SD_ID
    200011501  0      709496419   800256726 49324755  SD   393064.58 3780735.74  115     1
    200011504  0      37835893    49324757  49324755  SD   393085.94 3780745.23  115     4
    200011506  0      24012907    49324747  49324755  SD   393081.62 3780728.17  115     6
    200028101  0      24024003    49329468  49329496  SD   395223.74 3778307.46  281     1
```

R 可以通过函数 *read.table* 读取任意类型的分隔文件。用户可以在 RStudio 的控制台中输入 ?read.table 指令查看该函数的完整语法，同时该函数的完整描述文件及示例将在 RStudio 右下角的窗口进行展示。函数 *read.table* 中的大多数参数不需要改变，大多数情况下只需几个参数便可调用完成该函数。

如例 3.10 所示，仅需 *file* 和 *sep* 两个参数便可调用函数 *read.table* 完成将 CSV 文件导入到 R 中的操作。其中，*file* 指定了 CSV 文件的路径，*sep* 指定了分隔文件所用分隔符类型，在此示例中，所用分隔符类型为逗号分隔符。因为这个 CSV 文件不包含标题行，所以列名默认为 V*，* 表示从 1 开始的列索引。

例 3.10

将 Pasadena 环境中以 CSV 格式储存的线路流量数据导入到 R 中。

```
> A <- read.table(file = "PasadenaDet_20110930_Sample.csv", sep = ",")
> A
    V1            V2         V3 V4 V5 V6    V7     V8
    2.01109e+13   200011501  0  0  0  FALSE FALSE  FALSE
    2.01109e+13   200011504  0  0  0  FALSE FALSE  FALSE
    2.01109e+13   200011506  0  0  0  FALSE FALSE  FALSE
    2.01109e+13   200028101  0  0  0  FALSE FALSE  FALSE
    2.01109e+13   200028103  0  0  0  FALSE FALSE  FALSE
    2.01109e+13   200028303  0  0  0  FALSE FALSE  FALSE
```

对于 Pasadena 中的制表符分隔文件，需要经过以下两个步骤导入标题行在内的所有信息。首先，调用函数 *file* 和函数 *readLines* 读取标题行；然后，调用函数 *read.table*，并给定参数 *skip*，该参数为省略的标题行的行数。

例 3.11

从网络定义数据文件中读取非表格形式的标题行：首先，调用函数 *file*，打开文件的在线读取链接；然后调用函数 *readLines*，从该链接中读取前 12 行非表格形式的标题行。

```
> conn <- file("HighwayNetwork_Sample.att", "r")
> B <- readLines(conn, n = 12)
> close(conn)
> B
[1] "$VISION"                                 "* Mygistics"
```

```
[3] "* 10/28/11"                                       "* "
[5] "* Table: Version block"                           "* "
[7] "$VERSION:VERSNR\tFILETYPE\tLANGUAGE\tUNIT"        "8.10\tAtt\tENG\tMI"
[9] ""                                                 "* "
[11] "* Table: Links"                                  "* "
```

例 3.12

调用函数 *read.table* 读取网络定义数据中的剩余表格数据。在这个示例中，列标题在文件中已指定（第 12 行），分隔符为制表符。

```
> C <- read.table(file = "HighwayNetwork_Sample.att", skip = 12, header = 
 TRUE, sep = "\t")
> C
X.LINK.NO FROMNODENO TONODENO FROMNODE.XCOORD FROMNODE.YCOORD TONODE.XCOORD TONODE.YCOORD
3844829   49459044   49459045 407634.1        3776413         407634.6      3776461
23844829  49459045   49459044 407634.6        3776461         407634.1      3776413
23844838  49315506   49315507 397973.0        3776228         397967.7      3776254
23844838  49315507   49315506 397967.7        3776254         397973.0      3776228
23844844  49455491   49455527 401657.6        3776045         401900.5      3776082
```

函数 *read.table* 的读取结果为数据表格式，其每一列即代表分隔文件中的每一列。

3.5.2 XML 文件

XML 文件使用可扩展标记语言（Extensible Markup Language，XML）编写，可扩展标记语言是一种允许对文档进行编码使其既具有人类可读性，又具有机器可读性的开放标准。为此，XML 文件中的数据被封装在类似 HTML 的标签中，这些标签提供了必要的注释。XML 标准是由万维网联盟（World Wide Web Consortium，W3C）正式定义的[3]。

例 3.13

Pasadena 环境中以 XML 文件形式储存的交通事故数据示例。

```
<?xml version="1.0" encoding="UTF-8"?>
<informationResponse           xmlns:xsi="http://www.w3.org/2001/XMLSchema-instance"
xsi:noNamespaceSchemaLocation="RIITS_IAI_Schema.xsd">
  <messageHeader>
    <sender>
      <agencyName>CHP-LA</agencyName>
    </sender>
    <messageID>1317387669573</messageID>
    <responseTo>87654321</responseTo>
    <timeStamp>
      <date>20110930</date>
      <time>06010900</time>
    </timeStamp>
  </messageHeader>
  <responseGroups>
```

```
                <responseGroup>
                    <head>
                        <updateTime>
                            <date>20110930</date>
                            <time>05582400</time>
                        </updateTime>
                    </head>
                    <events>
                        <event> ... </event>
                        <event> ... </event>
                        ...
                    </events>
                </responseGroup>
            </responseGroups>
</informationResponse>
```

与函数 *readLines* 和 *read.table* 不同，读取 XML 文件并不是 R 的核心功能，但仍有许多包支持 XML 文件的提取，其中最流行的包，即为 XML。在 R 中设置安装包 XML 的方法十分简单，只需调用函数 *install.packages* 即可。用户需要使用函数 *library* 来调用包 XML 的全部功能。

例 3.14
安装并加载包 XML

```
> install.packages("XML")
trying URL 'https://cran.rstudio.com/bin/windows/contrib/3.1/XML_3.98-1.4.zip';
Content type 'application/zip' length 4293638 bytes (4.1Mb)
opened URL
downloaded 4.1Mb
package 'XML' successfully unpacked and MD5 sums checked
The downloaded binary packages are in ...
> library(XML)
>
```

用户可以使用 XML 的函数 *xmlTreeParse* 将格式完整的 XML 文件中的数据导入到 R 中，参数 *userInternalNodes* 需设置为 TRUE（例 3.15）。如果不对该参数进行设置，仍然可以导入 XML 文件，但是超出 XML 树的前两层的内部标签将丢失。

例 3.15
将基于 XML 的事故数据导入到 R 并查看所有可能的数据单元

```
X <- xmlTreeParse("Data/Pasadena/Pasadena/09 Incident Data/1event_from_chp1a_
20110930060000.xml", userInternalNodes=TRUE)
> summary(X)
$nameCounts
 count    type  vehicleType    name    text
```

```
        54         45         36              27         27
        content    injury     injuryLevel     date       time
        18         18         18              11         11
        head       adminArea1 affectedLane    affectedLanes ambulance
        10         9          9               9          9
        caltransMaintenance   caltransTMT   city   commentExternal   commentInternal
        9                     9             9      9                 9
        coroner    countyFire countySheriff   countySheriffTSB   crossStreets
        9          9          9               9                  9
        crossStreetsLink   description   direction   event   eventResponders
        9                  9             9           9       9
        eventStatus   fireDepartment   freewayServicePatrol   fromStreetInfo   hazmat
        9             9                9                      9                9
        highwayPatrol   id   injuries   issuingAgency   issuingUser
        9               9    9          9               9
        laneCnt   latitude   localEventInformation   location   longitude
        9         9          9                       9          9
        mait   onStreetInfo   other   otherText   postmile
        9      9              9       9           9
        severity   startGeoLocation   startTime   toStreetInfo   typeEvent
        9          9                  9           9              9
        types   agencyName   events   informationResponse   messageHeader
        9       1            1        1                     1
        messageID   responseGroup   responseGroups   responseTo   sender
        1           1               1                1            1
        timeStamp   updateTime
        1           1
$numNodes
[1] 691
```

用户可以通过函数 *xPathApply* 访问 R 中 XML 对象的各个节点的数据，并可通过该函数提取指定标签内的值。在例 3.16 中，为了查明事故发生的位置，指定了标签 *onStreetInfo*，并以列表的形式返回该标签的所有值。

例 3.16
基于标签名称提取事故数据中的指定数据值

```
> xPathApply(X, "//onStreetInfo", xmlValue)
[[1]]
[1] "LOS ANGELES COUNTY"
[[2]]
[1] "I710"
[[3]]
[1] "SR2"
[[4]]
[1] "I605"
[[5]]
[1] "VAN NUYS BLVD"
```

```
[[6]]
[1] "GARFIELD AV ONR"
[[7]]
[1] "SR60"
[[8]]
[1] "LA & VENTURA COUNTY"
[[9]]
[1] "ELIZABETH LAKE RD"
```

XML 标签（节点）之间的关系通常不是一对一的。为了遍历 XML 结构并识别标签之间的层次结构，首先需要用户使用函数 *xmlToList* 将 XML 对象转换为链表对象，然后用户通过 *summary* 指令可以访问不同级别的链表单元，从而遍历新对象。

例 3.17

将 XML 转化为链表后，遍历 XML 数据层次结构

```
Y <- xmlToList(X)
> summary(Y)
                Length  Class          Mode
messageHeader   4       -none-         list
responseGroups  1       -none-         list
.attrs          1       XMLAttributes  character
> summary(Y[[2]])
                Length  Class  Mode
responseGroup   2       -none- list
> summary(Y[[2]][[1]])
       Length  Class  Mode
head   1       -none- list
events 9       -none- list
> summary(Y[[2]][[1]][[2]])
      Length Class Mode
event 10     -none- list
event 10     -none- list
event 10     -none- list
event 10     -none- list
event 10     -none- list
event 10     -none- list
event 10     -none- list
event 10     -none- list
event 10     -none- list
> summary(Y[[2]][[1]][[2]][[1]])
              Length Class  Mode
head          2      -none- list
location      1      -none- list
typeEvent     1      -none- character
severity      1      -none- character
description   1      -none- list
affectedLanes 1      -none- list
```

```
types                    4        -none-  list
injuries                 2        -none-  list
startTime                2        -none-  list
localEventInformation    5        -none-  list
```

3.5.3 SQL

SQL（结构化查询语言，Structured Query Language）是一种特殊用途的编程语言，该语言的功能是与存储在关系型数据管理系统（RDBMS）中的数据进行交互。R 中存在一些包可以使用 SQL 直接访问开放数据库中的数据。但对于 RDE 而言，它的数据库并不对公众开放。但 RDE 中的数据或相关结构可以通过名为 SQL dumps 的机制获得。SQL dumps 是扩展名为 .sqlextension 的文件，该文件不仅包含指定数据库中的数据，还包含允许在其他 RDBMS 中重新创建该数据库的所有相关 SQL 命令。

为了在数据库不被支持的情况下将文件读取到 R 中，R 需要提取 SQL 文件中的数据并及将其转化为数据表格式。第一步，将 SQL 文件读取为文本，并识别其中的所有 SQL 指令：

```
sqlDumpConn <- file("Pasadena/08a WorkZone (SQL format)/pasadena_globals_wz_schedule_Sample.sql", "r")
sqlLines <- readLines(sqlDumpConn)
sqlValid <- ""
for (i in 1:length(sqlLines)){
  tmpLine <- gsub("^\\s+|\\s+$", "", sqlLines[i])
  if (substr(tmpLine, 1, 2) != "--"){
    sqlValid <- paste(sqlValid, tmpLine, sep = "")
    if (substr(sqlValid, nchar(sqlValid), nchar(sqlValid)) == ";"){
      if (substr(sqlValid, 1, 2) != "/*" &
        substr(sqlValid, nchar(sqlValid)-2, nchar(sqlValid)-1) != "*/" ){
        print(sqlValid)
      }
      sqlValid <- ""
    }
  }
}
close(sqlDumpConn)
```

接下来，识别负责插入数据的 SQL 命令，提取数据并将其转换为 R 的数据表格式。此指令的格式通常使用以下语法：

"INSERT INTO TABLE_NAME VALUES COMMA SEPARATED DATA TUPLES WITH EACH TUPLE INSIDE PARENTHESES";

为了提取数据，指令必须包含 INSERT…上述参数…及最后的分号。

```
> sqlLists[5]
[1] "INSERT INTO `wz_schedule` VALUES (1,'C5AA',157,'2011-01-25  18:38:00','2011-02-06
19:01:00','2012-02-29   06:01:00','LA','LA',5,1,34.7,'EB/WB',34.7,'SB',1,1,1,NULL,'All',2,
NULL,'2011-03-01   22:46:00',NULL,NULL,NULL,NULL,0),(2,'C5TA',292,'2011-03-07   11:08:00',
'2011-03-14   20:01:00','2011-09-16   06:01:00','LA','LA',5,2,35.9,NULL,35.9,'NB',1,1,2,
NULL,'All',1,NULL,'2011-03-07 20:01:00',NULL,NULL,NULL,NULL,0), ... ;
> parsedData <- substr(parsedData, 1, nchar(parsedData) - 1)
> parsedData
[1]  "1,'C5AA',157,'2011-01-25   18:38:00','2011-02-06   19:01:00','2012-02-29   06:01:00',
'LA','LA',5,1,34.7,'EB/WB',34.7,'SB',1,1,1,NULL,'All',2,NULL,'2011-03-01   22:46:00',NULL,
NULL,NULL,NULL,0),(2,'C5TA',292,'2011-03-07   11:08:00','2011-03-14  20:01:00','2011-09-16
06:01:00','LA','LA',5,2,35.9,NULL,35.9,'NB',1,1,2,NULL,'All',1,NULL,'2011-03-07 20:01:00',
NULL,NULL,NULL,NULL,0),(3,'C5TA',296,'2011-03-07   11:15:00','2011-03-14   20:01:00','2011-
09 16  06:01:00','LA','LA',5,2,35.9,'NB',35.9,'NB',2,1,2,NULL,'All',1,NULL,'2011-03-07  20:
01:00',NULL,NULL,NULL,NULL,0),..."
```

R有一个名为strsplit的函数，该函数可以将数据分隔成各个元组，每个元组都是列表的对象。用作分割标记的元素是"),("，该元素是初始数据字符串中每个元组的分隔符号。

```
datalist <- strsplit(parsedData, "),(", fixed = TRUE)
datalist[[1]][1]

[1] "1,'C5AA',157,'2011-01-25 18:38:00','2011-02-06 19:01:00','2012-02-29 06:01:00','LA',
'LA',5,1,34.7,'EB/WB',34.7,'SB',1,1,1,NULL,'All',2,NULL,'2011-03-01   22:46:00',NULL,NULL,
NULL,NULL,0"
```

此过程需要不断重复，以便将表示每个元组的字符串分离为单独的数据元素，然后这些元素可以整合到单个数据表中。可以使用类似的过程从SQL命令"CREATE TABLE…"中提取列名。

3.6 在线社交媒体数据

尽管个人使用移动设备生成的社会数据通常很短，但数据发生率高，并且格式多样（例如，文本消息、图像、在线资源链接）。我们还将留言板和论坛作为社交媒体的一种形式。由于这些数据是由个人创建的，因此这些数据所传递的信息具有一定的不确定性。

在美国，Twitter和Facebook是最流行的两个大型社交媒体数据平台，交通机构通过这两个平台向公众发布交通新闻以及实时服务提醒[5]。利用社交媒体数据在交通领域进行应用有较多实例，其中最典型的例子是以Twitter的文本消息为基础，提取有关交通事故的数据并进行分析，达到交通事故检测的目的[6]。然而，Zang指出上述方法所用数据数量有限的原因，导致方法适用的区域受限。要对某个特定位置的交通事故进行检测，为保证结果可靠，需要在该区域发布尽可能多的推文[7]。众包是另一种以社交媒体为基础的交通问题解决方案，它将各种来源的数据进行收集整合后，基于该数据进行开发利用，提供交通堵塞推断或事故预警等实际服务。随着新的社交媒体的出现，它们将与Twitter和Facebook等现阶段主流社交媒体进行竞争，而二者在目标受众、社交场景、网络范围和数据可用性方面的差异会激发更多有关交通应用方面的研究，以确定新型社交媒体是否可作为相关研究或应用的数据来源。

通常，社交媒体提供商允许通过特定的应用程序接口（API）访问他们的数据。除了直接从这些提供商那里批量购买数据外，这是获取大量社交媒体数据的唯一自动化方法。在本节的其余部分，我们将研究在 R 中从 Twitter 获取社交媒体数据的技术。更具体地说，我们将研究获取数据的两种不同方式：静态搜索和动态数据流。

从在线社交媒体获取数据之前，需要进行身份验证并获取授权。这可以通过向 Twitter 申请新应用及必需的相关账号和密码实现：使用者密钥（API Key）、使用者密码（APPI Secret）、访问令牌及访问令牌密码。

3.6.1 静态搜索

R 中对 Twitter 进行静态搜索所需的包名为 twitter，建议用户使用 tm 和 wordcloud 等支持文本分析的包进行辅助分析。twitter 的安装十分简单，只需通过 *install.packages* 指令进行包及相关依赖项的安装。

```
library("twitter")
setup_twitter_oauth(CONSUMER_TOKEN,
                    CONSUMER_SECRET,
                    ACCESS_TOKEN,
                    ACCESS_SECRET)
```

用户使用获得访问令牌，通过函数 *setup_twitter_oauth*（ ）建立与 Twitter 的身份验证，然后通过函数 *searchTwitter* 采集 Twitter 文本数据。在例 3.18 中，我们使用该函数识别 2016 年 6 月 24 日起为期两周的美国可能发生的所有交通事故。包 plyr 可以用来轻松创建和操作数据表结构。在该例中，使用函数 *ldply* 自动遍历每个元素（单个 tweet）或搜寻结果 r_stats，并将其组合为名为 tweets.df 的数据表。

例 3.18

```
r_stats <- searchTwitter("traffic accident", lang="en", geoco-
de='39.5,98.35,5000mi', n=1500)
library(plyr)
tweets.df = ldply(r_stats, function(t) t$toDataFrame() )
> tweets.df$text[1:10]
[1] "It's taken me 38 minutes to drive 2 km's. No accident just traffic. Mxm."
[2] "TRAFFIC UPDATE: Delays continue 64 West past #Parham exit due to accident
    earlier this hour. https://t.co/qpzmr6RVx0"
[3] "TRAFFIC: Accident I-64 West just past Parham Road has a delay of one mile as
    of 7:17AM."
[4] "RT @uhfemergency: Traffic accident report - Braun St &amp; Sandgate Rd Deagon"
[5] "Traffic accident report - Braun St &amp; Sandgate Rd Deagon"
[6] "RT @uhfemergency: Traffic accident report - Sherwood Rd Toowong"
[7] "Traffic accident report - Sherwood Rd Toowong"
[8] "RT @Power987Traffic: Accident in Centurion, queueing traffic on the N1
    North for 15 minutes, from Jean Avenue to Solomon Mahlangu Drive. #P..."
```

```
[9] "Accident in Centurion, queueing traffic on the N1 North for 15 minutes,
     from Jean Avenue to Solomon Mahlangu Drive. #PTATraffic"
[10] "Traffic diversions in place after fatal car accident near #Gloucester via
     @GloucesterAdv https://t.co/BXWZ1Yb09w https://t.co/V8tAvAMtAW"
```

3.6.2 动态数据流

对于 Twitter 的动态数据流来说，R 需要一系列不同的包来进行操作处理：包 ROAuth 用来进行身份验证过程，包 streamR 用于数据流本身的相关操作。利用指令 *install.packages* ( ) 可以将上述包加载到 R 中。

在数据流之前，需要进行身份验证和授权。身份验证令牌可以保存为 R 的对象并可以在后需数据流中进行重复使用。

```
library(ROAuth)
requestURL <- "https://api.twitter.com/oauth/request_token"
accessURL <- "https://api.twitter.com/oauth/access_token"
authURL <- "https://api.twitter.com/oauth/authorize"
consumerKey <- "CONSUMER_KEY"
consumerSecret <- "CONSUMER_SECRET"
my_oauth <- OAuthFactory$new(consumerKey = consumerKey,
                             consumerSecret = consumerSecret,
                             requestURL = requestURL,
                             accessURL = accessURL,
                             authURL = authURL)
my_oauth$handshake(cainfo = system.file("CurlSSL", "cacert.pem", package = "RCurl"))
save(my_oauth, file = "my_oauth.Rdata")
```

用户使用指令 my_oauth，将数据流处理简化为选取正确的参数来筛选 Twitter 数据流。

```
library(streamR)
load("my_oauth.Rdata")
file = "tweets.json"
file.remove(file)
filterStream(file.name = file,
             track = "traffic accident",
             locations = NULL,
             language = "en",
             timeout = 300,
             tweets = NULL,
             oauth = my_oauth,
             verbose = TRUE)
```

使用关键字"交通事故"进行 Twitter 数据流进行筛选过滤后，将数据流储存到名为 tweets.json 的文件中。数据流停止后，可以将该文件打开，并使用函数 *parseTweets* ( ) 将其转化为数据表格式。

```
streamingtweets.df <- parseTweets(file)
streamingtweets.df$text
 [1] "Accident cleared on Crescent Cty Connection NB at US-90 #traffic #NOLA https://t.
     co/9is45BqHqI"
 [2] "Accident in #ParagonMills on Nolensville Pike at Edmondson Pike #Nashville #traf-
     fic https://t.co/rU1w1uAgW1"
 [3] "RT @TotalTrafficBNA: Accident in #ParagonMills on Nolensville Pike at Edmondson
     Pike #Nashville #traffic https://t.co/rU1w1uAgW1"
 [4] "Houston traffic alert! Major accident at Hwy 59 North and 610. https://t.co/
     TVw9pibTAV"
 [5] "#NOLATraffic Accident cleared Lakebound past SK Center. Crash with injury backing
     up traffic on WB 90 through Bridge City"
 [6] "RT @RayRomeroTraf: #NOLATraffic Accident cleared Lakebound past SK Center. Crash
     with injury backing up traffic on WB 90 through Bridge Ci..."
 [7] "Accident. four right lanes blocked. in #NeSide on 59 Eastex Fwy Outbound before
     Crosstimbers, stop and go traffic back to The 610 N Lp"
 [8] "Accident in #Wayne on Van Born Rd at Beech Daly Rd #traffic https://t.co/
     93KUmrUJbm"
 [9] "RT @TotalTrafficBNA: Accident in #ParagonMills on Nolensville Pike at Edmondson
     Pike #Nashville #traffic https://t.co/rU1w1uAgW1"
[10] "#M3 eastbound between J3 and J2 - Accident - Full details at https://t.co/O3z6iRx7dE"
[11] "#M3 eastbound between J3 and J2 - Accident - Full details at https://t.co/LwI3prBa31"
[12] "RT @TotalTrafficDET: Accident in #Wayne on Van Born Rd at Beech Daly Rd #traffic
     https://t.co/93KUmrUJbm"
[13] "RT @TotalTrafficDET: Accident in #Wayne on Van Born Rd at Beech Daly Rd #traffic
     https://t.co/93KUmrUJbm"
[14] "RT @TotalTrafficDET: Accident in #Wayne on Van Born Rd at Beech Daly Rd #traffic
     https://t.co/93KUmrUJbm"
[15] ".@latimes Any word on the accident at 5ish this morning on the 10 WB at
     Arlington? I saw two coroner vans at the scene. Snarled traffic."
[16] "M5 Northbound blocked, stationary traffic due to serious multi-vehicle accident
     between J25 A358 (Taunton) and J24 A38 (Bridgwater South)."
```

3.7 大数据处理：Hadoop MapReduce

随着技术的不断进步，在各种环境中获取并传输信息数据的方式多样且方便，因此大量信息被收集用于研究分析。为充分利用大量的数据，在现有的统计框架下需要新的计算基础设施帮助研究分析人员进行大数据的管理分析，例如 R。Apache Hadoop 也是这样的计算基础设施。基于谷歌的两篇有关计算和数据基础设施的开创性论文[9,10]，Apache Hadoop 提供了一个底层的数据管理设施（Hadoop 分布式文件系统）和一个编程模型（MapReduce），该模型能够分析比标准个人计算机的存储容量更大数量级的海量数据。本书的其余部分将介绍如何利用 R 编写 MapReduce 程序进行大数据管理。MapReduce 程序将同一任务的多个实例映射（Map）到大规模数据集的单个元素上，然后归约（Reduce）映射的结果以形成最终结果。将大规模数据集分布到高性能计算机后，MapReduce 模型允许多个映射和归约任务同时进行进而提高计算性能。

例 3.19

在本例中，我们选取 Pasadena 的某路旁检测器获得的转弯交通量及路段交通量数据，具体来说，检测周期为 30s 的上述数据提供了该路段单个车道的车辆数量及估算的乘客数量。在映射（Map）任务部分，R 代码将通过 Hadpoop Straming 框架对每一行数据进行解析，解析过程会返还一个键值对，其中键代表了检测器的特有 ID，值代表该检测器所在路段车道上的车辆数。

```
#!/software/R/3.0.2/bin/Rscript
stdin <- file('stdin', open='r')
open(stdin)
while(length(x <- readLines(stdin, n=1))>0) {
  tuple_elements <- strsplit(x,",", fixed=TRUE)[[1]]
  for (i in 1:10){
    if (!is.na(as.numeric(tuple_elements[i*3+1]))){
      cat(paste(tuple_elements[1],tuple_elements[i*3 + 1], sep='\t'), sep='\n')
    }
  }
}
```

Hadoop 数据管理设施将所有的键值对进行分组，将具有相同键的键值对进行整合（即将同一检测器（键）的所有车辆数（值）划分到同一组别）。归约（Reduce）代码将应用到每个键中，最终获得所有车道上每个检测器的累计车辆数。

```
#!/software/R/3.0.2/bin/Rscript
trimWhiteSpace <- function(line) gsub("(^ +)|( +$)", "", line)
splitLine <- function(line) {
  val <- unlist(strsplit(line, "\t"))
  list(detectorID = val[1], count = as.integer(val[2]))
}
env <- new.env(hash = TRUE)
con <- file("stdin", open = "r")
while (length(line <- readLines(con, n = 1, warn = FALSE)) > 0) {
  line <- trimWhiteSpace(line)
  split <- splitLine(line)
  detectorID <- split$detectorID
  count <- split$count
  if (exists(detectorID, envir = env, inherits = FALSE)) {
    oldcount <- get(detectorID, envir = env)
    assign(detectorID, oldcount + count, envir = env)
  }
  else assign(word, count, envir = env)
}
close(con)
for (w in ls(env, all = TRUE))
  cat(w, "\t", get(w, envir = env), "\n", sep = "")
```

为了执行上述程序，需要调用以下命令。用于 Hadoop streaming 的 jar 文件位置可能由于设置原因不同，但其他部分应完全相同。

```
yarn jar ~/software/hadoop-2.2.0.2.1.0.0-92/share/hadoop/tools/lib/hadoop-streaming-2.2.0.2.1.0.0-92.jar -input /30sec_20110901235300.txt -output /outputrde -mapper mapper.R -reducer reducer.R -file mapper.R -file reducer.R
```

程序的部分结果下所示，其中第一列表示检测器 ID，第二列表示 30s 内通过路段的车辆总数。

```
[lngo@node0767 RDE]$ hdfs dfs -cat /outputrde/part-00000
715898  15
715900  0
715902  0
715905  2
715906  2
715912  1
715913  2
715915  27
715916  16
715917  0
715918  20
715919  0
715920  9
715921  13
715922  28
715923  1
...
```

3.8 章节总结

交通运输领域的分析及规划人员在应用分析技术前需要对多源海量交通原始数据进行提取、组织、整合。本章介绍了利用统计软件 R 处理结构化格式、半结构化格式和层次化格式等常见格式交通数据的方法，为后续章节介绍处理 RDE 实际数据的相关应用技术奠定基础。

3.9 习题

请上网自行搜寻 R 和 RStudio 的安装说明，并在您的个人设备上进行安装。

参考文献

[1] R. Weil, J. Wootton, A. Garcia-Ortiz, Traffic incident detection: Sensors and algorithms., Math. Comput. Model. 27.9 (1998) 257−291.

[2] US DOT, Research Data Exchange. <https://www.its-rde.net>, 2016.

[3] Extensible Markup Language (XML) 1.0 (Fifth Edition), <https://www.w3.org/TR/REC-xml/>.

[4] XML, <https://cran.r-project.org/web/packages/XML/index.html>.

[5] S. Bregman, Uses of social media in public transportation. Transit Cooperative Research Program (TCRP) Synthesis 99, Transportation Research Board, Washington, 2012.

[6] K. Fu, et al., Steds: Social media based transportation event detection with text summarization, Intelligent Transportation Systems (ITSC), 2015 IEEE 18th International Conference on, IEEE, 2015.

[7] S. Zhang, Using Twitter to Enhance Traffic Incident Awareness, Intelligent Transportation Systems (ITSC), 2015 IEEE 18th International Conference on, IEEE, 2015.

[8] Twitter Developer Documentation, <https://dev.twitter.com/overview/documentation>, 2016.

[9] S. Ghemawat, H. Gobioff, S.-T. Leung, The Google file systemvol. 37, no. 5, pp. 29−43 ACM SIGOPS operating systems review, ACM, 2003.

[10] J. Dean, S. Ghemawat, MapReduce: simplified data processing on large clusters, Commun. ACM 51 (1) (2008) 107−113.

第 4 章

数据核心：数据生命周期和数据管道

4.1 简介

在美国，长途驾驶中的驾驶人几乎都会遇到可以打乱其出行计划的天气。恶劣天气会影响能见度和路况，降低驾驶人安全驾驶的能力。美国大约 22% 的交通事故（每年近 130 万起）与天气有关[1]。

气候变化导致的恶劣天气事件变多，道路养护成本和应急响应时间也随之增加。每年，美国的各州和地方机构花费高达 25 亿美元用于由天气导致的道路维护，如除雪和除冰[2,3]。清理道路的方案和设备的选择也依赖于天气，不充分的天气预测会造成道路潜在的安全风险，而过度预测会对环境产生一定的负面影响。

由于恶劣天气引起的道路上的不确定性，交通中断以及经济损失给研究和实践带来了巨大的挑战。先进的传感器和通信技术可以帮助解决一些挑战，因为它们可以提供实时的交通和天气数据，进而提高智能交通系统（ITS）的连接性、自动化程度和信息密度。根据美国智能交通协会最近的一份报告显示，77% 的运输公司有车辆实时定位数据，且越来越多的高速公路和主干道被实时监控系统和计算管理系统所覆盖[4]。道路天气数据的收集和预测系统也变得越来越复杂。

随着 ITS 技术的成熟，我们可以设想许多场景，其中智能代理提供实时决策所需的可适应的动态信息。这类决策经常利用实时数据，如天气状况、路面温度、交通多元化或事故地点的驾驶人信息。但是，仅仅根据过去 24 小时内创建的数据做出决策可能达不到理想效果，因为这些数据缺乏观察和验证趋势所需的历史背景。按时间节点划分一个数据集可能会遗漏数据中的缓慢变化现象的价值。在落基山脉徒步旅行，你很有可能使用的是美国地质调查局在 20 世纪 40 年代中期绘制的地形图[5]。美国地质勘探局的数据集由税收构成的公共资金支持，可以免费获得，并已在许多商业和学术地图活动中广泛应用。

我们之所以提出旧数据的问题，是因为不管数据的新旧，它都是有价值的。旧数据实际上可能比新数据更有价值，因为它经历了时间和使用的考验。在评估气候变化或人口迁移等现象的影响时，知道使用什么数据以及如何比较过去和现在的观测数据是至关重要的。与此同时，要从相似的历史和近期数据中发现规律，需要了解数据的生命周期。

数据的产生与消失，它存在于特定的媒介上，要么被使用在研究中，要么等待着被使用。采用 ITS 数据优先的观点，可以让我们考虑数据使用的独立性和数据相关性的快速评估。正是这种数据优先的观点使我们能够尊重数据，管理数据，关注未来的数据。

数据生命周期是数据对象从产生到消失的生命周期的抽象视图。这里的数据对象指的是文件和链接的集合或数据库。数据生命周期定义了一组不是每个对象都经历的阶段。如本章所示，生命周期的各个阶段有不同的特点。在本章中，我们努力让读者理解数据的生命周期。我们还建立了从数据生命周期到"数据管道"的连接，后者是通过运行软件实现部分或全部数据生命周期的物理表示。

4.2 案例和数据波动

由于天气和路况的即时性，读者可能会误以为只有最近的实时数据才有用。大多数时候这个观点是正确的。从道路传感器或任何其他类型的传感器收集的数据必须是最新的，以便用户及时对新出现的危险做出反应。下面的案例 1 阐述了如何使用即时数据进行预测和导航[6]：

> **案例 1**：即时数据：凯伦在科罗拉多州丹佛市开车沿着落基山脉向北行驶，进入怀俄明州。车子起动时，她的车载设备 pathcast 工具会收到一个通知，通知内容是一家新成立的公司利用美国国家气象局的数据和当地闪电传感器、雷达、地面观测站、风廓线仪和河流测量仪提供的数据生成的基于区域特定地图的预测。凯伦的 pathcast 预报显示，早前的降雨已经导致了其中一条峡谷溪流的涌动，所以凯伦希望借助于汽车的复杂导航系统绕过被洪水淹没的道路。

对于案例中的凯伦来说，为了能及时做出决定，pathcast 背后的公司和机构必须不断地从国家和当地获取有关恶劣天气状况的信息。该公司不仅需要最近发布的消息，还需要及时将信息发送给公司总部的计算机系统（或其云托管服务）。

在交通信息学和气候学中，过去的数据同样有价值。下面的案例 2 说明了如何使用过去 24 小时的数据来预测趋势。

> **案例 2**：不到一周的数据：风暴可以在一个地区停留几个小时，缓慢消散。一个在气象公司实习的学生被要求对降雪量和积雪量进行短期预测。实习生选择在 y 轴绘制雪-水比，在 x 轴上绘制过去 24 小时内所在地区的大部分道路的平均气温测量值（称为厚度）。他使用最小二乘回归分析法拟合这些点，用最佳拟合线方程来预测未来的消散情况。该分析为进一步的建模提供了一个本地的天气条件模式，并丰富了实习生使用天气数据的经验。

案例 2 中的实习生要想在分析中获得有意义的结果，数据必须少于 1 周。在这种情况下，观测数据必须从地方和州的数据源收集，最相关的数据是过去 24 小时积雪期间生成的数据。由于情况可能发生急剧变化，使得数值预测无效，因此预测只能适用于一些在观测尺度之外的短期预测。假设最佳拟合线设置合理，那么实习生的方法可以较好地预测未来短期的降雪情况。

最后，有一种数据通俗地称为"古老"数据或"遗留"数据；也就是说，数据存在的时间超过 1 周。在这个似乎有丰富数据和社交媒体的时代，超过数天的数据可能会被认为太陈旧而不相关，但这种观点会极大地限制数据分析和决策者的视角。正如 20 世纪哲学家乔治·桑塔亚纳的一句名言，"忘记过去的人注定要重蹈覆辙。"⊖ 同样地，那些忽略过去数据的人，必定会忽视长期的变化，重复以前的错误。

> **案例 3**："古老"的数据：研究人员希望研究同一条道路上一部分沥青碎裂比较快的原因。她可能想要根据道路所在区域的已知地质数据来绘制道路拓扑结构。在这种情况下，她将使用的数据可能是在 50 或 100 年前收集的！

这 3 个案例说明了理解和评估不同时段数据的重要性。影响数据生命周期的另一个重要方面是数据类型的完全可变性。为指导应急交通管理而建立的决策系统要求数据从多信息源实时到达，同时要求数据的变化不那么频繁，而且在过去几十年里一直在被收集。这样的系统可以合并许多不同的数据类型。下面的列表描述了一些常见的数据源：

1）国家和地方网络的天气和气候数据。例如，美国国家海洋和大气管理局（NOAA）提供地形、海洋、模型、雷达、气象、卫星和古气候数据⊜。

2）传感器收集道路上和道路附近的温度、湿度、风速、空气质量和其他测量数据。例如，各州部署环境传感器检测站（ESS），其中包含用于各种类型测量的数十个传感器[7]。除了常规尺寸的传感器，研究人员还打算制造非常小的传感器，即所谓的"智能微尘"，可以在恶劣环境下使用[8, 9]。

3）车载传感器数据。在道路上行驶的车辆都配备了大量的传感器，这些传感器可以报告车辆的速度和位置、常规和非常规情况，例如，轮胎打滑或强制动，以及环境状况。传感器数据是流数据，也就是说，它们是在一定的时间间隔内连续产生的。美国国家大气研究中心（NCAR）和美国运输部正致力于开发车辆数据转换器——一种可以从许多传感器获取数据，检查数据，并按时间、路段和网格排序且数据可供其他应用使用的工具[10]。

4）卫星和其他影响道路的环境特征的土地、河流等观测数据。例如，由美国国家环境卫星、数据和信息服务（NESDIS）运营的地球同步环境业务卫星系统（GOES）是空气、云、降水和许多其他类型数据的来源⊜。

5）社交媒体数据。社交媒体数据，如 Twitter 数据，可以查询并集成到 ITS 语言处理和分类或网络分析。这样的处理可以提供关于道路状况和驾驶人对天气的反应的附加信息，并可以预测天气及其对交通的影响[11]。

美国政府已经认识到数据对 ITS 发展的重要性。美国运输部已经启动了互联数据系统计划，该计划旨在创建可扩展数据管理和传输方法的系统，利用海量多源数据增强当

⊖ https://www.gutenberg.org/files/15000/15000-h/vol1.html

⊜ https://www.ncdc.noaa.gov/data-access

⊜ http://www.goes-r.gov/products/overview.html

前的运营实践，改变未来地面交通系统管理[12]。该项目的一个核心部分是研究数据交换平台（RDE），该平台提供对连接车辆的数据访问，包括运输、维护和探测车辆，以及各种类型的传感器，如事件探测系统、交通信号、天气和其他类型的ITS传感器。RDE的目标是进行广泛的ITS相关的分析和研究。

为了确保新的数据源（例如，一种新的设备）能够适应交通研究和实践中的日益复杂的数据生态，数据管理人员或研究人员必须对数据的生命周期有所认知。数据管理人员不仅需要具有丰富的知识，数据本身也必须沿袭历史，就像携带自己的护照一样。也就是说，为了使数据源适合集成到复杂的建模和运输系统决策中，进入生态系统的数据必须携带关于其起源、背景和转变历史的信息，以指导未来的使用。无法访问和验证的数据不太可能有很长的寿命，而且很快就会被遗忘。

如今，数据从越来越多的来源被收集，以更深入地了解不同领域中正在发生的情况。为了及时地获取更多的资源来解释正在发生的事情和预测将要发生的事情，必须要理解数据生命周期。在下一节中，我们将研究数据生命周期的各种模型，以及它们如何处理这些问题和其他数据管理问题。

4.3 数据和生命周期

在一个框架中考虑数据管理是很有帮助的。这个框架在执行操作时记录应用到数据的操作，而不是在操作完成后记录数据。通过一组时间顺序的阶段来描述数据对象（例如，文件和链接的集合或数据库）的模型称为生命周期模型。许多生命周期模型已经存在，包括特定领域、区域和特定行业的模型[13,14]。下面我们描述的模型是通用的数据生命周期模型，也就是说，它们可以应用于不同的领域，并根据需要进行调整。

4.3.1 USGS生命周期模型

美国地质调查局（USGS）开发了科学数据生命周期模型，"促进对记录、保护和提供机构有价值的数据资产的必要步骤的共同认识和理解"[15]。该模型由主元素和横切元素组成，前者表示可迭代使用的线性程序，后者表示需要连续进行的活动（图4-1）。

主元素包括以下程序：计划、获取、处理、分析、保存和发布/共享。下面简要描述每个元素。

计划是项目参与者考虑与项目数据有关的所有活动，并决定如何处理这些活动的一个阶段。在这个阶段，项目团队会考虑后续阶段和所需资源的实现，以及数据生命周期每个阶段的预期输出。该模型建议创建一个数据管理计划，作为计划阶段的结果。

获取包括检索、收集或生成数据的活动。美国国家气象局的数据或卫星观测是可以从外部来源获得数据的例子。传感器数据可以通过安装和监控传感器来收集。在此阶段，重要的是考虑确保数据完整性的相关数据策略和最佳实践。这个阶段的结果是项目设计和数据输入列表。

处理是与进一步准备收集的数据相关的活动。它可能涉及数据库的设计；不同数据集的集成、下载、提取和转换。在处理阶段，重要的是要考虑用于数据存储、处理和集成的标准和工具。这个阶段的结果为数据的集成和分析做好了准备。

分析是对数据进行探索、解释和假设检验。分析活动可以包括汇总、统计分析、空间分析、建模和可视化，用于产生结果和建议。在这一阶段进行适当的数据管理，可以提高数据分析的准确性和效率，为今后的研究和应用提供基础。这一阶段的成果是正式的信息发布或报告。

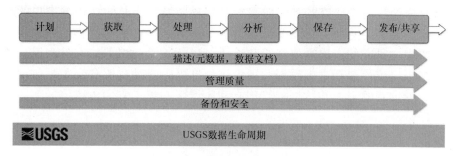

图 4-1　USGS 数据生命周期模型

接下来的两个阶段——数据的保存和发布，在数据生命周期中，二者被认为是与数据收集和分析同样重要的元素。保存是指为长期存储和访问准备数据。信息发布可能包括对同行评审发布中的数据的引用，或通过网站、数据目录和专门存储库的数据传播。美国地质调查局的模型有意地将保存置于发布之前，以强调联邦政府资助的研究必须为数据、元数据以及任何其他产品和文档的长期保存做好计划，因此这种计划与发布研究结果同样重要。将数据发布作为数据生命周期的一部分的目的是提醒人们，数据是一种研究产品，它等同于研究的其他输出，如论文或演示。

USGS 数据生命周期模型中的横切活动包括描述，即提供元数据和数据文档；管理质量，即实施质量保证措施并进行持续的质量控制；以及备份和安全，即采取措施管理数据损坏和丢失的风险。这些活动需要在整个项目时间轴中执行，它们有助于提高数据的质量、可读性和用途。

4.3.2　数字管控中心管控模型

英国数字管控中心（DCC）开发的数据管控生命周期模型侧重于成功地管理和保存数据所需的步骤。它的目标是为数字对象管理提供一个通用的框架，以便它能够适用于不同的领域和类型[16]。该模型表示一个由 3 种类型的操作组成的周期——完整生命周期操作、顺序操作和根据需要出现的临时操作（图 4-2）。

完整的生命周期操作需要在数字对象的整个生命周期中执行。在 DCC 模型中有 4 个完整的生命周期操作（用围绕数据循环的 3 个封闭循环表示）——描述和表征、保存规划、社区监控和分享以及管控和保存。描述和表征是指提供用来描述数字对象的元数据，以便能长期访问和读取。保存规划是指管理层用于管控数据的计划。社区监控和分享强调了依赖现有社区工具和标准的重要性。管控和保存提高了人们对数字对象的整个生命周期中促进管控和保存的必要性的认识。

顺序操作遵循项目的轨迹，即从概念化和数据收集到对需要管控和保存（评价和选择）的内容做出决策，再到能对数字对象长期访问和重复利用（获取、保存、存储、访问、使用和重复使用)的流程。最后一步"转换"是指当从原始数据创建和派生新的数据时,数字对象的重复利用阶段。在每个阶段,DCC 生命周期模型强调创建和注册部分元数据,以确保数据的真实性和完整性,并遵守相关的社区标准和工具。临时操作包括重置数据,即存档和销毁;重新评估,即在程序失败时进行验证;以及迁移,即将数据转换为不同的格式,使其不受硬件或软件过时的影响。

虽然这个模型没有把研究的各个阶段放在中心位置,但是它认识到知识的产生和增强是管控生命周期模型的基本组成部分[17]。科学研究产生了关于世界的新知识并将其编码到数据资源中,研究的产出需要组织和编码,以便人类和机器能有效利用。该模型意味着,元数据不仅应该包括文本注释,还应该包括可由自动化服务和工具使用的规则和形式化实体。管理者的努力和数据的管理有利于增强知识,它们也应该成为数字对象元数据的一部分。

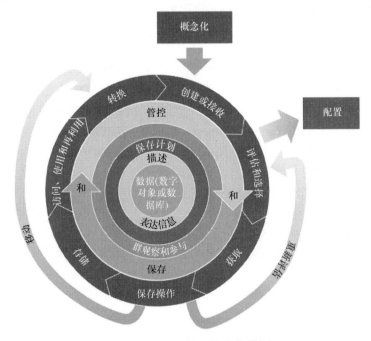

图 4-2　DCC 数字生命周期模型

4.3.3　DataONE 模型

DataONE 数据生命周期模型是在美国国家科学基金会(NSF)资助的工具和服务开发项目中开发的,该项目旨在支持环境科学中的数据管理与共享[18]。它概述了成功管理和保存数据所涉及的各个阶段,以供使用和重复利用。该模型包括八个通用组件,它们可以是任何涉及数据使用的项目的一部分,但是它适用于不同的领域或社区(图 4-3)。

DataONE 模型与 USGS 生命周期模型类似,因为它包含类似命名组件——计划、收集、确认、描述、保存、发现、整合和分析,只是其解释略有不同。

计划包括如何在其整个生命周期中收集、管理、描述和访问数据的决策。收集是指使用观察、仪器和其他方法收集数据的操作。确认是指通过在特定的研究社区中接受检查来保证数据的质量。描述包括使用适当的元数据标准记录所有相关数据(元数据)的技术、背景、管理和科学的信息。保存是指准备并提交数据到某些长期存储库或数据中心。发现是指为发现和检索数据提供工具和元数据方法，并在研究中使用这些工具来定位和使用数据。整合是指访问多个数据源并将数据合并成数据集，用来分析特定的研究问题或假设。最后，分析是指使用各种工具、方法和技术来分析数据。

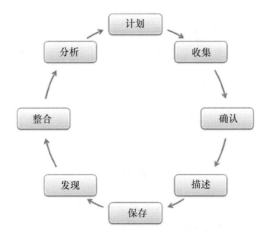

图 4-3　DataONE 数据生命周期模型

DataONE 模型包含整个周期，但它并不要求上述的每一步都在项目中有所体现。有的项目可能只使用生命周期的一部分，尽管质量确认、描述和保存操作对任何项目都是至关重要的。

4.3.4　SEAD 研究对象生命周期模型

SEAD 研究对象生命周期模型是由本书作者开发的，作为美国国家科学自然基金会资助的项目的一部分，该项目旨在开发支持数据管理、发布和保存的工具[19]。该模型借鉴了研究对象[20,21,22]的概念和相关的起源研究[23,24]，并为知识数字化的广泛传播和重复使用提供了框架。根据研究对象（RO）方法，如果研究资源被整合成包含资源生命周期、所有权、版本控制和属性的结构化的包，将会更好地支持共享和再现性。

RO 是一个封装了数字知识的包，是一个共享和传播可重复使用的研究产品的载体。在 SEAD 模型中实现的 RO 原则包括：整合（内容）、永久标识、属性（链接到人和对应的角色）和来源（状态和关系的引用）。因此，RO 通过 5 个相互关联的部分来定义（图 4-4）：

1）唯一 ID，一个永不重新分配的持久标识符。
2）代理，以重要方式接触过该对象的人的信息（例如，创建者、管控人员等）。
3）状态，它描述了当前 RO 在其生命周期中的位置。
4）关系，它捕获了如数据集、处理方法或图像等对象内实体与其他 RO 之间的连接。
5）内容，数据和相关的文档。

为了描述 RO 的生命周期，支持其完整和可重复利用性，该模型聚焦于研究对象在经过创建、分析、发布、再利用周期时的行为。该模型仍然适用于常规研究的生命周期，但它也可以在研究对象创建或获取、准备发布、彼此派生、复制等过程中捕获它们之间的关系。以此模型为基础，可以编写软件以可控和可预测的方式跟踪 RO 的变化和动向。

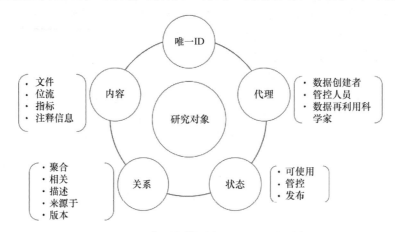

图 4-4　生命周期模型中 SEAD 研究对象

该模型由两部分组成：①状态，定义了数据集在研究阶段的状态；②关系，捕获 RO 之间的关系。图 4-5 概述了 RO 是如何在研究中进行转变的，以及一旦发布，它如何与其派生物进行关联。

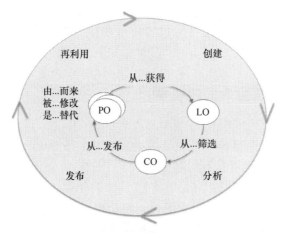

图 4-5　SEAD RO 模型

从图 4-5 可以看出，除了提供一个高水平的概述外，该模型还提供了一个正式的技术规范，来说明 RO 如何在研究中转移，以及系统和服务如何跟踪它们。状态和关系来自两个枚举集合，其中状态表示依次通过数据收集和分析、选择和描述以及传播和再利用阶段的状态。这些关系是属性的子集，这些属性可以由诸如 PROV-O 或发布本体之类的起源本体正式定义⊖：

- 状态 = { 活动对象（LO），管控对象（CO），可发布对象（PO）}
- 关系 = { 从 ... 获得，从 ... 筛选，从 ... 发布，与 ... 共享，与 ... 相似 }

RO 存在于以下 3 种状态之一：活动对象（LO）、管理对象（CO）或可发布对象（PO）。因为数据管理很少在研究的开始阶段受到关注，我们考虑如存在于"Wild West"

⊖　http://www.sparontologies.net/

（一个组织和描述松散的空间）中的活动数据，尽管在数据贡献者中继续提高对数据管理的认识和鼓励良好实践是至关重要的。这样的空间可以存在于多台计算机上，分布于成千上万个文件夹中，并且它们的名称混乱不一，令人困惑。

研究人员或实践人员通过自己的努力和检索现有数据，从各种来源获取数据。这个数据就是 LO，和"从...获得"相关联。然后研究人员从较大的数据集中筛选出处理和分析所需的子集。随着时间的推移，研究者将梳理和整理材料，便于分析、解释、形式表达和后续发布。通过筛选的内容形成 CO，它是一个通过"从...筛选"与其 LO 相关联的对象。

我们认为 CO 存在于一个更可控的环境中。在那里，变化是有限的，数据和元数据是经过验证和正确记录的。一旦研究和数据管理员同意研究产品的内容和描述已经就绪，RO 就可以进入 PO 状态。

PO 是一个包含所有内容的数据产品，可以将其存储到存储库或与其他研究人员共享。它可以通过"从...发布"关系与 CO 相关联。PO 存在于需要跟踪所有操作的控制区域中。特别是纠正、共享、派生、复制和其他形式的使用和再使用等操作。这些操作形成了一个研究对象家族的过去和未来的沿袭，促进了数字对象的无损整合。随着沿袭的记录和时间的推移，该模型将形成研究对象之间的连接网络，为已发布的科学数据创建系谱网络。

本节中介绍的所有四个生命周期模型都提供了数据生命周期的高级概述和有关数据管理的每个阶段可以或应该做什么的详细信息。表 4-1 提供了模型及其阶段之间的比较。

表 4-1 数据生命周期模型的比较

	USGS	DCC	DataONE	SEAD
顺序阶段	计划	概念化	计划	
	获得	创建	收集	创建
		评价 & 选择	确认	
	处理	吸收	描述	
	分析			分析
	保存	保存操作	保存	
	发布/共享	存储	发现	发布
		访问、使用和再利用	整合	
		转化	分析	再利用
交叉或互补方面	元数据	元数据	元数据	元数据
	质量	保存	质量	起源
	安全	群	保存	管控
		管控		

有些模型，例如 USGS 和 DataONE 模型，在指导数据创建者和用户管理数据以及鼓励他们检索适当的元数据和工具用于共享数据方面很有用。DCC 模型可能对数据管理员特别有用，因为它提供了关于收集和分析数据之后应该做什么的更多细节。SEAD 模型为追踪数据和确保数据完整性提供了一个简单的机制。

数据生命周期模型经常构建在实践中使用的软件服务和策略中。这些软件服务采用数据管道的形式。在下一节中，我们将在实践中描述数据生命周期中更实际的方面。

4.4 数据管道

本章 4.1 节中以案例形式呈现的越来越多的历史数据序列说明，虽然最新的数据由于其能捕获正在发生的事情常常吸引我们的注意力，但是较旧的数据仍具有相当大的价值。因此，当我们讨论数据生命周期时，我们需要认识到，用于解决传输信息学中问题的数据可能是 5 分钟前的、5 天前的或 50 年前的数据。

在如今的互联世界，实时数据和历史数据通常驻留在任意数量的数据库和数据存储库中。由于检测设备、车载和路侧传感技术、网络和车辆与交通基础设施之间的无线通信、蓝牙、摄像头、图像识别以及其他的一系列技术的进步，计算强化的 ITS 研究成为交通工程领域的主流研究和创新。此外，未来的自动驾驶汽车将产生大量的传感器数据，其数量是当今最先进的汽车模型的数千倍。来自大量的实时和非实时数据源的数据必须被定位到可以处理的位置。

移动数据，使其位于需要的位置，并由软件系统或相互通信的连接软件服务进行处理。这种数据传输路径依赖于到接收数据的多个目的地（可能是全世界）的快速 Internet 连接。想象美国的一个主要城市的交通数据通过事先的协议同时实时地分发给少数机构，包括大学和政府实验室。在下面的讨论中，假设有一所大学实时接受这些数据。在此过程中，我们讨论了一种软件框架，它可以指导研究人员如何将描述交通信息学的大量传感器和仪器的数据转化为科学或实用的见解。

"数据管道"是一种抽象的方式来讨论用软件编写的依次应用于数据对象的数据处理组件。数据管道是一个有用的抽象概念，因为它帮助人们思考：①数据如何通过处理步骤实时地从传感器和仪器推送到结果；②如何优化数据处理，同时最小化其成本。因此，数据管道是在整个数据生命周期中管理和简化数据流程的抽象表达。

"流程"是另一个与描述自动数据处理的"数据管道"相似和相关的概念[25]。流程是一组由流程引擎编排或自动运行的软件任务。通常，流程是使用抽象规划语言定义的。然后将计划输入到一个流程引擎，该引擎将根据该计划运行流程。从软件架构的角度来看，流程和数据管道有很多共同之处。数据管道可以从流程系统中构建，但是与数据管道一样，流程编排引擎也具有一定的规则性和可重复性，因此对于实现数据管道来说，流程编排引擎会显得更加繁琐。

数据管道中的任务可以是人工执行的任务，也可以是自动执行的任务，并由一直运行的脚本周期性触发。这些任务可能是单独的或可互换的，因此它们的执行顺序并不重要。或者，顺序可能非常重要，因为任务取决于它们在管道中运行的位置。通常，执行有一个可接受的顺序。

在实践中，数据管道通常会促进数据生命周期的开始，以定义如何处理所创建的数据以供使用。例如，NASA 制定了一项政策，规定了它的卫星和其他仪器的数据是如何通过它们的数据处理文档进行数据处理的[26]：

> 数据产品在各个级别（从 0 级到 4 级）进行处理。0 级产品是全仪器分辨率下的原始数据。在更高的级别中，数据被转换成更有用的参数和格式。所有的 [...] 仪器必须有一级产品。大多数产品处于第 2 级和第 3 级，许多产品处于第 4 级。

数据管道也可以出现在数据生命周期的后期，例如，当数据对象从存储移动到计算时，或者当对象准备在初次收集它的环境之外进行更广泛的共享时。下面给出两个实际的例子，一个在数据生命周期的开始，另一个在发布点，有助于更好地理解数据管道是如何工作的。

> 科罗拉多州丹佛市的一位交通管理者想要一个决策支持系统来应对道路天气情况。丹佛市以其多变的大风和天气闻名，这是由于丹佛市中心以西20英里处的落基山脉造成的。交通管理者让IT主管负责建立一个数据管道，将数据实时地提供给位于丹佛市的交通管理中心（TMC）的决策支持系统，以便管理者使用。

IT主管首先构造出如图4-6所示的天气数据管道。

本例中的数据管道经过了极大的简化，从而产生了与数据相关的问题。图中左边四个是不同的数据产生源。第一个和第三个是环境传感器网络。每个网络由5个道路温度传感器组成。IT主管打算在科罗拉多州狄龙以东，进出艾森豪威尔隧道的I-70号州际公路上部署一个传感器网络。I-70号州际公路的这一部分位于大陆分水岭之下，因其在恶劣天气下对驾驶人威胁极大而闻名。第二部分将部署在科罗拉多州杰内西河附近的I-70号州际公路上，正好进入丹佛市区边界的山区。

温度传感器将与中央接收单元进行通信。中央接收单元是与传感器共同放置的小型嵌入式计算机。传感器将每5秒读取一次数据，并将数据发送到嵌入式计算机。嵌入式计算机每5秒接收5个读数（每分钟60次读数），并将它们发送到丹佛市TMC。取决于软、硬件的功率，嵌入式系统可以做的不仅仅是简单的数据传输。它可以对数据进行预处理，合成创建动态地理温度地图，并且每个地图包含一个传感器的读取数据，以管理者需要的频率发送地图给TMC，例如，每天汇总地图或每分钟12次频繁更新地图。TMC将接收来自嵌入式计算机的数据并存储它用以进一步处理，包括验证和存储原始以及合成的数据、检查地图质量、调整时间戳（从山脉时间到UTC），以便可以和其他地区的传感器数据合并处理。

除了环境感知器外，IT主管还在相同的两个位置部署了两台协作式自适应大气感应（CASA）雷达，以提高预测速度和精度[27]。CASA⊖雷达又称作分布式协作自适应传感器（DCAS），是一种低成本、小封装的多普勒雷达，它能在较低的大气压中进行近距离操作，具有良好的分辨率和覆盖范围，每隔1分钟产生一次读数[28]。在上面的例子中，CASA数据一旦到达丹佛市的TMC，就会被过滤出一组有效数据，交通主管认为这组数据对预测部门应对即将到来的风暴非常重要。

CASA示例中的数据管道可以作为一个大型数据管道，也可以作为5个数据管道。在后一种情况下，每个仪器将有一个小管道，然后另一个管道将这些仪器管道融合成一个时间上一致的管道。由于时间上一致，这些事件在时间上是有序可协调的，这在数据处理中是一个严重的挑战，因为涉及到大量的时钟，而且在仪器中使用电池可能意味着仪器的时钟会慢下来。互联网连接的速度是另一个挑战，因为它会造成中央管道数据到达率的下降，并破坏实时决策。

⊖ www.casa.umass.edu

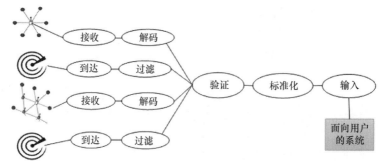

图 4-6　天气数据管道

这个假设的例子演示了一个从多个来源实时摄取观测（遥感）数据的数据管道。如今，管道很可能使用 Java 或 Python 构建，使用 MySQL 这样的关系数据库或 MongoDB 这样的 NoSQL 数据库来存储事件。事件格式是 JSON 甚至 JSON-LD，因为后者提供了根据需要对语义信息进行编码的方法。该服务可能有一个或多个 RESTful API——一组符合表征状态传输（REST）架构约束条件的编程组件，该架构支持标准化查询，并根据需要定期从数据库提取结构以便填补面向用户的系统。

第二个示例是在需要发布数据时使用的管道。交通管理者可能没有义务公布他们在保护道路和生命方面的任何数据。然而，共享数据远远超出了正式的学术出版物。管理人员可能希望有一个空间，可以通过众包计划与其他城市和州或与公众交换数据。管理者使用的一些数据可能来自必须公开数据的政府资源。那些致力于改进预测建模技术并使用来自传感器和雷达数据的研究人员需要考虑发布他们的数据，特别是如果研究是由美国联邦政府资助的[29]。

第二个管道示例来自现有的数据管道和数据社区总体概括，作为 SEAD 项目支持的一部分。

> 部署在科罗拉多州 I-70 号公路的两个环境传感器网络和雷达系统会生成大量数据，用于开发下一代数值天气预报系统来研究天气和预测交通需求。虽然研究人员有计算设施，但他们缺乏基础设施和工具，不能和团队之外的人员共享数据。

在上述示例中，用于准备、选择和数据的后续共享的数据管道是由一个叫 Curbee 的软件框架实现的[30]。Curbee 大型软件实施的一部分，它将一个抽象的 SEAD 数据生命周期模型转换成一个软件和人工任务支持的工作系统，例如存储和处理活动数据、管理不同团队成员的访问，创建元数据以及发布和保存数据。

Curbee 被设计成一个松散耦合的组件，也就是说，它可以独立工作，也可以合并到一个更大的管道中。它接收整包或单包的数据对象，并通过管道利用一组微服务来移动对象（图 4-7）。

微服务包括以下内容：
1）对象验证：确保包是完整的，其内容与声明的描述相对应。
2）持久性：将对象及其状态存储在数据库中。
3）来源：通过"派生"、"获得"等⊖关系登记对象的沿袭。

⊖　见 4.3.4 SEAD 研究对象生命周期模型部分。

4）发现准备：使数据对象与数据发现服务（如 DataONE⊖）兼容。
5）元数据生成：根据发布者和发现服务所需的模式创建元数据。

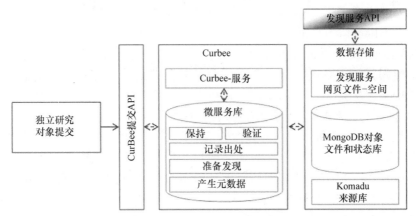

图 4-7　Curbee 管道架构

执行微服务之后，Curbee 会通知为准备提交的对象推荐存储库，并与数据发现服务同步刷新元数据。

Curbee 使用 Java 编程语言和其他当今的技术和标准，如开放档案协议对象复用和交换（OAI-ORE）和 BagIt 协议⊖⊖，通过 JSON-LD 以及 NoSQL 数据库 MongoDB 完成序列化。

当对象通过数据发布管道时，状态消息和时间戳被添加到包中，以便管道对用户和软件代理更透明。

第一个和第二个数据管道示例简单地说明了数据管道可以处理的大量任务。除了数据摄取和数据发布之外，还可以用来处理以下内容：

1）数据清理和质量保证：使用手动和自动程序来检测错误、无效或不一致的数据，并进行纠正。

2）数据保障/管控：使用标准化的模式来添加元数据，使用本体和来源技术来添加语义、记录和跟踪沿袭。

3）数据分析和可视化：使用统计、文本/数据挖掘和可视化技术来理解它们所描述的数据和现象。

4）数据发现：使用搜索、访问和检索工具来查找数据集。

5）数据融合和集成：将多个数据和知识集成到统一的有效表达中，从而提供更深入的见解。

6）数据发布：通过发布具有持久 ID 和使用许可的数据集，使其他人可以使用数据。

7）数据保存：准备数据以供长期保存，并确保将来可以使用。

4.5　未来方向

ITS 是一个快速发展的新领域，它受到快速的技术进步以及新工具和算法发展的影

⊖　https：//www.dataone.org/
⊖　https：//www.openarchives.org/ore/
⊖　https：//wiki.ucop.edu/display/Curation/BagIt

响。成本更低的传感器、分布式计算和人工智能技术将不可避免地重塑我们的出行和导航方式。数据在这些变化中的中心地位是显而易见的，我们需要更深入地思考这些变化，以便能够使数据生命周期和管道适应 ITS 不断变化的需求和新兴能力。在不久的将来，下列研究方向可以被认为是重要的：

1）数据生命周期模型用于更好的决策。目前大多数模型都确定了收集和管理数据的一般步骤，然而，随着系统和分析变得越来越复杂，我们如何进一步指定和调整生命周期模型以做出更好的决策？我们如何平衡机器、人力资源以及存在的可能性和限制？我们的模型如何适应决策向自动化和人工智能方向的转变？

2）全球分布式计算和物联网的数据管道。随着物联网（即来自周围许多设备和对象的数据）变得越来越普遍存在，它对捕获数据是如何获取创建以及数据是如何在生命周期的各个阶段移动提出了挑战。如何对多种设备进行统一跟踪？数据是实时获取还是批量获取？数据将如何存储和分析？

3）学术、政府和商业数据的集成和管理。这在自动驾驶汽车领域尤为重要，目前这些领域的许多研究和创新都是由商业公司主导的。数据生命周期和管道模型如何适应专有数据的集成并提供灵活的数据共享和交换机制？

4）改善数据访问和效率。我们的数据技术需要考虑在数据获取方面存在的和潜在的不平等，尤其是来自弱势群体的数据。我们如何保存和共享数据以及设计算法，以创造一个更好、更公正的世界，为所有人提供智能交通，并将排除在外的风险和环境污染降到最低？实现它需要什么样的道德保护和立法控制？

4.6　章节总结与结论

本节讨论了数据生命周期和数据管道这两个相关的概念，为研究人员和实践者提供了一个有用的框架。该框架将数据置于科学和决策的中心，并提供了在计划和实施中管理数据的整体方法。通过使用案例进行说明，我们使数据在构建 ITS 和推进科学与社会进步所起到的作用变得清晰可见。

数据生命周期是一个框架，用于考虑数据对象在其生命周期中经过的各个阶段；而数据管道是一个实用的概念，通常由一组工具、服务和 API 构成，它们支持数据生命周期并帮助优化数据流程。数据生命周期方法对于那些处理天气和交通数据的人来说非常有用，可以帮助他们考虑如何收集数据，提高质量和一致性，并确保数据可以和其他数据连接，包括过去、现在和未来的数据。在可重复和可自动化的过程中使用数据管道，是互联交通系统中必不可少和快速发展的一部分。

4.7　习题

1. 研究数据的定义和描述

分组讨论你的研究项目和研究数据。思考以下问题：

1）你的研究课题和研究"地点"是什么？

2）你将使用哪些物理数据？比如土壤样本、水测量等？

3）你将获取或创建哪种类型的数据？比如来自于社交媒体？

4）你的数据来源是什么？比如来自政府或商业机构的数据、位置样本、已发布的资源等？

5）项目结束后你的数据放在哪儿？

6）你将如何管理你的数据？

7）你的数据管控还有其他的问题吗？比如风险、所有权、道德问题？

2. 将研究对象映射到生命周期

使用本章讨论的生命周期模型之一，描述你最近的涉及数据处理的项目。思考以下问题：

1）你的项目中最重要的横切活动是什么？比如生成高质量的数据、与他人共享数据、帮助他人使用该数据集等？

2）数据生命周期的哪些阶段花费了你大量的时间和精力？

3）你的项目缺少哪些阶段？

4）在整个生命周期中，什么样的存储架构是合适的？你的体系结构将如何随着你从一个阶段到另一个阶段的变化而变化？

5）生命周期模型如何帮助你改进项目？

3. 数据组织

系统性地组织数据对以后的分析非常重要。当你每天处理数据时，数据的组织对你来说显而易见，但是对于那些对项目一无所知的人来说，可能很难理解。一个良好的数据逻辑组织系统有助于数据的共享和交换。在决定如何组织数据时，需要考虑数据的性质。在 ITS 相关的项目中，数据可能根据仪器或数据来源的位置来组织，还可以按时间顺序组织，特别是在处理实时和历史数据时。

选择一种你最熟悉或将来想要使用的数据类型（参考本章提供的 ITS 数据案例）。考虑一下，如果这类数据是你的主要数据，那么：

1）对于这类数据最合适的逻辑是什么？比如仪器、位置、时间或其他？

2）如何组织和存储数据处理所需的数据文档和软件？

3）在组织和存储数据时，还有哪些其他的重要材料？

4. 数据管道

阅读以下鲁棒数据管道的示例：

http：//highscalability.com/blog/2014/3/24/big-small-hot-or-cold-examples-of-robust-data-pipelines-from.html，小组讨论是什么使这些示例具有鲁棒性，以及这些管道之间的异同。思考以下问题：

1）结构化和非结构化数据存储。

2）数据归一化。

3）数据集成和来源。

参考文献

[1] USDOT (US Department of Transportation), "How Do Weather Events Impact Roads?," 2016. [Online]. Available: http://www.ops.fhwa.dot.gov/weather/q1_roadimpact.htm.

[2] USDOT (US Department of Transportation), "Disbursements by States for State-administered, classified by function," 2009. [Online]. Available: http://www.fhwa.dot.gov/policyinformation/statistics/2007/sf4c.cfm.

[3] USDOT (US Department of Transportation), "Disbursements For State-administered Highways — 2014 Classified By Function," 2015. [Online]. Available: http://www.fhwa.dot.gov/policyinformation/statistics/2014/sf4c.cfm.

[4] ITS (Intelligent Transportation Society of America), "Annual Report 2010–2011," 2011.

[5] L. Moore, "US Topo — A New National Map Series," Directions, 2011. [Online]. Available: http://www.directionsmag.com/entry/us-topo-a-new-national-map-series/178707. [Accessed: 16-Jul-2016].

[6] Committee on Weather Research for Surface Transportation, Where the Weather Meets the Road: A Research Agenda for Improving Road Weather Services, The National Academies Press, Washington, DC, 2004.

[7] J. Manfredi, T. Walters, G. Wilke, L. Osborne, R. Hart, T. Incrocci, et al., "Road Weather Information System Environmental Sensor Station Siting Guidelines," Washington, DC, 2005.

[8] J.M. Kahn, R.H. Katz, and K.S.J. Pister, "Mobile networking for smart dust," in *Fifth ACM Conf. on Mobile Computing and Networking (MOBICOM)*, 1999.

[9] D. Chawla and D.A. Kumar, "Review Paper on Study of Mote Technology: Smart Dust," in National Conference on Innovations in Micro-electronics, Signal Processing and Communication Technologies (V-IMPACT-2016), 2016.

[10] S. Drobot, M. Chapman, B. Lambi, G. Wiener, and A. Anderson, "The Vehicle Data Translator V3.0 System Description," 2011.

[11] L. Lin, M. Ni, Q. He, J. Gao, A.W. Sadek, Modeling the Impacts of Inclement Weather on Freeway Traffic Speed, J. Transp. Res. Board 2482 (2015).

[12] D. Thompson, "ITS Strategic Plan—Connected Data Systems (CDS)," 2014.

[13] A. Ball, "Review of Data Management Lifecycle Models," 2012.

[14] Y. Demchenko, Z. Zhao, P. Grosso, A. Wibisono, and C. de Laat, "Addressing Big Data challenges for Scientific Data Infrastructure," in 4th IEEE International Conference on Cloud Computing Technology and Science Proceedings, 2012, pp. 614–617.

[15] J.L. Faundeen, T.E. Burley, J.A. Carlino, D.L. Govoni, H.S. Henkel, S.L. Holl, et al., "The United States Geological Survey Science Data Lifecycle Model," 2013.

[16] S. Higgins, The DCC Curation Lifecycle Model, Int. J. Digit. Curation 3 (1) (2008) 135–140.

[17] P. Constantopoulos, C. Dallas, I. Androutsopoulos, S. Angelis, A. Deligiannakis, D. Gavrilis, et al., DCC&U: An Extended Digital Curation Lifecycle Model, Int. J. Digit. Curation 4 (1) (Jun. 2009) 34–45.

[18] W. Michener, D. Vieglais, T. Vision, J. Kunze, P. Cruse, G. Janée, DataONE: Data Observation Network for Earth — Preserving data and enabling innovation in the biological and environmental sciences, D-Lib Mag. 17 (1/2) (Jan. 2011).

[19] B. Plale, R.H. McDonald, K. Chandrasekar, I. Kouper, S.R. Konkiel, M.L. Hedstrom, et al., SEAD virtual archive: Building a federation of institutional repositories for long-term data preservation in sustainability science, 8th International Digital Curation Conference (IDCC-13) 8 (2) (2013) 172–180.

[20] K. Belhajjame, O. Corcho, D. Garijo, J. Zhao, P. Missier, D. Newman, et al., Workflow-Centric Research Objects: First Class Citizens in Scholarly Discourse, in *Workshop on the Semantic Publishing (SePublica 2012)*, 2012.

[21] S. Bechhofer, D. De Roure, M. Gamble, C. Goble, and I. Buchan, Research Objects: Towards Exchange and Reuse of Digital Knowledge, Nat. Preced., [Online]. Available: http://eprints.soton.ac.uk/268555/.

[22] S. Bechhofer, I. Buchan, D. De Roure, P. Missier, J. Ainsworth, J. Bhagat, et al., Why linked data is not enough for scientists, Futur. Gener. Comput. Syst. 29 (2) (2013) 599–611.

[23] Y. Simmhan, B. Plale, D. Gannon, A Framework for collecting provenance in data-centric scientific workflows, IEEE Int'l Conference on Web Services (ICWS'06), IEEE Computer Society Press, 2006, pp. 427–436. Available from: http://dx.doi.org/10.1109/ICWS.2006.5.

[24] B. Plale, I. Kouper, A. Goodwell, I. Suriarachchi, Trust threads: Minimal provenance for data publishing and reuse, in: Cassidy R. Sugimoto, Hamid Ekbia, Michael Mattioli (Eds.), Big Data is Not a Monolith:

Policies, Practices and Problems, MIT Press, 2016.

[25] D. Gannon, B. Plale, S. Marru, G. Kandaswamy, Y. Simmhan, S. Shirasuna, Dynamic, adaptive workflows for mesoscale meteorology, in: I.J. Taylor, E. Deelman, D.B. Gannon, M. Shields (Eds.), Workflows for e-Science, Springer, London, 2007, pp. 126–142.

[26] NASA, "Earth Science Data Processing Levels," 2016. [Online]. Available: <http://science.nasa.gov/earth-science/earth-science-data/data-processing-levels-for-eosdis-data-products/>.

[27] B. Plale, D. Gannon, J. Brotzge, K. Droegemeier, J. Kurose, D. McLaughlin, et al., CASA and LEAD: adaptive cyberinfrastructure for real-time multiscale weather forecasting, Computer (Long. Beach. Calif). 39 (11) (Nov. 2006) 56–64.

[28] J. Brotzge, K. Droegemeier, D. McLaughlin, Collaborative Adaptive Sensing of the Atmosphere: New Radar System for Improving Analysis and Forecasting of Surface Weather Conditions. <http://dx.doi.org/10.3141/1948-16>, vol. 1948, pp. 145–151, 2007.

[29] OSTP (US Office of Science and Technology Policy), "Increasing Access to the Results of Federally Funded Scientific Research," 2013.

[30] C. Madurangi, I. Kouper, Y. Luo, I. Suriarachchi, and B. Plale, "SEAD 2.0 Multi-Repository Member Node," in DataONE Users Group meeting DUG-2016, 2016.

第 5 章

智能交通系统的数据基础设施

5.1 简介

越来越多的数据是通过联网运输系统产生和处理的，这些系统由部署在联网车辆、道路/路侧设备、交通信号和移动设备（统称为物联网）中的大量传感器组成。有效地收集、处理和分析这些数据的能力，以及提取驱动智能交通系统（ITS）的洞察力和知识的能力是至关重要的。本章的目的是概述支持网联交通系统（CTS）应用需求的基础设施。为了解决 CTS 的复杂需求，需要一个能够使用不同的抽象和运行系统存储/处理大量数据的数据基础设施。Hadoop 生态系统由许多高级抽象、数据处理引擎（例如 SQL 和流数据）和机器学习库组成。在本章中，我们将概述 Hadoop 生态系统，并开发一个参考体系结构，用于实现由 CTS 参考实现结构定义的 CTS 应用基础设施[1]。随着 CTS 的复杂性和规模的增加，一个可扩展的基础设施变得更加重要，因为后端 IT 基础设施必须能够促进车辆之间的交互，以及机器学习算法的开发和部署，实现系统的个性化和最优化。

Hadoop[2] 是一个可扩展的计算和存储平台，已经被互联网公司和科学界作为大数据处理的默认标准。围绕 Hadoop 出现了一个丰富的生态系统，包括用于并行、内存和流处理（最著名的是 MapReduce 和 Spark）、SQL 和 NoSQL 引擎（Hive、Hbase）和机器学习（Mahout、MLlib）等工具。

本章的目的是加深对 CTS 应用、特征以及对数据基础设施的理解。在 5.2 节中分析 CTS 的应用及其特点，在 5.3 节将这些需求映射到数据基础设施的一个有限的技术体系结构，在 5.4 节中描述高级基础设施，在 5.5 节中描述低级基础设施，在 5.6 节中研究安全需求和保护机制。

5.2 网联的交通管理系统及其负载特征

网联车辆参考执行架构（CVRIA）参考架构[1]识别了许多网联车辆在各个领域的应用：环境、移动性、安全性和网联车辆的支持服务。虽然许多案例局限于交通基础设施、车载和车—车（V2V）的基础设施，但是越来越多的案例需要后端功能。本节的目的是推导 CTS 应用对基础设施的要求。

下面，我们将研究 CTS 数据应用程序的负载特性。然后我们使用已识别的特征来描述 CVRIA 应用的一个子集。

1）收集和获取：CTS 应用的一个常见挑战是数据收集。数据需要从不同的设备集合中收集，必须输入到大数据平台中进行细化、处理和分析。为了满足安全和隐私需求，必须谨慎对待数据，比如使用数据匿名化和屏蔽技术。

① 实时：数据一旦到达就被加载和分析。通常，这是通过流处理框架完成的。

② 批处理：以更大的间隔（比如每小时、每天或每周）加载数据。

2）分析：典型的负载包括将大量数据解析为结构化格式，如柱状数据格式（Parquet、ORC），并使用抽象形式（通常为 SQL 和数据帧）聚合这些数据。这些应用可能需要多次完整传递数据和连接/合并多个数据集。基于位置的数据还需要空间分析功能。

3）机器学习：这涉及到以识别模式（非监督学习）、分类和/或预测（监督学习）为目标的算法的使用。特别是将机器学习扩展到大容量和高维数据集时，挑战就出现了，与网联交通相关的很多数据集涉及到图像和视频数据，与（基于 SQL）传统分析不同，机器学习通常涉及在密集甚至更具挑战性的稀疏特征矩阵上的进行线性代数运算。模型既可以用于数据理解，也可以部署于在线应用程序中。

4）模型部署：开发的模型通常部署在服务于用户应用程序的在线系统中。参数可以存储在为短期运行和事务性查询的优化数据库系统中。对输入数据流（比如事件级数据）做出响应的系统需要一个流基础结构来进行部署。

① 短时运行更新/查询：这种模式的特点是主要使用短时间运行的查询来查找和更新少量数据[3]。在这种使用模式下，可变和随机访问存储的可用性是具有优势的。

② 流式：流式应用处理无限地传入数据流，并对数据进行增量分析。一个示例应用是流量预测。越来越多的应用程序需要流和批处理/交互查询。流阶段用于小状态更新和增量分析，而探索性分析、数据建模和训练是在批处理模式下完成的。可变存储简化了批处理和流处理的协调。

从第 1 章描述的案例中，可以得到以下关键的基础设施功能：

1）CTS 中的数据无处不在，包括车辆、路侧基础设施和后端服务。根据可用的连接和宽带，可以集中收集大量数据，并将其用于分析和机器学习。在大多数情况下，这些数据被放入数据池。在那里，它可用于支持实际案例的模型，或用于次要目的，比如自动驾驶的预测行为模型。

2）一旦加载，将使用 SQL 和其他工具处理和细化数据。地理空间数据分析是处理基于位置的数据的重要手段。机器学习模型可以有不同的复杂性，从基于几百个属性的简单的回归模型到复杂的深度学习模型。

3）模型部署：使用为短期运行查询（如 Hbase 或关系数据库）优化的在线系统，将当前数据和经过训练的模型提供给前端应用程序。模型可以通过把结果部署在 BI 和地理分析工具中或者将它们嵌入到应用程序中进行数据理解。其中的一个挑战是管理在领域内部署的模型并保证它们是最新的。

4）实时数据处理的能力允许系统从输入数据中进行学习，这对于移动领域的广泛案例越来越重要。安全领域的低延迟案例将越来越多地依赖于后端的协调能力，后端甚至需要比当前最先进的流基础设施更低的延迟。

CTS 应用的复杂要求和处理模式导致了复杂的基础设施要求。数据基础设施正在迅速发展，导致了许多经常需要连接的单点解决方案。这通常导致需要在不同的存储后端、数据格式、处理和服务框架之间移动数据，进而导致复杂的数据流、数据集成／同步需求以及较高的操作复杂性。在本章的其余部分，我们将讨论基于 Hadoop 的基础设施的体系结构，以支持这些案例，并描述部署此基础设施和应用程序的最佳实践方法。

5.3 基础设施简介

为了支持 CTS 中的应用程序和数据管道的不同阶段，需要一个以数据为中心的基础结构，它具有数据收集、存储、处理和模型部署并将结果提供给数据应用程序的能力。我们使用数据池[4]来表示这样的一个基础结构。数据池能够保留大量的原始数据，以支持各种各样的分析。利用数据池进行高级分析和机器学习被称为数据科学。

图 5-1 给出了用于支持 CTS 数据池的基础设施层和组件的概述。Hadoop 提供了核心基础设施来支持这一组不同的应用程序。可以确定以下基础结构层。

1）低级基础设施：低级基础设施负责管理计算和数据资源。我们主要关注基于 Hadoop 的基础设施，即用于分布式存储的 HDFS 和用于资源管理的 YARN。在存储和处理数据时，所有级别的框架都与这些基本服务相连接。

2）数据收集和获取：这一层合并了各种技术，用于将 CTS 设备的各种数据连接到后端基础设施。通常，基础结构的这一部分包括路径、消息代理和数据过滤／屏蔽机制。

3）数据处理引擎：数据处理引擎通常公开一个高级抽象，例如 MapReduce，并负责将应用程序映射到低级任务（通常使用数据并行），在分布式基础设施上映射和执行这些任务并返回结果。最近的系统包括更高层次的抽象，如 SQL、搜索和短时间运行的请求。

4）机器学习和分析：实现特定分析功能的库和框架，比如 SQL 执行引擎或特定的机器学习算法，如逻辑回归或神经网络。

5）数据科学：对数据进行迭代分析，使用商业智能工具可视化数据，并使用数据管道来自动化这个过程。根据工具和平台的不同，采用可视化交互支持这个过程。

6）网联交通系统应用程序：CVRIA[1]描述的应用程序类。

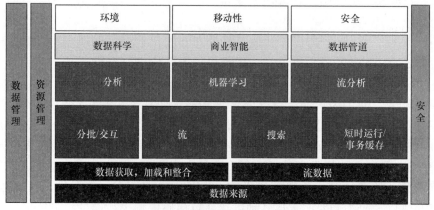

图 5-1 网联交通系统基础设施

上面列出的每一层对于完整的 CTS 都是至关重要的。最下面的 3 层提供了来自网联车辆的流数据的收集和处理。顶层提供实现表 5-1 中描述的案例（如动态生态路径和智能交通信号系统）所需的分析和机器学习。

表 5-1　选定的 CTS 用例[1]和需求：越来越多的案例需要复杂的后端和数据处理基础设施

案例	收集和获取	分析和机器学习	模型部署
环境：动态生态路径	路径和燃料消耗数据	地理空间查询，探测数据分析，推荐模型	服务最近的预测和推荐最优路径
环境：道路天气信息	天气数据（比如，刮水器速度和温度）批处理	地理空间，探测，预测	服务最近的天气预测
移动：电子收费收集	批处理	描述性统计	主要事务更新/查询
移动：协同自适应巡航控制	批处理	学习驾驶情况的模型	主要 V2V
移动：交通运营车辆数据	实时和批处理	描述性和探索性的预测模型	流模型预测未来基础设施状态
移动：智能交通信号系统	实时：众包和基础设施数据	地理空间，探索分析/信号灯预测模型，信号灯状态深度学习	实时流模型更新和验证
移动：动态拼车	实时和批处理	描述性分析，匹配模型，驾驶人打分	匹配短时运行查询、更新流模型
移动：智能泊车系统	实时和批处理	地理空间和其他分析查询、预测模型	流：预测区域当前停车状况
移动：出行信息	批量和实时：停车，来自外部系统的出行信息实时	地理空间和其他分析查询、预测模型	流模型更新
安全：减速区警告/车道封闭/危险警告	实时	地理空间和其他分析	受影响区域车流和服务预警
安全：盲点/前进碰撞/变道警告	实时和批处理	驾驶行为模型	主要车载和 V2V
安全：追尾/固定/慢车咨询	实时	影响预测的预测模型，驾驶行为	车载和 V2V 关键信息，覆盖更大区域的后端流

5.4　数据基础设施顶层设计

本节重点讨论支持 CTS 应用程序所需的不同编程系统、概念和基础设施。

5.4.1　MapReduce：可拓展的数据处理

谷歌引入的 MapReduce[5]概念简化了数据密集型应用程序的开发。（1）一个 map 函数处理数据的一个分区并以键—值对的形式输出一组中间数据；（2）reduce 函数对中间数据执行聚合操作。在 map 和 reduce 函数之间，框架根据 map 阶段输出的键对数据进行排序。虽然概念很简单，但它已被证明适合于很多应用程序。特别是，MapReduce 模型的灵活性和简单性（阅读模式）有助于理解它。此外，MapReduce 的并行化很好理解，能在运行时自动执行，而不需要用户显式地编写并行代码。

虽然出现了各种 MapReduce 架构（比如，参考文献[6,7]），Hadoop[2] 是 MapReduce 架构中使用最广泛的开源应用。Hadoop 已被用于不同的学科领域，用于不同的数据密集型应用[8,9]。虽然 MapReduce 最初设计用于在大数据量上支持可拓展的数据提取、转换和查询，但它越来越多地用于实现高级分析算法。在 MapReduce 架构基础上开发了许多架构，主要解决了构建更复杂数据流的可行性问题和简单化过程。高级语言（比如 Pig[10]、Cascading[11]、Kite[12] 和 SpringXD[13]）提供了高级语言和/或 API，然后将其转换为 MapReduce 程序。

Hadoop MapReduce 基于一种面向磁盘的方法，即在每次 MapReduce 运行后需要在 HDFS 中持久化数据。这对于需要查询的交互式或实时分析以及机器学习的迭代处理来说，会导致访问速度变慢。为了解决这些问题，出现了各种处理和执行框架，如 Spark[14]、Flink[15] 和 Tez[16]。

Spark 迅速走红。它利用内存计算，使得它特别适合迭代处理。该编程模型基于一种称为灵活分布式数据集（RDD）的架构。RDD 是不可变的只读数据结构，应用程序可以在其上进行转换。运行环境负责将数据加载和分发到集群节点的内存中。RDD 的不可变特性支持在失败后通过重新应用转换进行有效恢复。

Spark API 的灵感来自 MapReduce API，但是它比原来的 MapReduce API 丰富得多。图 5-2 显示了 Python 中的一个 Spark 单词计数示例。该示例假设输入文件的文本驻留在 Hadoop 文件系统中。Spark API 定义了转换和操作。转换可以相互链接，在调用操作之前，它们不会被计算 [在字数统计示例中为 collect（）]。对 collect 的调用执行了链式转换：flatmap 将行分解为单词，map 标记每个单词和数字"1"，reduceByKey 将每个单词的"1"累加起来。

```
text_file = sc.textFile("hdfs://...")
counts = text_file.flatMap(lambda line: line.split(" ")) \
            .map(lambda word: (word, 1)) \
            .reduceByKey(lambda a, b: a + b)
counts.collect()
```

图 5-2　Spark 单词计数示例

Spark 的一个局限是它的内存功能仅限于单个应用程序任务。目前有多个正在进行的工作，致力于将内存中的功能提取到一个单独的运行层中，这个运行层可以被多个框架使用，并且不局限于在单个框架和/或任务中缓存数据。Tachyon[17] 就是这种分布式内存文件系统的一个例子，它是基于 HDFS 作为底层文件系统的。

CTS 应用的另一个重要的要求是处理地理空间数据的能力。关系型数据库（如 Oracle 和 Postgres）的空间扩展已经存在，但还没有提供大容量案例所需的规模。Magellan[18] 是一个使用 Spark 简化空间数据处理的空间库。

5.4.2　数据接受和流处理

传统的数据集方法侧重于完整的有界数据集的收集、存储和分析。在 CTS 中，当数据可能到达网络边缘或设备本身时，分析数据通常是至关重要的。支持这种流处理的工具和框架是多种多样的（参见参考文献 [19]）。这些工具大部分是开源的，并融合在

Hadoop 生态系统中。在下文中，将简要地强调流处理的主要组件：消息代理系统、存储和实际的流处理引擎（参见参考文献 [20]）。

消息代理：消息代理将数据产生（交通系统传感器、网联车辆等）和数据使用分离；通常消息代理被实现为发布/订阅系统，该系统使数据产生者能够发布数据，而使用者能够以自己的速度异步处理这些数据，同时确保一致性、持久性和容错性。消息代理的一个例子是 Kafka[21]。Kafka 是一个分布式系统，由多个消息代理组成，通过一个 Zookeeper 集群进行协调，以支持大量数据（特别是日志文件和远程信息数据）。RabbitMQ 也提供了类似的功能，它提供了更多的消息路径选项和交付凭证，但是可拓展性不如 Kafka。越来越多的消息代理功能被提供作为平台即服务的云产品，比如 Amazon Kinesis 和谷歌云发布—订阅。

流处理引擎：各种流处理引擎融合了 Flink[15]、Spark Streaming[22]、Samza[23]、Storm[24] 及其继承 Heron[25]。有两种类型的流引擎：原生流引擎连续处理传入数据如 Flink；而微批量引擎将传入的数据积累成小批量，如 Spark streaming。Apache Beam[29] 及其云实现：谷歌数据流[28] 是本地流处理引擎的进一步示例。Beam API 为实现流和批处理数据提供了丰富的架构。API 的核心是定义良好的语义，用于指定处理窗口。

5.4.3 SQL 和数据表

Hadoop MapReduce 和 Spark 为高效数据处理、结构化数据的更高层次的架构（如 SQL），提供了一系列定义良好的可拓展的架构。SQL 已被证明是一种稳定的数据查询方法。SQL 的优点众所周知，它的查询语言提供了一种鲁棒的方法来获取数据。许多案例依赖 SQL 作为数据提取的通用语法。它对于查询来自较少结构化数据源的柱状数据特别有用。一般来说，有两种架构：（1）将 Hadoop 与现有的关系型数据库集成；（2）在核心 Hadoop 服务（即 HDFS 和 YARN）之上实现 SQL 引擎。结构（1）通常用于将来自 Hadoop 的数据集成到现有的数据库中，这种架构的可拓展性是有限的，因为查询的数据总是需要在数据库中处理（通常比 Hadoop 集群要小得多）。下面，我们将重点讨论 Hadoop SQL 引擎。

受谷歌 Dremel[28] 的启发，各种运行在 Hadoop 上的 SQL 查询引擎应运而生：Hive[29]、HAWQ[32]、Impala[33]、Spark SQL[34]。Hive 是第一个并且仍然被广泛使用的 SQL 引擎之一。Hive 的早期版本将 SQL 编译成 MapReduce 任务，这些任务常常产生非最佳性能。因此，Hive 被扩展到多个运行环境，例如 Tez[16] 和 Spark。Tez 将 MapReduce 模型概括为一个通用的面向数据流的处理模型，同时提供了一个改进的运行系统，支持内存缓存和重复使用。

虽然 SQL 在数据查询和转换方面表现良好，但是机器学习更期望灵活的架构。R 中最初引入的数据结构概念以表格形式向用户公开数据，并支持数据转换和分析的高效表达式[33]。数据结构通常存储不同类型数据的矩阵（例如数值型、文本型数据和分类数据）。数据抽象支持各种功能用以操纵存储在数据结构中的数据，比如对数据进行分离、合并、过滤和累加。其他语言也有类似的抽象，比如 Python 中的 Pandas[34]、Scikit-Learn[35] 和 SFrame[36]。

最有名的基于 Hadoop 的数据结构的实现是 Spark 数据结构。与 R 或 Pandas 不同，Spark 数据结构存储在集群中多个节点的分布式内存中。数据结构是基于 Spark SQL 并与之紧密集成的，允许用户将不同的编程模型组合起来进行数据提取和特征工程。最近，对数据结构抽象的扩展被提出；GraphFrames[37] 是一个基于 Spark 数据结构的高级架构，用于表示和查询图形。

数据结构用于数据操作、分析和建模的强大抽象。为了将 ad-hoc 数据分析应用到生产中，需要在端到端应用程序中连接不同的分析步骤。提供管道 API 的框架有 Scikit-Learn's、Spark MLlib[38] 和 KeystoneML[39]。MLLib 的 spark.ml API 为数据操作提供了两个基本抽象：用于扩展数据集的转换器和用于学习模型的估计器。这些抽象通常在管道中组合。

5.4.4　短时随机数据读取管理

大多数 Hadoop 工具依赖于快速顺序读取，用于支持可扩展分析应用程序的。其他数据访问模式，比如短时运行和随机访问查询，与传统的关系数据库系统相比，它们只是一个次要问题。例如，HBase 允许可变和随机访问数据集。HBase[40] 是一个基于 HDFS 文件系统和 Hadoop 的面向列的数据存储。其他基于 Hadoop 的分析框架（比如 Hive 和 Spark）可以直接访问它，而不需要移动数据。

5.4.5　基于搜索的分析

Gartner 将基于搜索的数据发现工具定义为：允许终端 / 业务用户使用搜索词创建结构化和非结构化数据的视图和分析的工具[41]。一些基于搜索的数据发现工具，例如 Elasticsearch、Solr 和 Splunk。ELK 栈使用 3 个互补的开源工具：Elasticsearch[42]、Logstash[43] 和 Kibana[44]。Elasticsearch 支持基于索引搜索的数据分析，Logstash 是一种主要为日志文件设计的数据获取和改进的工具，Kibana 是一种可视化工具。

5.4.6　商业智能与数据科学

可视化是数据分析过程的关键部分，对于提供分析见解至关重要。有两组支持数据分析的工具：BI 工具通常侧重于在众所周知的结构化数据源上创建仪表盘的能力。数据科学工具支持更深层的数据处理和复杂的数据管道用于清洗、准备和分析数据。为此，需要访问从 Excel 文件到 Hadoop 集群，再到关系型数据库的各种数据源。随着 BI 工具增加了访问 Hadoop 集群和执行高级分析的能力（例如通过集成 R），这两个工具类别正在聚合。与此同时，用于数据探索和发现的新的可视化工具出现了，比如 Trifacta。

BI 工具的例子有 Tableau[45] 和 Qlik[46]。更进一步基于云的 BI 工具，如微软的 Power BI[47] 和亚马逊的 QuickSight[48] 变得越来越重要，因为越来越多的数据生成、收集和存储在公共云环境中。数据科学工具围绕着一个笔记本的概念，是一个把交互式代码执行、可视化和文档结合在一起的页面。Jupyter/iPython[49] 是用于数据分析的笔记本之一，支持用 Python、Julia、Lua、R 和许多其他语言编写的代码。Jupyter 笔记本可以与 Matplotlib[50]、Seaborn[51]、Bokeh[52] 和 ggplot2[53] 进行无缝集成。笔记本环境的进一步例子是 Apache Zeppelin[54]。此外，还出现了基于云的笔记本，例如基于 Spark 的 Databricks cloud[55]。

5.4.7 机器学习

大多数数据科学涉及到上百种多是手工编写的简单易懂的算法的使用，如线性和逻辑回归、支持向量机、随机森林等。R 和 Python 都为机器学习提供了丰富的库。Python 数据生态系统包含强大的科学和分析库，如 NumPy[56]、Pandas[34] 和 Scikit-Learn[57]。但是，它们通常不是并行的，因此在可扩展性方面受到限制。Mahout[58]、MLlib[38]、Dato[59] 和 H2O[60] 是在 Hadoop 基础上提供高级机器学习功能的一些示例。

CTS 环境下生成的大部分数据是非结构化的，比如视频、文本、传感器和图像数据。使用非结构化的高维数据（如图像和文本）需要更复杂的建模方法，如主题建模和深度学习，这需要更复杂的基础结构。"深度学习"用于描述一类大型的基于神经网络的机器学习模型[61]。神经网络模仿人类大脑，使用多层神经元，每层神经元接受多个输入并产生一个输出，以使输入与输出相匹配。

神经网络可以在许多不同语言的机器学习库中使用，如 Pylearn2、Theano[62]、Java/DL4J[63]、R/neuralnet[64]、Caffe[65]、Tensorflow[66]、Microsoft CNTK[67]、Lua/Torch[68] 等。定制这些网络的能力（比如通过添加和定制神经层）是不尽相同的。而一些库，如 Pylearn 专注于高级的、易于使用的抽象，用于深度学习框架（如 Tensorflow、Theano 和 Torch），是高度可定制的，并且针对定制网络的开发进行了优化。

神经网络，尤其是有许多隐含层的深度网络，其规模难以扩展。同样，与其他模型相比，其应用程序 / 模型的评分需要更加密集的计算。GPU 已经被证明可以很好地扩展神经网络，但是对于更大的图像尺寸，GPU 有其局限性。一些库依赖于 GPU 来优化神经网络的训练[69]，比如 NVIDIA 的 cuDNN[70]、Theano[71]（通过 Pylearn 使用）和 Torch。目前，只有少数分布式 / 并行实现的神经网络存在，如谷歌的 DisBelief[72]（不可公开获取）和 H2O[60]。使用支持 GPU 的节点集群的混合架构正在开发中，例如百度[73]。更多关于机器学习将在第 12 章中讨论。

5.5 数据基础设施底层设计

本节主要讨论 Hadoop 的存储和计算管理，以及在云环境下运行 Hadoop，这对于处理 CTS 数据量和速度的可扩展基础设施来说是必要的。

5.5.1 Hadoop：存储和计算管理

Hadoop 核心包含两个组件：Hadoop 分布式文件系统（HDFS）[74] 和另一个资源协调器（YARN）[75]。HDFS 提供了一个分布式文件系统，它能够随着数据量增加而扩展，同时还提供了冗余和完整性。由于汽车数据量在 2020 年增加到每年 11.1 PB，规模的灵活性变得至关重要。YARN 为集群提供资源管理。典型的 CTS 集群将同时运行各种服务。这些工作可能包括接收关联数据的 Sqoop 作业、收集实时交通和网联车辆数据的 Kafka

和 / 或 Spark 流作业、对交通数据分析的 SQL 作业（Spark SQL、Hive、Impala）和跨 CTS 数据集运行的机器学习算法（Spark MLLib、Mahout）。每个节点的内存和计算资源由 YARN 处理，以确定如何将这些资源最佳地分配给不同的任务。

传统上，Hadoop 已经部署在支持高性价比环境的商品硬件上。然而，与此方法相关的有几个挑战，即此类环境的高度管理复杂性，到目前为止无法通过企业附加组件（如 Cloudera Manager）完全解决。因此，人们对替代方法越来越感兴趣，例如，在其他并行文件系统上运行 Hadoop，如 Lustre、或者像 EMC Isilon 那样的存储设备、Hadoop 设备和云的使用。

5.5.2 云环境下的 Hadoop

虽然大多数数据基础设施都部署在企业数据中心的内部，但是越来越多的新颖的基础设施交付方法正在被使用。有 3 种模式可以用于云计算：公共模式、私有模式和混合模式。这些模式各有利弊。最佳模型将取决于工作负载扩展的需要、性能、安全性和成本。表 5-2 提供了关于基于 Hadoop 的基础设施的不同部署注意事项的详细信息。

表 5-2　Hadoop 部署选项：部署基于 Hadoop 平台时不同考虑因素分析

	预置	HPC	私有	公共
架构	专用硬件	HPC 调度器管理的专用硬件（SLURM、PBS）	手动设置 VM 集群	完全管理 VM 集群（可能需要手动设置）
完备性	高	中等	中等	中等
灵活度/扩展性/弹性	低	低	低	高（集群可以动态扩展/收缩）
性能	最优	最优	较好	较好
安全性	高	高	高	中等
管理工具	Ambari、Cloudera 管理器	Saga-Hadoop、jumpp	Apache Whirr、Cloudbreak	AWS ElasticMapReduce、AzureHDInsights

公共云在可扩展性方面具有较大的灵活性。由于交通数据的特性，这对于 CTS 尤其重要。交通数据有峰值时间，如节假日可能导致比平时的数据请求更大。公共云可以扩展以满足这种需求。最常见的在云环境下部署 Hadoop 方法是基础设施即服务的设置，它受到各种工具的支持，比如 Apache Whirr、Cloudera Directory 或 Hortonworks Cloudbreak。此外，还有一些针对 Hadoop 和 Spark 的更高级的服务——弹性 MapReduce 和微软的 HDInsight。图 5-3 阐述了使用 AWS 的弹性 MapReduce 门户网站来设置就绪的 Hadoop 集群。用户可以从多种配置中进行选择，并定义满足数据集处理要求的集群大小。在典型的云部署环境中，数据被保留在区块存储服务中（比如谷歌仓库、Azure Blob 仓库和亚马逊 S3），并转移到 Hadoop 集群中处理。

然而，云环境下长期运行的 Hadoop 集群通常没有成本效率。因此，常常需要将数据推送到更便宜的对象仓库，如亚马逊 S3[76]、谷歌云仓库[77] 或 Azure Blob 仓库[78]。虽然越来越多的框架（如 Spark 和 Impala）都在对对象仓库后端进行优化，但这些架构存在着性能权衡，这将对分析和潜在的机器学习工作负载产生影响。

如前所述，SQL 已被证明比较可靠，经常用于数据分析。基于 Hadoop 的 SQL 引擎（如 Hive、Impala 和 Spark SQL）能够处理 TB 级的数据。然而，随着 CTS 数据量增加到 PB 级，即使向外拓展集群，这些系统在合理时间内分析数据的能力也会退化。相反，在不需要牺牲性能的情况下，大规模并行处理（MPP）数据库必须用来处理这样的数据集。两个这样的数据库是 Amazon 的 Redshift[79] 和谷歌的 BigQuery[80]。它们提供了一个完全受管理的弹性查询引擎。运行在公共、私有和/或混合云环境下的 MPP 数据库对于联网交通数据的发展是必要的。

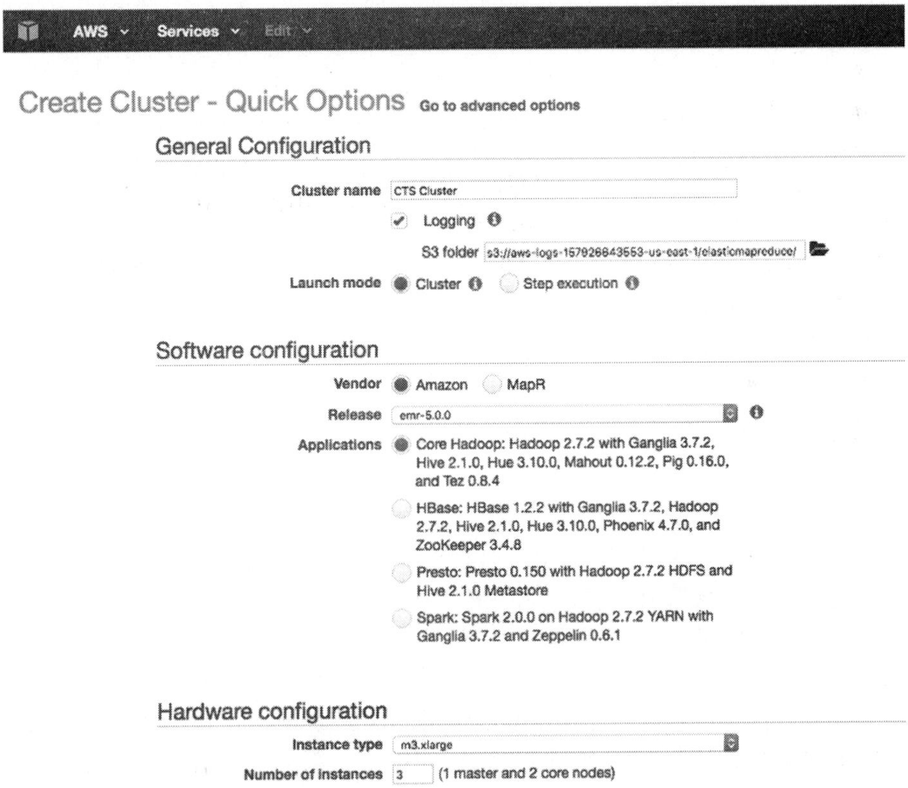

图 5-3 AWS 的弹性 MapReduce

5.6 章节总结与结论

CTS 的基础设施的设计需要满足来自不同应用程序的复杂需求。越来越多的这类应用程序是数据和后端驱动的，比如 CVRIA 移动领域的大多数案例：智能交通信号系统、智能停车场和出行信息系统。案例需要一个安全的、可扩展的基础设施，它能够处理实时数据流，同时支持处理海量历史数据的复杂机器学习模型。一个基于 Hadoop 的数据池基础设施就可以满足这些需求。Hadoop 生态系统和开源社区为数据整理、SQL、机器学习和数据流提供了多种工具。流处理能力对 CTS 来说尤其重要，因为关系到对传入数据的实时响应。

本章讨论了支持 CTS 应用的数据基础设施。它提供了基础设施的概述，以支持能够使用不同的结构和运行系统存储、处理和分配大量数据的数据基础设施的需求。Hadoop 是一个可扩展的计算和存储平台，在互联网公司和科学界被广泛用于大数据处理。一个由数据处理、高级分析和机器学习工具组成的充满活力的生态系统已经存在。在这个生态系统中，Spark 和 Hadoop 为存储、批处理和流处理提供了核心基础设施。在未来，我们预计大部分的数据处理将在云环境下进行。3 个主要的云平台：（1）亚马逊网络服务；（2）谷歌；（3）微软 Azure。它们为网联车辆数据处理的需求提供了各种各样的选项。

在未来，随着 CTS 变得更加数据驱动，流处理的需求将会增加。此外，数据的复杂性将会增加，比如基于摄像头的传感器的部署增加。因此，新兴的深度学习技术，如卷积神经网络将变得至关重要。深度学习需要新的基础设施组件，如加速器、GPU 等。

5.7 习题

1. 解释 MapReduce 概念。使用 MapReduce 的好处是什么？Spark 相对于传统 Hadoop MapReduce 的优势是什么？说明 Spark RDD 与更高级别抽象（如 SQL 和 Dataframes）之间的权衡。

2. CTS 基础设施的不同部署选项之间的比较（云 vs 本地）？

3. 使用 AWS 或本地 Hortonworks/Cloudera 虚拟机设置一个小型 Hadoop 实例。实例应该具有用于数据处理和机器学习的 Hive 和 Spark。

4. CTS 的核心组件是车—车（V2V）通信。在编写本书时，还没有大规模汽车支持 V2V。然而，计划支持的是 2017 年凯迪拉克 CTS 和奔驰 E 级。

5. 如果你购买其中一款车型，你的车辆每天能够以什么频率使用 V2V 通信（这取决于你在驾驶中遇到的车辆数和这些车型在你所在地区的销量）？

6. 一定比例的汽车在道路上必须有 V2V 通信，以使此项技术有效。如果我们有一个案例要求我们地区 15% 的汽车使用 V2V，并且希望能够在 2022 年之前执行这个案例，那么每年需要使用 V2V 的新车的百分比是多少？这需要考虑到新车的销售（美国大约每年 750 万）和车量的平均年龄（美国大约 11.4 年）。可以输出展示 V2V 汽车增长的图表。

7. 道路天气信息案例可以利用国家/地区数据集以及附近车辆的数据。前者的使用已经在大量的车辆中实现，其中网联车辆系统根据 GPS 坐标报告天气。下载每小时的天气数据，以及使用 GPS 坐标系的车辆位置数据和时间（可以是合成数据集）到 Hadoop 中。创建一个 Hive 或 Spark SQL 查询，为每个请求车辆返回正确的每小时天气预报。

8. 旅行者信息案例利用外部系统和众包来提供出行信息。下载可与练习 3 中的天气数据集结合使用的每小时交通流量数据集。利用 R、Spark MLlib 或 Scikit-Learn 进行预测：根据过去的交通信息和天气模式，预测未来 30 天的交通状况。

参考文献

[1] US Department of Transportation, Connected Vehicle Reference Implementation Architecture. <http://www.iteris.com/cvria/>, 2014.
[2] Hadoop: Open Source Implementation of MapReduce. <http://hadoop.apache.org/>.
[3] P. Bailis, J. M. Hellerstein, M. Stonebraker, (Eds), Readings in Database Systems, fifth ed., 2015.
[4] N. Heudecker, M.A. Beyer, L. Randall, Defining the Data Lake,, Gartner Research, 2015. <https://www.gartner.com/document/3053217>, Gartner, Inc., Stamford, CT.
[5] J. Dean, S. Ghemawat, MapReduce: Simplified data processing on large clusters, OSDI'04: Proceedings of the 6th conference on Symposium on Opearting Systems Design & Implementation, USENIX Association, Berkeley, CA, USA, 2004, pp. 137−150.
[6] P.K. Mantha, A. Luckow, S. Jha, Pilot-MapReduce: An extensible and flexible MapReduce Implementation for distributed data, Proceedings of third international work-shop on MapReduce and its Applications, MapReduce '12, ACM,, New York, NY, USA, 2012, pp. 17−24.
[7] M. Isard, M. Budiu, Y. Yu, A. Birrell, D. Fetterly, Dryad: Distributed data—parallel programs from sequential building blocks, SIGOPS Oper. Syst. Rev. 41 (3) (March 2007) 59−72.
[8] A. Luckow, K. Kennedy, F. Manhardt, E. Djerekarov, B. Vorster, A. Apon, Automotive big data: Applications, workloads and infrastructures, Proceedings of IEEE Conference on Big Data, IEEE, Santa Clara, CA, USA, 2015.
[9] J.L. Hellerstein, K. Kohlhoff, D.E. Konerding, Science in the cloud, IEEE Internet Computing 16 (4) (2012) 64−68.
[10] C. Olston, B. Reed, U. Srivastava, R. Kumar, A. Tomkins, Pig latin: A not-so-foreign language for data processing, *Proceedings of the 2008 ACM SIGMOD International Conference on Management of Data*, SIGMOD '08, ACM,, New York, NY, USA, 2008, pp. 1099−1110.
[11] Cascading. <http://www.cascading.org/>, 2016.
[12] Kite: A Data API for Hadoop. <http://kitesdk.org/>, 2016.
[13] Spring X.D. <http://projects.spring.io/spring-xd/>, 2016.
[14] M. Zaharia, M. Chowdhury, T. Das, A. Dave, J. Ma, M. McCauley, et al., Resilient distributed datasets: A fault-tolerant abstraction for in-memory cluster computing, *Proceedings of the 9th USENIX Conference on Networked Systems Design and Implementation*, NSDI'12, USENIX Association, Berkeley, CA, USA, 2012 pp 2−2.
[15] A. Alexandrov, R. Bergmann, S. Ewen, J.-C. Freytag, F. Hueske, A. Heise, et al., The stratosphere platform for big data analytics, VLDB J. 23 (6) (December 2014) 939−964.
[16] Apache tez. <http://tez.apache.org>, 2016.
[17] H. Li, A. Ghodsi, M. Zaharia, E. Baldeschwieler, S. Shenker, and I. Stoica. Tachyon: Memory throughput i/o for cluster computing frameworks. <https://amplab.cs.berkeley.edu/wp-content/uploads/2014/03/2013_ladis_tachyon1.pdf>, 2013, Proceedings of LADIS 2013.
[18] R. Sriharsha. Magellan: Geo Spatial Data Analytics on Spark. <https://github.com/harsha2010/magellan>, 2015.
[19] S. Kamburugamuve, G. Fox, Survey of distributed stream processing, Technical report, Indiana University, Bloomington, IN, USA, 2016.
[20] A. Luckow, P.M. Kasson, and S. Jha, Pilot-streaming: Design considerations for a stream processing framework for high-performance computing. White Paper submitted to STREAM16, 2016.
[21] G. Wang, J. Koshy, S. Subramanian, K. Paramasivam, M. Zadeh, N. Narkhede, et al., Building a replicated logging system with apache kafka, PVLDB 8 (12) (2015) 1654−1665.
[22] M. Zaharia, T. Das, H. Li, T. Hunter, S. Shenker, I. Stoica, Discretized streams: Fault-tolerant streaming computation at scale, *Proceedings of the Twenty-Fourth ACM Symposium on Operating Systems Principles*, SOSP '13, ACM, New York, NY, USA, 2013, pp. 423−438.
[23] M. Kleppmann, J. Kreps, Kafka, Samza and the Unix philosophy of distributed data, IEEE Data Engineering Bulletin (December 2015) Journal Article.
[24] Twitter. Storm: Distributed and fault-tolerant realtime computation. <http://storm-project.net/>.
[25] S. Kulkarni, N. Bhagat, M. Fu, V. Kedigehalli, C. Kellogg, S. Mittal, et al., Twitter heron: Stream processing at scale, Proceedings of the 2015 ACM SIGMOD International Conference on Management of Data, SIGMOD '15, ACM, New York, NY, USA, 2015.

[26] Apache beam proposal. <https://wiki.apache.org/incubator/BeamProposal>, 2016.
[27] T. Akidau, R. Bradshaw, C. Chambers, S. Chernyak, R.J. Fernndez-Moctezuma, R. Lax, et al., The dataflow model: A practical approach to balancing correctness, latency, and cost in massive-scale, unbounded, out-of-order data processing, Proc. VLDB Endow. 8 (2015) 1792−1803.
[28] S. Melnik, A. Gubarev, J.J. Long, G. Romer, S. Shivakumar, M. Tolton et al., Dremel: Interactive analysis of web-scale datasets. In Proc. of the 36th Int'l Conf on Very Large Data Bases, 2010, pp. 330−339.
[29] A. Thusoo, J.S. Sarma, N. Jain, Z. Shao, P. Chakka, S. Anthony, et al., Hive: A warehousing solution over a map-reduce framework, Proc. VLDB Endow. 2 (2) (August 2009) 1626−1629.
[30] M.A. Soliman, L. Antova, V. Raghavan, A. El-Helw, Z. Gu, E. Shen, et al., Orca: A modular query optimizer architecture for big data, *Proceedings of the 2014 ACM SIGMOD International Conference on Management of Data*, SIGMOD '14, ACM, New York, NY, USA, 2014, pp. 337−348.
[31] M. Kornacker, A. Behm, V. Bittorf, T. Bobrovytsky, C. Ching, A. Choi, et al., Impala: A modern, open-source sql engine for hadoop. In CIDR. <www.cidrdb.org>, 2015.
[32] M. Armbrust, R.S. Xin, C. Lian, Y. Huai, D. Liu, J.K. Bradley, et al., Spark SQL: relational data processing in spark, in: T. Sellis, S.B. Davidson, Z.G. Ives (Eds.), Proceedings of the 2015 ACM SIGMOD International Conference on Management of Data, Melbourne, Victoria, Australia, May 31- June 4, 2015, ACM, 2015, pp. 1383−1394.
[33] R Core Team, R: A Language and Environment for Statistical Computing, R Foundation for Statistical Computing, Vienna, Austria, 2013 ISBN 3-900051-07-0.
[34] W. McKinney. Data structures for statistical computing in python, In: S. van der Walt and J. Millman (Eds.), Proceedings of the 9th Python in Science Conference, 2010, pp. 51−56.
[35] L. Buitinck, G. Louppe, M. Blondel, F. Pedregosa, A. Mueller, O. Grisel, et al., API design for machine learning software: Experiences from the scikit-learn project. CoRR, abs/1309.0238, 2013.
[36] SFrame: Scalable tabular and graph data structures, 2016.
[37] GraphFrames Package for Apache Spark. <http://graphframes.github.io/>, 2016.
[38] X. Meng, J.K. Bradley, B. Yavuz, E.R. Sparks, S. Venkataraman, D. Liu, et al., Mllib: Machine learning in apache spark, CoRR (2015) abs/1505.06807.
[39] E. Sparks and S. Venkataraman. KeystoneML. <http://keystone-ml.org/>, 2016.
[40] D. Borthakur, et al., Apache Hadoop goes realtime at facebook, *Proceedings of the 2011 ACM SIGMOD International Conference on Management of Data*, SIGMOD '11, ACM,, New York, NY, USA, 2011, pp. 1071−1080.
[41] Search-Based Data Discovery Tools. <http://www.gartner.com/it-glossary/ search-based-data-discovery-tools>, 2016.
[42] Elastic Search. <https://github.com/elastic/elasticsearch>, 2016.
[43] Logstash. <https://github.com/elastic/logstash>, 2016.
[44] Kibana. <https://github.com/elastic/kibana>, 2016.
[45] Tableau. <http://www.tableau.com>, 2016.
[46] Qlikview and qliksense. <http://www.qlik.com/>, 2016.
[47] Microsoft. Power bi. <https://powerbi.microsoft.com/>, 2016.
[48] Amazon. Quicksight. <https://aws.amazon.com/quicksight/>, 2016.
[49] F. Perez, B.E. Granger, Ipython: A system for interactive scientific computing, Comput. Sci. Eng. 9 (3) (2007) 21−29.
[50] J. D. Hunter, Matplotlib: A 2d graphics environment. Comput. Sci. Eng. 9(3) (2007) 90−95.
[51] M. Waskom. Seaborn: statistical data visualization. <https://stanford.edu/~mwaskom/software/seaborn/>, 2015.
[52] Bokeh Development Team. Bokeh: Python library for interactive visualization. <http://www.bokeh.pydata.org>, 2014.
[53] H. Wickham, ggplot2: Elegant Graphics for Data Analysis, Springer-Verlag, New York, 2009.
[54] Apache zeppelin (incubating). <https://zeppelin.incubator.apache.org/>, 2015.
[55] Databricks. <https://databricks.com/>, 2016.
[56] S. van der Walt, S.C. Colbert, G. Varoquaux, The numpy array: A structure for efficient numerical computation, Comput. Sci. Eng. 13 (2) (2011) 22−30.
[57] F. Pedregosa, G. Varoquaux, A. Gramfort, V. Michel, B. Thirion, O. Grisel, et al., Scikit-learn: Machine learning in Python, J. Machine Learning Res. 12 (2011) 2825−2830.

[58] Apache Mahout. <http://mahout.apache.org/>, 2014.
[59] D. Bickson. Dato's Deep Learning Toolkit. <http://blog.dato.com/deep-learning-blog-post>, 2015.
[60] H2O — Scalable Machine Learning. <http://h2o.ai/>, 2015.
[61] T.J. Hastie, R.J. Tibshirani, J.H. Friedman, The elements of statistical learning: data mining, inference, and prediction, Springer series in statistics, Springer, New York, 2009.
[62] I.J. Goodfellow, D. Warde-Farley, P. Lamblin, V. Dumoulin, M. Mirza, R. Pascanu, et al., Pylearn2: A machine learning research library. *arXiv preprint arXiv:1308.4214*, 2013.
[63] Deep Learning for Java. <http://deeplearning4j.org/>, 2015.
[64] F. Günther and S. Fritsch. Neuralnet: Training of neural networks. R J. 2(1) (jun 2010) 30−38.
[65] Y. Jia, E. Shelhamer, J. Donahue, S. Karayev, J. Long, R.B. Girshick, et al., Caffe: Convolutional architecture for fast feature embedding, CoRR (2014) abs/1408.5093.
[66] M. Abadi, A. Agarwal, P. Barham, E. Brevdo, Z. Chen, C. Citro, et al. TensorFlow: Large-scale machine learning on heterogeneous systems, 2015. Software available from tensorflow.org.
[67] K. He, X. Zhang, S. Ren, and J. Sun. Deep residual learning for image recognition. *ArXiv e-prints*, December 2015.
[68] R. Collobert, K. Kavukcuoglu, and C. Farabet, Torch7: A matlab-like environment for machine learning. In *BigLearn*, NIPS Workshop, number EPFL-CONF-192376, 2011.
[69] N. Vasilache, J. Johnson, M. Mathieu, S. Chintala, S. Piantino, Y. LeCun, Fast convolutional nets with fbfft: A GPU performance evaluation, CoRR (2014) abs/1412.7580.
[70] NVIDIA cuDNN. <https://developer.nvidia.com/cuDNN>, 2015.
[71] J. Bergstra, O. Breuleux, F. Bastien, P. Lamblin, R. Pascanu, G. Des-jardins, J. Turian, D. Warde-Farley, and Y. Bengio. Theano: A cpu and gpu math expression compiler. In *Proceedings of the Python for scientific computing conference (SciPy)*, volume 4, page 3. Austin, TX, 2010.
[72] J. Dean, G.S. Corrado, R. Monga, K. Chen, M. Devin, Q.V. Le, et al., Large scale distributed deep networks. In *NIPS*, 2012.
[73] R. Wu, S. Yan, Y. Shan, Q. Dang, G. Sun, Deep image: Scaling up image recognition, CoRR (2015) abs/1501.02876.
[74] K. Shvachko, H. Kuang, S. Radia, R. Chansler, The Hadoop distributed file system, *Proceedings of the 2010 IEEE 26th Symposium on Mass Storage Systems and Technologies (MSST)*, MSST '10, IEEE Computer Society, Washington, DC, USA, 2010, pp. 1−10.
[75] V.K. Vavilapalli. Apache Hadoop YARN: Yet Another Resource Negotiator. In *Proc. SOCC*, 2013.
[76] Amazon S3 Web Service. <http://s3.amazonaws.com>.
[77] Google Cloud Storage. <https://developers.google.com/storage/>.
[78] Windows Azure Blob Storage. <https://azure.microsoft.com/en-us/documentation/services/storage/>.
[79] Amazon redshift. <https://aws.amazon.com/redshift/>, 2016.
[80] Google Big Query. <https://developers.google.com/bigquery/docs/overview>.

第 6 章 现代车辆的安全性和数据隐私

6.1 简介

自引入先进技术与新范式以来,地面运输系统已显示出在安全性、机动性与环境方面的提升,这种提升在智能交通系统(ITS)促进政府和私营部门以技术为重点的研究和开发上尤显突出。另外,虽然传统意义上的汽车都为机械设备,但是电子、信息、通信技术(Information and Communication Technology,ICT)的发展已经从根本上改变了该行业。现代汽车已经高度计算机化且逐渐网联化。在计算机系统中嵌入电子控制单元(Electronic Control Unit,ECU)以实现对变速器、发动机、制动器、空调及娱乐系统等的控制。这些 ECU 通过多个车载总线网络协调内部功能。汽车越来越多地通过外部无线网络连接到其他车辆、路侧单元(智能交通系统基础设施)、移动设备及原始设备制造商(Original Equipment Manufacturer,OEM)服务中心。

由于网联汽车降低了制造成本并提升了汽车效率,因此从传统汽车到网联汽车的转变已经在很大程度上被接受。但是,这些新兴技术也带来了对这些变化产生的安全性和隐私性的合理关注。

通常,计算机和网络安全性需要多层保护基础结构堆栈中的所有组件。这要求:
1) 物理安全。
2) 通信安全。
3) 应用安全。

传统的计算机系统将计算机与路由器保存在隔离的安全设施中,与传统计算机系统不同,汽车每天大部分时间都存放在无人看管的公共场所,如停车场。这意味着物理安全很难得到保证。在应用端,汽车应用通常由许多小公司为原始设备制造商开发,小公司的利润空间有限而原始设备制造商有多个供应商可选择。尽管这在经济上是有利的,但原始设备制造商对应用开发过程的控制有限,并且对数据安全错误承担有限的责任。这些问题代表了汽车行业面临的安全性方面的挑战,其他挑战包括:

1) 每种汽车的设计都必须将不同利益相关者(包括原始设备制造商、元件供应商、维修店、有租赁协议的人、汽车经销商、车主、车队运营商、警察和环境监督人员、运输安全监管人员、运输基础设施运营商)的需求与多个互相冲突的利益进行整合。

2）汽车集成大量的通信网络，如：车载总线网络 [例如，控制区域网络（Control Area Network，CAN）]、本地互联网络（Local Interconnect Network，LIN）、面向媒体的系统传输（Media Oriented Systems Transport，MOST）及 FlexRay 车载网络、WiFi、车载自组织网络（Vehicular Ad Hoc Network，VANET）、蜂窝网络、强制性胎压监测系统（Tire Pressure Monitoring Systems，TPMS）、个人无线局域网（Wireless Personal Area Network，WPAN）、娱乐系统及无钥匙进入系统。

3）汽车行驶过程中会在多个网络和网络供应商之间切换，而在其切换过程中需要维持通信连接和安全级别。

4）许多车载应用程序和服务在设计时并未考虑安全性。一个组件中的单个错误就可被利用来获取对总线网络的访问权。通过总线可以轻松访问和控制 ECU，这使攻击者可以控制整个车辆，包括制动和转向。

5）除了可直接通过 Ⅱ 型车载诊断系统（Onboard Diagnostics-Ⅱ，OBD-Ⅱ）端口访问之外，还可通过无线通信远程访问 ECU。与大多数传统系统相比，这提供了更大的攻击面。

6）来自多个供应商的多个 ECU 被集成到一个平台中。原始设备制造商可能会也可能不会访问供应商软件的源代码。如果两个供应商提供不同的前提条件，如他们使用不同的网络数据包大小，则会产生可利用的漏洞。为了确定系统是安全的，原始设备制造商必须测试所有可能的组件组合，这在商业上并不具有吸引力。

本章主要介绍网联车辆的安全问题和隐私问题。6.2 节概述网联车辆的通信网络及创新应用。6.3 节确定汽车生态系统中的利益相关者以及他们需要保护的资产。6.4 节描述最初在参考文献 [1] 中的网联车辆网络攻击分类法。6.5 节分析网联汽车的现有攻击并将其映射到相应的分类中。6.6 节讨论安全和数据隐私解决方案。6.7 节展示结论和未来研究方向（尚未解决的问题）。

6.2 车联网及其应用

6.2.1 车内网络

现代汽车由称为 ECU 的嵌入式计算机系统控制。ECU 的数量正在增加，高端车辆具有多达 120 个 ECU。ECU 收集传感器数据并控制各种汽车功能，包括动力总成、娱乐系统、制动器、动力转向及照明。ECU 通过许多车载总线系统进行通信，如 CAN、LIN、FlexRay、MOST 网络。CAN 和 FlexRay 总线用于快速通信的关键 ECU，如动力总成。LIN 网络适用于要求较低传输速度的 ECU，如灯、空调、座椅和门。MOST 网络主要用于信息娱乐系统，如音频、视频和语音。由于不同的总线网络使用不同的物理媒体和协议栈，因此需要网关 ECU 在不同的总线之间进行读写并管理协议转换。网关 ECU 在连接的总线之间发送、接收和转换消息。

无线技术也被应用于 ECU 通信。在美国和欧盟，TPMS 被强制应用于现代汽车中，TPMS 使用电池供电的胎压监测传感器以持续监测所有轮胎的气压，这些传感器会定期将测量的压力值、温度值及其唯一标识符采用射频技术传输到车载胎压监测电子控制单元。相应地，胎压监测控制单元分析传输的数据，如果数据表明胎压不足，则会在车载面板上触发胎压监测警告灯及信息。TMPS通过检测充气不足的轮胎来提高总体道路安全性，还可以改善燃油经济性，因为适当的轮胎充气可以提高牵引力和轮胎滚动阻力，并缩短制动距离。同样，防盗系统（例如，远程无钥匙进入系统、发动机防盗系统、被动进入系统）也很常见。基于射频识别（Radio Frequency Identification，RFID）[2]的防盗系统在钥匙或钥匙扣中嵌入RFID芯片，通过此芯片与车内读取器设备通信。

车载WPAN通过短距离无线技术（最常见的是蓝牙）连接个人设备（例如，手机、耳机）。WPAN可以通过WPAN网关控制单元连接到内部总线，使消费者可以使用具有蓝牙功能的PDA或具有语音激活控制功能和蓝牙功能的耳机[3]来控制灯光、风窗玻璃刮水器、气流、热量、娱乐设备以及实现其他许多功能。

6.2.2 车外网络

通过使用车载VANET传输基本安全消息（Basic Safety Message，BSM），网联车辆可以彼此通信，也可以与路侧单元通信。传输的BSM数据包括车辆位置、方向、速度、通过毫米波雷达测量的距离以及交通状况。VANET可使用多种无线技术：车载无线访问技术（Wireless Access in Vehicular Environments，WAVE）、专用短距离通信技术（Dedicated Short Range Communications，DSRC）、微波访问的全球互操作性技术（Worldwide Interoperability for Microwave Access，WiMAX）、通用移动电信系统（Universal Mobile Telecommunications System，UMTS）及长期演进技术（Long Term Evolution，LTE）等。

网联车辆还使用蜂窝网络与OEM服务中心进行通信，并通过路侧单元与交通管理中心进行通信。许多制造商都有针对汽车的产品，例如：福特的Sync[4]、通用的OnStar[5]、丰田的Safety Connect[6]、雷克萨斯的Enform[7]、宝马联网驱动器[8]及奔驰的Mbrace[9]。这些服务提供安全服务（碰撞报告）、路侧援助服务（远程诊断）、车辆监测服务（位置跟踪、蓄电池监测）和防盗服务（远程发动机停止和锁定）。

图6-1[10,11]展示了网联车辆网络的示例架构图。内部总线网络通过网关ECU与外部网络进行通信。USDOT开发的网联汽车参考实现架构（Connected Vehicle Reference Implementation Architecture，CVRIA）[12]充分考虑了网联汽车的网络进而设想了创新的网联汽车应用。

6.2.3 创新车辆应用

无线（Over-the-air，OTA）ECU更新服务时将带有蜂窝设备的车辆连接到OEM服务中心，以对ECU固件进行远程升级。当前，经销商处的ECU更新可能既耗时又给车主带来不便，而且对OEM而言也很昂贵。现在一些OEM为非核心ECU提供OTA更新。宝马、奥迪和特斯拉最近宣布了远程更新导航地图的步骤[13]。通用的Onstar可以远程更新其信息控制单元（Telematics Control Units，TCU）[14]。然而，针对核心ECU的OTA更新并不常见，只有特斯拉公开宣称可以远程更新其核心ECU。远程更新在安全性方面各有优缺点。优点是 OEM 可以快速修复整个车队的安全漏洞。但是，如果执行不当，攻击者可以使用此访问权限来修改关键系统。代码签名用于确保在远程更新时仅使用授权码才可实现更新，而在过去，实施不力的自动更新系统曾被攻击用来破坏整个车辆系统[15]。

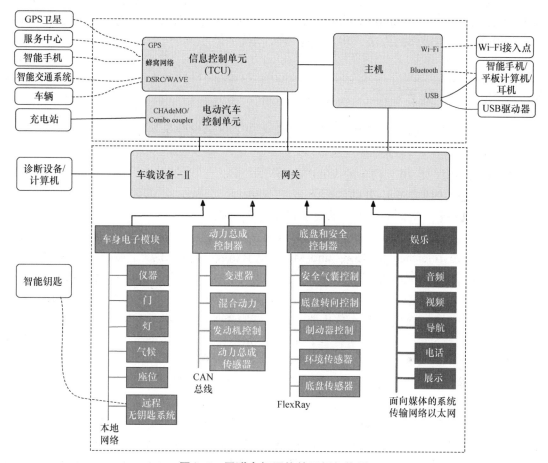

图 6-1 网联车辆网络的示例架构图

智能手机的应用可用来控制网联车辆。这些应用不仅允许客户远程起动或停止发动机，在停车场寻找车辆及锁定或解锁车门，还可应用于监控车速、行驶里程和车辆位置。iPhone 的一个应用程序 iDriver 允许客户通过自己的手机远程驾驶汽车[16]。6.5.2-1 节中讨论了当前安全系统发现的问题。鉴于我们无法保护更简单的系统，对网联车辆和未来自动化车辆潜在的安全挑战表示担忧是理所应当的。车辆编队应用设想了许多车辆保持相对较短的距离协作行驶来提高其燃油效率和道路通行能力。车辆基于彼此的位置和速度数据协作控制，从而通过减少空气阻力来减少燃料消耗。自动化车辆及自动驾驶车辆，它无需人工操作即可感知周围环境并进行导航，并且可以消除由于人为驾驶错误和瞌睡等问题而导致的撞车事故。驾驶人无需执行驾驶任务和对环境进行持续监控。预计自动驾驶汽车将提高燃油效率，提高道路通行能力/利用率并减少环境污染。自动驾驶汽车正在吸引 IT 公司、学术界及 OEM 的关注。Google 宣布其原型自动驾驶汽车在限定条件下以自动驾驶模式行驶了数十万千米[17]。最近，谷歌、优步和特斯拉在大城市开发自动驾驶出租车成为了头条新闻[18]。

已经提出了 VANET 应用来增强安全性（例如避免碰撞和辅助变道）、增加舒适度（例如自动收费/停车付款和燃料支付）以及提高道路利用率（例如拥堵通知和路线选择）。即使没有提出用于相互认证的可靠方法，这些应用也依赖于其他车辆来提供可靠的信息。但如果存在这样的方法，将会引起令人担忧的隐私问题。

6.3 股东和资产

如前文所述，一些主要的 IT 公司已经加入到了自动驾驶生态系统中：

1）谷歌正在生产自动驾驶汽车。

2）微软拥有一个用于汽车的 Windows 产品。

3）苹果在 2019 年推出电动汽车。

4）GPS 设备、谷歌地图、苹果设备提供行车路线。

5）通信公司正在探索如何与网联车辆实现最佳接口。远中程连续空中接口（Continuous Air-interface for Long and Medium Range，CALM）[19]是一项旨在为 ITS 服务定义一组标准化的无线通信协议和接口的 ISO 倡议。CALM 支持不间断的透明网络以及不同通信网络（例如 WiMAX、DSRC、毫米波、WiFi 等）与媒体提供商之间的切换，其将 ITS 服务与底层通信技术分离开来，并允许服务通过标准接口选择网络。

不存在完美的安全性，如果存在，那么价格会高到令人望而却步。合理的工程方法会考虑需要保护的资产的价值，并在经济上可行时使用有限的资源来保护资产。因此，我们确定了网联汽车生态系统的利益相关者及应予以保护的资产，如图 6-2 所示。在过去，私家车车主只需要确保自己的车辆不被盗即可，而现代汽车会生成、存储和传输私人信息，车主应保护自己的数据隐私。例如，许多车载程序会记录车辆位置，并将数据发送到服务中心。车主会使用车载互联网访问在线银行、日历和电子邮件等应用，个人敏感信息（例如登录名、路线、账单记录）就会被存储在车辆中。相反，车队所有者将车辆视为一种商品，并且不存储敏感信息[20]。因此，矛盾是常见的。例如，汽车租赁公司跟踪其客户的历史驾驶记录，加快或离开预定义区域的客户必须支付巨额罚款。显然，客户希望此信息是私有的。

汽车制造商在销售前有大量的汽车库存需要保护。售后时，未经许可擅自修改 ECU 软件可能需要对制造商和软件供应商提供赔偿。随着汽车的计算机化程度越来越高，制造商在软件开发方面进行了大量投资，这些知识产权也必须受到保护。经销商需要保护汽车库存，但知识产权问题和未经授权的软件修改与他们无关。

车辆制造商通过蜂窝网络为客户提供服务，这样他们就成为了服务提供商。服务提供商的收入来自他们提供的服务，因此他们仅为付费客户的服务访问提供权限。为使付费客户满意，他们必须保证安全和隐私服务的可用性和质量。开发汽车制造软件的公司也需要保护知识产权，防止未经授权的软件修改。

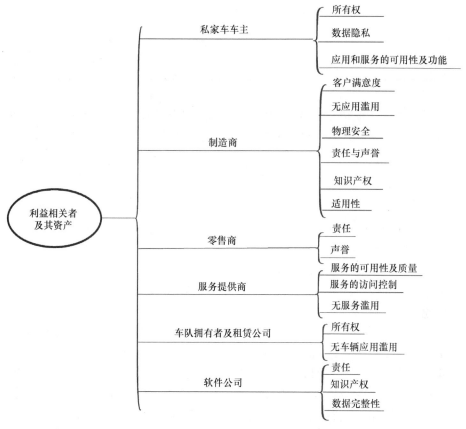

图 6-2　需要保护的利益相关者及其资产

6.4　网络攻击分类法

图 6-3 展示了对网联车辆的潜在攻击分类。它是计算机应急响应小组（Computer Emergency Response Team，CERT）建立的攻击分类的修订版本，用于描述对计算机网络（即通过互联网或局域网等网络连接的计算机）的攻击[21]。我们使用分类法分析汽车系统受到的攻击。将对汽车的攻击映射到分类有助于找到攻击和现有安全解决方案之间的差距，并且可发现已知漏洞的常见问题，例如使用过长的加密密钥[22,23]。图 6-3 中，当攻击者发起一组攻击以达到目标时就会引发一个突发事件。在特定攻击中，攻击工具利用目标的漏洞来获得未授权结果。每个攻击包括多个操作以破坏特定的目标功能。

6.5　安全分析

汽车内部总线网络缺乏必要的安全机制。内部无线网络（如 TPMS 和防盗系统）也容易受到攻击。本节分析了各种网联汽车网络及其协议堆栈的漏洞。列举了利用这些漏洞的攻击，并将其映射到 CERT 攻击分类。在映射过程中发现了差异，因此，对 CERT 分类进行了修改以适应网联汽车环境。

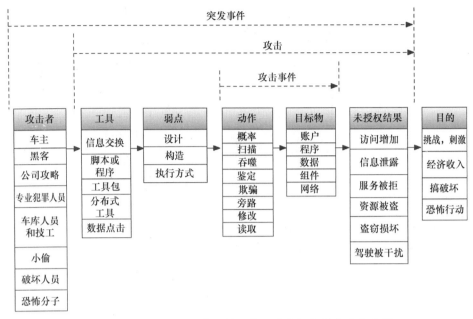

图 6-3　CERT 攻击分类法扩展的网联车辆的潜在攻击分类

6.5.1　网络和协议脆弱性分析

车载总线网络在未加密时被广播且使用共享访问。这些总线网络上的消息为纯文本，且没有身份验证来验证消息来源。最重要的是，总线通过网关 ECU 互连。即使某些网关 ECU 包含防火墙，但大多数都允许诊断功能和接口在没有任何限制的情况下访问所有内部总线网络。利用网关的漏洞，恶意 ECU 可以窃听（即 CERT 攻击分类法中的"读取"）、欺骗、重放（即 CERT 攻击分类法中的"复制"）消息及吞噬网络。总线上单个受损 ECU 可能危及所连接总线上的所有 ECU。

CAN 漏洞：CAN 总线包含其他漏洞。CAN 消息不包含传统意义上的地址，其有确定消息类型和优先级的标识符。CAN 的 ECU 根据标识符来决定是否处理消息。很容易欺骗消息机制和吞噬 CAN 总线网络。CAN 协议使用消息优先级来响应冲突。当两个 CAN 总线 ECU 同时发送消息时，具有较低标识符（即优先级较高）的消息将访问总线并发送其消息，而另一个 ECU 退出，在等待预定义的时间段到达后才重新传输。恶意 CAN ECU 可以利用优先级机制连续发送具有最低标识符的欺骗消息，从而对其他 CAN 节点执行拒绝服务（DoS，Denial-of-Service）攻击。另外，由于内部总线是相互连接的，因此这些 DoS 攻击可能会损害其他 CAN 总线。Carshark 是一种通过监听 CAN 通信对 CAN 数据包进行逆向工程并注入新数据包的工具 [24]。文献 [24-27] 讨论了利用 CAN 总线漏洞对 ECU 的攻击。特别值得注意的是，文献 [27] 描述了导致电动车窗系统发生故障的攻击，文献 [25] 描述了成功禁用警告灯，并伪造了已被移除的安全气囊还存在的攻击，文献 [26] 中介绍了远程锁定/解锁汽车的病毒。文献 [24] 中描述了 CAN 总线被完全利用的攻击。

LIN 漏洞：LIN 使用单主机多从机体系结构，其只有 LIN 网络的主 ECU 可以启动消息，并且调用一个从 ECU 来响应消息。攻击主 ECU 很有可能成功[28]。在 LIN 中，主机可以通过发送特殊消息来强制从机进入睡眠状态，恶意 LIN ECU 可能会欺骗该消息以停用整个

LIN 网络。LIN 消息的消息头中包含 SYNC 字段，主 ECU 将此字段设置为预定义值，以指示从 ECU 进行同步。恶意 LIN ECU 可以欺骗消息并修改 SYNC 字段以破坏同步。

MOST 漏洞：在 MOST 网络中，一个 MOST 设备用作定时主机，用于定期发送使 MOST 从机同步的定时帧。恶意 MOST 设备可能会制造恶意定时帧来中断同步。MOST 协议允许带宽争用。固定长度的通信段称为动态段，该段设置为定期可用，以便 MOST 设备可以竞争使用它。竞争使用取决于消息的优先级，消息优先级最高的设备优先使用。获得使用权的 MOST 设备使用动态段直到它完成传输或具有更高消息优先级的另一个设备加入竞争为止。恶意 MOST 设备可以通过欺骗高优先级消息来阻塞该网段。

WPAN 漏洞：使用蓝牙的 WPAN 非常常见。蓝牙使用包括身份验证和加密在内的安全措施，但其安全性仍然很弱[29]。蓝牙中的加密和身份验证密钥基于蓝牙设备地址和 PIN 生成。然而每个设备的蓝牙地址（设备制造商分配的 48 位唯一地址）是公共信息，任一蓝牙设备都可以通过简单地查询来知道任何其他相邻蓝牙设备的地址[29]。PIN 也包括在内，通常 PIN 是类似于标准移动电话中的四位用户输入的代码。较坏情况下 PIN 是出厂时内置的代码。因此，蓝牙是可被破解的。WPAN 与内部总线互连，受损的 WPAN 可能会成为 ECU 的攻击媒介（即入口点）。

TPMS 漏洞：TPMS 消息通过无线电广播。每个 TPMS 消息均包含敏感数据：温度、胎压和唯一标识符。TPMS 缺乏基本的安全措施，其消息传输未被加密，并且 TPM 的 ECU 信任所有收到的 TPMS 消息，且无需输入验证信息，窃听、反向工程和欺骗攻击都可能会发生。TPMS 无线广播会因为唯一标识符标识被识别并跟踪车辆而存在隐私风险。由于汽车中强制使用 TPMS 且很难停用，因此风险更大。

防盗系统漏洞：现代汽车常用的无线防盗系统包括远程无钥匙进入、被动无钥匙进入和起动以及发动机防盗器，钥匙通过无线与汽车通信。为了安全起见，质询和响应协议或密码通常会验证汽车钥匙，并且它们之间的通信会被加密。但是，长度不足的加密密钥和不完善的密码结构使得破解这些防盗系统成为可能[22,30]。这通常可以通过解释为对汽车的物理攻击比密码分析更加划算。值得注意的是，发动机防盗器旁路套件非常便宜，并且可以在线购买。

VANET 脆弱性：网联汽车通过 VANET 相互通信或与路侧单元通信，且车辆之间的通信是临时的。由于车辆频繁加入和离开网络，因此组成的自组织网络是动态的。消息的真实性必须经过验证。尽管存在某种检测伪造消息的机制，但攻击者始终可以通过伪造大量消息以淹没真实消息。这可能包括一辆汽车假装成多辆汽车的 Sybil 攻击。VANET 数据包括车辆位置、速度、车辆之间的距离以及交通状况。恶意用户可以通过访问这些数据来跟踪另一辆车。如果没有可靠的身份验证，则任意数据包欺骗都是微不足道的，这会破坏任何 VANET 应用程序。但是，可靠的身份验证又会带来隐私风险。

当系统实现偏离协议和标准规范时或规范不明确时也会出现漏洞。文献 [24] 展示了汽车中总线实施漏洞。一个潜在的漏洞是总线通过 ECU 网关相互连接。为了降低风险，该标准隐式定义高速总线网络比低速总线更受信任 [24]。高速总线连接实时关注安全性的 ECU（例如发动机和制动器），而低速总线连接对安全性要求不高的 ECU，例如座椅和空调。连接到低速总线的 ECU 无法将数据包发送到高速总线。但是，文献 [24] 在一些汽车模型中并未发现这种情况。

总之，在攻击分类法中，所有类别的漏洞（设计、配置和实施）都被发现。

6.5.2 网络攻击

现有对网联汽车系统的攻击主要是针对 VANET、防盗系统、内部总线和 ECU、TPMS、WPAN 的攻击。表 6-1 和表 6-2 展示了对这些攻击的分析并将其映射到了 CERT 攻击分类法。

1. 针对防盗系统的网络攻击

汽车防盗系统防止在未经许可的情况下进入车辆。表 6-1 列出了破坏防盗系统的潜在攻击者及其目标[1]。防盗系统被攻破之后，攻击者不仅能够实际访问汽车，而且可以使用各种车载车辆应用。窃贼通常采用低技术攻击来偷车，例如撬开车门寻找汽车中遗留的钥匙、切断报警线和热接点火装置。针对无线防盗系统的高科技网络攻击正在增加，尤其是针对高端汽车[31]。表 6-2 将现有对防盗系统的攻击映射到了 CERT 分类。

表 6-1 防盗系统的攻击者及其目标

攻击者	目标
小偷	偷车和昂贵的汽车零部件
蓄意破坏者	破解汽车防盗保护
黑客	享受破解汽车防盗系统的乐趣
专业犯罪分子	获得汽车

表 6-2 针对防盗系统的攻击

攻击	工具	漏洞	动作	目标物	未授权结果
Keeloq 攻击[30]	信息交换	设计（短密钥；短块大小；和类似的密钥计划）	读取，鉴定	数据（加密密钥）	信息泄露（加密密钥）
DST 攻击[22]	信息交换	设计（短密钥；密码功能；和结构）	读取，鉴定	数据（密码功能、加密密钥）	信息泄露（加密密钥和密码功能）
Relay 攻击[32]	工具包	设计	欺骗		资源被盗
旁路套件	工具包	设计	旁路		资源被盗
无线电干扰	工具包	设计	吞噬	网络	服务被拒
RollJam	工具包	设计	浏览、复制	数据	资源被盗

Keeloq 是一种用在许多远程无钥匙条目中以实现加密钥匙扣和汽车之间通信的 32 位块密码。Keeloq 使用 64 位加密密钥，包含 528 个相同密钥/解密周期。每个加密/解密周期都相当于一个非线性反馈移位寄存器（Non-Linear Feedback Shift Register，NLFSR）。密钥恢复攻击[30]揭示了 NLFSR 并发现了 Keeloq 的加密密钥，它利用了 Keeloq 的三个弱点：密钥长度短、块大小以及存在 NLFSR 的有效线性近似值。

数字签名转发器（Digital Signature Transponder，DST）是一种已用于超过 1.5 亿个发动机固定钥匙的 RFID 设备。DST 使用 40 位加密密钥。在与汽车的通信中，DST 会发出出厂设置的 24 位标识符，然后通过质询和响应协议对其进行身份验证。车辆通过传输 40 位质询数据来启动协议，DST 使用其 40 位密钥加密此质询，将加密质询截取到 24 位作为响应数据返回到读取器中。福特汽车上使用的 DST 遭到攻击后，仅收获了两个质询响应对就发现了其加密密钥[22]。然后，攻击者能够克隆 DST，并使用克隆的 DST 来解锁汽车。该攻击首先使用反向工程来发现加密密码的全部功能，然后使用暴力破解来获取密钥。

被动无钥匙进入和启动的 Relay 攻击[32]很简单，它不需要密码分析的专业知识。与远程无钥匙进入不同，被动无钥匙进入和起动无需人工来解锁汽车。汽车会定期扫描被动钥匙。一旦被动钥匙距离汽车较近，汽车便会对其进行身份验证。汽车发出低功率信号，仅当无源钥匙靠近汽车小于 0.2 m 时无钥匙进入和起动才会工作。中继攻击会通过充当中继器的天线拦截汽车和被动钥匙之间的无线电信号，从而导致被动钥匙即使不在附近也能激活汽车。该攻击已在八个制造商的 10 个型号上成功进行了测试。

旁路工具包可以作为防盗系统的攻击载体，其是用于暂时绕过防盗系统的接口套件。它们由 OEM 生产，并出售给制造商。有时制造商需要额外的接口工具包，以使售后（未出厂安装）的系统正常工作[33]。随着旁路工具包的容易获得[34]以及被盗豪华车市场的增长，这种特殊犯罪很可能在不久的将来成本较低。

无线电干扰是对无线防盗系统的另一种攻击。小偷可以使用在线购买的密钥卡干扰器来阻止远程无钥匙进入装置发射的无线电频率锁定车门。越来越多的无线电干扰事件被发现并报告给警察[35,36]。这种类型的攻击可以被检测到。通常，当汽车被锁定时会闪烁灯光并伴有蜂鸣声。而在被攻击时，不会闪烁或发出蜂鸣声。

RollJam 是一种可以在 eBay 上以不到 50 美元的价格购买到的非常小的设备，它几乎可以随意攻击任何远程无钥匙进入系统并解锁汽车[37]。攻击者只需将 RollJam 放在目标车辆附近，然后等待受害者在 RollJam 的无线电范围内使用钥匙扣。受害者会注意到，钥匙扣在第一次尝试中不起作用，但在第二次尝试中起作用。之后，攻击者取回 RollJam，按下 RollJam 上的按钮以解锁汽车。RollJam 利用了远程无钥匙进入使用一组滚动密码的设计。远程无钥匙进入每次使用时都会更改密码。如果第二次使用该密码，则该车将会拒绝此密码访问。当受害者首次使用钥匙扣锁定汽车时，RollJam 会阻塞信号并记录第一个密码，因此按钥匙扣按钮不起作用。受害者自然会再次尝试钥匙扣起动。RollJam 第二次阻塞信号，并记录第二个密码，然后同时展示第一个密码，这次汽车将被锁定。通过这种方式，RollJam 已存储了下次可以使用的密码。

2. 针对 ECU 的网络攻击

表 6-3 列出了主要的 ECU 攻击者及其目标。汽车爱好者经常更换其 ECU，以增强动力或进行运动冲击校准。一些不诚实的车主在出售汽车时会更改里程。欧洲货车驾驶人篡改了行车记录仪，以免因长时间驾驶而受到惩罚。车库人员窃取了存储在汽车中的客户敏感数据。

表 6-3 ECU 的攻击者及其目标

攻击者	目标
私人业主	更换 ECU 软件以获得更多的冲击校准，增强动力，改善制动性能或更换数字转速表
车库拥有者	获取敏感信息
入侵公司人员	获取专有信息
黑客	获得乐趣

攻击者需要访问 ECU 才能进行恶意输入。Checkoway 等人[38]分析了现代汽车中可用的全部 I/O 通道，并确定访问每个通道所需的挑战。表 6-4 列出了可用于将恶意输入传递给 ECU 的渠道。ECU 可以直接通过在美国由联邦规定几乎可以在所有汽车的发动机罩下找到的 OBD-Ⅱ端口访问。OBD-Ⅱ端口旨在供车主和车库人员用来访问 ECU 进行诊断。制造商专用工具直接插入 OBD-Ⅱ端口访问内部总线并从 ECU 检索诊断信息。攻击者通过直接将恶意硬件插入 OBD-Ⅱ端口来控制车辆[24]。但是，直接访问 OBD-Ⅱ端口是攻击者的强烈需求。网联汽车的外部网络呈现出更大的攻击面。如今，可以使用 PC 代替专用工具来进行车辆诊断。PassThru 设备（通常是 USB 或 WiFi 设备）插入到 OBD-Ⅱ端口，PC 端运行制造商诊断软件即可通过 PassThru 设备连接到内部总线。攻击者可以控制运行诊断软件的 PC 或 PC 与 PassThru 设备之间的连接进行攻击。还可以利用蓝牙 WPAN 通过与 WPAN 连接的受感染的个人设备向 ECU 提供恶意输入。蜂窝网络通常用于将车辆连接到 OEM 服务中心，其可为攻击者提供许多优势。Checkoway 等人[38]对用来在汽车和远程中心之间建立连接的软件远程信息处理单元进行了反向工程，他们能够接入连接并在连接上发送任意数据包。

表 6-4　ECU 攻击通道

通道	说明
OBD-Ⅱ端口	将恶意硬件直接插入 OBD 端口
CD 播放器	车辆的媒体系统连接着内部总线，受损的 CD 可能会攻击其他 ECU
PassThru	攻击者可以控制运行诊断软件的 PC 或 PC 与 PassThru 设备之间的连接
蓝牙	配对的 Android 手机和 Trajan 应用程序出现缓冲区溢出，或者暴力破解蓝牙网络的 PIN 码
蜂窝网络	对用来在汽车和远程中心之间建立连接并验证汽车身份的远程信息处理单元的软件进行反向工程

表 6-5 列出了现有文献中有关内部总线和 ECU 的攻击。Koscher 等人[24]对 CAN 总线进行了深入研究。首先，他们开发了一种 CAN 嗅探器 CarShark，用于观察 CAN 总线上的流量状况。他们结合了重放和知情调查揭示了 ECU 之间如何通信以及有效的数据包如何控制包括无线电，车身控制模块等在内各种 ECU。他们还进行了模糊测试和反向工程以了解如何控制某些硬件功能。他们证明了通过 CarShark 的探测、模糊攻击、反向工程，能够完全控制各种各样的 ECU，包括收音机、车身控制器、发动机、制动器和 HVAC。此外，他们还实施了利用多个 ECU 的复合攻击。例如，他们操纵车速表以显示当前速度的任意偏移，如比实际速度小 10mile/h。这种攻击会拦截低速 CAN 总线上的实际速度更新数据包，并将恶意伪造的速度数据包传输到显示器。

表 6-5 针对内部总线和 ECU 的攻击

攻击	工具	漏洞	动作	目标物	未授权结果
CarShark 攻击[24]	脚本或程序	设计	读取，欺骗，探查	数据	信息泄露（如有效的 CAN 消息）
模糊攻击[24]	脚本或程序	设计	欺骗	数据	信息泄露（CAN 功能）
反向工程[24]	工具包（CAN ReadMemory，IDA 专业版）	设计	读取	数据	信息泄露（CAN 功能）
桥接内部 CAN 总线网络[24]	脚本或程序	设计	修改，欺骗	网络	访问增加

文献 [24] 描述了另一种目标为内部总线网络的互连的重大攻击。每辆车都包含多条总线，而每条总线承载 ECU 的一个子集。出于功能性的考虑必须将某些总线互连，因此，少数 ECU 会连接至多条总线，并充当逻辑桥。完美且安全的网络分段将不允许低速网络上的 ECU 访问高速网络。然而，实际情况发现连接到低速和高速网络的汽车上的远程信息处理单元正在被利用。通过对远程信息处理单元进行重新编程，低速总线上的 ECU 能够破坏高速总线上关键 ECU 的功能，这使得对关键 ECU 的更多访问可能导致灾难性的后果。

两名安全研究人员通过无线入侵了一辆正在运行的汽车，接管了仪表板、转向、变速器和制动控制功能[39]。这种攻击利用了 Chrysler 的 Uconnect 仪表板计算机中的软件漏洞。入侵后不久，Chrysler 宣布正式召回 140 万辆汽车以修补该软件漏洞。

文献 [40] 中介绍了通过 CAN 总线进行的轻量级侧通道分析。还有其他文献 [25,27] 介绍了对 ECU 的其他攻击。但是，这些攻击与文献 [24] 中描述的攻击相比较弱，可以使用参考文献 [24] 中介绍的技术来实现。

3. 针对 TPMS 的网络攻击

在 TPMS 中，安装在汽车车轮上的由电池供电的 TPM 传感器将数据包定期发送美国国家公路交通安全管理局（National Highway Traffic Safety Administration，NHTSA）要求每 60~90s 一次到车载 TPM ECU。TPM 传感器的传输功率相对较小，这样可以延长传感器电池寿命。尽管汽车的数据传输速率低，传输功率低且行进速度高，但是窃听 TPMS 通信还是可行的。Rouf 等人在文献 [41] 中证明使用便宜的硬件与相距超过 40m 以上距离的汽车通信很容易被窃听。鉴于通信未加密，则反向工程 TPMS 通信可以获取每个 TPMS 数据包中包含的唯一标识符，该标识符可用于跟踪汽车。Rouf 等人在文献 [41] 证明了跟踪车速 60km/h 的汽车的可行性。由于缺乏身份验证，输入验证和适当的过滤，消息欺骗是对 TPMS 的另一种攻击。文献 [41] 显示汽车的车载 TPM ECU 以每秒 40 个数据包的增加速率接受伪造数据包，而预期的数据包速率要小得多。文献 [41] 还显示攻击者的车辆能够用欺骗性的手段使以速度 110km/h 行驶的汽车打开意味着可能耗尽汽车蓄电池电量的低压警告灯。表 6-6 总结了针对 TPMS 的这些攻击。

表 6-6　针对 TPMS 的攻击

攻击	工具	漏洞	动作	目标物	未授权结果
窃听	工具包（混频器、USRP）	设计	读取	数据	信息泄露
身份曝光	工具包（TPMS 触发工具、低噪声放大器、USRP）	设计	读取	数据（身份）	信息泄露
数据包欺骗	工具包（混频器、TPMS 触发工具）	设计	欺骗	网络	服务被拒绝

4. 针对 VANET 的网络攻击

表 6-7 中列出了可能危害 VANET 通信的攻击者及其目标。恐怖分子可能通过滥用 VANET 以期破坏现有交通。想要清除所行使路线上的车辆的贪婪驾驶人可能会欺骗其他车辆选择另外的路线[42]。

表 6-7　针对 VANET 的攻击者及其目标

攻击者	目标
恐怖分子	造成伤害或难以控制的情绪
贪婪的驾驶人	通过重定向其他流量来清除其路线/路径上的车辆
破坏者或黑客	访问任何东西

VANET 攻击可分为五类[43]：

1）网络监控：攻击者监控整个网络并监听通信。

2）社会攻击：攻击者以侮辱性信息干扰受害者驾驶，并间接导致受害者的驾驶行为出现问题。

3）定时攻击：攻击者恶意延迟消息，并破坏对时间要求严格的安全应用程序。

4）应用攻击：攻击者篡改消息的内容，并通过发送伪造的安全消息来造成事故。

5）DoS 攻击：攻击者通过消息泛滥和 ID 欺骗消耗网络带宽。

在现有文献 [44,45] 中可以找到有关 VANET 被攻击的所有类型并映射到表 6-8 中的攻击分类。在 Sybil 攻击中单辆车可能欺骗其他数百辆车来发送虚假的道路拥堵信息以欺骗 VANET 中的节点/车辆。DoS 攻击是可能的，其中大量欺骗性数据包会占用所有可用带宽，从而导致合法用户无法使用该系统。如果攻击者从不同位置以分布式方式发起攻击，则它将变为能够放大 DoS 功能的分布式拒绝服务（Distributed Denial-of-Service，DDoS）。攻击者还可以发送虚假信息来欺骗车辆使其突然停车造成交通事故，并可能引发连锁反应导致多车追尾事故的发生。攻击者可能会使用数据挖掘技术来跟踪车辆的位置，并出于自己的利益发送欺骗性的位置信息。使用恶意代码/恶意软件/垃圾邮件攻击可能会妨碍正常的网络运行，导致 VANET 受到严重破坏。重播攻击使用新连接中先前生成的帧，以使恶意用户或未经授权的用户使用这些帧来冒充合法用户。在幻觉攻击中，攻击者通过欺骗自身车辆传感器以产生错误的传感器读数和错误的交通信息，然后将其发送到附近的车辆以更改其他车辆的驾驶行为，这将导致交通事故或交通堵塞[46]。在黑洞攻击中，攻击者节点声称具有到目标节点的最短路径，希望欺骗其他节点以将目标节点的消息发送给攻击者。然后，攻击者可以选择丢弃或转发数据包。灰洞和虫洞攻击是黑洞攻击的变体。

表 6-8　针对 VANET 的攻击

攻击	工具	漏洞	动作	目标物	未授权结果
Sybil 攻击	脚本或程序	设计（加密或协议）	欺骗，鉴定	身份	服务被拒绝
虚假信息	脚本或程序	设计（加密或协议）	欺骗，修改	数据	资料被损坏
DoS 攻击	分布式工具	设计（加密或协议）	吞噬	资源	服务被拒绝
中间人攻击	—	设计（加密或协议）	修改	数据，身份	资料被损坏
位置追踪	数据挖掘	设计（加密或协议）	读取	位置	信息泄露
恶意代码	脚本或程序	—	修改	—	服务被拒绝
重播攻击	—	设计（加密或协议）	鉴定	身份	信息泄露，访问增加
幻觉攻击	脚本或程序	设计（传感器）	欺骗	数据	资料被损坏
黑洞攻击	—	设计（协议）	欺骗，修改	数据	服务被拒绝

6.6　安全和数据隐私解决方案

网联汽车生态系统包括计算机和网络。IT 安全在确保网联汽车的安全中起着重要作用，但是，网联汽车的安全性远远超出此范围。

1）这是因为大多数时间汽车是在开放环境中操作或停车的，因此它比计算机的暴露程度更高。

2）网联汽车拥有多个 I/O 接口（例如，OBD-Ⅱ访问、WiFi、无线电、GPS、LTE、Telematics、蓝牙），而计算机通常使用 WiFi 和以太网。

3）网联汽车除了 TCP/IP 之外还实施多种协议（例如，CAN 协议、LIN 协议），而连接到因特网的计算机只实现 TCP/IP。

4）行驶中的网联汽车可能会经过各种网络。在越区切换时不仅应保持不间断的通信连接，还应保持安全级别。

5）多个外部无线网络可以通过网关 ECU 访问内部关键总线。

6）ECU 受限于有限的资源（处理能力和内存），安全手段必须遵守这些限制。

网联汽车消耗或生成的数据是宝贵的资产，需要加以保护。对连接性的日益增长的需求在某种程度上与数据安全性和隐私性冲突。潜在的数据泄露给互联车辆的发展带来巨大挑战。现代汽车中配备的各种类型的连接允许未经授权访问车辆收集的私人数据，例如，位置数据、驾驶人身份以及用于仪表板购物的支付卡信息。汽车行业承诺坚定保护消费者隐私。汽车制造商联盟、全球汽车制造商协会及其成员（全球 23 家主要汽车制造商）在 2014 年制定了一套自愿数据隐私原则[47]。原则包括：

1）透明度：参与成员承诺向所有者和注册用户提供访问权限，以使他们能够清晰、有意义地了解参与成员收集、使用和共享涵盖信息的情况。

2）选择：参与成员承诺向所有者和注册用户提供有关收集、使用和共享涵盖信息的某些选择。

3）尊重背景：与会成员承诺以与收集所有信息的上下文相一致的方式使用和共享涵盖信息，这些信息需要同时考虑到对所有者和注册用户的可能影响。

4）数据安全：参与成员承诺采取合理措施以保护所有信息免受丢失，以及未经授权的访问或使用。

5）完整性和访问权限：参与成员承诺采取合理的措施来维护涵盖信息的准确性，并致力于为所有者和注册用户提供合理的方式来查看和更正个人订阅信息。

6）数据最小化、去除和保留敏感信息：参与成员承诺仅出于合法商业目的需要收集涵盖信息，并且承诺保留涵盖信息的时间不得超过其为合法商业目的所必需的时间。

7）问责制：与会成员承诺采取合理步骤以确保他们和其他获得涵盖信息的实体遵守原则。

确立原则的目的是解决由于新的网联汽车技术引起的对隐私日益关注的问题。下面描述了文献中用于保护网联汽车的一组安全和隐私解决方案。

6.6.1 密码学基础

安全和隐私在很大程度上取决于加密。非对称加密、对称加密、哈希被广泛用于提供身份验证、确保机密性和完整性。

非对称加密主要用于认证通信节点。公共密钥和私密密钥对用于非对称密码中的加密/解密。使用公钥（或私钥）进行的加密只能使用配对的私钥（或公钥）进行解密。每个主机都拥有一对公共密钥和私密密钥。公钥将发布给其他主机，而私钥则保密。如果主机 A 要向主机 B 进行身份验证，则主机 A 使用其私钥对一些预定义的值进行加密，然后将其发送给 B。B 使用 A 的公钥对其进行解密并检索该值。然后，A 通过显示其拥有密钥来向 B 进行身份验证。非对称密码也可用于保密，主机 A 使用收件人的公共密钥加密其邮件，只有收件人可以使用其私钥解密邮件。

对称加密主要用于提供机密性。加密和解密使用相同的密钥，该密钥仅在通信端之间共享。与非对称加密相比，对称加密的计算强度较低。因此，通常的做法是使用非对称密码进行身份验证，使用对称密码进行保密。

哈希函数将任意大小的数据映射到具有固定大小的位字符串，这称为摘要。哈希函数是单向函数，即只有加密过程，没有解密过程。哈希用于检测通信是否被篡改。当主机 A 向主机 B 发送消息时，它首先应用先前在两个主机之间达成一致的哈希函数来生成消息摘要，然后它将消息和摘要发送给 B。在接收到它们之后，B 对接收到的消息应用相同的哈希函数以产生摘要，并将其与接收到的摘要进行比较。如果两个摘要相同，则接收到的消息没有被篡改。

6.6.2 车辆通信的安全解决方法

总线通信的一个漏洞是消息在没有经过身份验证的情况下以明文形式广播。许多攻击（例如，CarShark 嗅探器、模糊测试、逆向工程[24]）都利用了这些漏洞。保护内部总线网络的安全技术包括代码混淆、rootkit 陷阱、加密、入侵检测系统（Intrusion Detection System，IDS）和诱捕系统[28,48-51]。

1. 代码混淆

ECU 在将消息发送到连接总线之前首先对其进行混淆处理[48]。这使得攻击者很难对 ECU 固件进行反向工程并收集有效消息来控制车辆硬件。混淆是符合成本效益的，文

献 [52-55] 中有很多混淆方式。

2. 认证、机密性和完整性

（1）认证

Weimerskirch 等人[28] 使用非对称密码学来验证 ECU。每个经过认证的 ECU OEM 均分配有一对公共密钥 PK_{OEM} 和一个秘密密钥 SK_{OEM}。PK_{OEM} 是公开的，每个 ECU 存储一个 PK_{OEM} 副本，而 SK_{OEM} 是一个秘密，并且只能由 OEM 访问。每个 ECU 都分配有唯一的标识 ID，一对公钥 PK_{ID} 和和私钥 SK_{ID} 以及数字证书。

$$\{ID, PK_{ID}, Auth_{ID}\}\{SK_{OEM}\}$$

它由 ECU 的 ID、公钥 PK_{ID} 和授权码 $Auth_{ID}$ 组成，$Auth_{ID}$ 由制造 ECU 的 OEM 的私密密钥 SK_{OEM} 签名。SK_{ID} 一直保密。下文使用 {content}key 来表示使用密钥加密的内容。

加入本地总线时，新的 ECU 将其数字证书发送到本地总线的网关 ECU 进行身份验证。网关 ECU 通过使用 OEM 的 PK_{OEM} 解密证书来验证新的 ECU。此处有一个信任链。网关 ECU 信任经过认证的 OEM，因此它信任由 OEM 签署的 ECU。进行身份验证后，网关 ECU 会存储新 ECU 的公钥及其授权的副本，这些副本定义了新 ECU 对通过网关连接的其他总线的访问权限。ECU 授权的想法有可能解决总线互连带来的安全性问题。如果 ECU 无法向网关 ECU 进行身份验证，则网关 ECU 可能会生成错误代码，并在仪表板屏幕上显示错误代码以警告车主。

网关 ECU 还通过发送其数字证书对自身进行身份验证，连接总线上的 ECU 存储了网关 ECU 的公钥的副本。

（2）机密性

Weimerskirch 等人[28] 使用对称加密以防止总线嗅探器窃听 ECU 通信。网关 ECU 定期为本地总线生成随机组密钥，并与本地总线上所有已认证的 ECU 共享组密钥。要将组密钥分发给经过身份验证的 ECU，网关将组密钥（表示为 GK）和时间戳（表示为 TS）连接起来，使用 ECU 的公钥（表示为 PKID）对连接进行加密，然后将加密后的密钥发送出去 $\{GK, TS\}\{PK_{ID}\}$。然后，只有拥有配对密钥 SK_{ID} 的目标 ECU 才能解密并获得组密钥，这样可以保护组密钥的保密性。添加时间戳可防止重放攻击。每个经过身份验证的 ECU 都将应用对称加密来加密使用组密钥发出的消息。只有具有组密钥的经过身份验证的 ECU 才能解密，因此保证了通信的机密性。

鉴于对称加密比非对称加密更轻巧、更快，因此非对称加密仅用于涉及少量消息交换的组密钥的身份验证和分发。

在选择对称加密算法时，必须注意到标准对称加密算法（例如 AES）不适合加密 CAN 消息。AES 处理 128B 的数据块，而 CAN 协议中允许的最大数据字段大小为 8B。传统的汽车制造商使用公众未知的专有消息格式作为安全保护手段[56]。过去几年中发生的几起著名的黑客事件表明，这种"通过隐秘获得的安全性"的形式并没有奏效。

日本初创公司 Trillium 在 2015 年开发了一种称为 SecureCAN[57] 的支持 8B 或更少字节的 CAN 总线加密技术。该算法采用三种操作（替换、换位和时分复用）。Trillium 声称 SecureCAN 可以在 1ms 内加密、传输和解密，这样即满足实时 CAN 总线应用的需求。密钥管理系统是 SecureCAN 的另一项创新。每当汽车点火开关打开时，都会生成一个新的共享主密钥，该密钥可以使用跳频功能以随机间隔进行更改。

另一种方法是用 CAN FD[58] 代替 CAN 总线以增加车载网络的带宽。现在 CAN FA 的数据字段增加到了 64B 且数据传输速度可以超过 1MB/s。对于汽车制造商而言，这种替换意味着制造成本的增加，这阻碍 CAN FD 的推广和应用。从长远来看以太网仍然是最有希望的解决方案。

（3）完整性

即使使用了身份验证和加密，攻击者仍然可以截取消息，更改一些数据位并重新传输。Weimerskirch 等人[28] 使用消息认证码（Message Authentication Codes，MACs）来保证数据的完整性。网关 ECU 会定期为本地总线生成一个身份验证密钥，并将其以分配组密钥的方式分配给总线上所有已验证的 ECU。当发送消息时，ECU 首先对消息进行哈希处理以生成摘要。然后使用认证密钥对摘要进行加密从而生成 MAC。接着，ECU 将消息和 MAC 连接起来，并使用组密钥对其进行加密，具体如图 6-4 所示。接收器端首先使用组密钥解密加密的消息，然后以明文形式获得消息和 MAC。然后接收器使用身份验证密钥解密 MAC 并获取摘要。接下来，它将哈希函数应用于接收到的消息以生成摘要，并将其与接收到的摘要进行比较。如果它们相同，则消息没有被篡改，否则接收者会丢弃被篡改的消息并报告数据已经被篡改。

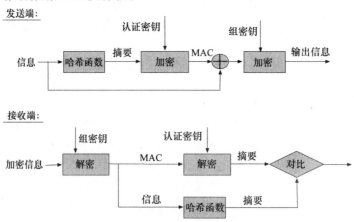

图 6-4 使用 MAC 确保数据完整性示意图

上述安全措施严重依赖网关 ECU 进行身份验证、生成和分发组密钥与身份验证密钥，以及存储已身份验证的本地 ECU 的公共密钥。这就要求向网关 ECU 授予更多的计算资源和安全内存来存储密钥。

数字证书的使用依赖于公共密钥基础结构（Public Key Infrastructure，PKI）来分发公共密钥。有关 PKI 的详细信息可参考文献 [59]。

3. Rootkit 陷阱

混淆和加密手段是防止攻击者攻击 ECU 的第一道安全屏障。但是，混淆既不可恢复，加密也不可破解。为了进一步加强 ECU 的安全性，Yu 等人[48] 使用在 ECU 中部署已知的 rootkit 漏洞来诱捕攻击者的第二层防御。

黑客通常使用 rootkit 将其踪迹隐藏在受感染的系统上，并留下后门以使得再次访问时不被发现[60]。例如，当攻击者进入 ECU 之后[61]，可以使用可加载内核模块（Loadable Kernel Module，LKM）rootkit 监视和上报 ECU 上的活动。LKM 是没有内置在内核中但可在需要时加载编译的内核代码。文献 [61] 中指出内核 rootkit 可以欺骗大多数 rootkit 检测器，例如 Tripwire 和 AIDE。这说明经过刻意修改的 LKM rootkit 可以用于监视和跟踪入侵者的所有活动，而其实际上对于入侵者是不可见的。

Metasploit 和 rootkit 相关研究[60,62]用于寻找对大多数漏洞的利用，例如特权升级。使用已知漏洞的 rootkit 容易引起攻击者的注意，因此更有可能被"利用"。当利用嵌入式 rootkit 漏洞时，我们可以：

1）确定这是恶意攻击还是仅仅是系统故障。
2）如果被确定为攻击，则将攻击与系统的其余部分隔离开。
3）确定攻击类型。
4）研究攻击者的攻击，尤其是新兴攻击时。
5）如果可能，追踪到攻击者。

这种设计通过使用 rootkit 漏洞陷阱吸引攻击者，从而增加一层安全保护。它还使系统能够从防御转换为主动攻击。此外，它通过提取新兴攻击的特征来帮助提高入侵检测的准确性。

4. 入侵检测系统

Larson 等人[49]提出并评估了基于规范的 CAN 2.0 和 CANOpen 3.01 协议的 IDS。系统在每个 ECU 上放置一个检测器。检测器根据协议规范调查所有传入和传出流量。如果流量与规范不符，则认为发生了入侵。Hoppe 等人[69]展示了一种基于异常的 CAN 协议的 IDS，该系统连接到 CAN 总线，并监听总线上的流量。另外，它会记录总线上特定消息的速率，并将其与正常的速率进行比较。

5. 网关防火墙

内部总线的另一个漏洞是它们通过网关 ECU 互连，从而使得连接至低速总线的不太重要的 ECU（例如灯、座椅）可以访问关键 ECU（例如制动、变速器）处的高速总线，增加了总线风险。文献[24]介绍了利用此漏洞的攻击。因此，Weimerskirch 等人[28]提出在网关 ECU 上实施防火墙。在 6.6.1 节中说明了网关 ECU 还存储了每个经过身份验证的本地 ECU 授权 $Auth_{ID}$ 的副本，该副本定义了 ECU 对互连总线的访问权限。当网关 ECU 从本地经过身份验证的 ECU 接收到消息时，网关 ECU 上的防火墙会检查本地 ECU 的授权。如果被授权访问互连的总线，则网关 ECU 传输该消息。否则，它将丢弃该消息并生成错误代码。这样即实现了内部总线的逻辑分段。值得注意的是，这些防火墙必须提供允许诊断数据或 ECU 固件更新通过的特殊接口。另外也必须防止滥用这些接口。

6.6.3 WPAN 安全和隐私

车载 WPAN 必须是安全的，否则攻击者可能能够访问连接到 WPAN 的个人设备上的私人信息，并获得对内部 CAN 总线的更多访问权限，从而干扰各种 ECU 的功能[38]。

1. 蓝牙安全清单

蓝牙是 WPAN 使用最广泛的无线技术。美国国家标准技术研究院（National Institute of Standards and Technology，NIST）和美国商务部发布了"无线网络安全 802.11，蓝牙和手持设备"[63]。在出版物中提出了各种建议来保护无线通信和手持无线设备的安全[3]，并建议使用包含 37 个条目的蓝牙安全清单。在这 37 个条目中，有 17 个条目与 Bluetooth WPAN 最相关，包括[3]：

1）确保对手持式或小型蓝牙设备进行了防盗保护。
2）确保不使用蓝牙设备时将其关闭。
3）记录所有支持蓝牙的设备。
4）更改蓝牙设备的默认设置以反映安全策略。
5）将蓝牙设备设置为最低和足够使用的功率水平，以使传输保持在代理商的安全范围内。
6）确保蓝牙设备绑定的环境不受窃听者的影响。
7）选择随机的强度较大的 PIN 码，避免所有弱的 PIN 码。
8）选择足够长的 PIN 码。
9）确保没有蓝牙设备默认为零 PIN 码。
10）在应用程序层，使用另一种安全协议来交换 PIN 码。例如 Diffie Hellman 密钥交换或基于证书的密钥交换方法。
11）确保使用组合键代替单个键。
12）对所有蓝牙连接使用链接加密。
13）确保所有访问的设备相互认证。
14）确保对所有访问的广播进行加密。
15）将加密密钥大小配置为最大值。
16）为任何密钥协商过程确定"最小密钥大小"。
17）确保具有蓝牙接口的便携式设备配置了密码，以防止丢失或被盗时未经授权的访问。

2. 安全的 WPAN

WPAN 通过 WPAN 网关 ECU 互连到内部总线。保持连接到 WPAN 的蓝牙设备与网关之间的安全通信对于车辆的正常和安全运行至关重要。为了解决这个问题，Mahmud 和 Shanker[3]提议构建安全 WPAN（Secure WPAN，SWPAN），其中：

1）每个要使用的蓝牙设备都需要注册到网关，以便网关知道允许哪些设备与其通信。
2）因为设备可能会丢失或被盗，网关允许从已注册设备列表中删除蓝牙设备。
3）每个设备都有自己用于加密与网关的通信的连接密钥，以防止其他设备窃听。
4）连接密钥经常更改以使得无法发现这些密钥。
5）网关为设备生成连接密钥，并以安全的方式将这些连接密钥分发给每个设备，以使这些密钥不会由于中间人攻击而受到损害。

3. 在 WPAN 中启用数据隐私

具有蓝牙功能的设备可用于跟踪人员[64]。每个蓝牙设备在出厂时都分配了唯一的 48 位地址。只需启动查询过程即可轻松获得蓝牙设备的地址。

制造商采用被称为低功耗蓝牙（Bluetooth Low Energy，BLE）或智能蓝牙的安全功能，该功能是作为蓝牙 4.0 核心规范的一部分被推出的[65]。BLE 在发布具有周期性变化的随机数的数据包时会伪装 MAC 地址。受信任的设备使用在配对过程中创建的身份解析密钥（Identity Resolution Key，IRK）将这些随机地址解密为真实的 MAC 地址。BLE 的问题在于它实施不佳或有时会被完全忽略。如文献 [66] 所示，许多设备的这些随机地址是固定的。对于那些确实更改的地址，其中许多地址很容易识别，因为它们都有一个计数器，该计数器会递增地址的最后几个字节，并经常发出恒定的标识信息。

2014年发布了最新的蓝牙版本4.2，并添加了新的安全功能。新规范提供了基于控制器地址解析的链路层安全性。除非连接到受信任的设备，否则可以屏蔽蓝牙设备的MAC地址。

6.6.4　安全的VANET网络

IEEE 1609.2标准[67]指定了VANET通信的四个安全要求：机密性、身份验证、完整性、匿名性。为了保密起见，该标准建议使用"椭圆曲线集成加密方案"算法对消息进行加密。为了实现身份验证和完整性，该标准建议使用"椭圆曲线数字签名算法"对消息进行签名。该标准还鼓励使用长加密密钥，建议的最小加密密钥大小为256位，签名密钥为224位，公共/秘密密钥为256位。该标准还定义了消息的格式和处理以及数字证书格式。欧洲电信标准协会目前正在制定保护VANET中数据交换的标准[68]。

因为VANET中的数据是在开放访问环境中传输的，因此隐私保护是VANET安全的主要要求之一[69,70]。通过VANET传输的敏感数据包括但不限于车辆位置、驾驶人身份、驾驶行为、车辆位置、内部汽车传感器数据。

许多研究工作都考虑了VANET的隐私，大多数工作都集中在通信方案上。采用化名（PN）而不使用车辆的身份使VANET匿名通信提高了隐私性[71,72]。每个车辆V生成一组公共/秘密密钥对$(PK_V^1, SK_V^1), (PK_V^2, SK_V^2), \cdots, (PK_V^n, SK_V^n)$，并通过安全通道给认证中心（Certificate Authority，CA）发送公钥即$(PK_V^1, PK_V^2, \cdots, PK_V^n)$。所有车辆和路侧单元都信任CA，并存储CA公钥的副本。CA为车辆V生成一组PN即$(PN_V^1, PN_V^2, \cdots, PN_V^n)$。$PN_V^i$包含$ID_{CA}$、CA、$T$的标识符，$PN_V^i$和$PK_V^i$的生存期，车辆$V$的公共密钥，由CA签署：

$$\{ID_{CA}, T, PK_V^i\}\{SK_{CA}\}$$

CA通过同一安全通道将PN集发送回车辆V。与其他车辆或路侧单元通信时，车辆V可以使用PN进行身份验证，而无需透露其真实身份。

PN的一种替代方法是使用匿名密钥[73]。每辆车都预先安装一组由CA认证的一次性匿名密钥。匿名密钥可以在每年的检查中更新。文献[74]中提出一种用于匿名VANET通信的称为有效条件隐私保护（Efficient Conditional Privacy Preservation，ECPP）的协议，其中匿名密钥在生成后短时间内有效。文献[75]介绍了使用一组短时PN进行消息加密方案。每个PN与一个密钥对和一个用于消息加密的证书相关联。消息的接收者将转到证书吊销列表（Certificate Revocation List，CRL）以验证附加的证书。消息是使用一组密钥进行签名的，因此不会泄露车辆的标识。文献[76]提出对以相同速度和相同方向行驶的车辆进行分组的建议。群组成员可以代表群组匿名发布和签名带有群组签名的消息。

文献[77]提出一种分散的组认证协议作为CA的替代方案。同一路侧单位或服务中心范围内的车辆被视为同一组，并由每个路侧单位管理。同一组中的车辆可以使用从路侧单元获得的成员密钥来验证彼此的消息。该协议的可行性取决于路侧单元的分布密集程度。文献[78]提出了k-匿名性方案，方案中一个区域中的k个车辆被分配了相同的PN，用于与路侧单位或服务中心进行通信。使用此方案，攻击者只能检测到一组接收到该消息的汽车，而不能确定具体是哪一辆。

大多数隐私保护技术严重依赖耗时的加密操作并生成大量的加密数据。例如，在DSRC中，车辆每隔几毫秒就会向附近的所有车辆广播消息。在另外一端，车辆可能会在短时间内收到数百条需要实时验证的消息，这可能会导致不可接受的延迟。为了解决这个问题，Zhang等人提出了一种基于一次性基于身份聚合签名建立的称为APPA的隐私保护协议[79]。一次性签名从可信机构获得的密钥生成。密钥与一次性PN相关联，从而保证了车辆的匿名性。由于采用了集合签名算法，因此来自不同车辆的不同消息上的签名可以集合为一个签名，可以将其验证为单个签名。此功能极大地减少了验证时间以及加密数据的存储空间。

鉴于以上所述，我们可以看到VANET中的大多数隐私解决方案都涉及PN的使用，并且要求存在用于密钥管理的CA。生成的密码数据给实际应用增加了过多的开销。VANET的隐私保护技术仍然需要有效的解决方案。

6.6.5 安全的OTA ECU固件更新

图6-5展示了OTA ECU固件更新流程。更新过程由后端服务器启动，后端服务器将更新命令远程发送到车载网络的TCU。在实际更新之前，要更新的目标ECU需要将其规格（例如ECU类型、固件版本等）发送到服务器以确保将使用正确的固件。尽管OTA更新现在很少见，但已经对其安全性进行了研究。较好的做法是一开始在应用程序开发过程中就嵌入安全性，而不是在受到攻击后分发安全性附件。

为了确保OTA更新过程的安全，必须保护该过程中涉及的所有组件和通信渠道，必须提供端到端的安全性。文献[51]列出了更新过程中的安全要求：

1）代码来源的真实性：ECU可以验证要安装的固件是否来自OEM，任何有问题的固件都必须被拒绝。

2）代码完整性：由于ECU离开了后端服务器，因此可以检测到任何未经授权的固件修改。必须拒绝有问题或修改的固件。

3）代码机密性：在传输和安装过程中，固件内容应保持机密。

4）更新元数据的机密性：此要求可确保攻击者不应从更新过程中获得有关目标ECU规格（例如ECU类型、当前固件版本）和要使用的固件版本的信息。

5）可用性：此要求确保在整个更新过程中TCU，目标ECU和总线都可用。

6）命令最新原则：此要求可防止攻击者发送旧的更新命令来欺骗目标ECU的重播攻击。

7）消息源真实性：该要求确保了在此过程中，目标ECU必须验证接收到的消息是来自后端服务器的。如果不满足此要求，则可能发生中间人攻击。

文献[80]提出用于OTA固件更新的安全协议。协议定义的消息交换机制如图6-6所示。该协议依靠硬件安全模块（Hardware Security Module，HSM）提供安全功能。HSM负责执行包括对称/非对称加密/解密，完整性检查，数字签名创建/验证和随机数生成在内的所有加密操作。每个ECU都包含一个HSM。该协议满足上述所有安全要求。图6-6中所示的三个组件（后端服务器、TCU和目标ECU）中的任意一个都有一对公用密钥和私有密钥，以及其他两个组件的公用密钥。后端服务器也具有用于加密/解密固件的密钥SSK。该过程分为四个阶段：远程诊断、ECU重新编程、SSK交换和固件下载。

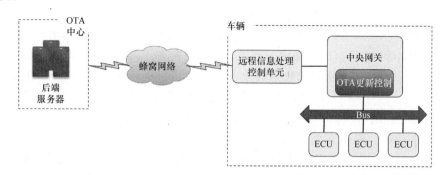

图 6-5　OTA ECU 固件更新流程

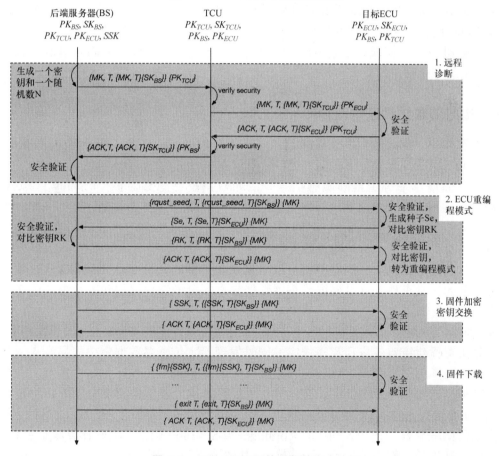

图 6-6　OTA ECU 固件更新的安全协议

远程诊断阶段对后端服务器和 ECU 进行身份验证，并建立会话密钥（Session Key，MK）以便以后进行消息加密/解密：

1）后端服务器通过请求 ECU 规格来启动更新过程。为此，它将生成 MK，将其与时间戳（T）进行连接，并用其秘密密钥 SK_{BS} 进行签名生成 MAC，然后将 MAC 与 MK 和 T 进行连接，使用 TCU 的公钥进行加密并将加密的消息发送给 TCU

$$\{M, T, MAC\}\{PK_{TCU}\}$$

其中，$MAC=\{MK,T\}SK_{BS}$，该消息只能由 TCU 解密，这样保密性得到了保证。

2）TCU 用其秘密密钥 SK_{TCU} 解密以获取 MK、T 和 MAC。然后，它使用后端服务器的公钥 PK_{BS} 解密 MAC，并将 MK 和 T 与先前获得的值进行比较以检测消息是否被篡改。因为 MAC 只能由拥有 SK_{BS} 的后端服务器进行签名（加密），因此消息的真实性也得到了验证。T 用于检查消息是否最新以防止重放攻击。经过验证后，TCU 向 ECU 发送类似消息

$$\{M,T,\{M,T\}SK_{TCU}\}\{PK_{ECU}\}$$

3）ECU 执行相同的验证，然后发送回确认消息。

通过这种方式，可以在两者之间建立安全的通信通道，后端服务器可以成功地向 ECU 进行身份验证，并将 MK 分发给 ECU。从这时候开始，所有通信将使用 MK 进行加密。ECU 会将其规范使用 MK 加密发送到后端服务器。

在完成第一阶段后，后端服务器将强制 ECU 切换到重新编程模式。在阶段三中，后端服务器将在阶段四中用于解密固件的 SSK 密钥分发给 ECU。在阶段四中，后端服务器将固件发送到 ECU。完成后，它将向 ECU 发送退出消息。ECU 返回确认退出消息。该协议已满足所有已确定的要求。其他安全解决方案可以在参考文献 [81-83] 中找到。

6.6.6 传感器数据私密性测量

网联车辆的内部是一大组传感器。尽管传感器数据可能不包含个人身份信息（Personal Identification Information，PII），但可以采用流量分析技术从侧通道（时间、消息大小、通信频率等）推断敏感信息。诸如数据挖掘隐私保护（Privacy Preserving Data Mining，PPDM）[83]之类的标准使用噪声添加和信息抑制技术进行隐私保护。当前研究已进入了评估诸如网联汽车物联网（Internet of Things，IoT）系统隐私的阶段。

Ukil 等人[84]提出了一种风险评估方案，该方案允许物联网系统的用户（如联网车辆）评估共享私人数据的风险。他们将敏感数据或私人数据定义为可能引起好奇或过度兴趣的不可预测的异常事件。可以根据传感器数据异常区分敏感数据和私人数据，这对数据隐私构成了严重威胁。

他们提出的风险评估方案包括两个步骤：敏感性（异常）检测和隐私/敏感性的测量。该检测算法在优化掩盖效应和沼泽效应的同时发现给定传感器数据集中的异常点。与其他离群值检测算法[85,86]相比，该检测方法在较大的 KullbackLeibler（KL）距离方面显示出出众的检测性能。根据 Sanov 的理论[87]，KL 距离越大表示检测能力越好。给定数据集 S，隐私度量值 ρ_M 被定义为 $I(S,v)$，其中 v 是 S 的敏感/异常部分。为了提高 ρ_M 作为隐私度量值的准确性，使用 S 和 v 的 Kolmogorov-Smirnov（KS）检验计算统计补偿 ρ_S。如果原假设被拒绝，则为 ρ_S；否则 $\rho_S=W_{S,v}$，其中 $W_{S,v}$ 是 S 和 v 之间的 L1-Wasserstein 度量，并量化分布 S 和 v 之间的距离。隐私定义为 $\rho_Q=\rho_S\times\rho_M$，其中 $\rho_Q\in[0,1]$ 与 S 的隐私风险成比例。如果 ρ_Q 超过预定义的阈值，则使用标准 PPDM 计算的隐私保护传感器数据 S' 与第三方共享。

6.6.7 安全的数据分发

当车辆漫游时，它可能会穿过异构网络。当前的学术界和工业界致力于通信会话中

断最少的无缝切换上。IEEE 802.21（独立于媒体的切换）主要定义了一种体系结构以实现多种技术接入网络以实现低延迟切换[88]。还提出了软件定义网络（SDN，Software Defined Networking）来处理切换以提供会话连续性[89]。

当网络切换时，漫游车辆需要向新网络（基站或接入点）以及新网络中的其他已连接车辆进行身份验证。此问题称为再次进行身份验证和身份验证（Authenticate and Authenticate Again，AAA）。AAA会严重降低用户的服务质量（Quality of Service，QoS）。对于希望以最小的用户注意力来保持连接性的高速行驶的车辆，这可能是很特别的问题。在文献[90]中可以找到有关AAA优化技术（例如AAA上下文传输方法）的最新调查。

车辆可能会行驶到不太安全的网络。为了保护正在进行的通信会话，建议对需要保护的通信会话使用传输层安全性（Transport Layer Security，TLS）机制进行保护。TLS是提供身份验证和通信机密性的加密协议，TLS工作在OSI堆栈的表示层（第6层），当前的802.21计划可同时在第2层（数据链路层）和第3层（网络层）工作，TLS通常能够与802.21共存。

6.7 未来研究方向

提高汽车系统的安全性将会很困难。当前的总线标准中包含了许多基本的安全问题。在低利润业务中，没有任何一家制造商或供应商能够做出必要的改变并保持竞争力。这需要行业范围内的变革，但这将留下大量的库存车辆。可以采用许多新方法来监视和过滤汽车总线系统上的信息。这里将介绍一些有助于保护各个ECU的技术。其他想法可能会利用可信计算的最新进展，这些进展增加了信任的硬件基础，使感染设备变得更加困难。所有这些研究思路都可能会有所帮助，但是在很多方面，关键问题都受到汽车行业经济学的限制。

6.8 章节总结与结论

本章介绍了有关网联汽车系统安全方面的内容，分析了多个漏洞并调查了现有攻击。为了分析现有攻击，我们将它们映射到描述对网联汽车系统攻击的分类中，此映射帮助我们找到存在的问题并找到常见漏洞。另外还介绍了针对安全和隐私问题的各种安全解决方案：主要使用密码。但是，我们必须意识到，这些措施依赖于PKI来分发密钥。首先，PKI具有已知的安全漏洞[91]；其次对于许多这种领域，不存在真正的PKI实现。因此需要解决这些问题。

6.9 习题

1. 如果有的话，列出所有车载网络并研究其安全功能。
2. 解释车载网络的漏洞。
3. 了解在确保ECU通信安全中的挑战。

4. 尝试为连接两个不同的车载网络的 ECU 网关设计安全策略。
5. 了解外部车辆网络启用的攻击面。
6. 研究 VANET 的隐私问题及其解决方案。

参考文献

[1] R.R. Brooks, S. Sander, J. Deng, J. Taiber, Automobile security concerns, IEEE Vehic. Technol. 4 (2) (2009) 52−64.

[2] S.A. Weis, S.E. Sarma, R.L. Rivest, D.W. Engels, Security and privacy aspects of low-cost radio frequency identification System, Proceeding of the 1st International Conference on Security in Pervasive Computing, Springer, 2004, pp. 201−212.

[3] S. Mahmud, S. Shanker, In-vehicle secure wireless personal area network (SWPAN), IEEE Trans. Veh. Technol. 55 (3)) (2006) 1051−1061.

[4] http://www.ford.com/technology/sync/, accessed (9.10.16).

[5] https://www.onstar.com/us/en/home.html, (accessed 9.10.16).

[6] http://www.toyota.com/owners/parts-service/safety-connect, (accessed 9.10.16).

[7] http://www.lexus.com/enform, (accessed 9.10.16).

[8] http://www.bmw.com/com/en/insights/technology/connecteddrive/2013/, (accessed 9.10.16).

[9] https://www.mbusa.com/mercedes/mbrace, (accessed 8.10.16).

[10] https://www.linkedin.com/pulse/information-security-connected-vehicle-shashank-dhaneshwar, (accessed 24.05.16).

[11] H. Kitayama, S. Munetoh, K. Ohnishi, N. Uramoto, Y. Watanabe, Advanced security and privacy in connected vehicles, IBM Res. Dev. 58 (1) (2014).

[12] http://www.iteris.com/cvria/html/applications/applications.html, (accessed 9.10.16).

[13] http://www.oesa.org/Publications/OESA-News/August-2015/ver-the-Air-Updates-to-Become-Commonplace-in-Vehicles.html, (accessed 24.05.16).

[14] https://www.onstar.com/us/en/home.html, (accessed 24.05.16).

[15] http://resources.infosecinstitute.com/hacking-autoupdate-evilgrade/, (accessed 10.06.16).

[16] https://www.youtube.com/watch?v=oHDwKT564Kk, (accessed 24.05.16).

[17] J. Muller, No hands no feet: My unnerving ride in Google's driverless car. Available from: <www.forbes.com/sites/joannmuller/2013/03/21/no-hands-no-feetmy-unnerving-ride-in-googles-driverless-car>, (accessed 24.05.16).

[18] http://news.mit.edu/2016/startup-nutonomy-driverless-taxi-service-singapore-0324, (accessed 24.05.16).

[19] https://www.ietf.org/proceedings/63/slides/nemo-4.pdf, (accessed 6.06.16).

[20] R.R. Brooks, S. Sander, J. Deng, J. Taiber, Automotive system security: challenges and state-of-the-art, Proceedings of the 4th annual workshop on Cyber security and information intelligence research: developing strategies to meet the cyber security and information intelligence challenges ahead, ACM, 2008, May, p. 26.

[21] J.D. Howard, T.A. Longstaff, A Common Language for Computer Security Incidents, Sandia Report, SAND98-8867, Sandian National Laboratory, 2007.

[22] S.C. Bono, M. Green, A. Stubblefield, Security analysis of a cryptographically-enabled FRID device, Proceeding of 14th conference on Usenix Security Symposium, vol. 14, 2005.

[23] A.I. Alrabady, S.M. Mahmud, Analysis of attacks against the security of keyless-entry systems for vehicles and suggestions for improved designs, IEEE Trans. Vehic. Techonol. 54 (1)) (2005) 41−50.

[24] K. Koscher, A. Czeskis, F. Roesner, S. Patel, T. Kohno, S. Checkoway, D. McCoy, B. Kantor, D. Anderson, H. Shacham and S. Savage, Experimental security analysis of a modern automobile, IEEE Symposium on Security and Privacy, 2010.

[25] T. Hoppe, S. Kiltz, J. Dittmann, Security threats to automotive CAN networks − practical examples and selected short-term countermeasures, Proceeding of the 27th International Conference on

Computer Safety, Reliability, and Security, Newcastle upon Tyne, Springer-Verlag, UK, 2008, pp. 235–248.

[26] D.K. Nillson, U.E. Larson, Simulated attacks on can buses: Vehicle virus, Proceeding of the 5th IASTED International Conference on Communication Systems and Networks, ACTA Press, 2008, pp. 66–72.

[27] S. Misra, I. Woungang, S.C. Misra, Guide to Wireless ad hoc Networks, Springer Science & Business Media, 2009.

[28] A. Stampoulis, Z. Chai, A survey of security in vehicular networks, Project CPSC 534 (2007).

[29] T.C. Niem, Bluetooth and its inherent security issues, Global Information Assurance Certification Security Essentials Certification, Research Project, Version 1.4b, Nov. 4, 2002. [Online] https://www.sans.org/reading-room/whitepapers/wireless/bluetooth-inherent-security-issues-945.

[30] S. Indesteege, N. Keller, O. Dunkelman, E. Biham, B. Preneel, A practical attack on Keeloq, in: N. Smart (Ed.), Eurocrypt'08, volume 4965 of LNCS, Springer-Verlag, 2008, pp. 1–18.

[31] http://www.bbc.com/news/technology-29786320 (accessed 25.05.16).

[32] A. Francillon, B. Danev, S. Capkun, Relay Attacks on Passive Keyless Entry and Start Systems in Modern Carsin: A. Perrig (Ed.), NDSS, 2011.

[33] http://www.autoalarmpro.com/bypass_kits, (accessed 25.05.16).

[34] https://www.directechs.com/default.aspx, (accessed 25.05.16).

[35] http://www.clickorlando.com/news/local/orlando/thieves-use-device-to-jam-keyless-entry-systems, (accessed 25.05.16).

[36] http://articles.sun-sentinel.com/2012-12-28/news/fl-pirate-radio-hollywood-20121229_1_pirate-radio-entry-systems-keyless-entry, (accessed 25.05.16).

[37] http://thehackernews.com/2015/08/rolljam-unlock-car-garage.html, (accessed 26.05.2016).

[38] S. Checkoway, Damon McCoy, B. Kantor, D. Anderson, H. Shacham, S. Savage, K. Koscher, A. Czeskis, F. Roesner, T. Kohno, Comprehensive experimental analysis of automotive attack surfaces, Proceeding of USENIX security, 2016, pp. 1–16.

[39] Last accessed on June 21, 2016.

[40] H.M. Song, H.R. Kim, H.K. Kim, Intrusion detection system based on the analysis of time intervals of can messages for in-vehicle network, Proceeding of 2016 International Conference on Information Networking (ICOIN), IEEE, 2016, pp. 63–68.

[41] I. Rouf, R. Miller, H. Mustafa, T. Taylor, S. Oh, W. Xu, et al., in: I. Goldberg (Ed.), Security and Privacy Vulnerabilities of In-Car Wireless Networks: A Tire Pressure Monitoring System Case Study, USENIX Security, 2010, pp. 323–328.

[42] Y. Lindell, B. Pinkas, Privacy Preserving Data Mining, Advances in CryptologyCRYPTO 2000, Springer, 2000, pp. 36–54.

[43] A. Ukil, S. Bandyopadhyay, A. Pal, Iot-privacy: To be private or not to be private, Computer Communications Workshops (IN- FOCOM WKSHPS), 2014 IEEE Conference on, IEEE, 2014 pp. 123–124.

[44] R. Rao, S. Akella, G. Guley, Power line carrier (plc) signal analysis of smart meters for outlier detection, 2011 IEEE International Conference on Smart Grid Communications (SmartGridComm), IEEE, 2011, pp. 291–296.

[45] R. M. d. Nascimento, A.P. Oening, D.C. Marcilio, A.R. Aoki, E. de Paula Rocha, J.M. Schiochet, Outliers' detection and filling algorithms for smart metering centers, Transmission and Distribution Conference and Exposition (T&D), 2012 IEEE PES, IEEE, 2012, pp. 1–6.

[46] I. Sanov, On the Probability of Large Deviations of Random Variables, United States Air Force, Office of Scientific Research, 1958.

[47] Letter to the FTC. [Online] <http://www.autoalliance.org/auto-issues/automotive-privacy/letter-to-the-ftc>, (accessed 9.10.16).

[48] L. Yu, J. Deng, R.R. Brooks, SeokBae Yun, Automotive ECU design to avoid software tampering, Proceeding of Cyber Information Security Research Conference (CISR'15), Oak Ridge, TN, 2015.

[49] U.E. Larson, D.K. Nillson, E. Jonsson, An approach to specification-based attack detection for in-vehicle networks, Proceeding of the IEEE Intelligent Vehicles Symposium, 2008, pp. 220–225.

[50] V. Verendel, D.K. Nilsson, U.E. Larson, E. Jonsson, An approach to use honeypots in in-vehicle networks, Proceeding of the 68th IEEE Vehicular Technology Conference, 2008, pp. 163–172.

[51] M.S. Idrees, Y. Roudier, Computer aided design of a firmware flashing protocol for vehicle on-board networks, Research Report RR-09-235, 2009.

[52] https://jscrambler.com/en/, (accessed 10.06.16).
[53] http://stunnix.com/prod/cxxo/. (accessed 20.06.16).
[54] https://javascriptobfuscator.com/ (accessed 20.06.16).
[55] http://www.semdesigns.com/Products/Obfuscators/, (accessed 20.06.16).
[56] R. Currie, Developments in car hacking, Technical report, 2015.
[57] J. Yoshida, Can bus can be encrypted, says trillium. <http://www.eetimes.com/document.asp?doc id=1328081>, 2015.
[58] F. Hartwich, Can with flexible data-rate, Citeseer.
[59] https://en.wikipedia.org/wiki/Public_key_infrastructure, (accessed 3.06.06).
[60] G. Hoglund, J. Butler, Rootkits: Subverting the Windows Kernel, Addison-Wesley Professional, 2006.
[61] J. Rose, Turning the Tables: Loadable Kernel Module Root Kits,Deployed in a Honeypot Environment, SANS Institute InfoSec Reading Room, 2003.
[62] Windows rootkit overview. Symantec, 2006.
[63] T. Karygiannis and L. Owens, Wireless network security 802.11, Bluetooth and handheld devices, National Inst. Standards Tech., Technol. Admin., U.S. Dept. Commerce. NIST Special Publication 800−848.
[64] http://electronics.howstuffworks.com/bluetooth-surveillance2.htm, (accessed 16.06.16).
[65] Bluetooth, Adopted specifications. <https://www.bluetooth.com/specifications/adopted-specifications>.
[66] S. Lester, The emergence of bluetooth low energy. <http://www.contextis.com/resources/blog/emergence-bluetooth-low-energy/>.
[67] IEEE Trial-Use Standard for Wireless Access in Vehicular Environments−Security Services for Applications and management Messages, IEEE Std., July 2006.
[68] Benhaddou Driss, Ala Al-Fuqaha (Eds.), Wireless Sensor and Mobile Ad-Hoc Networks: Vehicular and Space Applications, Springer, 2015.
[69] T. Hoppe and J. Dittmann, Sniffing/Replay attacks on CAN buses: a simulated attack on the electric window lift classified using an adapted CERT taxonomy, Proceeding of the 2nd Workshop on Embedded Systems Security, Salzburg, Australia, 2007.
[70] M. Wolf, A. Weimerskirch, C. Paar, in: C. Paar (Ed.), Secure In-Vehicle Communication, ESCAR, 2004.
[71] P. Papadimitratos, L. Buttyan, J.P. Hubaux, F. Kargl, A. Kung, M. Raya, Architecture for secure and private vehicular communications, Proceeding of 7th International Conference on ITS, IEEE, 2007, pp. 1−6.
[72] F. Dötzer, Privacy issues in vehicular ad hoc networks, Privacy enhancing technologies, Springer, 2005, pp. 197−209.
[73] M. Raya, P. Papadimitratos, J.P. Hubaux, Securing vehicular communications, IEEE Wireless Communications Magazine, Special Issue on Inter-Vehicular Communications, 13(LCA-ARTICLE-2006-015) (2006) 8−15.
[74] R. Lu, X. Lin, H. Zhu, P.H. Ho, X. Shen, ECPP: Efficient conditional privacy preservation protocol for secure vehicular communications, INFOCOM 2008, The 27th Conference on Computer Communications, IEEE, 2008.
[75] G. Calandriello, P. Papadimitratos, J.P. Hubaux, A. Lioy, Efficient and robust pseudonymous authentication in vanet, Proceedings of the fourth ACM International Workshop on Vehicular ad hoc Networks, ACM, 2007, pp. 19−28.
[76] K. Sampigethaya, L. Huang, M. Li, R. Poovendran, K. Matsuura, K. Sezaki, Caravan: Providing location privacy for vanet, Technical report, DTIC Document, 2005.
[77] L. Zhang, Q. Wu, A. Solanas, J. Domingo-Ferrer, A scalable robust authentication protocol for secure vehicular communications, IEEE Trans. Vehic. Technol. 59 (4) (2010) 1606−1617.
[78] C. Zhang, X. Lin, R. Lu, P.H. Ho, X. Shen, An efficient message authentication scheme for vehicular communications, IEEE Trans. Vehic. Technol. 57 (6) (2008) 3357−3368.
[79] L. Zhang, Q. Wu, B. Qin, J. Domingo-Ferrer, APPA: Aggregate Privacy-Preserving Authentication in Vehicular ad hoc Networks, Information Security, Springer, 2011, pp. 293−308.
[80] M.S. Idrees, H. Schweppe, Y. Roudier, M. Wolf, D. Scheuermann, O. Henniger, Secure automotive on-board protocols: A case of over-the-air firmware updates, Proceeding of 3rd International Workshop on Nets4Cars/Nets4Trains, Oberpfaffenhofen, Germany, 2011.
[81] D. Nilsson and U. Larson, Secure firmware updates over the air in intelligent vehicles, Proceeding of IEEE International Conference on Communications workshops, 2008, pp. 380−384.

[82] S. Mahmud, S. Shanker, I. Hossain, Secure software upload in an intelligent vehicle via wireless communication links, Proceeding of IEEE Intelligent Vehicle Symposium, 2005, pp. 588−593.

[83] B. Parno, A. Perrig, Challenges in securing vehicular networks, Proceeding of the 4th Workshop Hot Topics in Networks (HotNet-IV), 2005.

[84] I.A. Sumra, I. Ahmad, H. Hasbullah, J.L.B.A. Manan, Classes of attacks in VANET. In Electronics, Communications and Photonics Conference (SIECPC), 2011 Saudi International, IEEE, pp. 1−5.

[85] V.H. La, A. Cavalli, Security attacks and solutions in vehicular ad hoc networks: A survey, Int. J. AdHoc Networking Syst. (IJANS) 4 (2) (2014) 1−20.

[86] S.K. Das, K. Kant, N. Zhang, Handbook on Securing Cyber-Physical Critical Infrastructure, Elsevier, 2012.

[87] A.S.K. Pathan (Ed.), Security of Self-Organizing Networks: MANET, WSN, WMN, VANET, CRC Press, 2016.

[88] http://www.ieee802.org/21/, (accessed 1.06.16).

[89] groups.geni.net/geni/raw-attachment/wiki/GEC21Agenda/.../GEC21poster-V3.pdf, (accessed 1.06.16).

[90] G. Karopoulos, G. Kambourakis, S. Gritzalis, Survey of secure handoff optimization schemes for multimedia services over all-IP wireless heterogeneous networks, IEEE Commun. Surveys 9 (3) (2007) 18−28 3rdQuarter.

[91] R.R. Brooks, Introduction to Computer and Network Security: Navigating Shades of Gray, CRC Press, Boca Raton, FL, 2014.

第 7 章 可交互的数据可视化

7.1 简介

数据在量级及复杂性上的爆炸性增长使得对诸如智能交通系统（ITS）等关键领域的认识达到了新的高度，而从各种数据中发现新知识的能力又取决于高效易用的数据可视化工具。在正确使用数据可视化工具的前提下，数据可视化将把人类视觉系统高效的模式匹配能力和解决问题的认知能力相结合，通过数据的交互展示方法来揭示问题内涵[1]。

理想情况下，我们可以创建一个自动化系统，针对问题从数据中发掘信息和知识，该系统具有特定的数据挖掘算法并无需人工输入。然而对于这样一个完全自动化的解决方案来讲，针对数据所提出的问题往往是探索性的，并且结果的可信度值得商榷。而数据可视化技术有助于揭示数据和问题之间特有模式及关系，从而使针对数据的自动化预测模型变为可能。从这一解决方案被发现开始，数据可视化工具的关注点逐渐从问题探究转变为结果与数据的交互验证。因此，用户需要的是能够通过挖掘所有数据形成某一假设或猜想的工具，而并非仅局限在利用工具促进数据收集的原始想法上。事实上，历史中的一些重要科学发现也印证了通过挖掘数据获取信息这一观点，即影响深远的发现通常在不经意间出现（例如巴斯德免疫原理的发现与哥伦布发现新大陆）[2]。相反的，由于现代数据集的体量与复杂性导致大量的信息需要进行人工调查，但是完全依赖于人工调查的过程是不可行的。于是，需要一些能够引导用户找到潜在的重要模式并减少搜索空间的自动化数据挖掘算法，使以人为中心的探索性数据分析变为可能。

鉴于这些挑战，最可行的解决方案是提供交互式数据可视化和分析技术，将人类的力量与计算机的力量结合起来。用于描述这种方法的术语是视觉分析，它指的是"由交互式视觉界面促进的分析推理科学"。某些可视化分析技术的目的和信息可视化与科学可视化的目的相一致。在上述的可视化分支领域间没有明显的边界，因为每个分支领域都将数据进行可视化展示[4]。在本章节，我们要关注的是数据可视化的一般原则，但需要注意的是，这三个可视化分支通常被区分如下：

1）科学可视化通常基于物理数据，如地球、分子或人体。

2）信息可视化通常基于非物理学的、抽象的数据，如金融数据、计算机网络数据、文本文档数据和抽象概念数据。

3）可视化分析技术强调使用底层数据挖掘算法（如机器学习和统计表征技术）来编排交互式数据进行可视化。

数据可视化技术通过可视化表示形式或图像向用户传递信息[4]。在较高的层次上，数据可视化有两个主要目的。第一个目的是使用数据可视化来发现或形成新的想法；第二个目的是通过数据可视化来直观的传达这些想法[5]。通过提供一个全面的数据结构视图，数据可视化有利于分析过程，并相较于单纯的数值分析，可以获得更好的预期结果[6]。虽然数据可视化在转换分析方面具有较大的潜力，但设计高效的数据可视化流程往往存在诸多困难。为得到成功的可视化结果，需要对将数据转化为可视化的过程[4]、人类视觉感知[1,7]、认知问题的解决[1,8]及图形设计[9]等方面具有扎实的理解。

作为计算机图形学的一个子领域，数据可视化技术利用计算机图形学的方法，在展示设备上进行数据可视化展示。计算机图形技术专注于几何对象和图元（例如点、线和三角形），而数据可视化技术则基于底层数据集来扩展这一过程。因此，我们可以将数据可视化视为一种计算机图形学的具体应用，它额外包含了其他几个学科，如人机交互、数据心理学、数据库原理、统计学、图形设计和数据挖掘。值得注意的是，数据可视化与计算机图形学的区别在于，它通常不注重于视觉真实感，而是针对于信息的有效传递[4]。

实质上，数据可视化使用符号或图像字符（例如线、点、矩形和其他图形形状）将信息编码成视觉表示形式。然后，用户们通过使用他们的视觉感知能力来解码这些视觉表现。这个视觉感知过程是人和底层数据之间最重要的联系。尽管有编码过程（将数据从数值转化为可视化显示）中的某些方面应用了最新科技或令人钦佩的技术，但如果解码（将可视化显示转化为对底层数据的认知）失败，数据可视化也将失败。有的数据可视化方案在解码过程中高效且准确，而有的数据可视化方案却在解码中效率低下且无法得到准确结果[10]。许多设计不良的数据可视化例子被当作反面示例进行分析，并用来形成可视化过程的基本原则，避免产生令人费解的可视化结果[11,12]。挖掘当前和未来数据集全部潜力的关键是，在发现知识的过程中利用数据可视化的力量，并分配合理的资源来设计有效的解决方案。

本章将向读者介绍交互式数据可视化领域，内容将避免针对可视化分析、科学可视化及信息可视化等子领域间存在的区分界限展开描述，而重点关注在发现知识过程中影响每个子领域涉及的普遍性的技术和原则。之后，本章讨论了智能交通系统中的数据可视化问题，并给出一个示例来强调数据可视化的强大功能。然后，本章对数据可视化过程进行了概述，并从较高层面对数据可视化技术进行了分类。接下来，本章描述了更具体的数据可视化策略，即策略概述、引导方法和交互技术。为了提供更为实际的指导，针对上述每个策略，进行了基本的设计原则的总结并配备了说明性案例，该案例描述了一个多元可视化分析工具的设计。本章节内容总结、练习题和供进一步研究的数据资源清单将在章节末尾提供。

7.2　智能交通系统的数据可视化

本书籍的主题是智能交通系统（ITS），这一系统提供了更为安全、更为高效的交通网络应用技术，代表性的智能交通系统技术包括汽车导航、旅客信息、集装箱管理、交通监控和天气信息。近年来，由于交通需求增加、环境和安全问题日益严重以及城市化地区人口不断增长等因素,智能交通系统的应用部署进一步增加[13]。最近,美国交通部(USDOT)发布了《年智能交通系统战略计划》(2015—2019),提出了近期的智能交通系统研究及其开发重点。该战略计划的主要主题包括:提升车辆及道路安全性、增强系统机动性、限制交通对环境影响、促进创新以及支持交通运输系统信息共享。

现代智能交通系统通过多种形式产生了前所未有的大量数据,与数据管理和数据挖掘相同,使用创新的可视化工具是分析理解这些数据的关键需求。正如《智能交通系统战略计划》所指出的,"支撑公共机构和其相关出行者决策功能"的实时可视化技术是最令人感兴趣的技术[14]。此外,为避免旅客分心,并揭示多种异构数据之间的关键联系,还需重点研究涉及的人为因素和人机界面。ITS 开发人员需要全面理解数据可视化策略及其最佳实践方法,并掌握将 ITS 产生的过载信息转化为新机遇的技术。

7.3 数据可视化的魅力

数据可视化利用了视觉系统——这一人机信息传递量最大的通道。人体有大约70%的感受器官和视觉有关,通过视觉系统获得的信息将比其他感觉输入所获得的信息总和还要多[1]。通过利用人类认知系统这一重要组成部分,我们可以极大地改善以人为中心的知识发现过程。处理得当时,数据可视化将有助于对数据结构进行深入了解,相比单独使用数据挖掘方法而言能够更容易地让人们找到感兴趣的模式。在便于快速探索外,数据可视化技术还提高了整个分析过程的准确性和效率。

为演示数据可视化技术的强大功能,在此将考虑一个特定场景,该场景强调了在利用数据拟合模型时,可视化数据对决策所起到的重要作用。这个场景被称为安斯科姆四重奏(Anscombe's quartet),它包含了四个虚构的数据集,每个数据集包含 11 对数据(表 7-1)[15]。对于这些数据集的统计计算表明,它们几乎是相同的,例如 x 值的平均值为 9.0,y 值的平均值为 7.5,方差、回归直线和相关系数保留到两位小数时也没有差别。如果我们只考虑这些汇总值,我们可能会认为他们都适合于当前统计模型。

表 7-1 安斯科姆四重奏[15]中的四个数据集

A		B		C		D	
x	y	x	y	x	y	x	y
10.0	8.04	10.0	9.14	10.0	7.46	8.0	6.58
8.0	6.95	8.0	8.14	8.0	6.77	8.0	5.76
13.0	7.58	13.0	8.74	13.0	12.74	8.0	7.71
9.0	8.81	9.0	8.77	9.0	7.11	8.0	8.84
11.0	8.33	11.0	9.26	11.0	7.81	8.0	8.47
14.0	9.96	14.0	8.10	14.0	8.84	8.0	7.04
6.0	7.24	6.0	6.13	6.0	6.08	8.0	5.25
4.0	4.26	4.0	3.10	4.0	5.39	19.0	12.50
12.0	10.84	12.0	9.13	12.0	8.15	8.0	5.56
7.0	4.82	7.0	7.26	7.0	6.42	8.0	7.91
5.0	5.68	5.0	4.74	5.0	5.73	8.0	6.89

注:尽管存在明显的数值差异,但这些数据集的统计性质几乎相同。

然而，当我们将这些数据集可视化为带有拟合线性回归直线的散点图时，彼此之间的差异就体现出来了，如图7-1所示。虽然数据集A的散点图很好地符合了描述性统计且证明散点和回归线所代表的线性模型贴合性较好，但其他三个数据集并不能很好地符合描述性统计。数据集B的散点图展示了一种非线性关系。尽管数据集C的散点图体现出线性关系，但有一个离群点对于回归线的影响过大。通过发现和剔除异常值，我们将能够为数据集C拟合正确的线性模型。数据集D的散点图展示了一种回归直线斜率受单个观测值影响的情况。如果没有这个异常值，可以明显地看到剩余数据将不适合任何线性模型。数据集B、C和D揭示了我们在日常统计分析中可能遇到的隐晦的奇怪效果。这个例子说明了在统计分析过程中进行数据可视化的重要性，并说明了使用基本统计特性描述数据真实模式时的不足。

安斯科姆发表了这个案例来证明统计计算与数据可视化重要程度相同，因为"每一种方法都将有助于理解"[15]。在这一论文发表之时，数据可视化在统计学教科书和软件系统中都没有得到充分利用。尽管当前数据可视化得到了更多的应用，但仍然有数据分析人员首先会试图将数据集缩减为几个统计值，例如平均值、标准差、相关系数，在数据集数量较大或较为复杂时，该现象更为常见。虽然这些数值是帮助的，但是如果在不进行数据可视化、不考虑单个值的情况下进行检验，我们最终可能只能得到一组影响结果判读、与实际并不相称的统计值，并且可能会引入类似安斯科姆四重奏中所举例中的类似错误。克利夫兰指出，"这种方法往往会遗漏数据中的信息"[10]。在数据膨胀的当今时代，数据可视化的所有优势中，进行整体数据分析的能力是至关重要的，因为它允许探索整体模式并突出细节行为。数据可视化的独特之处就在于它能够彻底地揭示数据的结构。

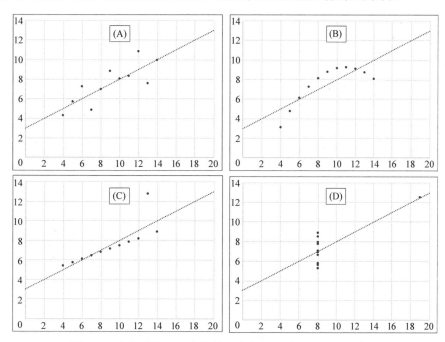

图7-1 安斯科姆四重奏中的四个数据集被图示化为散点图

注：安斯科姆四重奏中的四个数据显示出截然不同的图像结构，尽管它们的统计描述几乎完全相同。标记（A、B、C、D）分别对应于表7-1中相同标记列

7.4 数据可视化流程

数据可视化流程是指从原始数据到图形生成的过程。如图 7-2 所示，该过程从原始数据开始，到用户为结束，中间涉及一系列转换[4]。数据可视化流程利用计算机底层的图像处理流程，为后续分析步骤在显示设备上进行可视化表示。此外，数据可视化流程通常与知识探索流程连接，后者不产生可视化显示而直接生成数据模型。可见，可视化分析过程将知识探索流程和数据可视化流程相结合。

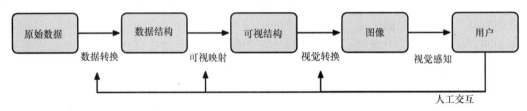

图 7-2　数据可视化流程是将数据转化为交互式可视化图像的系统过程

可视化过程以用户期望进行分析的数据集为起点，该数据集可能来源广泛，且数据类型繁简不一。用户可能希望通过可视化技术来发现有趣的现象（例如异常、聚类或趋势）、确定某一假设或将分析结果传达给受众。通常来说，数据必须经过缺失值处理、数据清洗、标准化、细分、采样及划分子集、降维等步骤才能加以可视化。这些过程虽然可以显著地提高数据可视化的效率，但更重要的是明确使用何种方法进行数据处理来避免错误的假设或结果。

可视化流程将数据转换成用户可以进行研究的可视化图像[5]。如图 7-2 所示，首先，将原始数据转化为数据结构，该数据结构为与原始数据值相关联的某种实体。然后通过执行数据处理算法，修改原始数据并生成新的信息，例如聚类算法或机器学习等相关分析算法。使用上述算法进行信息获取，能够帮助用户发现新知识并降低搜索空间[16]。紧接着，可视化映射过程将数据结构转换为利用空间布局、标记和视觉属性所组成的图形元素，即可视结构。最后，视图转换过程使用视图参数（例如位置、缩放和裁剪）以创建由可视结构组成的图像，以便最终显示给用户。以导航为例的多种视图转换结果也可通过上述方法获得。

可视化流程最终将数据值转化为图像字符及对应的视觉要素（例如颜色、大小、位置及方向）。如图 7-3 所示的图像可表征一个数值列表，列表中的一个变量映射到 x 轴，另一个变量映射到 y 轴。作为其他选择，也可以将数据值映射到用高度表示大小的条形图或不同颜色的圆形来产生不同的可视化效果。

当用户查看得到的图像时，人的视觉系统就会解码底层信息。用户交互在可视化流程中的任何一个阶段都可能发生，进而修改可视化结果并形成新的解释。在现代数据可视化系统中，因为用户控制了大部分阶段而使可视化流程变得更为动态化。这种交互功能允许用户自定义、修改或交互式优化可视化结果以实现各种目的[4]。整个过程组成了所述的数据可视化。为了更深入地了解可视化流程，我们鼓励读者阅读深入研究这方面主题的资料[1,4,5]。

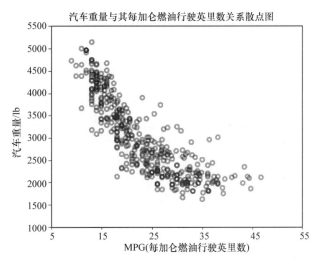

图 7-3 散点图是分析二元关系的一种有效的可视化技术

注：在此图中，MPG（每加仑燃油行驶英里数）变量被映射到 x 轴，汽车重量变量被映射到 y 轴，二者显示出负相关。为了降低图示复杂度，这些点被渲染成半透明的、无填充的圆形

7.5 数据可视化系统分类

有关数据可视化技术的分类方案将有助于帮助设计人员选择合适策略以设计新技术。在这一节中，我们将简要概括凯姆引进的一种可视化技术分类方案，该方案主要考虑三个纬度：可视化数据、可视化技术以及交互与变换技术[17]。这一分类方法和施耐德曼任务分类系统相似[18]，但是凯姆的分类方案包含了其他可视化分类方案中未涉及的可视化技术。下面我们列出了凯姆分类方案中每个维度的组成部分。

可视化数据类型包括：

1）一维数据，例如马蒂斯的时间序列数据[19]。

2）二维数据，例如探索性数据分析环境中可视化的地图数据[20]。

3）多维数据，例如北极星[21]与探索性数据分析环境[20,22]中的列表数据。

4）文本数据与超文本数据，例如新闻文章和用于主体河流图展示的文档数据[23]。

5）层次结构数据与图形数据，例如可扩展框架[24]。

6）算法和软件，例如 SeeSoft 中的一行行代码[25]。

可视化技术可以是：

1）标准的二维或三维展示方法，例如条形图或散点图[26]。

2）基于几何变换的展示方法，例如平行坐标[27]。

3）基于图标的展示方法，例如海量图形可视化工具（MGV）中的针状图标和星状图标[28]。

4）基于像素堆积的展示方法，例如递归模式和圆形分段技术[29]。

5）基于堆叠的展示方法，例如 TreeMaps[30] 或维度叠加图[31]。

交互与变换技术可以是：

1）交互式投影技术，例如 GrandTour 系统中所使用的技术[32]。
2）交互式筛选技术，例如在探索性数据分析环境和北极星中所使用的技术[21]。
3）交互式缩放技术，例如在 Pad++[33]、海量图形可视化工具[28]及可扩展框架[24]中所使用的技术。
4）交互式变换技术，例如在可扩展框架[24]中所使用的技术。
5）交互式连接与选择技术，例如在多变量浏览器[22]和北极星[21]中所使用的技术。

凯姆指出，上述分类方法的三个维度可以互相结合使用[17]。也就是说，可视化技术可以与所有数据类型的任意交互与变换技术进行相互结合使用。这一分类标准是基于数据可视化文献中论述的多种技术的概述与总结。对上述分类方法中任一维度深入研究都可以扩展可视化技术，并在不同领域中应用。

7.6 可视化策略简介

现代数据集的大小为设计有效的数据可视化方法带来了根本性挑战。因为数据的持续增加和显示设备像素具有数量的限制，通常不可能使所有原始数据可视化。即使显示设备有足够数量的像素可用，在任何单一视图中显示所有数据也是没有益处的，因为视觉感知功能可能会被大量数据造成的视觉拥堵所阻碍[34]。针对大型数据集可视化的一种有效方法是在可视化过程中展示少量项目的全部细节。这种方法一般被称为锁孔问题，因为它就像从一个小锁孔中看到一个大房间[35]。举例而言，对于一个拥有 1000 行的电子表格，可视部分在任何时候都可能被限制为 50 行。要访问额外的 950 行数据，用户必须在电子表格中翻页或滚动。尽管这种方法有助于管理大量数据，但用户不可避免地会遗漏上下文数据。

Shneiderman 介绍了一种经久不衰的设计策略，简单地总结为"首先是概览，然后是缩放和筛选，最后是按需细节设计"[18]。采用这种方法，我们可以通过对整个数据集进行广泛的概览来开始分析，从而避免锁孔问题，这必然需要牺牲一些细节。交互技术与数据可视化相结合，将允许用户放大特定的信息并筛选掉不相关的项目。此外，该系统还提供了快速检索和显示感兴趣的特定数据的详细信息的机制。这种方法是构建可视化系统的一种很好的设计模式，因为它具有以下几个优点[35]：
1）它促进了处理大量信息空间的思维模式的形成。
2）它通过揭示信息片段之间的联系而方便深入了解数据。
3）它通过从概览中进行直观的选择，提供了对特定数据段的直接访问功能。
4）它鼓励对整个数据空间的自由探索。

用户研究表明，这种策略提高了在各种信息搜索任务中的用户性能[36,37]。在寻求维持干净整洁的用户体验同时，设计人员应努力将尽可能多的数据进行可视化概览[12]。可视化概览有效性取决于在概览中显示哪些数据，以及哪些数据要保存到只有通过用户交互才能访问的详细视图。此外，重要的是要使交互作用尽可能直观，以促进高效利用。理想情况下，概览将提供信息线索，吸引用户关注其中的重要细节[38]。

一般来说，有两种方法可以将大量数据压缩到有限的像素中。一种方法是在可视化映射过程前减少数据量。另一种方法是缩小在可视化映射过程中生成的显示符号的物理大小[35]。在接下来的小节中,我们将讨论这两种策略。

7.6.1 数据数量压缩

聚合方法用于根据相似性对数据项(全部数据)进行分组,并使用较少的数据来表示该组。每个聚合将替代用于形成该聚合的所有数据,并作为一种新的表示形式。理想情况下,新的组别(聚合)对底层数据进行了合理表示。这种方法的一个经典例子是直方图(图 7-4),它使用聚合方法来表示一个变量的频率分布[39]。

数据项可以按照公共属性进行分组[21],也可以使用更先进的技术,例如聚类方法[40]或最近邻方法进行分组。在为聚合结果选择代表值时,这些值应该准确地表示底层聚合数据的特征,通常使用某些统计值即平均数、中位数、最小值、最大值和频数。在某些情况下,将重复执行聚合以产生具有多个分组级别[41]的层次结构。最后一步是选择能够符合逻辑的描述内容来对聚合进行可视化表示。正如 Ward 等[4]人所指出的,重要的是设计可视化形式,从而为用户提供足够的信息,以帮助他们决定是否希望继续深入探索分组内容。

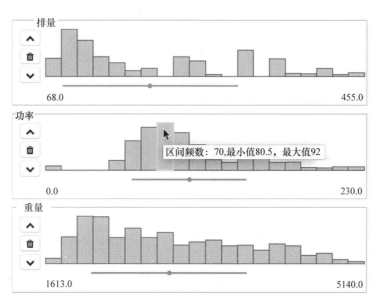

图 7-4 直方图是一种经典的可视化技术

注:它减少了现实的数据量并为单个变量提供了频率分布的统计汇总。在本例中,鼠标悬停处交互提供了有关区间的详细信息。

降维技术作为数据聚合的另一种方法,减少了多维数据集中的属性数目,从而更容易对信息进行可视化[42]。降维后的数据集应保存原始较大数据集的主要趋势与信息。这种降维工作可以通过提供交互式选择机制允许用户手动选择最重要的纬度,或通过计算技术例如主成分分析法(PCA)和多维标度法(MDS)实现。PCA 算法将数据项投影到一个保留数据集方差的子空间。MDS 算法使用数据集中个体间相似度创建一个一、二或三维映射,其中相似的项目将被分到同一分组[4]。设计人员必须明白,不同算法参数和计算环境变化,可能会产生明显不同的结果。此外,尽管从算法角度来看分组是有意义的，但得到的结果很难解释，并且很难从认知上将简化的结果和数据原始维度相联系。

7.6.2 缩小可视化组件

解决像素数目有限问题的另一种方法是缩小可视化中视觉符号（visual glyphs）的物理大小。Tufte 通过最大化屏幕空间单位面积内的数据量和数据与墨水的比例，提升了可视显示（visual displays）的数据密度[12]。由于 Tufte 的大多数例子都来自印刷媒体，他因此使用了术语"墨水"。为了达到放缩视觉符号的目的，我们可以用更现代的术语"像素"代替"墨水"，而不丢失该法的要点。为了获得更高的数据像素比，我们将每个视觉符号的所需像素数量进行最小化，并将无关紧要的非数据项所需像素删除。

一个例子就是 SeeSoft 系统，它能够对软件源代码进行展示图形化概览[25]。使用 SeeSoft，每行代码变成一行彩色的段，其中行长度表示字符数。该系统可以有效地将一个包含数千行代码的大型源代码集合可视化入一个视图之中。此外，像素用颜色编码区分显示其他属性，如作者、测试状态或当前行的 CPU 执行时间。利用名为信息壁画的方法将数据缩小到亚像素级别[43]。当几个图像字符相互重叠时，信息壁画将被用来以类似于 X 射线图像的方式显示图像字符的密度。这种效果类似于使用不透明度来表示密集的平行坐标图，具体效果如图 7-5 所示，图中展示的是 EDEN 视觉分析系统。

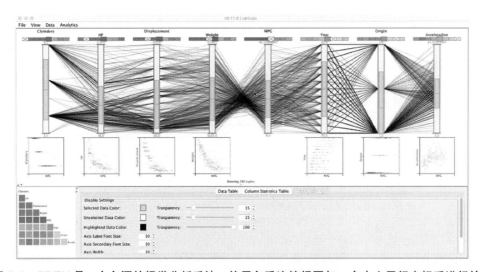

图 7-5　EDEN 是一个多源的视觉分析系统，使用多重连接视图与一个中心平行坐标系进行绘制

注：在该图中，1983 年 ASA 车辆数据集按照每加仑燃油行驶距离轴进行可视化。从图中的 X 型直线交叉状可以明显看出每加仑燃油行驶距离和重量间存在很强的负相关关系。每加仑燃油行驶距离轴和年份轴之间的水平线越多，说明它们之间越存在正相关关系

7.7　图像视觉引导策略

在大型信息空间内进行导航是交互式可视化系统的基本要求。从广泛的概览到详细的快照，导航技术允许用户选择多种查阅方式，从不同的详细程度对数据进行查看。实

现数据可视化导航的主要方法有三种，分别为"缩放和平移""概览＋细节介绍""聚焦＋上下文介绍"。在可视化流程中（图7-2），上述的三种方法处于第三阶段即视图转换，它们与只提供细节描述的方法类似，但只提供细节描述的方法而忽略了概览功能。相反，用户使用滚动或平移形式的导航操作来查看信息空间的其他部分，如前一节所述的电子表格视图。应该避免使用仅提供细节描述的方法，因为这些方法可能会由于缺少对更大信息空间的概览而使用户失去分析的方向感[35]。虽然实验结果证明了这些导航策略优于仅包含细节的策略，但是上述三种导航方法间的选用，应取决于具体的设计场景、数据和用户任务[37]。

7.7.1 缩放和平移

支持缩放和平移操作的数据可视化以概览视图开始，允许用户交互式地放大数据并平移数据空间中的视野（viewpoint）以访问感兴趣的细节。Card 等人列举的交互技术中使用了术语"平移和缩放"，并比较它与摄像头移动和缩放动作的相似之处[5]。缩放技术可以通过使用 Pad++ 系统提供的空间连续导航功能来实现[33]，也可以使用 TreeMap 系统提供的访问不同尺度数据的系统化机制对缩放功能加以简化[44]。

除了几何学意义上的几何缩放外，缩放操作的另一种形式称为语义缩放[33]。随着对象几何缩放的进行，对象不仅在数据空间中几何缩放倍数发生变化，可视对象的表现形式也发生了变化，以包含基础数据的更多细节或基础数据的不同方面属性。举例而言，当表示文本文档的可视对象在可视化表示中很小时，用户可能只想看到标题。当对该对象及所对应数据空间进行放大时，标题可能会显示简短的摘要或提纲。

本方法的主要优点之一为能够交互式地从数据的概览深入到用户感兴趣的细节之中。另外，该方法有效地利用了有限的屏幕空间并提供了无限的可扩展性。但在另一方面，缩放策略的主要问题之一是，由于未显示概览图，用户可能会在缩放或平移数据空间时丢失方向进而丢失所感兴趣的数据空间。与其他类似的导航技术相比，该方法的导航效率较慢[35]。

7.7.2 概览＋细节介绍

"概览＋细节介绍"采用多个视图来同时展示概览与细节视图。这种方法的目的是在用户查阅某个特定的感兴趣区域的详细信息时，保留整个数据集的上下文信息。使用概览视图中的视野指示器可保留整个数据集的上下文信息。该指示器可显示当前显示的细节视图在整体中的相对位置。在概览视图中操作指示器后，细节视图将被更新进而可以反映细节视图所处的新位置。同样的，在细节视图中的用户导航操作会导致视野指示器更新，帮助用户进行上下文查阅。这种策略经常在地图和图像查看系统中使用[45]。

尽管"概览＋细节介绍"方法保持概览视图并避免了用户在细节视图中迷失方向，但可能会遇到概览视图和细节视图之间的视觉不连续现象[35]。该方法的另一个问题是，细节视图占据了大部分的显示区域，而概览视图虽然可见但通常只占据整个显示范围的一小部分。但是，"概览＋细节介绍"方法还是满足了用户对整体的持续感知，并且可以结合细节视图与概览视图进行扩展。

7.7.3 聚焦+上下文介绍

与使用单独的数据视图不同,"聚焦+上下文介绍"策略可以将聚焦区域在概览区域内扩大。聚焦区域被扩展和放大,用来显示感兴趣区域的其他详细信息。用户可以像滑动窗口一样操作聚焦区域,以在概览中导航并查看信息空间其他区域的详细信息。为了适应扩展的聚焦区域,使用变换和扭曲技术将部分压缩应用于概览区域。这种策略又被称为鱼眼镜头[46]或扭曲显示[47]。在大多数应用中,视图的聚焦会最大程度地被放大,并且放大率会根据焦点的距离进行调整。

"聚焦+上下文介绍"策略的几种变种策略被用来描述一维和二维空间,包括使用两个级别放大率的双焦点显示[39]。TableLens[48]和桌面操作系统中我们熟知的应用程序图标便使用了双焦点显示(bifocal display)概念。视角墙采用透视变形技术在三维曲面上显示数据[49]。广角镜头可产生鱼眼效果,例如双曲线树[50]。鱼眼镜头不仅能用于二维可视化,还可以应用于三维可视化[51]。通过使用更为复杂的变换技术,非线性效应会产生气泡效应[52]。"聚焦+上下文介绍"策略使用分辨率变换来匹配人类视觉系统。

"聚焦+上下文介绍"策略的优点是它在概览的上下文中提供了连续的细节信息。但是,用户可能会体验到因变换方法带来的失真,并且该技术的缩放性能有限且通常位于10∶1缩放系数之下。

7.8 视觉交互策略

视觉交互策略具备可扩展性并提供以人为中心的可视化信息搜索功能。在现实中,展示所有数据(即使是中等体量的数据)也较为困难,为解决这一问题,视觉交互技术允许用户动态访问多种可选择的视图。数据可视化有很多种交互技术[4],这些交互技术也是可视化系统设计中应考虑的主要类别。

7.8.1 选择

满足交互式选取可视化结果中感兴趣项目这一功能的基本要求。选择操作在很多情况下十分有用,例如详细研究(按需查看详细信息)、在密集视图中突出显示被遮挡项目、将相似项目并入同一组或项目抓取。

通常,用户使用直接或间接动作来选取项目。直接操作动作允许用户直接选择特定操作,也就是说,用户无需使用键入命令即可与可视化结果进行交互。因此,这种方法使用更直观的视觉交互隐式地将人与机器连接起来,省去了将想法转化为代码进而执行操作这一流程[54]。这种直接选择可以通过多种方式实现,比如指向单个项目的符号或一组符号[55]。例如 EDEN(图 7-5)就是使用平行坐标轴进行可视化[27],用户通过与显示器进行基于鼠标的交互作用实现在可变轴上拖动数值范围,进而研究表格数据。

另一种选择方法是基于用户设定的约束标准进行间接选择。例如,XmdxTool[31]允许用户使用预设的平行坐标和单设的输入组件在可视化表格数据中选择值范围。间接选择技术的其他示例包括选择与另一个节点具有用户自定义距离的图节点[4]。

成功的选择技术应当允许用户可以轻松地选择项目、将项目添加到选择中、删除所选项目或完全清除所选项目。选择通常也被称为"画刷",因为它类似艺术家的画笔触摸视觉对象。

7.8.2 链接

链接技术用于动态关联多个视图间的信息内容[35,56]。通过使用单独的视图,以不同的方式将基础数据可视化,从而展示出数据的多种视角或数据的不同部分。选择和链接是最常见的视图协调策略[57]。通过使用这种方法,可以选择某一个视图中部分内容并将其分配到其他视图中,并在其中突出显示相应项目,从而使用户能够发现关系并构建对数据集的全面了解。当利用补充视图进行设计时,链接的方法能够帮助用户利用不同视觉表示的优势来发现数据之间特定的关系。链接式选择技术的另一个优点是,它允许用户在自己的选择上定义复杂的约束。除了突出显示某些类型的数据外,还可以通过设定对某些数据类型和准确度的约束以优化每一个视图[4]。例如,用户可以在可视化时间表中使用时间约束,在地图中指定地理约束或在字符列表中指定感兴趣的类目。

在不同链接视图中进行连接和通信时,可以使用多种选择,以最大限度地提高该策略的灵活性。用户可能需要取消数据视图的链接,以查看数据的不同区域或不同的数据集。一些系统提供了能够指定哪些视图将消息发送到其他视图以及哪些视图接收消息的灵活功能。用户可能还需要指定交互信息的类型。最后,某些类型的交互仅对某些视图有意义,而其他类型的交互可普遍应用于所有视图[4]。

7.8.3 筛选

交互式的筛选操作能够使用户降低可视化数据体量,并将注意力集中到所感兴趣部分或特征中。动态查询筛选器使用直接操作原理来查询数据属性[58]。它可以通过使用可视化窗口小部件(例如一个或两个手柄的滑块)指定感兴趣的范围并立即在可视化视图中查看筛选结果。另一种可视化窗口小部件允许用户从列表中选择显示或隐藏相关的可视项目。在提供筛选数据功能外,可视化窗口小部件还提供查询参数的图形化显示。

动态查询筛选器可以提供快速查询反馈、降低数据量并允许探索属性之间的关系。快速查询反馈功能可以通过调整查询参数来调整数据量,进而解决查询结果无匹配或大量匹配的情况。动态查询筛选技术的一个示例是 Magic Lenses,它提供了空间局部筛选功能[59]。另一个例子是筛选流(Filter Flow)技术,它允许用户为涉及布尔运算的复杂查询创建虚拟筛选流程。

筛选和选择之间存在细微但重要的区别。通常,筛选功能通过单独的用户界面组件或对话框的某些间接操作来实现。筛选还可以在查看大型数据集之前执行,以避免使系统过载。相对而言,选择通常以用户使用诸如鼠标点击之类的方法选择视图中视觉对象的方式直接进行操作。虽然它们的操作机制存在不同,但是在操控视图的结果或效果上,选择与筛选操作的结果无法做出明显的区分。

7.8.4 二次排列和映射

为用户提供定制化的可视化映射组件或从一组映射组件中进行自由选择的功能是十

分重要的，因为单个组件或配置可能无法满足用户的可视化需求。因为空间布局是利用可视化映射组件展示数据中重要的部分，因此在空间上对视觉要素进行重新排列的能力是通过新视角揭示数据的最有效机制。举例而言，TableLens[48]的用户可以通过选择按照其他属性排列以在空间上重新配置视图，而EDEN[20]则为用户提供了能够重新排列平行坐标轴顺序的能力。这种简单但重要的操作能够使用户以最适合其需求的方式灵活地探索数据不同属性之间的关系。

7.9 有效数据可视化的设计原则

尽管开发交互式数据可视化相对简单，但是创建有效的解决方案却十分困难。在本节中，我们回顾了可以避免出现常见问题并提高可视化设计效率的一些设计原则。为了更全面的研究设计原理，在此鼓励读者阅读有关该主题的重要权威著作[10,12,26]。

力争图形卓越性原则。Tufte提出了几个指导原则来帮助设计人员设计卓越的图形显示效果，通过这些指导原则，"以清晰、准确和高效的方式传达复杂的想法"[12]。第一条指导原则是始终展示数据，并以安斯科姆四重奏数据集为例进行论证（图7-1）。Tufte还鼓励在狭小的空间中显示许多数据项，同时还要确保大型数据集的可视化保持连贯。这一主张有助于用户查阅不同的信息。通过视觉分析，可以使用推断用户意图的机器学习算法来实现这种引导性操作。另一条准则便是设计从不同详细程度（广泛的概览到详细的细节表示）对信息进行编码可视化。

力争图形完整性原则。Tufte认为可视化应当能够说明有关数据的真实情况，并分析了许多未能做到该原则的图形示例[12]。有时候这些失败的图形示例是设计人员有心为之的[61]，而有时则仅是造无心之过。无论原因如何，所感知到的图形表示中的差异都应与数据保持一致。例如，当比例尺失真、坐标轴基准线遗失或未提供数据区域划分标准时，都将出现可视化视图无法反映数据真实情况的现象。

最大化数据像素比原则。Tufte的最大化数据墨水比[12]原理同样适用于显示设备上的像素，该原理的主要思想是分配大部分像素用以呈现数据信息。Tufte使用"数据墨水"一词来指代"图形的不可擦除核心，即当所表示数字发生变化时，排列情况也随之变化的非冗余墨水"[12]，我们应避免显示那些不用于描述数据的图形项，因为它们会降低可视化效果并使用户产生混淆。例如，散点图中的粗状网格线可能会大大降低理解底层数据关系的能力。如果需要网格线，应使用低对比度颜色，因为这些颜色不会干扰代表数据的图形项[62]。一种与该设计原则有关的策略是尽可能删除所有非数据像素和所有冗余的数据像素。我们应该避免冗余和一些不必要的装饰，因为这些都会影响到对可视化重点信息的展示。

利用多功能图形元素原则。Tufte鼓励设计人员在图形元素中寻找传达信息的方法，这些信息通常使用非数据墨水方式进行表示[12]。例如，我们可以使用散点图的轴表示每个变量的中位数和分位数范围，从而在原始数据点的上下文介绍中提供数据的汇总统计信息，并在视觉上限制散点图显示区域范围。在设计多功能图形元素时，设计人员必须意识到有可能会设计出难以解释的"图形难题"[12]。

最优量化尺度原则。Few[26]提出了数据可视化过程中表示量化尺度的几个规则：对于条形图，尺度应从零开始，并在少许超过最大值处结束；对于其他图形（非条形图），尺度应从少许低于最小值开始，并在少许超过最大值处结束。人们还应该在尺度起点、终点及区间数处使用整数。

合理设置参考线原则。Few 提到了一套与参考线有关的可视化建议[26]。Few 建议给定一种机制为特定值（例如特别计算值或统计值）设定参考线。该机制有助于自动计算，以及利用参考线表示平均值、中位数、标准差、特定百分位数、最小值、最大值等。Few 建议清楚地标记参考线以表明其代表的含义，并允许用户在需要时自行设置参考线的格式（例如颜色、透明度和粗细）。

支持多个并发视图原则。Few 建议从不同角度同时使用数据的多个视图，这改善了分析过程并解决了人类工作记忆能力有限的问题[26]。他列出了使用多个并发视图的一些准则：

1）允许用户在单个显示设备上轻松创建并连接共享数据集的多个视图。
2）提供根据用户需要排列视图布局的功能。
3）提供筛选功能。
4）提供选择功能，在一个视图中显示所选数据子集，通过在其他视图中高亮所选数据以自动化分布选择结果。
5）当用户在一个视图中选择了与图形中的条形或箱形相关联的数据子集，则仅突出显示代表该子集的条形或箱形部分。

同时提供"聚焦+上下文介绍"视图原则。Few 提出了与"聚焦+上下文介绍"展示视图相关的设计原则[26]。当用户在查看较大数据的子集时，应满足用户同时查看该子集及该子集在所有数据中所处的位置的需求。Few 也建议允许用户根据实际需要，移除上下文介绍部分的视图达到回收数据空间的目的。

缓解过度绘图的相关技术原则。当图形中表示多个视觉对象时，通常会产生相互渲染现象。这种情况将导致不同程度的遮挡，使得用户很难或无法看到每一个数值。Few 提出了避免这些问题的使用策略[26]：

1）允许用户调整视觉对象的大小。
2）允许用户从视觉对象（例如圆形、三角形和矩形）中删除填充色。
3）允许用户从一组简单的形状中进行选择以对数据进行编码。
4）允许用户移动数据对象的位置，以及控制移动量。
5）允许用户设置数据对象为半透明。
6）允许用户汇总和筛选数据。
7）允许用户将数据细分为一系列视图。
8）允许用户应用统计抽样以减少显示的数据对象数目。

提供清晰易懂的题注原则。克利夫兰建议，当需要在题注中传达图形的主要结论时，我们应力求题注清晰易懂，这对于书面文档中出现的图形来讲更为适用。这些图和它们的题注应相互独立，并包含佐证和结论的摘要内容[10]。为此，克利夫兰为图形题注提出了三点要求：

1）描述所有图形中绘制的内容。
2）注重对数据重要特征的描述。

3）描述从图形数据中得出的结论。

7.10 案例分析：多变量数据可视化设计

在本节中，我们将讨论一个名为 EDEN 的多元视觉分析工具设计方法[20]。如图 7-5 所示，EDEN 最初旨在对大型复杂的气候模拟进行探索性分析。经过多年的反复开发，EDEN 已发展成为一种通用系统，用于探索由数值数据组成的任意多元数据集。在本节的剩余部分，我们将研究 EDEN 系统的某些功能，并将其与本章介绍的思想联系起来。本节中的 EDEN 图使用了一个流行的多元数据集，该数据集来自 1983 年 ASA 数据展览，描述了不同车型的汽车特性，以及美国能源部的燃油经济性数据。

7.10.1 用交互平行坐标实现的多变量可视化

EDEN 系统提供了高度交互的可视化画布，该画布围绕一个中心平行坐标系构建。之所以选择平行坐标技术作为主要视图，是因为它可以对多个变量之间的趋势和相关模式进行可视化分析。平行坐标图技术是一种信息可视化技术，最初由 Inselberg[63] 推广，以可视化超维几何为目标，后来在 Wegman 的多变量数据关系分析中得到证明[64]。平行坐标技术通过将具有坐标（c_1, c_2, ..., c_N）的 N 维数据元组 C 映射到 N 条平行轴上，并将映射点以折线形式相连，进而创建多维数据集的二维表示（图 7-6）[27]。在平行坐标中显示的属性数量仅受显示设备的分辨率限制。彼此相邻的平行轴能够明显地表现变量间关系。为了分析由一个或多个轴分隔的变量之间的关系，需要使用可视化交互及图形指示器。

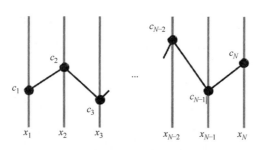

图 7-6　创建多维数据集的二维表示

注：平行坐标图中的直线将具有坐标（c_1, c_2, ..., c_N）的 N 维数据元组 C 映射到 N 条平行轴上的点并由一条折线连接，折线上的 N 个顶点位于 x_i 轴（$i=1$, ..., N）之上。

7.10.2 通过数据处理的动态查询

用户可以通过使用基于鼠标的标准交互方式直接选择取值范围来执行动态的查询。如图 7-7 所示，用户可以单击任一平行坐标轴的内部以选择范围。此操作会将与当前选择范围相交的折线颜色变为更具视觉显著性的颜色，而其他线的颜色则变为与背景对比度较小的较浅颜色。尽管未选中的线可以完全隐藏，但是它们暗淡的存在形式将会与所选的数据形成对比，作为所选数据的研究参照。通过单击并拖动选择矩形可以改变黄色选择区域范围。通过构造布尔值 AND 查询,用户能够创建多个选择范围。所有的查询操作都是通过用户与可视化画布的交互直接执行的。

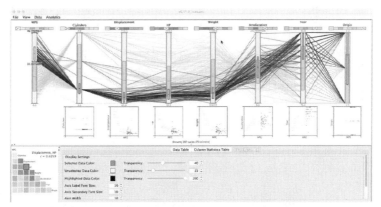

图 7-7　使用 1983 年的 ASA 汽车特性数据集

注:在 MPG 轴的上部分设置了查询范围以突出显示最节省燃油的车辆。摘要统计的图形指标显示了所选内容的分布趋势并且涉及折线以更为明显的颜色呈现

7.10.3　通过嵌入式可视化的动态变量总结

平行坐标可视化视图中的每个垂直轴代表数据集中的单个变量,例如图 7-7 所示的汽车数据集包含 8 个变量。这些垂直轴为研究人员探索数据信息空间增加了嵌入式的视觉提示。每个垂直轴的内部框中以图形方式展示了某些关键描述统计信息:较宽的框(请参见图 7-8 中的 5)代表了所有轴样本的统计信息,而较窄的框(请见图 7-8 中的 4)代

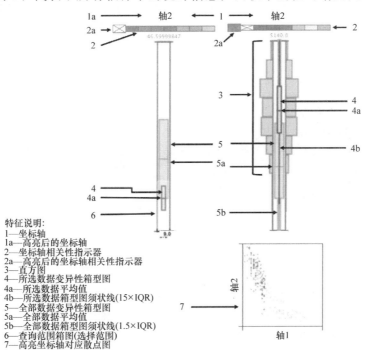

图 7-8　在 EDEN 系统中,平行坐标轴附加了统计值的图形指示符、相关性度量与选择指示符

注:在该图中,带编号的注释突出了坐标轴组件的特定功能

表当前选择的样本。显示的统计内容可以被修改，可以显示以平均值为中心的标准差（请见图7-8的左方轴）或带有须状的箱线图（请见图7-8的右方轴）。在标准差模式下，框的高度对应以平均值为中心的两个标准差，其中平均值由框中心的粗水平线表示（请参见图7-8中的4a和5a）。在箱线图模式下，箱高表示分位数范围，粗水平线表示中位数。另外，箱线图模式中还显示了须状线（请参见图7-8中的4b和5b）。在每个轴上以直方图箱形显示频率统计数据（见图7-8中的3），其宽度表示与垂直变量轴上箱形所属范围相交的折线数量。

7.10.4 多坐标系

当用户在平面坐标图中生成可视化查询时，涉及的交互内容将可通过其他数据视图显示。例如，坐标轴下方显示的一行散点图。图7-9为基于美国能源部燃油经济性数据集使用EDEN绘制的链接视图。图中气缸数坐标轴上的选择突出显示了代表具有八个或更多个发动机气缸的车辆的折线。youSaveSpend坐标轴将被突出显示，从而产生散点图。在每一个散点图内，youSaveSpend变量被映射到x轴，位于散点图上方变量轴的变量被映射到y轴（图7-8中的7）。

散点图通过解释其他模式（例如非线性趋势、阈值和聚类）来增强平行坐标系可视化效果。散点图也可链接到其他可视化视图，使用阴影标记点反映当前在平行坐标图中进行的多变量查询，反之亦然。如图7-9所示，用户可以通过双击平行坐标轴下方的任一散点图来访问一个包含更多详细信息的单独散点图窗口。此外，用户可以在散点图窗口中选择数据点，并将这些选择分布到其他视图。另一类链接视图是相关矩阵（显示在主程序窗口的左下角）和相关向量（显示在每个坐标轴标签下方）。当用户与显示设备交互时，底层的相关系数将被重新计算并重新映射至不同的颜色标记。自动化的统计算法可指导用户找到最有可能存在的关系，并提供自动排序和聚类算法。

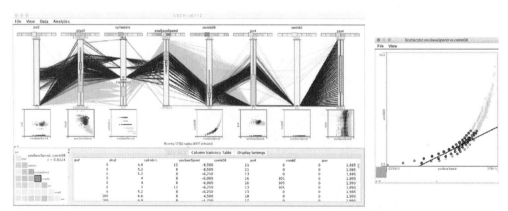

图7-9 EDEN系统使用多重协调视图来促进用户对多源数据进行更具创造性的分析

注：通过使用美国能源部燃油经济性数据，选择具有8个或更多发动机气缸的车辆。该选择将传播到其他链接的视图中，例如图中的散点图，其中相应的项目也会被突出显示。散点图突出显示了具有8个或更多发动机气缸的车辆综合燃油经济性较低且运营成本较高

7.11 章节总结与结论

随着智能交通系统中数据量大小与复杂性的增加，交互式数据可视化继续在将信息转化为新知识方面发挥至关重要的作用。为了成功设计数据可视化工具，设计人员必须了解形成有效数据可视化解决方案的可行技术与相关原则。

掌握数据可视化技术的有效方法是参与实际的数据可视化练习。训练者可从感兴趣的数据集入手，尝试练习恰当的可视化技术和以人为中心的交互方案。本章练习为此类工作提供了良好的起点。之后，训练者可练习通过新的表示方法、交互操作或自动分析算法以改善当前可视化效果。在为特定领域（如智能交通系统）进行设计时，开发人员应努力将领域内专家意见纳入设计过程，并尽早且尽可能评估该设计的用户性能。

本章节介绍了数据可视化技术，这将有助于帮助读者进行实际应用程序开发。我们鼓励读者通过研究适当的材料来更详细地探索数据可视化，本章节使用的参考资料便是其中的一部分。除了这些参考文献外，我们还提供了获取可视化材料的下载地址清单。在具备这些新知识和实践经验后，您将很快就设计出不可或缺的工具，它将拓展人类的认知并有助于发挥 ITS 数据的全部潜力。

7.12 习题

以下练习可使用任意数据集或编程语言，其中本章节是用的汽车特性数据集，可以从 http://stat-computing.org/dataex- po/1983.html 下载。

练习 1：开发一个可视化工具，该工具可读取一系列含有数值的列表作为变量并生成类似图 7-4 所示的直方图。然后，向工具中添加交互功能以允许用户选择一个特定的箱形来显示详细的数值（例如记数、数值扩展、均值或标准差）。最后，用你自己的话简要讨论数据可视化中减少数据量的优点和缺点。

练习 2：开发一个可视化工具，该工具可以读取数据表格并使用两个用户指定变量生成散点图（类似图 7-3 中所示的散点图）。该工具应允许用户以交互方式更改映射到 x 轴和 y 轴的变量，并允许用户选择第三个变量以映射到散点图中进而改变点的大小或颜色。最后，描述在散点图可视化中引入第四个变量的可选方法，并讨论在单个可视化视图中引入 4 个或更多变量时可能遇到的问题。

练习 3：开发一套类似图 7-5 所示 EDEN 系统的且能够读取数据表格并生成有关所有变量平行坐标图的工具。该工具应允许用户在平行坐标轴上选择感兴趣的范围，并使用视觉上更加突出的颜色显示所选择的线段范围。同时，该工具应允许用户重新排列坐标轴的布局以重新配置可视化视图。最后，将该工具的平行坐标图与练习 2 中的散点图相比较，讨论上述两种技术的优势和局限性分别是什么。

练习 4：开发一种能够读取数据表格并集合前面练习中直方图、散点图和平行坐标图三种可视化视图的工具。该工具应事先配置好不同视图间的链接和交互，以便将一个视图中的选择适当地传播到其他视图。最后，讨论跨多个视图的交互链接如何改善，分析过程并提供具体实例。

练习 5：选择前面 4 个练习中开发的任一工具，并向其中添加自动数据挖掘算法以补充其显示内容。以练习 3 中的平行坐标轴为例，您可以添加聚类算法来将特征相似的折线进行着色，或者自动计算相关系数以自动排列平行坐标轴。最后，讨论改进后的视觉分析工具同改进前相比的优缺点。

参考文献

[1] C. Ware, Information Visualization: Perception for Design, third ed., Morgan Kaufmann Publishers, New York, NY, 2013.

[2] W.I.B. Beaveridge, The Art of Scientific Investigation, The Blackburn Press, Caldwell, NJ, 1957.

[3] J.J. Thomas, K.A. Cook (Eds.), Illuminating the Path: Research and Development Agenda for Visual Analytics, IEEE Press, Los Alamitos, CA, 2005.

[4] M.O. Ward, G. Grinstein, D. Keim, Interactive Data Visualization: Foundations, Techniques, and Applications, second ed., A K Peters Publishers, Natick, MA, 2015.

[5] S.K. Card, J.D. Mackinlay, B. Shneiderman, Readings in Information Visualization: Using Vision to Think, Morgan Kaufmann Publishers, San Francisco, CA, 1999.

[6] W.S. Cleveland, Visualizing Data, Hobart Press, Summit, NJ, 1993.

[7] C.G. Healey, J.T. Enns, Attention and visual memory in visualization and computer graphics, IEEE. Trans. Vis. Comput. Graph. 18 (7) (2012) 1170−1188.

[8] Z. Liu, N. Nersessian, J. Stasko, Distributed cognition as a theoretical framework for information visualization, IEEE. Trans. Vis. Comput. Graph. 14 (6) (2008) 1173−1180.

[9] R. Arnheim, Art and Visual Perception: A Psychology of the Creative Eye, University of California Press, Berkeley, CA, 1974.

[10] W.S. Cleveland, The Elements of Graphing Data, Hobart Press, Summit, NJ, 1994.

[11] S. Few, Information Dashboard Design: The Effective Visual Communication of Data, O'Reilly Media, Sebastopol, CA, 2006.

[12] E.R. Tufte, The Visual Display of Quantitative Information, Graphics Press, Cheshire, CT, 1983.

[13] Wikipedia: Intelligent transportation systems [cited May 17, 2016]. <http://www.wikipedia.org/wiki/Intelligent_transportation_system>.

[14] J. Barbaresso, G. Cordahi, D. Garcia, C. Hill, A. Jendzejec, K. Wright, US-DOT's intelligent transportation systems (ITS) strategic plan 2015−2019, Tech. Rep. FHWA-JPO-14-145, U.S. Department of Transportation, 2014.

[15] F.J. Anscombe, Graphs in statistical analysis, Am. Stat. 27 (1) (1973) 17−21.

[16] U. Fayyad, G.G. Grinstein, A. Wierse (Eds.), Information Visualization in Data Mining and Knowledge Discovery, Morgan Kaufmann Publishers, San Francisco, CA, 2002.

[17] D.A. Keim, Information visualization and visual data mining, IEEE Trans. Vis. Comput. Graph. 8 (1) (2002) 1−8.

[18] B. Shneiderman, The eyes have it: A task by data type taxonomy for information visualizations, in: IEEE Symposium on Visual Languages, 1996, pp. 336−343.

[19] C.A. Steed, M. Drouhard, J. Beaver, J. Pyle, P.L. Bogen, Matisse: A visual analytics system for exploring emotion trends in social media text streams, in: IEEE International Conference on Big Data, 2015, pp. 807−814.

[20] C.A. Steed, D.M. Ricciuto, G. Shipman, B. Smith, P.E. Thornton, D. Wang, et al., Big data visual analytics for exploratory earth system simulation analysis, Comput. Geosci. 61 (2013) 71−82.

[21] C. Stolte, D. Tang, P. Hanrahan, Polaris: A system for query, analysis, and visualization of multidimensional relational databases, IEEE Trans. Vis. Comput. Graph. 8 (1) (2002) 52−65.

[22] C.A. Steed, J.E. Swan, T.J. Jankun-Kelly, P.J. Fitzpatrick, Guided analysis of hurricane trends using statistical processes integrated with interactive parallel coordinates, in: IEEE Symposium on Visual Analytics Science and Technology, 2009, pp. 19−26.

[23] S. Havre, E. Hetzler, P. Whitney, L. Nowell, Themeriver: Visualizing thematic changes in large document collections, IEEE Trans. Vis. Comput. Graph. 8 (1) (2002) 9−20.

[24] M. Kreuseler, N. Lopez, H. Schumann, A scalable framework for information visualization, in: IEEE

Symposium on Information Visualization, 2000, pp. 27−36.

[25] S.C. Eick, J.L. Steffen, E.E. Sumner, Seesoft—a tool for visualizing line oriented software statistics, IEEE Trans. Softw. Eng. 18 (11) (1992) 957−968.

[26] S. Few, Now You See It: Simple Visualization Techniques for Quantitative Analysis, Analytics Press, Oakland, CA, 2009.

[27] A. Inselberg, Parallel Coordinates: Visual Multidimensional Geometry and Its Applications, Springer, New York, NY, 2009.

[28] J. Abello, J. Korn, Visualizing massive multi-digraphs, in: IEEE Symposium on Information Visualization, 2000, pp. 39−47.

[29] D.A. Keim, Designing pixel-oriented visualization techniques: theory and applications, IEEE Trans. Vis. Comput. Graph. 6 (1) (2000) 59−78.

[30] B. Shneiderman, Tree visualization with tree-maps: 2-d space-filling approach, ACM Trans. Graph. 11 (1) (1992) 92−99.

[31] M.O. Ward, Xmdvtool: Integrating multiple methods for visualizing multivariate data, in: IEEE Conference on Visualization, 1994, pp. 326−333.

[32] D. Asimov, The grand tour: A tool for viewing multidimensional data, SIAM J. Sci. Stat. Comput. 6 (1) (1985) 128−143.

[33] B.B. Bederson, J.D. Hollan, Pad++: A zooming graphical interface for exploring alternate interface physics, in: Proceedings of the 7th Annual ACM Symposium on User Interface Software and Technology, 1994, pp. 17−26.

[34] J.M. Wolfe, K.R. Kluender, D.M. Levi, Sensation & Perception, third ed., Sinauer Associates, Sunderland, MA, 2012.

[35] C. North, Information visualization, in: G. Salvendy (Ed.), Handbook of Human Factors and Ergonomics, fourth ed., Wiley, Hoboken, NJ, 2012, pp. 1209−1236.

[36] C. North, Multiple views and tight coupling in visualization: A language, taxonomy, and system, in: Proceedings CSREA CISST Workshop of Fundamental Issues in Visualization, 2001, pp. 626−632.

[37] K. Hornbæk, B.B. Bederson, C. Plaisant, Navigation patterns and usability of zoomable user interfaces with and without an overview, ACM Trans. Computer−Human Interaction 9 (4) (2002) 362−389.

[38] P. Pirolli, S. Card, Information foraging, Psychol. Rev. 106 (4) (1999) 643−675.

[39] R. Spense, Information Visualization: Design for Interaction, second ed., Pearson, Upper Saddle River, NJ, 2007.

[40] J. Yang, M. Ward, E. Rundensteiner, Interactive hierarchical displays: a general framework for visualization and exploration of large multivariate data sets, Comput. Graph. J. 27 (2) (2003) 265−283.

[41] N. Conklin, S. Prabhakar, C. North, Multiple foci drill-down through tuple and attribute aggregation polyarchies in tabular data, in: IEEE Symposium on Information Visualization, 2002, pp. 131−134.

[42] A. Rencher, Methods of Multivariate Analysis, second ed., Wiley, Hoboken, NJ, 2002.

[43] D.F. Jerding, J.T. Stasko, The information mural: a technique for dis-playing and navigating large information spaces, IEEE Trans. Vis. Comput. Graph. 4 (3) (1998) 257−271.

[44] B. Johnson, B. Shneiderman, Tree-maps: a space-filling approach to the visualization of hierarchical information structures, in: IEEE Conference on Visualization, 1991, pp. 284−291.

[45] C. Plaisant, D. Carr, B. Shneiderman, Image-browser taxonomy and guidelines for designers, IEEE Softw. 12 (2) (1995) 21−32.

[46] G.W. Furnas, Generalized fisheye views, in: Proceedings of the SIGCHI Conference on Human Factors in Computing Systems, 1986, pp. 16−23.

[47] Y.K. Leung, M.D. Apperley, A review and taxonomy of distortion-oriented presentation techniques, ACM Trans. Comput. Human Interact. 1 (2) (1994) 126−160.

[48] R. Rao, S.K. Card, The table lens: merging graphical and symbolic representations in an interactive focus + context visualization for tabular information, in: Proceedings of the SIGCHI Conference on Human Factors in Computing Systems, 1994, pp. 318−322.

[49] G.G. Robertson, S.K. Card, J.D. Mackinlay, Information visualization using 3d interactive animation, Commun. ACM 36 (4) (1993) 57−71.

[50] J. Lamping, R. Rao, P. Pirolli, A focus + context technique based on hyperbolic geometry for visualizing large hierarchies, in: Proceedings of the SIGCHI Conference on Human Factors in Computing Systems, 1995, pp. 401−408.

[51] M. Sheelagh, T. Carpendale, D.J. Cowperthwaite, F. David Fracchia, Extending distortion viewing from

2d to 3d, IEEE Comput. Graph. Appl. 17 (4) (1997) 42–51.

[52] T.A. Keahey, E.L. Robertson, Techniques for non-linear magnification transformations, in: Proceedings of the IEEE Symposium on Information Visualization, 1996, pp. 38–45.

[53] P. Baudisch, N. Good, V. Bellotti, P. Schraedley, Keeping things in context: a comparative evaluation of focus plus context screens, overviews, and zooming, in: Proceedings of the SIGCHI Conference on Human Factors in Computing Systems, 2002, pp. 259–266.

[54] B. Shneiderman, C. Plaisant, M. Cohen, S. Jacobs, Designing the User Interface: Strategies for Effective Human–Computer Interaction, fifth ed., Addison-Wesley, Boston, MA, 2009.

[55] G.J. Wills, Selection: 524,288 ways to say "this is interesting", in: Proceedings IEEE Symposium on Information Visualization, 1996, pp. 54–60.

[56] M.Q. Wang Baldonado, A. Woodruff, A. Kuchinsky, Guidelines for using multiple views in information visualization, in: Proceedings of the Working Conference on Advanced Visual Interfaces, 2000, pp. 110–119.

[57] R.A. Becker, W.S. Cleveland, Brushing scatterplots, Technometrics 29 (2) (1987) 127–142.

[58] C. Ahlberg, E. Wistrand, Ivee: an information visualization and exploration environment, in: Proceedings of Information Visualization, 1995, pp. 66–73.

[59] K. Fishkin, M.C. Stone, Enhanced dynamic queries via movable filters, in: Proceedings of the SIGCHI Conference on Human Factors in Computing Systems, 1995, pp. 415–420.

[60] D. Young, B. Shneiderman, A graphical filter/flow representation of boolean queries: a prototype implementation and evaluation, J. Am. So. Inform. Sci. 44 (6) (1993) 327–339.

[61] B.E. Rogowitz, L.A. Treinish, S. Bryson, How not to lie with visualization, Comput. Phys. 10 (3) (1996) 268–273.

[62] L. Bartram, M.C. Stone, Whisper, don't scream: Grids and transparency, IEEE Trans. Vis. Comput. Graph. 17 (10) (2011) 1444–1458.

[63] A. Inselberg, The plane with parallel coordinates, Visual Comput. 1 (2) (1985) 69–91.

[64] E.J. Wegman, Hyperdimensional data analysis using parallel coordinates, J. Am. Stat. Assoc. 85 (411) (1990) 664–675.

[65] W. Willett, J. Heer, M. Agrawala, Scented widgets: improving navigation cues with embedded visualizations, IEEE. Trans. Vis. Comput. Graph. 13 (6) (2007) 1129–1136.

第 8 章

智能交通系统系统工程中的数据分析

8.1 简介

从日常家用设备到汽车，各种产品都与日益增长的互联网络——物联网（IoT）紧密相连。物联网的出现为人们提供了新的交互方案，使"物品"能够自主上报它们的状态，并通过互联网远程修改状态。例如，现阶段已经实现的有人们可以远程查看或调节家里的温度，而不需要亲自到家里去。物联网还可以通过提供数据增强产品的基本功能，这一特性是智能交通系统（ITS）实现的基础。智能交通系统是为各种交通方式中的交通管理及控制提供优质服务的先进系统，能协助用户更安全、更协调地使用交通网络[1]。

车联网（CV）是 ITS 的组成部分之一。一辆网联车是指一种能够与远程实体（如其他车辆、路侧基础设施或交通管理中心）进行通信的车辆。这种通信可以让网联车获得更多信息从而提高驾驶经验水平，或辅助驾驶人做出更好的决策。例如，某驾驶人计划开车前往城镇某地，然而，近日暴风雨造成了严重的交通拥挤，于是网联车将驾驶人所处的位置和目的地上报交通管理中心，以便获得最佳路线。由于与天气有关的交通事故阻塞了部分道路，最短路线无法通行。交通管理中心会计算多条备选路线，根据驾驶人提前设置的偏好选择其中一条，并将该路线告知车辆。为了这项任务，智能交通系统消耗并产生了大量数据，因此有必要对系统进行设计，以支持实时数据在这样的量级上的管理。

系统工程师负责整个系统的分析和设计。在智能交通系统中，这包括在设计系统属性（如安全性、保障性[2]）时考虑实时分析的需要及系统性能的需要。这些需求可以通过多种方式实现。例如，系统工程师需要设计并优化系统组件之间的数据流路径，既确保系统可以从所有必要的来源接受信息，又要确保信息及时到达。系统工程师可以使用系统分析工具完成此项任务，或者更常见的是，应用基于特定领域的参考体系结构所派生出的系统模型作为解决方案。不论使用哪种方法，系统工程师都要定义并执行一个过程来实现系统目标。

系统工程的具体过程在很大程度上受到应用领域的影响。图 8-1 展现了特定 ITS（包含 CV 应用）工程流程与传统系统工程流程之间的对应关系。ITS 融合了许多领域技术，包括分布式计算、移动计算、WiFi/蜂窝通信技术和安全协议。系统工程师还考虑了 ITS

的性质对系统工程施加的约束。下一节中，在介绍以数据分析为重点的系统开发场景之前，我们将把调查所需的信息作为研究背景。在开发场景中，我们将引入需求，并将这些需求映射到体系结构描述语言（ADL），进而展示 ADL 是如何在建模系统上支持验证与分析活动的。最后，我们进行总结并提出未来研究的方向。

8.2 背景

8.2.1 系统开发 V 模型

如图 8-1 所示的系统开发 V 模型，代表了一个标准的开发工作流程，该流程由多个阶段组成，各阶段的概念分别代表不同的操作行为。该图表明了各阶段功能间的依赖关系，即一个工作阶段紧跟着另一个阶段，因为第二个阶段在某种程度上取决于前一个阶段的成果。不过，V 形图并没有严格按照时间顺序排列。例如，为满足一组需求而进行设计可能会导致新需求的产生和识别，故这些新需求应该在进一步的设计工作之前就进行分析。

广义地说，首先将系统或系统的一部分进行概念化，然后进行工程化工作。在最开始的工程化工作中形成系统规划、系统标准和系统设计方案，并将这些规划和方案引入到系统工程的搭建过程中。初步实现后，需要对系统进行测试，以确保系统符合设计标准，测试通过后再进行系统的部署。最后，还需要定期进行系统维护和系统升级。下面，我们将以车联网参考实现架构（CVRIA）中的先进自动事故通知中继系统应用程序为例，更详细地说明系统工程过程的各个阶段。

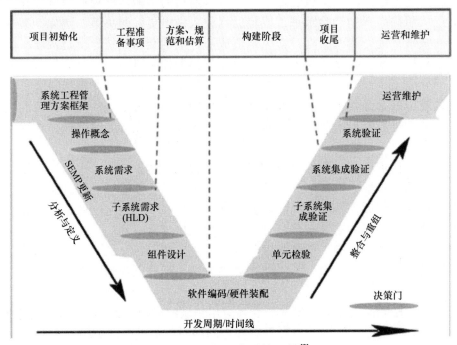

图 8-1　CVRIA 和系统工程[3]

1. 项目启动

在此阶段，需要权衡系统的预期收益与构建成本，以确定构建系统是否可行。此阶段还涉及确定将要建立的系统是否是最需要的最佳响应。

举例如下，某地存在一段流量不大的道路，尽管使用率很低，但发生严重事故的次数异常的多。由于交通流量较低，有时事故发生后几个小时才有人向医务人员报告。当地政府正在讨论在该路段安装一个先进自动事故通知中继系统，以监测事故的发生并及时派遣应急医务人员。该系统的搭建将需要 6 个月和 100 多万美元。通过查阅医学资料，规划人员认为更及时的救治将大大减少死亡人数。当地州县政府认可此系统挽救生命的能力，决定将成本在县和州政府之间进行分配（30% 和 70%），并启动该系统的建设。

2. 初步工程

在初步设计阶段，需要确定系统的设计要求和系统如何运行的具体定义。这一过程尤其重要，因为它们将限制系统工程师在后期可能做出的决定。举例来说，在上述交通流量小、事故频发的公路中，由于搭建的通知系统所处位置偏僻，该系统无法连接到电网。因此，系统中各传感器都只能通过转化太阳能、地热、风能等其他方式来获取电能。这也意味着该系统上传信息的某些性能将受到限制，如无法使用较大功率无线电传输系统等。所处位置的先决条件将限制系统搭建后期某些节省成本的计划，如使用更少的传感器或大功率无线电设备等。

3. 规划、规范和估计

此阶段将需求转换为具体模型，并对其进行分析以确保一致性。这些模型显示了计划中系统的各种特性，如通信通道的延迟。在此步骤中，将对模型进行验证以确保它们满足需求，并创建用于测试和部署系统的计划。

回到当前例子，当我们不得不使用一个低功率的传输无线电设备，特别是一个 XBee 2mW 电线无线电设备时，需要估算到这些无线电设备的信号射程有限，只有大约 120m[4]。因此，至少每隔 120m 就放置一个信标才能向交通管理中心传递信息。并考虑到可能存在的干扰，决定每 90m 放置一个信标。

4. 构建

在此阶段，将创建或获取系统模型的硬件和软件元素，并且进行测试以确保创建结果符合模型的规范，不符合模型规范的创建结果必须进行更改，以确保实现所需的功能。当系统组件完成时，将以不同大小的组合范围依次测试各组件集成后的效果，以确保单独开发的组件进行集合后不会导致系统失效。

对于我们的示例，在此阶段创建、获取并编程了事故监测硬件系统，并进行了系统的试点部署，用于收集少量可用于测试的真实数据。

5. 项目收尾

项目收尾阶段，在相关部门批准项目落地之前，会进行最后一轮测试。批准后将配置硬件和软件系统，并将按照先前创建的计划把项目部署到其操作环境中。系统的负责人也由开发人员转变为操作人员。

6. 运营与维护

开发过程的最后一个阶段是维护系统以确保成功运行。某些情况下，需要定期对部署的系统进行测试，以确保健康的运行状态。系统中任何不能正常运行的组件都需要调整或更换，以便使系统重新符合要求。

在相对稳定的业务环境中，可以对需求和体系结构进行研究和重新处理，直到它们变得更加稳定并且可以由此产生足够正确的搭建结果。在这种情况下，只要不编写代码错误，就不会出现不能实现的问题。然而，在目前的实践中，这种方法是不可行的，因为商业环境是动态的，且变化速率很快。当先决条件发生变化，需求也随之变化，故系统的大多数错误通常来自于给定的设计内容与实际需求差距。

对于这种差距有许多合理的解释。无论原因是什么，在创建和测试阶段之前发现设计与实际需求的误差，尽早纠正错漏的部分是有利的，否则在搭建后和测试阶段再纠正错漏会付出大得多的代价。迭代开发法是快速检测和纠正这种不一致性的一种可行方法。

8.2.2 迭代开发

迭代开发[5]是一种利用 V 模型进行系统工程研究的系统开发方法，也被称作持续工程法（Continuous Engineering，CE）。在这种方法中，系统被视为不断变化的实体，以适应周边工作环境。

迭代开发法利用物联网数十亿设备中产生的数据流中的一部分，进行产品或产品系列的需求和业务决策的微调。其目标是在系统开发过程中尽早使用这些设备产生的数据来验证决策。这些数据还被用作需求/设计阶段的附加输入，使系统可以对应用场景中的突然变化做出及时反应，或者进而利用新的数据流。这对 ITS 领域具有极其重要的意义。ITS 是作为一个新兴领域，还受限于有限的基础设施和不完整的数据源。随着时间的推移，新的数据源将被不断部署，用于收集更多信息。系统开发人员不希望创建的系统需要延后很久才能利用产生的数据流，而是希望系统能够根据进入系统的数据流不断发展。

如图 8-2 所示，在系统开发过程中，每个阶段都会生成数据。在传统的开发过程中，数据流总是向前的。迭代开发法采用的是一种类似于敏捷开发社区的方法。数据在开发和部署系统过程中向多个方向流动，而不仅仅是向前流动。

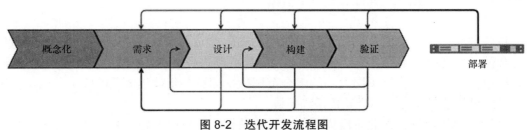

图 8-2　迭代开发流程图

迭代开发法还会得到特定的设计决策支持。例如，使用总线设计来连接系统组件可实现不更改组件接口的附加连接。其他的设计，如发布和订阅信息，也支持以最小中断进行处理。

我们还从已部署的系统收集数据，这些数据将反馈到系统开发周期的各个阶段，使开发过程能够对已做决策所造成的影响保持足够的了解，以便在必要时能够进行快速调整。

8.2.3 架构分析和设计语言

架构分析和设计语言（AADL）是一种架构建模语言，它使用通用的描述语言将硬件和软件组成一个统一的模型[6]。该语言符合美国汽车工程师协会（SAE）制定的标准，在撰写本书时正在进行第二次修订和改进。AADL具有健壮的类型系统，可以通过使用附件扩展语言包，每个附件都具有独立的语法和功能，且每个模块都可以独立进行标准化工作。

1. 语言概述

AADL是一种用于正式表示系统架构的描述语言。该语言具有表示硬件（设备、处理器、总线、内存）、软件（进程、线程、子程序）和两者集成（系统）的关键字构造，特别适合于网络物理系统（Cyber-Physical System, CPS），即通过软件监控直接控制硬件系统。在最高决策层，AADL允许在系统架构中混合硬件和软件元素，并可以创建抽象组件，这些抽象组件可以在以后细化为硬件或软件。假设某个特定的组件是系统所需要的，这样的系统工程过程对于一个发展的领域（如ITS）是有益的，但是初期并不能确定该组件是作为硬件元素还是软件元素进行创建和维护，那便可以作为抽象组建在系统架构中标注并使用。当做出决策，就可以将其细化为硬件或软件组件。AADL中的示例系统如图8-3所示。

在图8-3中，我们进行关于ITS CPS的描述和表示，即如果系统中某被连接车辆与另一辆车之间的距离低于某个阈值，系统就会发布一个事件。这种装置可安装在车辆上，以确定车辆是否过于接近另一车辆。图中所描述的系统有一个输出，即名为too_close_alert的警报。

```
system proximity_alert_system
    features
        too_close_alert: out event port;
end proximity_alert_system;

system implementation proximity_alert_system.impl
    subcomponents
        sensor: device distance_sensor.impl;
        evaluator: process distance_evaluator.impl;
    connections
        sensor_to_processor: port sensor.distance -> evaluator.distance;
        processor_out: port evaluator.too_close_alert -> too_close_alert;
end proximity_alert_system;
```

图8-3 AADL中的示例系统

该系统由距离传感器和距离评估器两部分组成。系统的连接部分定义了如何将子组件连接在一起。在本例中，距离传感器的距离值连接到距离评估器的输入，评估者的警戒值也是系统的警戒值。

AADL组件被分成两个具有独立定义的部分。第一个部分是组件的功能，如输入和输出的规范。完整的一组功能集称为协议。图8-3的协议如图8-4所示。

```
system proximity_alert_system
    features
        too_close_alert: out event port; end
proximity_alert_system;
```

图8-4 AADL的协议

第二个部分是协议的实现。使用implementation关键字表示协议实现，并为实现过程提供一个名称，用来表示两个部分：已经实现的协议名称和协议实现的唯一标识符。这两个部分使用单点连接，形式为 <contract name>.<unique identifier>。图8-4协议的实现过程如图8-5所示。协议通常存在多种实现方式,且各个实现方式的内部组件之间通常有很大差异。

```
system implementation proximity_alert_system.impl
    subcomponents
        sensor: device distance_sensor.impl;
        evaluator: process distance_evaluator.impl;
    connections
        sensor_to_processor: port sensor.distance -> evaluator.distance;
        processor_out: port evaluator.too_close_alert -> too_close_alert;
end proximity_alert_system;
```

图 8-5　AADL 协议的实现过程

AADL 的功能可以通过该语言提供的扩展名或附件条款得到增强。尽管语言开发者会发布和维护一些附件,AADL 的附件提供的功能并不是核心语言独占的,它们通常还会被 AADL 语言的受益者维护。下面简要介绍四个 AADL 语言的附件。我们将介绍的第一个附件是行为附件。

2. 行为附件

行为附件[7]允许用户指定组件在正常情况下反应。还以距离传感器为例,从上述的 AADL 片段中,我们并不清楚距离评估器是如何运作的。我们知道它会接收一个输入值:距离。如果该输入值低于特定的阈值,则应该触发事件。图 8-6 展示了此行为的描述以及相关的行为规范。

行为附件通过有限状态机语法定义了组件对输入的响应。当用户定义一组描述组件数据的内部变量,这些变量在转换之间会一直保持固有值不变,除非用户刻意修改。

用户还定义了一组状态。在行为附件的状态机中定义的状态有四个:初始状态、就绪状态、最终态和"正常态"。每个被定义的状态都具有一个或多个这些属性。初始状态即有限状态机的开始状态,它表示初始化组件时最初放置机器的状态。

```
process implementation distance_evaluator.impl
    annex behavior_specification {**
        variables
            min_distance: int;
        states
            start: initial state;
            ready: complete state;
            calculating: state;
        transitions
            start -[]-> ready { min_distance := 5 };
            ready -[on dispatch]-> calculating;
            calculating -[distance < min_distance]-> ready { too_close_alert! };
            calculating -[distance >= min_distance]-> ready;
    **};
end distance_evaluator.impl;
```

图 8-6　AADL 行为附件片段

在图 8-6 中,初始状态被标记为开始状态。就绪状态可以被认为是一个 yield 状态,在这个状态中,组件暂时完成了其工作并被挂起,直到某个事件发生或输入值导致它重新开始执行。最终状态是执行已完成且组件"关闭"的状态。正常态是其他三种主要状态类型之间的中间状态。一个行为描述可能呈现出许多带有完整性和最终性的状态,但是只能有一个状态是初始状态。以图 8-6 为例,从初始状态到就绪状态,存在一个无条件的过渡阶段,这意味着系统一旦进入启动状态,就会立刻过渡到就绪状态。但是,该过渡过程也有一个副作用,由代码中右侧花括号中的表达式表示。在本例中,min_distance 变量设置为 5。从就绪状态开始,就存在一个独立的转换条件。每当接收到输入时(关键字 *on dispatch* 表示接收到的输入),我们就从就绪状态过渡到计算状态。最后两次转换也是有条件的,这取决于从距离传感器接收到的值。如果距离传感器的值小于设定的最小距离,将转换回到就绪状态,同时将触发 too_close_alert 事件。如果值等于或大于这个值,我们只需转换回就绪状态,没有任何其他效应产生。

3. 错误附件

AADL 的错误附件[8]允许用户指定组件在异常条件下如何反应。它还允许指定预期的错误类型,以及这些错误是在组件内处理,或是将其传播到其他连接的组件。错误附件附带了一组结构化的预定义错误类型(称为本体)。用户可以创建自定义的错误类型对现有错误类型进行扩展或者别名话。在评估系统的潜在危害时,本体中的大量错误类型提供了丰富的可考虑因素。例如,给定一个系统,工程师可以遍历整个本体,询问系统是否会遇到来自本体的特定错误或错误类型。用户应该在错误附件中列出可能遇到的每个错误,以便可以指定在遇到该错误时系统的行为。

```
process implementation distance_evaluator.impl
    annex EMV2 {**
        use types ErrorLibrary;
        use behavior EvaluatorBehavior;
        error propagations
            distance: in propagation {OutOfRange, StuckValue};
            too_close_alert: out propagation {StuckValue};
        end propagations;
        component error behavior
            transitions
                normal -[distance{OutOfRange}]-> transient_failure;
                normal -[distance{StuckValue}]-> full_failure;
            propagations
                full_failure -[]-> too_close_alert;
        end component;
    **};
end distance_evaluator.impl;
```

图 8-7　AADL 错误附件片段

再次回顾距离评估器。我们假设向我们发送距离值的距离传感器会遇到两种类型的错误。它可能会卡住,可能撞到隔板,无法更新为新的距离值;或者它可能会发送一个超出期望范围的值,比如一个负值。在发送负值的情况下,我们将面临程序的"失败",但是一旦更新了值,系统就可以恢复。但当某一个值被"卡住"的情况,系统将更长时间地失效,因为发生了无法恢复的错误。如果发生这种情况,很可能需要清洗或更换距离传感器,以便恢复正常操作。上述两种情况下,系统都将关闭电源并进行硬重置,因此系统将无法选择恢复选项,进而出现错误。如图 8-7 中展示的是 AADL 错误附件中的 EMV2 片段,它对上面描述的错误行为进行了建模。

图 8-7 引用了一个定义了标准本体的错误类型库,其中包括我们前面提到的两个特定错误:*StuckValue* 和 *OutOfRange*。我们还定义了哪些错误被传递给我们。距离评估器中可能遇到的两种错误类型都是由距离传感器传递的。距离评估器可以处理一个 *OutOfRange* 错误,所以不会继续传递,但其不能处理 *StuckValue* 错误,所以会进一步传

递。由于错误附件的转换部分也是一个有限状态机，故类似于行为附件的规范。但这只是状态机的部分定义。机器的其余部分由使用行为语句导入，如图 8-8 所示。主机是在组件外部定义，因此可以在其他组件中重复使用。需要注意的是，组件可以引入自己的转换状态。在上述例子中，距离评估器引入了两个值，一个用于发生 *OutOfRange* 错误，另一个用于发生 *StuckValue* 误差。

```
annex EMV2 {**
    error behavior EvaluatorBehavior
    events
        failure: error event;
        self_recover: recover event;
    states
        normal: initial state;
        transient_failure: state;
        full_failure: state;
    transitions
        normal -[failure]-> (transient_failure with 0.9, full_failure with 0.1);
        transient_failure -[self_recover]-> normal;
    end behavior;
**};
```

图 8-8　错误附件行为片段

4. AGREE

无论指定模型执行正常行为或异常行为，都需要进行验证和确认操作。AADL 能以多种方式完成这项任务，其强大的语法和键入功能可创建多个用来验证系统结构的模拟器。由两个附件：AGREE 和 Resolute 致力于实现这个目的。

AGREE 是一个用于确认组件行为的组合验证工具[9]。它遵循常见的假设—保证推理模型，该模型之处，只要一个组件的输入得到满足，该组件就可以对其输出提供一定的保证。AGREE 通过使用模型构建一个状态机，并将其输入到一个可满足性模定理（SMT）证明器中，以此来确保，在给定协议条件下，状态机可以生成协议预期的端口值。由于 AGREE 是一个组合验证工具，所以也可以用来确保组件的所有子组件都能正确地为原组件的目标做出贡献。此附件还利用了 AADL 组件在协议制定和协议执行之间彼此分离的特点，组件的保证协议是附加在组件协议上的，且 AGREE 模型被放置在协议实现中。即使使用的行为附件彼此不兼容，也有必要指定 AGREE 模型。由于该工具当前尚未预打包，还需要安装 SMT 作为第三方求解器。

仍以距离传感器为例。我们使用的特殊传感器的最大感应范围是 25m，超过这个限制的任何值都可能是错误的，且距离不能为负。因此，我们需要保证设备将返回 0 到 25 之间的值。相关 AGREE 代码片段如图 8-9 所示。在此情况下，错误附件可以通过忽略足够大的误差这一方式处理 *OutOfRange* 错误。

5. Resolute

除了对系统结构模型进行组合验证外，AADL 还允许通过使用 Resolute 附件检验系统模型的结构问题[10]。与 AGREE 附件相区别，Resolute 附件是具有参数的补偿函数，并返回补偿值是否为真。比如，可以使用 Resolute 函数确保系统结构的每个分线程都有一个调度协议，并可以适当地定义调度周期。并且，当前 Resolute 附件的实现并不依赖于外部关系，这和 AGREE 附件不同。

回到距离警报系统,如果此系统中的多个设备使用不同的度量单位,系统运行会出现问题。此时可使用 Resolute 附件确保所有设备以米(m)为单位上报距离值,如图 8-10 所示。

在图 8-10 中,首先定义了一个 Claim 函数,用于收集给定组件的所有子组件信息。由于该系统最终输出仅呈现在设备计量表上,因此可以把查验限制仅用于设备本身。需要注意的是,在组件上调用 Claim 函数需要将 Claim 函数中的参数传递给 prove 函数,而 prove 函数的调用必须在协议实现中使用。

```
device distance_sensor
    features
        distance: out data port Base_Types::Integer;
    annex agree {**
        guarantee "the output distance is between 0 and 25":
            distance >= 0 and distance <= 25;
    **};
end distance_sensor;

device implementation distance_sensor.impl
    annex agree {**
        assert distance = if distance < 0 then
                            0
                         else
                            if distance > 25 then
                                25
                            else
                                distance;
    **};
end distance_sensor.impl;
```

图 8-9　AADL AGREE 附件片段

```
annex resolute {**
    Req1(self : component) <= **"all threads should have measure of meters"**
        forall(x : union({self}, subcomponents(self))) .
            if (x instanceof device) then
                property(x, DistanceMeasure::Measure, "<not set>") = "meters"
            else
                true
*};
device implementation distance_sensor.impl
    properties
        DistanceMeasure::Measure => "meters";
    annex resolute {**
        prove(Req1(this))
    **};
end distance_sensor.impl;
```

图 8-10　AADL Resolute 附件片段

8.3　开发场景

CV 系统中产生的大量数据,一部分用于系统内部即时决策,另一部分传递到系统外部,以供长期进行规划和数据共享。此车辆还会通过获取路侧设备和其他车辆产生的数据进行决策。本节中,我们将演示如何使用车联网参考实现架构(CVRIA)[11],该系统描述了 CV 重要模块应用程序之间的高级交互情况和数据流情况。对 CVRIA 的深入研究不在本章具体讲述，本章主要说明其在 CV 系统工程中的作用。

假设以一个系统工程师的视角出发，他为基础设备制造商（OEM）工作，并且在经 CVRIA 定义的车载设备（OBE）中开发并安装自主导航模块。该工程师需要了解车辆产生的数据是如何在车辆内部流动的，以及哪些数据与外部源相关、应该如何使用。工程师可借助 CVRIA 定义的流程获取车辆及其周边环境的架构视图。路侧设备（RSU）收集和汇总数据，并通过专用短程通信技术（DSRC）与车辆进行信息交互。

8.3.1 架构中的数据分析

CV 应用程序的系统架构包含一个或多个移动计算单元，也可能包含一个或多个固定计算单元。CV 被认为是具有数十个到数百个处理器集成到多条总线的移动计算单元，也是一个具有许多传感器复杂 CPS 系统，可用来探测多种环境条件，比如天气情况和路况信息等。固定计算单元是指可以与 CV 通信的任何不会移动的单元，如 RSU、交通管理中心或物联网云端服务器等。

移动计算单元与移动计算单元/固定计算单元之间的数据流是复杂且巨量的。在 CVRIA 中，CV 可以实现数十种应用。这些应用中的每一个都包含多个数据流，每个数据流包含唯一的数据集，并且和一些计算相关联。系统工程师需要设定哪些计算在 CV 车载端完成的，哪些是远程完成的，并考虑计算流程的延迟情况和安全性等属性。

决定计算流程的部署后，系统工程师需要考虑数据传输到处理器所耗费的时间。例如，能够在车载端完成的计算具有相对较低的延迟，然而车载计算单元的处理能力远不如物联网云计算单元。如果需要使用更强大计算能力，可将数据以无线传输技术上传到 RSU，再由 RSU 将数据传输到云端处。但如果数百台的车载端与相同的 RSU 通信，会造成延迟的显著增加。系统工程师需要预估延迟情况并分析其对数据处理的影响。AADL 提供了一种方法，通过这种方法可以估计、捕获和分析各个链接的延迟，使工程师在系统开发之前就可以确定计算单元部署的方法。随着该系统的落地，实际测算的延迟时间会取代之前估算的延迟时间。

8.3.2 场景

下面，我们将选择 CVRIA 中的一种应用程序，并使用第 8.2 节中介绍的 AADL 及其附件进行设计。在本示例中，我们选择的应用程序是 CVRIA 安全应用程序子区域中的"不通过警告（DNPW）[12]"。DNPW 用于提醒驾驶人不要在不适宜的条件下超车，若另一通行区域已被其他车辆占用，或者法律法规规定当前所在区域内禁止区域超车。该系统应该是自主触发的，即使驾驶人没有尝试超车，系统也会提出相应警告。CVRIA 的 DNPW 参考架构如图 8-11 所示。

如图 8-11 所示，该模块的具体系统结构将需要四个主要实体。第一个实体是驾驶人，作为车辆的实际控制者。第二个实体是车载 OBE，该类设备中的其中一个对车辆及其车载人员的安全负责。该实体将判断车辆通行是否存在安全风险，如是否存在车辆与对方车道上的车辆相撞或失去控制的风险。第三个实体是与本车连接及其他车辆连接的另一远程车辆主体，该远程车辆提供的信息维度可能与本车所提供的不同。例如，当前车辆的安全系统可以提供发动机温度或轮胎磨损的相关信息，而其他远程车辆不易获取此类信息。最后一个实体是当前车辆的不同系统之间的通信实体。随着各系统的发展，数据总线成为了该实体的代表。目前，我们将汽车制造商中常见的 CAN 总线作为数据总线类型。

  CVRIA 对系统架构中的各个应用程序制定了高级目标和要求[14]。根据 CVRIA 给出的高级目标/要求，可以确定搭建系统所需的传感器。如需要能确定当前行驶车道的传感器，能确定当前行驶速度和方向的传感器（如 GPS），能确定当前车辆所处位置的传感器，能从附近车辆或路侧设备接受信息的传感器（如 DSRC）和相关方法，以及由于车辆之间可以进行通信，因此需要一种识别其他车辆的方法。

  简单起见，假设每辆车都装配一个设备，该设备具有通用的唯一标识符（UUID），进而假定车辆通过接收 RSU 发送的信息获取该区域的几何特征。同时假设在给定附近车辆的位置信息后，车辆可以确定在安全通过前该区域是否被占用。

  利用上述信息，我们将假设中的部分用实际实体替换，创建 DNPW 系统的高级系统架构，且随着更具体需求的产生，创建更完整的架构。下面将介绍有助于 DNPW 系统构建的具体需求。在此过程中，我们也将演示如何使用 AADL 在设计中实现这些需求，从而使需求在实现前得到验证和确认。并且通过尽早发现错误，还可以在错误深入集成到系统中之前以更小的代价快速纠错。

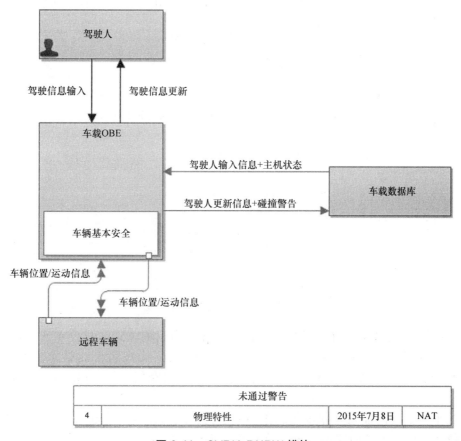

图 8-11 CVRIA DNPW 模块

第一个需求以碰撞检测器为核心，我们可以使用 AADL 行为附件来实现此需求。驾驶人驾驶车辆通过某路段需要提高车辆速度时，本应尽快完成加速行为，但如果驾驶人的操作是在此时减速，则需要系统在其完成减速操作前触发碰撞警告事件提醒。实现这一需求行为附件编码如图 8-12 所示。

在图 8-12 中，我们定义了一个名为 collision_detector 的系统，该系统接受两个参数：速度和车道数据类型；以及两个事件，即请求通过事件和请求改变速度事件。该组件还能够触发单个事件，旨在向驾驶人发出警告，如果其不采取应急纠正措施，则即将发生碰撞。

```
system collision_detector
    features
        lane: in event data port Base_Types::Integer;
        speed: in event data port Base_Types::Integer;
        request_pass: in event port;
        request_speed_change: in event port;
        collision_imminent: out event port;
    annex behavior_specification {**
        variables
            is_passing: Base_Types::Boolean;
            is_changing_speed: Base_Types::Boolean;
        states
            start: initial state;
            ready: complete state;
        transitions
            start -[]-> ready;
            ready -[on dispatch request_pass]-> ready {
                is_passing := true;
                if (is_changing_speed)
                    collision_imminent!
                end if
            };
            ready -[on dispatch request_speed_change]-> ready {
                is_changing_speed := true;
                if (is_passing)
                    collision_imminent!
                end if
            };
            ready -[on dispatch speed]-> ready {
                is_changing_speed := false;
            };
            ready -[on dispatch lane]-> ready {
                is_passing := false
            };
    **};
end collision_detector;
```

图 8-12　碰撞检测行为附件片段

图中所示的代码片段对上述行为进行了定义。当车辆收到通过请求或变速请求后，将分别进入通过模式或变速模式。而如果在变速模式下接收到 pass 请求，或者在通过模式下接收到 speed change 请求，碰撞紧急事件将被触发，用 collision_imminent! 表示。

第二个待实现的需求是速度传感器为核心的模块。速度传感器通过计算车轮每秒旋转的次数，并结合车轮的周长（cm）来计算车辆行驶速度。由于车轮旋转次数不能为负，可假设每分钟的旋转总是大于或等于零，进而保证车辆速度总是大于或等于零的。由于限速原则，车辆行驶的最大速度约为 143km/h，故假设最大轮胎转速为 110r/s。

在图 8-13 中，我们定义了一个简单的 AGREE 协议和行为规范。利用车轮的周长（cm）乘以轮胎每秒的转动速度可得到 1s 内移动的厘米数，将该值乘上 3600，得到以 cm/h 为单位的速度，再将速度单位转换为 km/h，最后由传感器返回这一数值。

```
device speed_sensor
    features
        rotations_per_second: in data port Base_Types::Integer;
        speed: out data port Base_Types::Integer;
    annex agree {**
        assume "rotations_per_second between 0 and 110":
            rotations_per_second >= 0 and rotations_per_second <= 110;
        guarantee "speed >= 0": speed >= 0;
    **};
end speed_sensor;

device implementation speed_sensor.impl
    annex agree {**
        eq circumference: int = 360;
        eq centimeters_per_hour = circumference * rotations_per_second * 3600;
        eq meters_per_hour = centimeters_per_hour / 1000;
        eq kilometers_per_hour = meters_per_hour / 1000;
        assert speed = kilometers_per_hour;
    **};
end speed_sensor.impl;
```

图 8-13　速度传感器片段

在此开发场景中虽然已经使用了 AGREE，但是 AGREE 功能的真正强大之处需要当各个组件被组合到系统中后才能体现出来。例如，设计速度传感器的工程师使用 km/h 作为速度的度量，另一位设计速度传感器子系统的工程师使用 mile/h 作为速度的度量。当两个子系统组合在一起时，速度传感器的值域（0—143）超出子系统速度的值域（0—89）。而当组合系统执行 AGREE 协议时，将不允许使用子系统中 mile/h 的速度单位设定，这使得工程师可以在实现单个组件功能之前就发现并纠正错误。

第三个需求是关于如何处理系统架构中结构上的细微差异。由于车载端装配有大量的传感器，车辆的功率消耗是一个潜在问题。我们需要确保连接到车辆的所有传感器的总功耗不超过车载蓄电池或发电机的功率能力阈值，否则会导致耗电速度过快，造成蓄电池和交流发电机的磨损。Resolute 组件是为处理组件的结构验证而设计的，故在这部分场景中将用到它。

在图 8-14 中，我们提供了一个库和两个组件的定义。Resolute 库定义了一个谓词，该谓词需要一个系统和该系统可提供最大功率用于绘图。应用库中的方法将会收集系统的所有子组件信息，并将所有属于车载设备的子组件的功耗进行求和。然后将所有设备的总功耗与最大可用功率进行比较。如果总功耗小于最大可用功率，则验证成功，否则验证失败。

定义的两个组件分别是一个车载设备和将该设备作为子组件的系统。此系统使用 *Power_Available* 函数确定系统可接受的最大功率，设备使用 *Voltage_Drawn* 属性定义了它绘制了多少内容。

```
annex resolute {**
    PowerDrawLessThanMax(self: component, max: real) <= **"**
        let subs: component = subcomponents(self);
        SumPowerDraw(subs) <= max

    SumPowerDraw(components: component) : real =
        sum(property(x, Voltage_Drawn, 0.0) for (x : components) | x instanceof device)
**};
device front_distance_sensor
    features
        distance: out data port Base_Types::Integer;
    properties
        Voltage_Drawn => 0.5;
end front_distance_sensor;

system implementation vehicle_obe.impl
    subcomponents
        front_distance_sensor: device Devices::front_distance_sensor;
    properties
        Voltage_Available => 3.6;
    annex resolute {**
        prove(PowerDrawLessThanMax(this, property(this, Voltage_Available, 0.0)))
    **};
end vehicle_obe.impl;
```

图 8-14　Resolute 功率绘图验证

最后要展示的是一个使用 EMV2 错误附件的示例。在此过程中，使用 DNPW 架构的数据总线的简化版本，如图 8-15 所示。如果我们能够确定错误附件中定义的错误本体（如第 8.7 节所示），我们就可以在初始阶段确定可能发生的错误类型。由于各类数据中有带符号的原始值，所以车载端口很容易接收"误差检测值"类别的错误影响。此外，考虑到承担总线功能的车载设备，其容易受到各组件"计时误差"错误类别的影响。图 8-16 展示了表示这些错误的错误附件实现过程。（注：此图使用了图 8-8 中定义的行为）

```
device can_bus
    features
        speed_in: in data port Base_Types::Integer;
        speed_out: out data port Base_Types::Integer;
end can_bus;
```

图 8-15　Resolute 总功耗验证模块

综上所述，我们已经从 CVRIA 架构搭建到不同特异性组件的详细设计展示了系统工程师如何满足各种需求。下面，我们将通过数据分析将上述需求的实现应用到迭代开发中。在有了一个架构和详细的设计的现阶段，可以开始执行实现和测试阶段。并且需求和设计最终可能会由于这些阶段中产生的数据而发生变化。例如，在测试过程中，人们发现在车辆的尾部也需要安装距离传感器以确定车辆是否需要加速，从而避免与后车发生碰撞。这些信息将被反馈到需求中，从而促进系统结构的变更。同时，系统结构的变更会造成实现和测试阶段的改动。

数据不仅可以从开发流程中收集，还来自其他数据源（包括已经部署的系统实例）。比如说，我们认为可以通过接受路侧设备信息来确定通行区域的几何地形。最初使用此方案 DNPW 系统的车辆仅在美国东部主要城市部署，在市场上的投放量十分有限。随着产量的增长和此类车辆在美国其他地区的广泛分布,收集到了更多来自 DNPW 的数据,最终得出结论,此假设在美国西部的大部分地区并不适用。美国西部相较东部地区道路面积更大,流量更少。且由于成本问题大多数道路还没有安装路侧设施,在尚未解决系统内部需要更多传感器的问题时,需要进一步改变系统设计要求。

```
annex EMV2 {**
  use types ErrorLibrary;
  use behavior EvaluatorBehavior;
  error propagations
    speed_in: in propagation {DetectableValueError, ItemTimingError};
    speed_out: out propagation {DetectableValueError, ItemTimingError};
  end propagations;
  component error behavior
    transitions
      normal -[speed_in{DetectableValueError, ItemTimingError}]-> transient_failure;
  end component;
*};
```

图 8-16　EMV2 附件

此外还需要注意的是,如果采用迭代开发法,数据的收集并不是完全自动的。相反,迭代开发法是一种实践方法,需要进行数据收集和分析操作。在某些情况下,可能获取巨量数据,此时需要应用大数据处理技术;某些情况下,数据也可能是不够完整的,为了发挥其价值,必须进行数据推断。开发一套能够处理这些任务的流程规范对于迭代开发法的成功应用是至关重要的,其可以帮助迭代开发法更快、更灵活、更准确地制定决策。

8.4　章节总结与结论

系统工程师需要对 ITS 和 CV 架构中所需的系统应用做出基础决策,并以需求的形式将任务分配给系统内所有平台上的硬件和软件。通过使用诸如 AADL 类型的 ADL,创建可广泛应用的系统模型,并对模型的每一次应用进行细化分析,从而在系统开发初期就获取更多可能出现的错误信息。迭代开发中还可应用此类描述语言对系统进行基本更改,从而使其能快速插入到模型中,也令工程师能快速确定需要更改的区域。但是,迭代开发和可广泛应用的模型需要良好的数据收集条件和优秀的数据分析技能。ITS 和 CV 中的数据流涉及众多领域,随着这些系统中各种技术的不断成熟,数据流的种类和体量也会继续增加,且 ITS 和 CV 中的数据管理/分析里涉及到的系统结构和应用程序也会随之发展。通过研发 CV 和 IoT 中常见的模式,可以进一步提升所有 IoT 所含系统的可靠性、安全性和稳定性,当前研究正在向这一目标不断发展。

8.5　习题

1.在系统工程中,通常需要查看调用远程子例程所涉及到的预期延迟。在图 8-17 中,计算调用图中正方形表示的远程子例程时所需的总时间为(　　)。

a. 15ms
b. 144ms
c. 167ms
d. 38ms

图 8-17 练习 1 用图

2. 在问题 1 讨论的系统中，一个要求是"调用远程子例程的时间不应超过 200ms"，另外一个要求是"远程子例程的平均响应时间应为 150ms，以此满足某些较长时间的处理请求"。假设图 8-17 表示该子例程的平均响应时间，是否需要重新设计图 8-17 中的子例程？

a. 是
b. 否

3. 在系统工程中，通常会查看不同系统的更新和接收速率，以确保不会丢失数据值或对丢失的数据量进行计算。以图 8-18 中的系统为例，系统 A 每 20ms 产生一个新值，而系统 B 每 25ms 从 A 中读取一个新值。则系统 A 在 1min 内会产生多少次更新？

a. 3000 次
b. 500 次
c. 1500 次
d. 2500 次

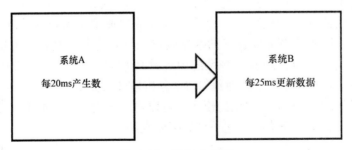

图 8-18 练习 3 用图

4. 图 8-18 中，系统 B 在 1min 内会读取多少次更新？

a. 400 次
b. 2400 次
c. 1000 次

d. 1200 次

5. 图 8-18 中，每分钟将丢失多少数据值？

a. 1000 次

b. 800 次

c. 600 次

d. 400 次

6. 大部分系统工程发生在系统开发周期的哪个阶段？

a. 需求阶段

b. 设计阶段

c. 构建阶段

d. 验证阶段

8.6 习题答案

1.（c）将请求延迟、响应延迟以及执行时间相加，得出远程子例程调用的总时间。

2.（a）远程子例程调用满足第一个要求，但不满足第二个要求。为了使其符合要求，有必要修改子例程。

3.（a）一分钟有 $60 \times 1000 = 60000$ ms，每 20ms 产生一个新值，则将产生 60000/20=3000 个值。

4.（a）一分钟有 $60 \times 1000 = 60000$ ms，每 25ms 读取一个新值，就会读取 60000/25 = 2400 个值。

5.（c）3000 个读取值减去 2400 个产生值等于 600 个值被丢失。

6.（a & b）大部分系统工程的任务发生在开发周期的前两个阶段。不过这并不意味着在后面的阶段没有相应的任务。

8.7 附录

EMV2 误差本体

- ServiceError
  - ItemOmission
  - ServiceOmission
  - SequenceOmission
    - TransientServiceOmission
    - LateServiceStart
    - EarlyServiceTermination
    - BoundedOmissionInterval
  - ItemCommission
  - ServiceCommission
  - SequenceCommission
    - EarlyServiceStart
    - LateServiceTermination

- TimingRelatedError
  - ItemTimingError
    - EarlyDelivery
    - LateDelivery
  - SequenceTimingError
    - HighRate
    - LowRate
    - RateJitter
  - ServiceTimingError
    - DelayedService
    - EarlyService
- ValueRelatedError
  - ItemValueError
    - UndetectableValueError
    - DetectableValueError
      OutOfRange
      BelowRange
      AboveRange
  - SequenceValueError
  - BoundedValueChange
    - StuckValue
    - OutOfOrder
  - ServiceValueError
    - OutOfCalibration
- ReplicationError
  - AsymmetricReplicatesError
    - AsymmetricValue
      AsymmetricApproximateValue
      AsymmetricExactValue
    - AsymmetricTiming
    - AsymmetricOmission
      AsymmetricItemOmission
      AsymmetricServiceOmission
  - SymmetricReplicatesError
    - SymmetricValue
      SymmetricApproximateValue
      SymmetricExactValue
    - SymmetricTiming
    - SymmetricOmission
      SymmetricItemOmission
      SymmetricServiceOmission
- ConcurrencyError
  - RaceCondition
  - ReadWriteRace
  - WriteWriteRace
  - MutExError
  - Deadlock — Starvation

参考文献

[1] https://en.wikipedia.org/wiki/Intelligent_transportation_system.

[2] http://automotive.cioreview.com/cxoinsight/data-analytics-for-connected-cars-nid-6142-cid-4.html.

[3] https://www.pcb.its.dot.gov/eprimer/module2.aspx.

[4] https://cdn.sparkfun.com/datasheets/Wireless/Zigbee/ds_xbeezbmodules.pdf.

[5] S. Arafat, Continuous innovation through continuous engineering, 2015.

[6] P. Feiler, D. Gluch, and J. Hudak, The architecture analysis & design language (AADL): An introduction, 2008.

[7] Z. Yang, K. Hu, D. Ma, L. Pi, Towards a formal semantics for the AADL behavior annex, In: *Design, Automation Test in Europe Conference Exhibition, 2009. DATE '09*, April 2009, pp. 1166−1171.

[8] J. Delange and P. Feiler, Architecture fault modeling with the AADL error-model annex, in *Software Engineering and Advanced Applications (SEAA), 2014 40th EUROMICRO Conference on*, Aug 2014, pp. 361−368.

[9] A. Murugesan, M.W. Whalen, S. Rayadurgam, M.P.E. Heimdahl, In: Compositional verification of a medical device system, ACM SIGAda Ada Letters, vol. 33, ACM, 2013, pp. 51−64.

[10] A. Gacek, J. Backes, D. Cofer, K. Slind, M. Whalen, Resolute: An assurance case language for architecture models, ACM SIGAda Ada Letters, vol. 34, ACM, 2014, pp. 19−28.

[11] Department of Transportation. Connected vehicle reference implementation architecture. <http://www.iteris.com/cvria/>.

[12] http://www.iteris.com/cvria/html/applications/app16.html.

[13] https://www.iteris.com/cvria/html/applications/app16.html#tab-3.

[14] http://www.iteris.com/cvria/html/applications/app16.html#tab-5.

第 9 章

9 安全应用的数据分析

9.1 简介

众所周知，大多数公路上的交通事故是人为错误造成的。在警察的事故报告中并没有详细地描述这些人为错误，而事故报告通常是许多交通安全研究的主要数据来源。根据相关资料[1]，现在有 90% 的美国人拥有手机，其中 64% 的人拥有智能手机。移动设备的普及可能使人为错误（例如，分心驾驶）引发的问题更加严重。但在另一方面，无线通信、移动设备和新型应用程序的发展产生了大量可用于交通安全研究的数据。如何有效地将丰富的数据用于交通安全应用是一项具有挑战性又值得深入研究的工作。除了人为因素外，道路、天气、交通和车辆状况均对交通安全有重大影响，已经有不少研究在这些方面进行了探索。本章将首先汇总主题涉及公路安全的相关研究，因缺乏详细数据导致的现有交通安全研究局限性及因移动设备和传感器技术的发展而带来的机遇将在后续被论证。

9.2 安全研究概述

本节对公路交通安全研究进行了概述，重点放在了与人为因素、事故次数/频率建模、事故受伤严重程度建模以及商用车辆安全性相关的安全数据及数据分析。重点分析交通安全数据及考虑人为因素影响的数据分析、事故数量及频率建模、事故损伤严重程度建模以及商用车辆安全性问题。此外，本节的结尾还介绍了一些不太常见但很有前景的数据应用及其分析方法。

9.2.1 人为因素

研究交通安全中人为因素影响的主要目的是为了了解不同环境、车辆和道路设计、交通状况及驾驶人身心状况如何影响驾驶人驾驶表现。鉴于大多数公路交通安全事故是由人为错误引起的，因此许多已有研究多围绕能见度和照明、人车界面、驾驶人辅助系统设计和分心驾驶等因素对公路安全影响展开。其中一些研究主题与本章内容密切相关。举例而言，随着近年来智能手机以及移动和车载电子设备的广泛使用，分心驾驶引起了研究人员的注意。一些车载设备旨在帮助驾驶人完成各种任务以提高安全性，并提供与其他驾驶人及基础设施的互联功能。对于这些设备，设计合理的人机界面便非常重要，它将有助于设备被安全有效地使用。这些移动和车载设备为分心驾驶研究提供了广阔的研究空间。

人为因素研究通常需要在现实且受控的环境下收集多个驾驶人的行为数据，这种数据收集工作耗资巨大且费时。因此，大多数人为因素研究都是在模拟实际驾驶场景的实验室环境中进行的，例如使用价值从数千美元到数百万美元不等的驾驶模拟器。但即使使用最昂贵的驾驶模拟器，驾驶人可能仍会认为自己正参加受控测试，因而无法表现得像在现实世界的道路上一样驾驶车辆。为了解决这个问题，美国交通运输研究委员会（TRB）组织的高速公路战略研究计划（SHRP 2）自然驾驶研究（NDS）[2]为3400多名参与者的车辆安装了各种传感器，以在自然环境下连续收集了超过一年的驾驶行为数据。设计NDS项目的主要目的是为了更好地理解驾驶人在事故或事故发生前的表现与行为。NDS所收集的200万GB数据（例如视频、音频、行驶速度、加速度和雷达数据）也为研究驾驶人在各种交通状况、天气和道路条件下的表现提供了丰富的资源。可以预见，NDS项目收集的数据在未来20年将对交通运输工程师和交通运输行业起到很大帮助。其他一些国家和地区包括中国、欧洲、澳大利亚和加拿大等也启动了类似于NDS的安全项目以收集数据。

9.2.2 事故数量和频率模型

事故数量和频率建模是交通安全研究的另一个主要组成部分。为了解各种因素（如车道宽度、路面类型、水平弯曲程度及纵向坡度以及年平均每日交通量（AADT））如何引发交通事故，人们进行了大量的研究。为了对交通事故数量进行建模，首先需要将道路网络划分为诸如路口和道路段等多个组成部分。每个组成部分都将按照特点进一步划分为特征相似的单元，以便进一步分析研究。例如，一条100英里的路被分为150个长度不等的单元。对于每个单元，道路状况（例如车道宽度、路肩宽度、路面类型和AADT）应相同。对于该模型，模型输入是与道路状况相关的变量，模型输出是每个单元内事故数量的总和，这也解释了为什么要将道路分为特征相似的单元。对于交叉路口，可以将交叉路口（或路口一个特定方向）的交通事故总数作为模型输出，和交叉路口（或路口一个特定方向）相关的变量（例如是否存在红灯控制右转车辆、左转交通信号控制类型、转弯交通流量、车道宽度和行人流量）常用作模型输入。

使用事故数量模型，可以预测特定交通设施在不同条件下的预期事故数（例如在应用不同安全策略的条件下）。在某些情况下，针对同一设施的实际发生事故数量与预测发生事故数量会有很大差距。这种差距可能由许多原因导致，例如数据向均数回归或输入变量存在偏差。如果某一交通设施近几年观测到的事故数量始终稳定且显著大于预测值，则可能表明模型遗漏重要解释性输入变量，研究人员应该找出这类交通设施并仔细检查模型设置。因此事故数量的建模结果可用于：①用以识别高危交叉口的热点分析；②寻找解释变量中引发事故的主要原因；③进行成本—效益分析以优化安全改进工程的资金配置；④进行事前和事后研究；⑤制定事故修正因子。

9.2.3 事前和事后研究

事前和事后研究通常用于评估安全策略的有效性。人们经常采用四种方法进行事前和事后研究[3]：①朴素的事前与事后研究方法；②经验贝叶斯法；③基于对照组的事前和事后研究；④基于横断面数据的事前和事后研究。朴素的事前和事后研究方法只是简单地将没有使用安全策略的预测事故数量（使用事故数量模型推算）与观测到的使用安全策略的事故数量进行比较，以确定这种安全策略是否有效。这种方法的基本假设是，在不使用安全策略的情况下，事故数量的预测值在事前和事后是相同的（或变化不明显）。经验贝叶斯法不计算事故数量预测值，而通过将事故数量预测值与观测值的加权以获得事故数量的期望。该方法将在使用安全策略的情况下，将事后的事故数量期望与经过使用安全策略情况下事后的事故数量期望进行比较，以确定该安全策略是否有效。

对于基于对照组的事前和事后研究方法，首先应选择一组可比较的位点，并对选定的位点使用安全策略。在此后的一段时间内，将使用安全策略的位点和未使用安全策略的位点的事故数量进行对比，以评估安全策略的有效性。基于横断面数据的事前和事后研究方法与基于对照组的方法十分相似，但严格来说，它并不是事前和事后研究方法。横断面研究方法首先应确定一组使用安全策略的位点和一组没有使用安全策略的位点，这些位点具有相似的特征，例如交通量和道路路形，而唯一的区别为是否使用安全策略。通过比较在两组位点观测得到的事故数量，将展示安全策略的实施效果。对于基于对照组和基于横断面数据的方法，最重要的是找到数量足够多的具有相似特征的位点，这是进行此类事前和事后研究的关键点。

9.2.4 事故受伤严重程度建模

事故损伤严重程度是用来了解单个事故的损伤情况（无论对乘客还是驾驶人）与解释变量之间的关系，其研究结果可用于改进车辆、道路和交通控制装置的设计并为制订新的交通法规提供依据。事故损伤严重程度建模与事故数量模型不同，后者着重于研究特定时间段内交通设施的事故总数。由于模型输出结果的不同，这两个模型的输入变量也不同。事故损伤严重程度模型考虑了与车辆、驾驶人、道路、天气和交通控制等相关的因素，而事故数量模型主要考虑道路、天气、交通量、交通控制、土地使用和社会人口等因素。

事故损伤的严重程度通常标记为五个等级：未受伤、未受伤但有疼痛、非致残性损伤、致残性损伤、致命[4]。在美国国家汽车采样系统（NASS）2003年的通用估算系统编码和编辑手册[5]中，使用了一些通用准则将事故损伤严重程度分为上述五类。在手册中，致命指因事故导致死亡；致残性损伤指重伤；非致残性损伤指其他可见的损伤，如挫伤、擦伤和肿胀；未受伤但有疼痛指没有可见的损伤但感到疼痛；未受伤意味着只有财产损失。考虑到事故损伤结果的划分类别特征，有序 Probit 模型、有序 Logit 模型、多项 Logit 模型（MNL）、嵌套 Logit 模型（NL）、有序混合 Logit 模型、异方差有序 Logit 模型和 Logistics 回归模型等均已被研究并广泛使用。事故损伤严重程度分析的一个变种是对事故数量和损伤严重性进行联合建模，研究人员已经为此开发了一些模型，这将在后续进行详细介绍。

9.2.5 商用车辆安全性

商用车辆安全性研究包括，检测疲劳驾驶、约束服务时间（HOS）的规则制订与评估、提升安全带使用率的方法、非侵入式货车及货物检查工具研究等。其中有一些研究主题是相互关联的，例如电子记录设备可以更好地追踪商用车驾驶人诸如上班、在车上休息区域中小憩和下班等活动。在美国，商用车驾驶人的工作活动受到联邦机动车辆安全管理局（FMCSA）制订的 HOS 法规约束。最新的 HOS 法规（于 2011 年 12 月 27 日联邦公报上发布）中有一些重要的相关条款，包括下班 10 个小时后才能上班，上班时间不得超过 14 个小时（其中驾驶时间不得超过 11 个小时），7 天内不能连续工作 60 个小时、8 天内不能连续工作 70 个小时，驾驶人 34 个小时修整以及提供休息区域的规定[6]。制定 HOS 法规的主要目的是防止疲劳驾驶。一些研究直接针对疲劳驾驶，开发了基于驾驶人面部表情、眼神等的先进传感器和算法来检测驾驶人的疲劳程度。其他研究采用间接的方法，重点关注历史事故与驾车时间、行程开始时间和休息时间等因素之间的关系。这些研究旨在利用先进的统计工具将解释性因素与不同程度的事故风险相关联，并将研究结果用于进一步完善现有的 HOS 法规或制定新的商用车辆安全条例。到目前为止，所述的研究均为从驾驶人角度出发提高安全性，很多关于商用车辆自动化检测的研究也已开展，以确保车辆处于健康安全的状况。

9.2.6 数据驱动的公路巡查计划

前面介绍的研究主题主要基于已经发生的事故，目的是从历史事件中学习并开发解决方案。最近，IBM[7]开发了一种主动式数据驱动系统，以帮助田纳西州公路巡警（THP）动态分配其有限的资源以应对交通违章、降低交通事故发生风险并更好地对事故作出响应。这样的系统是建立在先前事故、酒驾事件和公共事件的时空数据之上，并考虑了天气状况和假期因素。该系统能预测未来某时某地发生事故的可能性（例如酒驾），预测结果以 4 小时为单位提供给田纳西州公路巡警。在系统部署的 6 个月期间，死亡和重伤事故下降了 6%，安全带使用率增加了 46%，对酒驾的处罚量增加了 34%，与酒精有关的事故减少了 8.9%。

这套数据驱动的安全预测系统可以看作是事故数量模型的扩展，区别在于事故数量模型将年平均日交通量作为输入变量，而不考虑交通流量的变化；同样的，事故数量模型也不能把事故与偶发事件（例如假期、公共事件、飓风和暴风雪等）联系起来。随着大数据的发展，移动设备和其他传感器产生数据的可用性越来越好，可以向安全预测系统提供更详细的实时信息以提高系统准确性。此外，还可将车辆路径规划算法囊括该系统，进一步优化公路巡检方案以降低成本。该系统还可为自动执法设备（例如雷达测速装置）进行最优选址。

9.2.7 面向安全的海量异构数据深度学习

虽然大多数公路交通事故都是因为人为错误造成的，但仍存在许多可能引发人为错误进而导致随后事故的其他因素（例如降雨、浓雾和堵车等），其中一些因素很难量化，呈现高度非结构化特征并可能存在相关性。此外，这些因素对应的数据形式不尽相同

（例如文本和视频），数据以不同的速率生成且可能出现错误或遗漏。建立包含所有这些因素以实时预测事故风险的综合系统是非常有益且有挑战性的一项工作，除 IBM 为田纳西州公路巡警开发了上节所述的系统外，研究人员在这个方向所做的工作较少。在最近的研究中，Chen 等[8]提出了一种深度堆栈去噪自编码器模型，用于处理大量异构数据以预测事故风险。他们使用 GPS 装置，在 7 个月内以固定的时间间隔对 160 万人进行匿名位置追踪，并将 GPS 活动记录作为模型的输入。这项研究工作的基本假设是 GPS 记录密度较高的区域事故发生率也随之变高。尽管使用深度学习和大量数据对事故风险进行建模的研究想法切实可行，但是这项研究考虑的模型输入数据过于简化且没有考虑其他影响事故的重要因素。

9.2.8 实时交通运行和安全检测

近期，Shi 和 Abdel-Aty[9]提出了一种基于实时交通传感器数据生成拥堵和安全警告的新型系统。该系统输入数据为各个车道的车辆速度、交通流量、车道占用率和车型分类数据。通过使用在佛罗里达州的三条高速公路上布设的间距小于 1 英里且每隔 1 分钟采集一次数据的速率的微波传感器，科研人员共计获得了 150 万条数据记录。在研究期间，三条高速公路上共发生 243 起追尾事故。他们提取了这些事故发生前 5~10 分钟的上下游相关的交通数据，为了便于比较还按相同规则提取了相同路段在没有发生事故时的数据。具体来说，他们研究中使用的数据包括交通流量数据、货车占交通流量百分比、平均速度、速度值的标准差、速度变异系数的对数、内外车道速度差、车道数量、限速值、水平曲率和坡道旁是否存在辅路。他们采用随机森林的方法以识别重要的解释变量并应用贝叶斯 Logit 模型实时预测事故发生的可能性。他们还开发了一种一阶可靠性方法（FORM）以确定交通堵塞发生的阈值和可在可变信息板上显示的对应安全警告。这项前沿研究为如何使用越来越多的传感器数据在更精确级别上进行事故风险建模提供了范例。相比于事故数量模型，这项研究所提出的建模方法使我们能够精准地查看交通流各类参数对事故风险的影响。在未来研究中，移动应用程序（如 Waze）提供的交通数据可能会代替微波传感器数据，或作为其补充输入到模型当中。

9.2.9 网联车辆和交通安全

网联车辆技术的一个主要目标是提高交通安全性。网联车辆研究主要包括两个部分：其中的一个部分侧重人为因素研究，旨在提升车载安全装置和驾驶人间重要信息传输的有效性。美国交通部（USDOT）启动了几个重大安全项目[10]以展示基于车辆间通信的网联车辆技术的优势，其中之一为"安全驾驶人试点诊所"，该项目招募志愿者在受控环境下测试配备了车载安全装置的车辆，其目的是评估各类车载设备在安全信息通信方面的有效性。美国交通部的另一个项目是安全模型试点部署（SPMD），该项目在大约 3000 辆汽车和 75 英里的道路上安装了车对车（V2V）和车对基础设施（V2I）通信设备。测试车辆以 10 赫兹的频率发送包含车辆的瞬时位置、速度、加速度、车辆状态（例如灯光、制动和刮水器等是否开启）和与周围对象的距离的基本安全信息（BSM）。安装了上述 V2V 和 V2I 设备的车辆可以接收彼此间发送的基本安全信息，如果接收到的基本安全信息表明不采取适当措施则即将发生事故，则接收方车辆会出发警告声音。基本安全信息和驾驶人对警告的响应都被记录下来存储于数据采集系统供后续研究之用。

美国交通部的 SPMD 项目产生的大量数据为在微观层面研究事故风险和驾驶人行为提供了广阔空间。基于 SPMD 数据，Liu 和 Khattak[11] 开发了一种根据纵向加速度和横向加速度识别极端事件的算法。他们使用了一天的数据，包含了 49 辆车、155 次出行的共计 100 万个基本安全信息，并将识别出的极端事件与出行特征（例如行程时长、转弯次数和距最近对象距离均值）相关联。作为利用 SPMD 数据的开创性研究，这项研究所采用的方法及其发现令人振奋。为了扩展这项研究，可以考虑采用事故数量模型以将各车道路段中极端事件的数量与实时交通流数据、道路路形数据、交通控制数据、土地使用数据和天气数据相关联。此外，定义极端事件的标准中可以加入与最近邻车辆的距离。这种修改可以使研究人员捕捉到即将发生事故的极端事件，这类事件是交通安全的重要的一部分，但根据传统的事故数据无法进行研究。

9.3 安全分析方法

在过去的几十年中，围绕交通安全数据的建模应用了大量的统计、人工智能和机器学习方法。下面将对这些交通安全分析方法进行概述，旨在总结各种统计、人工智能和机器学习方法的创新应用并指出其亮点与不足，而非对这些方法进行详细介绍（详细介绍可以在许多教科书和期刊文章中找到）。

9.3.1 统计方法

1. 计数数据建模

交通安全研究通常涉及计数数据，例如事故数量、交通违规次数和极端事件数量。最初，多元线性回归模型被广泛用于有关交通安全的相关计数数据建模。在未对不均等方差进行修正的多元线性回归模型中，可假设事故数量服从正态分布，但该模型不适用于分析离散、非负、零星和不对称分布的随机事件。广义线性模型（GLM）后来成为非常流行的事故数量模型，其包括泊松回归模型、泊松—伽马或负二项（NB）回归模型、伽马回归模型和其他负二项回归模型的变体模型[12]。通常来说，当样本方差显著大于样本均值时，应使用负二项回归模型代替泊松回归模型；如果样本方差明显小于样本均值（又称低分散度数据），则选择伽马回归模型。由于事故发生是较为少见的事件，研究人员提出了零膨胀模型（利用泊松模型和负二项模型）对有较多零值的数据进行事故数量建模。当无法证明数据的特征和性质适合于该模型时，能否对这些数据使用该模型便有待商榷。

前面提到的模型仅将一组计数变量视为因变量，而在某些情况下，需要同时对多个计数变量进行建模。例如，交通安全分析人员可能需要对正面碰撞和追尾事故进行联合建模。此外，拟合事故数量模型通常需要大量的样本，这在类似汽车与自行车碰撞事故等的较为少见的事件上尤为体现。这些少见的事故可能与如多车碰撞事故等更常见的事故相互关联，通过对汽车—自行车碰撞事故和多车碰撞事故进行联合建模，较小的样本量便足以完成研究任务，而这在单独对汽车—自行车碰撞事故进行建模时往往是不够的。由此，基于贝叶斯的多元广义线性模型[14]和多元泊松回归模型[15]可用于上述联合建模。

所有基于回归的模型（前面所提到的统计模型）都有一个共同的特征：这些模型都需要一个明确定义的函数来将因变量（事故数量）和自变量（解释性变量）联系起来。在交通安全文献中，这个函数通常指"速率函数""功能型函数"或者"安全性能函数（SPF）"。函数形式对 GLM 的拟合优度有较大的影响，它通常是基于安全分析人员的经验并通过反复实验试错来进行估计，故很少能得出最优的函数形式。通常来说，函数形式取决于数据的性质，并基于事故数量数据和模型协变量相关联的统计—逻辑组合来选取。

为了解决函数形式选取的问题，许多研究采用广义可加模型（GAM）对计数数据进行建模，广义可加模型用光滑样条代替广义线性模型中的参数项。尽管广义可加模型的结果表明非线性函数在多数情况下比线性函数更好，但一些研究人员认为，这种非线性趋势可能是由于忽略了变量偏差，而不是事故数量数据和协变量之间真实的物理关系。对于能够处理非线性关系的可变模型（如广义可加模型等），由于忽略了重要的协变量，模型估计过程可能采用非线性来解决未观测到的异构性。同样地，Mannering 和 Bhat[17]认为缺失变量的简化模型生成的参数会有偏差。由于未考虑许多其他重要的事故预测因素的变化，此类简化模型无法生成准确的事故数量预测值。此外，这些模型不能用于开发安全策略，因为模型中仅包含有限的协变量（如交通量等）。由于很难收集与事故相关的详细数据，在实践中有时可能需要用有限的协变量建立相对简单的模型。广义可加模型是非参数模型，很难根据安全分析师的需要用数学公式描述其建模结果。一个可行的解决方案是根据广义可加模型的样条形状，建立适当的广义线性模型。

有关事故计数数据建模的统计模型清单可参考 Mannering 和 Bhat[17]的文章，他们在文章中对现有的有关事故频率的文献进行了全面的回顾，探讨了由于数据不足导致的问题（如模型过于简化、存在未观测到的异构性和参数有偏等）并给出了处理这些问题的建议，包括应用有限混合模型、潜在类别模型和随机参数模型。在未来的研究中，对这些高级建模方法的全面考察将非常有意义。使用这些高级模型，广义可加模型中确定的非线性关系可能不复存在，这就说明非线性关系的出现是由之前的常规建模技术无法捕获数据中未观测到的异构性引起的。

最后，正如 Miaou 和 Lord[16]指出，建立一个适用于特定事故数量数据的模型已变得较为容易，可以使用平滑方法（如广义可加模型）和其他通用的预测方法（如多层前馈神经网络等）进行拟合。除了模型的拟合优度外，在确定函数形式时还应考虑符合逻辑性（如因果性、一致性和连贯性）、灵活性、可扩展性和可解释性。

2. 分类数据建模

有关事故损伤严重程度建模的统计模型有很多，包括有序 Probit 模型、有序 Logit 模型、多项 Logit 模型、嵌套 Logit 模型、有序混合 Logit 模型、异方差有序 Logit 模型和 Logistics 回归模型等，参考文献[18]对事故损伤严重程度建模进行了全面的回顾。在这些模型中，有序 Probit 模型和有序 Logit 模型是使用最广泛的模型。在有序 Logit 模型和有序 Probit 模型中，每个解释变量都有一个系数，这意味着特定的变量对于所有事故受伤结果的影响是一样的。在多项 Logit 模型中，每个损伤结果都有一个单独的严重性函数（即离散选择建模文献中的效用函数），并且两个严重性函数可以包含不同的解释变量集。这种模型结构非常灵活，可以轻松拟合相同变量对不同损伤结果的不同影响。

尽管多项 Logit 模型在模型结构方面具有灵活性这一优点，但由于其具有不相关变量独立性（IIA）的属性，也使得该模型有一定的局限性。这个属性源于每个严重性函数中误差项的独立同分布假设。Abdel-Aty[19]在之前的研究中已经证明了多项 Logit 模型的这种局限性，其在研究中比较了用于事故严重程度分析的有序 Probit 模型、多项 Logit 模型和嵌套 Logit 模型。他的研究成果表明多项 Logit 模型产生的拟合结果相比于有序 Probit 模型的拟合结果更差。尽管嵌套 Logit 模型比有序 Probit 模型拟合结果稍好，但鉴于确定嵌套结构较为困难，作者仍建议研究中使用有序 Probit 模型。

近一段时间，研究人员引入潜在类别 Logit 模型（LCL）和随机参数 Logit 模型对交通事故受伤严重程度进行建模。潜在类别 Logit 模型基于多项 Logit 模型，其与标准的多项 Logit 模型相似，但具有更灵活的结构，可以便捷地评估相同变量对每种损伤结果的不同影响。与多项 Logit 模型相比，潜在类别 Logit 模型的主要优势在于其特殊的结构可以解决不相关变量独立性（IIA）引入的问题。为了更好地解释所提到的潜在类别 Logit 模型，并丰富本章内容，我们在这里提供了对标准多项 Logit 模型的简要描述。更多有关多项 Logit 模型的理论与细节可以在参考文献 [20] 中找到。对于只涉及单个车辆的交通事故，假设驾驶人有 k 种可能的损伤结果，多项 Logit 模型首先为每个损伤结果构造一个严重性函数，见式（9-1）。

$$U_{ij} = V_{ij}(\beta) + \varepsilon_{ij} \tag{9-1}$$

式中，U_{ij} 是事故中第 i 个驾驶人的第 j 个可能的损伤结果的严重性函数，$i = 1, \cdots, n$，$j = 1, \cdots, k$；$V_{ij}(\beta)$ 是解释变量的线性组合，是严重性函数的确定部分；β 是系数向量；ε_{ij} 是服从耿贝尔分布的独立同分布随机变量。

基于给定的系数向量 β，第 j 个损伤结果发生的概率为

$$Prob(j|\beta) = Prob(V_{ij}|(\beta) + \varepsilon_{ij} > V_{it}(\beta) + \varepsilon_{it}, \forall t \neq j | \beta) = \frac{exp(V_{ij}(\beta))}{\sum_{m=1}^{k} exp(V_{im}(\beta))} \tag{9-2}$$

多项 Logit 模型的一个重要假设是每个严重性函数的随机项 ε_{ij} 是独立同分布的（IID），但由于多种可能的原因，现实中并不满足这种假设。例如，事故损伤严重程度受各种因素的影响，因此每个严重性函数的确定部分 $V_{ij}(\beta)$ 都应该包含许多解释变量。在实际应用中，很难识别并收集所有相关的输入数据并将其包含在严重性函数中，如果严重性函数未包含某些重要的解释性变量，则未观测到的随机部分可能会相互关联，从而导致违反基本的独立同分布假设。违反不相关变量独立性属性（IIA）或者独立同分布假设（IID）可能导致参数估计出现偏差，还可能在概率选择上产生系统性的误差，典型的例子就是著名的红车蓝车问题（red bus-blue bus）。当违反了独立同分布假设时，可以选择使用另一种能够处理不同备选项的随机部分之间相关性的模型或者修改严重性函数的确定部分，以捕获未观测到的相关性，这样剩余的随机项就可以变得独立。

为了解决可能存在违反独立同分布假设的问题,研究人员提出了事故损伤严重程度的 LCL 模型,该模型可以看作是混合多项 Logit 模型的一种特殊形式。对于一个典型的混合多项 Logit 模型,损伤结果 j 发生的概率见式(9-3)

$$Prob(j) = \int Prob(j|\beta)f(\beta)d\beta \qquad (9\text{-}3)$$

标准多项 Logit 模型与混合多项 Logit 模型之间的主要区别是系数向量 β。标准多项 Logit 模型假设 β 是一个常向量,而混合多项 Logit 模型认为系数向量 β 是常量 α 和随机系数 φ 的组合。因此初始的严重性函数如式(9-4)

$$U_{ij} = V_{ij}(\beta) + \varepsilon_{ij} = \alpha^T W_{ij} + \varphi^T X_{ij} + \varepsilon_{ij} \qquad (9\text{-}4)$$

式中,X_{ij} 是一组带有随机参数的解释变量;W_{ij} 代表具有固定参数的解释变量。

通过加入随机系数,即使其误差项 ε_{ij} 仍是独立同分布的,不同事故受伤程度也可相关联。这是由于 $cov(U_{ij}, U_{ik}) = E(\varphi^T X_{ij} + \varepsilon_{ij})(\varphi^T X_{ik} + \varepsilon_{ik}) = X_{ij}^T \Omega X_{ij}$[20]。这种相关性在处理前面提到的 IID 和 IIA 时非常有用。

1980 年,研究人员首次将混合多项 Logit 模型引入交通研究中[21],由于计算机仿真的普及,该模型已经应用于许多领域。为了解决使用混合多项 Logit 模型时必须明确指定向量 β 中每个随机系数分布的问题,研究人员提出了 LCL 模型[22],其可以看作是混合多项 Logit 模型的一种特殊形式。在 LCL 模型中,β 取有限的一组值,并将式(9-3)整体替换为所有 β 值的 $Prob(j|\beta)$ 的加权和。在这种情况下,损伤结果 j 发生的概率见式(9-5)

$$Prob(j) = \sum_{m=1}^{M} Prob(class = m) \cdot Prob(j|\beta_m) \qquad (9\text{-}5)$$

LCL 模型假设整个事故数据集可以分为 M 个不同的类,每个事故都以特定的概率归属于不同的类,但研究人员事先并不知道这些概率。式(9-5)中的 $Prob(j|\beta_m)$ 与式(9-2)中的 $Prob(j|\beta)$ 计算方法相同,仅需将 β 替换为 β_m。事故属于第 m 类的概率记为 $Prob(class = m)$,按式(9-6)进行计算

$$Prob(class = m) = \frac{exp(V_{im}(\theta))}{\sum_{c=1}^{M} exp(V_{ic}(\theta))} \qquad (9\text{-}6)$$

从式(9-6)可以看出类别概率 $Prob(class = m)$ 也是基于多项 Logit 模型框架确定的。式(9-6)中 $V_{im}(\theta)$ 可以是一个常数和多个协变量的参数线性组合。如果无法确定适当的协变量以计算 $V_{im}(\theta)$,则只需选择一个常数。与混合多项 Logit 模型相比,LCL 模型仅使用了有限的一组参数 β,可节省模型拟合的计算时间。此外,LCL 模型可避免对每个随机系数指定概率分布的问题。有关 LCL 模型的更详细信息,可阅读参考文献 [22]。

9.3.2 人工智能和机器学习

与统计模型相比,研究人员对神经网络在事故数据建模中的应用关注较少,一个主要的原因是神经网络模型较为复杂。对于应用神经网络模型的其他质疑包括:①当样本量较小时会产生过拟合;②神经网络模型类似于一个黑匣子,不会为每个解释变量生成可解释的参数。而类似于神经网络模型的回归模型也有过拟合的问题。为了回应第二点质疑,Fish 与 Blodgett[24] 和 Delen 等[25] 提出了一种灵敏度分析方法来量化每个输入变量

对网络输出的影响。尽管神经网络模型存在一些缺陷，但其相对于统计回归模型仍有明显的优势。首先，神经网络模型不需要建立函数形式，而统计回归模型则必须指定一个连接因变量和自变量的近似函数形式（但完美的函数形式是未知的）。其次，研究表明如果使用了足够多的隐藏神经元，标准的多层前馈神经网络模型就可以任意精度逼近在紧集上定义的任何连续函数[26]，尽管这种强大的能力有时会导致过拟合。

为了避免过拟合并提高神经网络的泛化能力，各类文献提出了许多方法。其中一种方法是在模型中添加权重衰减项或正则化项[23]。然而，Marzban 和 Witt[23] 论述了这种神经网络的泛化改进阻碍了网络的非线性逼近能力。

$$E_r = \eta \frac{1}{n}\sum_{i=1}^{n}(\hat{y}_l - y_i)^2 + (1-\eta)\frac{1}{n_p}\sum_{j=1}^{n_p}(\psi_j)^2 \quad (9\text{-}7)$$

式中，y_i 是在点 i 观测到的事故数量；$\hat{y}_l$ 是点 i 事故数量的预测值；n_p 表示网络的参数，包括权重和偏差；ψ_j 表示网络参数向量中的第 j 个元素；η 表示网络性能比。

此外，他们指出贝叶斯推理方法可以提高神经网络的泛化能力而不影响非线性特性。贝叶斯神经网络（BNN）的建立最早由 Mackay[27] 提出，并由 Neal[28] 进一步发展。在已有 BNN 模型的基础上，Liang[29] 提出了一个改进的 BNN 模型，该模型在网络连接和权重值两方面都考虑了先验信息。这种修改使神经网络在选择隐藏神经元和输入变量时更加灵活。Liang 所提出的 BNN 模型使用进化蒙特卡罗（EMC）算法进行训练，并将其和许多流行的模型（如 BPNN 和 Box-Jenkins 模型）在非线性时间序列预测方面进行对比。测试结果表明，改进的 BNN 模型均优于其他预测方法。BNN 模型在 20 世纪 90 年代后期开始流行，21 世纪以来已得到广泛的使用。

Xie 等[30] 首先将 BNN 模型引入交通安全研究中，并将其应用于公路事故数量建模。他们所使用的模型最初由 Liang[29] 提出，模型输入为路段长度、平均每日交通量、右侧路肩宽度和车道宽度。在 BNN 模型中，Liang 使用了全连接的多层前馈神经网络结构，其中包含一个隐藏层。简化后的网络结构如图 9-1 所示。

BNN 模型的网络结构与多层前馈神经网络结构非常相似，但它们在预测机理和训练过程方面是不同的，接下来将说明预测机理的差异。假设有 n 组事故数据 $(x_1, y_1),\cdots,(x_i, y_i),\cdots,(x_n, y_n)$，其中 x_i 表示协变量，y_i 表示观测到的事故数量，令 θ 表示神经网络的参数或权重，即图 9-1 中所示的 β_j，α_k 和 $\gamma_{jk}(j = 1, \cdots, M; k = 0,\cdots,P)$。使用 BNN 模型对点 i 的事故数量预测值由式（9-8）给出[28]，其中，$f_B(x_i, \theta)$ 的定义如式（9-9）所示。

$$\hat{y}_i = \int f_B(x_i, \theta) \cdot P(\theta | (x_1, y_1),\cdots,(x_i, y_i),\cdots,(x_n, y_n))\mathrm{d}\theta \quad (9\text{-}8)$$

$$f_B(x_i, \theta) = \alpha_0 + \sum_{k=1}^{P}(\alpha_k \cdot x_{ik}) + \sum_{j=1}^{M}\left\{\beta_j \cdot \tan h\left(\sum_{k=1}^{P}\gamma_{jk} \cdot x_{ik} + \gamma_{j0}\right)\right\} \quad (9\text{-}9)$$

式（9-8）中 $P(\theta|(x_1, y_1),\cdots,(x_i, y_i),\cdots,(x_n, y_n))$ 是在给定观测数据 $(x_1, y_1),\cdots,(x_i, y_i),\cdots,(x_n, y_n)$ 下 θ 的后验分布。可以看出多层前馈神经网络的网络参数 ψ 是固定的，而 BNN 模型的网络参数 θ 遵循一定的概率分布，并且 BNN 的预测过程是求 $f_B(x_i,\theta)$ 的积分值。如式（9-8）所示，θ 所有可能取值的概率为 $P(\theta|(x_1, y_1),\cdots,(x_i, y_i),\cdots,(x_n, y_n))$。实际的 BNN 模型比上面给出的示例更复杂，若想对 BNN 模型及其训练算法有更详细的了解，请阅读参考文献 [29]。

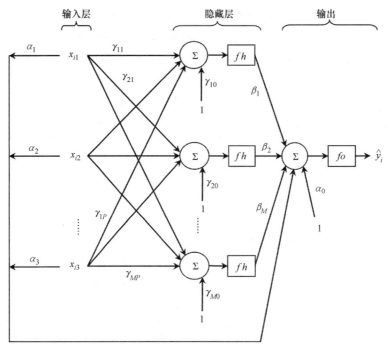

图 9-1　全连接多层前馈神经网络结构图

神经网络模型一直以来被研究人员质疑无法为每个解释变量生成可解释的参数，这也是神经网络模型尚未广泛用于事故频率建模的主要原因之一。为了使这个问题的影响降到最低，Fish 和 Blodgett[24]提出的方法可分析每个解释变量的敏感性，Delen 等[25]也将这种方法用于神经网络模型在事故受伤严重程度应用的研究中。这种方法的基本思想是对于每个解释变量，保持其他所有解释变量不变，在合理的区间内改变当前变量的值，并记录模型输出相应的变化。从这个变化值中，可以得出更改单个解释变量对网络输出的影响。这个方法虽然简单，但是对解释神经网络的"黑匣子"问题和神经网络的训练结果都十分有帮助。但要说明的是，解释变量可能并不完全相互独立。由于事故频率和所有解释变量之间的关系非常复杂，如果剩余解释变量中任何一个值发生改变，事故频率和当前解释变量之间的关系可能也会随之改变。除了神经网络，还有很多机器学习方法，例如支持向量机、随机森林、分类和回归树、聚类等均已用于安全分析任务之中。

9.4 安全数据

由于事故的全过程难以记录，现有的交通安全研究大多从警察的事故报告中提取信息。额外的交通信息、路面信息和路网数据源于各个州和地方机构，例如交通部门和公共安全部门。本节将讨论如何从各种数据源获取公路交通安全分析所需的数据。

9.4.1 事故数据

美国所有的州都有完善的事故记录表用以记录事故，类似这样的表格很容易在互联网上找到。事故记录表通常包含驾驶人、乘客、车辆、天气、位置、时间、道路形状、交通控制和事故原因等相关信息。这些数据可以依据事故发生的地点向各州的交通部门、公共安全部门或者警察局提出申请。多年来，事故记录表中的数据一直是交通安全分析（例如事故数量模型和事故损伤严重程度模型）的主要信息来源。这些数据对于事故损伤严重程度分析通常是足够用的，但在使用事故数量模型时需额外的风险暴露数据，如交通流量等数据。

虽然这些事故报告为研究人员了解事故是如何发生的提供了重要的信息，但仍然存在一些问题：①有许多事故报告是手写的，将它们转换成电子格式并进行深入分析非常耗时而且可能产生错误；②事故报告的质量不尽相同，例如，一些警察可能会画一幅清楚的图来表示事故的准确位置，另一些警察可能会简单地写下"在十字路口附近"；③事故报告中经常会出现数据缺失和拼写错误；④对一些仅涉及财产损失（PDO）的事故，驾驶人会选择私下解决导致 PDO 事故数量较少；⑤这些报告没有记录到同样重要的迫近事故发生的事件；⑥此类报告无法反映出事故之前的确切状况，而这可能是此类报告体系的最大缺陷。事故相关的驾驶人将提供有关事故起因的信息，处理事故的警察还应该确定是哪一方的责任。但是，此类信息的详细程度不足以还原事故全过程。由于注意力分散或疲劳，驾驶人有时甚至无法回忆起发生了什么事情或者本可以做些什么来预防事故发生。

9.4.2 交通流数据

交通流数据是衡量事故风险的一个重要指标。直观来说，交通流量大的交叉口或路段潜在比交通流量小的交叉口或路段事故发生数更多，因此事故数量模型通常需要交通流量数据，大多数现有的事故数量模型研究使用的是年平均每日交通量。根据联邦公路管理局对公路性能监控系统（HPMS）的要求，所有州都要从指定的道路和交叉口收集交通流量数据。州际公路上通常有固定的计数点可以全年不间断地收集交通流量数据，获得的数据因此可以用来精确计算年平均每日交通量数据。对于其他道路和交叉口，每隔 1 到 3 年会收集短期交通流量数据（从几小时到几天）以满足公路性能监控系统和当地交通部的需求。显然，每年采集到的数据并不会涵盖所有的道路和交叉口，并且每个州都有自己的方法估算道路和交叉口的交通流量。使用来自固定计数点的数据计算趋势因子和季节因子，将实现对相关数据的估算。在某些情况下，为了进一步提高年平均每日交通量的估算精度，需要进行临时数据收集。

为了能够对车—人、车—自行车事故进行建模，需要增加有关自行车和行人的数据数量，但现有的数据收集工作主要集中在车辆方面。虽然收集行人和自行车相关数据是很有必要的，但目前还没有像 HPMS 这样成熟的官方系统来统筹行人和自行车数据的收集和共享工作。根据早先的研究[31-33]，交叉口行人流量受人口密度、家庭收入中位数和区域类型的影响，也有其他研究人员[12]认为家庭收入中位数并不是一个显著因素。在另一项研究中，Schneider 等[34]确定了四个重要的协变量以预测每周行人流量，四个协变量分别为：半径为 0.5 英里范围内的总人口、半径为 0.25 英里范围内工作岗位数量、半径为 0.25 英里范围内零售店数量和交叉口半径为 0.1 英里范围内公共交通站的数量。在没有行人流量数据的情况下，安全分析人员可能会考虑采用现有的回归模型，模型所叙数据如人口、就业和土地使用数据等通常可以从交通规划机构获取。对于只拥有短期行人流量数据的安全分析师来说，他们可能还需要估算年平均每日行人流量。全美自行车和行人记录项目（NBPD）已将每小时的行人数据扩展为每日、每周、每月和每年的行人流量[35]，并于科罗拉多州丹佛市实施[36]。更多相关信息请访问 NBPD 项目网站（http://bikepeddocumentation.org/）。

年平均日交通量（AADT）是目前为止在事故数量模型中使用最广泛的数据，但其无法描述一天之内的交通流量变化。具有特定交通流特征（如走走停停的交通流）的特定时段可能会发生事故，而使用 AADT 数据进行研究不太可能揭示这些特征。几乎所有人都愿意使用更详细的交通流量数据，但主要问题是如何大规模收集、处理和存储涉及车辆、行人和自行车的大数据集。未来，由移动设备生成的数据将可以进行事故风险建模或估计每日交通流量的变化。

9.4.3 道路数据

道路形状数据、路面状况数据、护栏与交通标志等数据都对许多交通安全研究很重要，包括对人为因素研究、事故数量模型和事故损伤严重程度模型等的研究。道路形状数据（例如，平曲线和纵曲线）通常可以从各州的交通部获得，而其他数据大多均可从各州交通部获取。但问题在于收集这些数据的成本高昂，数据集可能无法像交通安全分析师希望的那样频繁更新。先进的移动激光雷达传感器可成功实现高速（例如 70mile/h）收集道路 3D 轮廓数据。根据 3D 激光雷达数据，可以得到护栏、斜坡等详细特征；对于路面情况，如国际粗糙度指数（IRI），通常使用一些更精确的激光传感器在垂直方向上能以亚毫米的精度进行测量。尽管这些激光传感器可以安装在以 70mile/h 行进的车辆上进行数据收集，但通常在一次收集中只能获得一个车道的路面状况。激光雷达传感器和激光传感器都相当昂贵，价格从 20 万美元到 50 万美元不等甚至更加昂贵，这也限制了路面状况数据更新的频率。

在未来的研究中，研究人员可能会开发低成本传感器或使用众包策略来解决路面数据收集问题。最近已经出现允许驾驶人上传路面坑洼数据的移动应用程序[37]，该程序利用智能手机上的加速度计来检测路面坑洼。这种众包策略节省了大量数据收集的检测里程。如果用于路面状况检查的传感器可以更加轻便和便宜，那么众包策略在降低路面检查成本并为安全研究提供有价值数据方面将具有巨大潜力。

9.4.4 天气数据

对于事故损伤严重程度建模来说，天气数据往往直接来自于警察事故报告。很少有事故数量研究将天气因素考虑在内，这可能是由于难以对许多地理实体（如路段和路口）在一段较长时间内（例如一年）的天气数据进行量化。随着越来越多详细的天气数据的出现（例如由美国国家海洋和大气管理局提供的美国全境气象服务），可以预见天气数据将被纳入更多的交通安全研究中，以分析历史事故数据并提供实时事故风险估计。

9.4.5 车辆和驾驶人数据

对于事故损伤严重程度分析，可以从事故报告中获取车辆和驾驶人的基础信息（例如车辆的缺陷和驾驶人的性别年龄）。对于事故数量模型，许多情况下可以从人口普查和机动车辆部（DMV）获取更多与驾驶人及车辆相关的信息。一些州不要求车辆进行年检，因此无法从 DMV 获得最新的车辆信息。以上所提及的车辆和驾驶人信息通常可以满足事故数量模型和事故损伤严重程度模型的基本建模需求，并且现有研究已经纳入了这些信息。理想情况下，可以获得事故前更详细的驾驶人和车辆数据，如胎压、驾驶人疲劳程度、血压和车辆轨迹等。随着网联车辆和可穿戴电子设备的迅速发展，搭建一种能够追踪车辆和驾驶人详细信息的数据采集系统将成为可能。下一节描述的 NDS 阐明了这个想法在技术上的可行性，但其大规模部署仍是一个复杂的问题，该问题已经超出了本书的讨论范围。

9.4.6 常规驾驶研究

NDS 项目是将先进传感器技术应用于人为因素研究的典范。NDS 项目在 3400 多名参与者的车辆中安装了雷达、GPS 和摄像头以便在自然环境下连续超过 1 年收集数据。该项目是为收集数据而专门设计的，以便在事故或接近事故发生事件之前更好地了解驾驶人的表现和行为。其收集的数据包括：

1) 驾驶人特征：视力检查结果、人口统计信息和身心状况。
2) 照明、天气、路面状况、交通控制和驾驶人视线范围。
3) 车前车后道路视频数据、驾驶人视角、乘客座位记录。
4) 车辆特征（如年份、制造商和类型）、车辆的横向和纵向加速度、加速踏板位置、偏移车道量、转向灯使用、制动使用、与前车的距离和距离变化率。
5) 水平曲率（例如半径和弧长）、坡度和超仰角、车道宽度与类型、路肩类型、交叉口位置及控制信号以及限速标志、道路中间带和减速带的位置。

这个庞大的数据收集项目于 2013 年完成，在六个州（印第安纳州、宾夕法尼亚州、佛罗里达州、纽约州、北卡罗来纳州和华盛顿州）获得了 540 万个行程文件。收集的道路信息存储在爱荷华州立大学，其余数据存储在弗吉尼亚交通运输技术学院（VTTI）。虽然 NDS 项目的主要目标是提高公路的安全性，但 NDS 数据也引起了其他领域许多交通研究人员的兴趣，许多研究使用了或正在使用 NDS 数据[38]。美国联邦公路管理局（FHWA）启动了 IAP 资助计划以利用 NDS 数据解决各种安全问题，并于 2015 年 12 月资助了九个项目，项目见表 9-1。

表 9-1 利用 NDS 数据解决安全问题的项目

项目名称	所属州	研究主题	项目目标
驾驶人与行人在有信号交叉口的互动	佛罗里达州	行人安全	• 行人特征的有效性 • 驾驶人特征、行人特征以及驾驶人和行人之间的互动 • 因行人和行人特征导致驾驶人注意力分散的情况
道路偏离原因探究	爱荷华州	道路偏离	• 基于事故和迫近事故事件建模拟道路偏离事故 • 用偏离道路侧向位置取代交通事故 • 考虑道路、驾驶人和环境特征

（续）

项目名称	所属州	研究主题	项目目标
限速、道路路形和驾驶人行为之间的关系	密歇根州	超速	• 不同交通设施限速与驾驶人速度选择的关系 • 制定交通安全策略以减少有关超速的交通事故
道路设计特征对超速的影响	华盛顿州	超速	• 确定可以有效防止超速行驶的道路设计和交通控制功能
工作区安全评估	明尼苏达州	工作区	• 确定影响工作区事故发生概率的因素 • 明确驾驶人对交通标志和排队长度的响应 • 驾驶人速度预测模型
农村双车道道路上交通相互作用评估	北卡罗来纳州	平曲线与纵曲线	• 确定安全效果最差的平曲线与纵曲线组合 • 确定安全策略以改善危险路段上驾驶人的表现
密集立交匝道驾驶人行为评估	犹他州	立交匝道	• 分析公路交织区发生的事故和迫近事故发生事件以制定安全策略
恶劣天气下驾驶人表现与行为探究	怀俄明州	恶劣条件	• 了解驾驶人在降雨、大雾、降雪和结冰等条件下的行为
评估道路照明对夜间事故的影响	华盛顿州	道路照明	• 确定道路照明设计标准中的关键照明值

9.4.7　大数据和开放数据提案

大数据引起了许多领域学者的广泛关注。多源大数据使得许多创新性的安全研究和应用成为现实。Shi 和 Abdel-Aty[9]进行的实时交通运行与安全检测研究就是一个很好的例子。他们的研究利用了来自微波交通传感器的详细交通数据（传感器每隔一分钟采集一次数据，使用的数据范围为事故前 5~10min）对事故风险进行更精确地建模。很多州和城市都发布了与交通有关的数据并鼓励第三方开发各种应用程序。例如，通过 MassBigData 计划，马萨诸塞州交通部提供了三条公路（I-90、I-93 和 Route 3）的实时行程时间。他们还在线公布了道路预定事件和实时 511 交通摄像头数据。摄像头数据可以像 Shi 和 Abdel-Aty[9]中用于提取详细的交通流数据。

Liu 和 Khattak[11] 使用 FHWA 研究数据交互计划（https://www.its-rde.net/home）发布的网联车辆数据分析了基于驾驶人行为的极端事件，有别于基于交通流数据的 Shi 和 Abdel-Aty[9]的研究。Liu 和 Khattak[11]仅使用了 SPMD 项目一天的数据。当前有超过 100G 类似数据有待进一步探索。采集于密歇根州安娜堡的 SPMD 数据集和 NDS 数据集较为相似，因为其着重于驾驶人行为数据，同时包含详细的车辆动态信息及该车与其他对象间的距离。通过 FHWA 研究数据交换计划发布的 SPMD 数据不包含车前车后道路录像。NDS 数据集是从全美六个区域收集的，数据集涵盖了大范围的交通数据和基础设施状况数据。

未来，融合基于佛罗里达微波传感器的数据模型观点和基于 SPMD 项目数据模型的观点，将可以同时考虑驾驶人行为和交通状况。除了 MassBigData 计划，许多州和城市都正式或非正式地启动了它们的大数据计划。从美国交通部在纽约市、佛罗里达州和怀俄明州资助的几项重大实验计划中可以看出网联车辆正加速从实验室走向现实世界。大数据和网联车辆的发展将在不久的将来为交通安全研究和应用提供更多详细的数据。

9.4.8 其他数据

网联汽车的概念在未来可以进一步扩展，将车辆和驾驶人的可穿戴电子设备、移动设备、车载诊断设备、行车记录仪和雷达传感器等进行连接以生成与安全相关的海量数据。SPMD 和 NDS 研究也依赖于 OBD 系统以获取精确的速度和加速度数据。这种无处不在的连接将使我们能够了解驾驶人的身心状况如何影响他们的安全绩效。这些数据可以使用移动应用程序（例如 Waze）实时共享，并与道路和交通流数据进一步关联。来自多个驾驶人的信息（尤其是那些接近发生事故的事件信息）可用于动态识别由交通状况、道路、交通控制和驾驶人特征等造成的安全隐患，生成实时警告信息并通过移动应用程序发送给驾驶人。

9.5 问题和未来研究方向

9.5.1 现有安全研究问题

当前，许多人为因素研究都依靠驾驶模拟器。即使使用最复杂的驾驶模拟器，驾驶人在其上的行为仍可能和实际道路上行驶时不同。通过在参与者的车辆中安装数据采集系统以准确记录他们在自然状态下的驾驶行为，NDS 项目初步解决了这个问题。NDS 数据集提供了研究人为因素的新思路，其中一些想法已得到美国联邦公路管理局启动的 IAP 计划的资助。但 NDS 数据只涵盖了有限的交通数据、道路数据、控制数据和天气场景，不能用该数据集研究新的场景（例如新的交通控制标志和道路设计）。一些现有的场景在 NDS 数据集中样本量较少导致无法得出有效的结论。尽管分心驾驶和网联车辆是重要的研究主题，但 NDS 项目并未在车上安装任何车载警告系统或眼球追踪系统，所以 NDS 数据集不能用于研究分心驾驶、疲劳驾驶以及驾驶人对警告信息的响应。

现有大多数事故数量研究都基于警察事故报告、年平均日交通量和道路数据。这些研究还有以下问题：①这些研究没有考虑接近事故发生的事件。由于事故发生是一个较为少见事件，所以一个路段观测到的事故数量经常为零。过多的零值可能会导致回归模型出现问题。使用接近事故发生的事件作为替代风险指数有助于解决模型拟合问题并可得到更加有趣且实用的结论。引入接近事故发生的事件对事前和事后研究也会非常有帮助；②特定地点的事故风险可能和时间有关，其随着交通环境条件的变化而变化。现有的基于年平均日交通量的事故数量模型无法包含这种与时间相关的部分；③为了拟合事故数量模型，必须将道路划分为同类型的路段。在两个路段的边界可能会发生一些事故，将这些事故随意地划到一个路段会影响模型的拟合结果和最终结论。

之前有关事故损伤严重程度建模和事故数量建模的研究着重于分析从事故报告中得到的历史事故数据以改进车辆设计、道路设计和交通控制等。但是从事故报告中，很难得到一开始应该采取怎么样的措施以防止事故发生。利用 NDS 数据，可以将相似的事故和接近事故发生的事件相对比，从而确定导致不同结果（事故和接近事故的事件）的关键因素。这种基于现实世界数据的比较和分析结果非常有用，尤其是对于网联和自动驾驶车辆的控制算法设计。研究结果也可用于确定自动系统接管车辆控制或车载计算机系统通知驾驶人的最佳时间。

9.5.2 未来方向

NDS 项目、智能手机和移动应用程序、交通传感器、网联车辆和自动驾驶车辆等产生了各种各样可用于交通安全研究的数据集。这些数据集为研究人员提供了改进公路安全性的一些新思路。鉴于相关数据集中包含海量信息，这些思路远非详尽无遗。与传统交通安全研究和应用中使用的数据集相比，这些新数据集有以下重要特征：

1）广泛部署的交通传感器可提供大面积的实时交通流数据。例如，Shi 和 Abdel-Aty[9] 在佛罗里达州进行的研究中，三条高速公路（总计长度为 75 英里）上的 275 个微波传感器每隔一分钟采集一次各车道的速度、流量、车道占用率和车辆分类数据，相邻传感器之间的平均距离小于 1 英里。利用该数据集，可以很好地捕获交通流量的时空变化。

2）NDS 项目和 SPMD 项目已经收集了自然驾驶状态下驾驶人行为的详细数据（例如，SPMD 项目以 10 赫兹的频率收集加速踏板、制动踏板、速度和加速度相关数据）。SPMD 项目在每辆车上都安装了一个简易的警报系统并记录驾驶人对警报的响应。

3）NDS 数据集和 SPMD 数据集均很好地捕获了接近事故发生的事件或极端驾驶行为。NDS 数据集还包括 1000 多次事故及事故之前的视频数据。这些事故和接近事故事件对了解导致事故的原因和可能避免事故发生的操作至关重要。

4）移动应用程序和众包方式使得实时收集大规模驾驶人行为数据成为可能。NDS 和 SPMD 项目耗资巨大且仅限于特定地区的几千名驾驶人。移动应用程序可以和可穿戴电子设备、车载 OBD 系统和网络基础设施相连接。这会生成非常详细的数据以支持各种各样的安全应用。

鉴于新数据集的独特特征以及现有安全研究的局限性，以下研究领域在不久的将来可能引起研究人员极大的兴趣与关注。

1）基于由移动设备和车载 OBD 系统以及众包方式生成的数据、NDS 和 SPMD 数据和交通传感器数据的下一代公路安全应用程序：将 NDS 和 SPMD 与交通传感器数据、车载 GPS 数据和车辆 OBD 数据相结合以全面表征宏观交通流状态、微观车辆轨迹和车辆健康状况。新的安全应用程序能够：①帮助安全分析人员动态地识别安全隐患并表明其余交通流、道路形状、路面状况、交通标志和交通控制之间的关系；②向交通工程师提供预警，并协助他们制定主动且实时的交通控制策略以消除安全隐患和阻止交通拥堵；③识别道路养护不良带来的安全隐患，帮助养护人员优先从安全效益的角度考虑养护项目；④根据事故和接近事故发生事件的分析结果，向汽车制造商提出建议（例如车辆设计和人车界面相关建议）；⑤以视频和车辆轨迹的形式向驾驶人、保险公司和车队经理提供有关危险驾驶行为或操作的反馈，进而用于培训新驾驶人；⑥识别其他驾驶人的激进驾驶行为并自动通知警察，这有助于警察制定有针对性的巡查时间表。

2）人车界面设计：许多有关车辆安全和驾驶人辅助技术已经开始应用，包括盲点检测与警告、交叉口警报和车道辅助等。其中，重要的是在不分散驾驶人注意力的情况下将检测到的信息发送给驾驶人。此外,对于不同自动化水平的网联车辆和自动驾驶车辆,重要的是确定:①在危险的情况下,车辆应在何时从人类驾驶人手中接管控制权;②当传感器出现故障或其他紧急情况时,如何正确地向驾驶人发出警报并将控制权交给驾驶人。

3)网络安全:随着网联和自动驾驶车辆的发展,未来的交通安全问题可能会成为网络安全问题。

4)新方法:尽管已经有许多统计、机器学习和数据挖掘方法来分析交通安全数据,但这些方法不足以对由先进传感器和各种现场研究(例如 NDS 项目和 SPMD 项目)生成的大型异构安全数据进行建模。此类数据有时是高度非结构化的,其具有许多不同的形式(如文本和视频等),这些数据以不同的速率生成且可能出现错误或遗漏。大型异构安全数据给数据存储、管理和分析带来了许多调整。这些挑战需要交通安全从业人员、研究人员和数据科学家清楚了解彼此的需求并共同努力。

9.6 章节总结与结论

本章简要总结了现有高速公路安全研究中的主要研究主题,还回顾了以前研究中使用的方法和相关数据。许多交通安全研究依赖于从警察事故报告、交通部道路网络数据库(如年平均日交通量)和有限的现场测试等获得的静态数据。研究人员还引入先进的统计、机器学习和数据挖掘方法来分析交通安全数据,包括贝叶斯神经网络模型、广义线性模型、支持向量机和随机森林模型,这些研究有助于改善车辆设计、道路形状和交通控制。然而,所使用的数据无法确定接近事故发生的事件,也无法精确地刻画在事故发生之前到底发生了什么。此外,研究人员很难分析导致事故的几个因素的联合影响并找到在给定静态数据的情况下如何以不同的方式避免事故发生的方法。尽管驾驶模拟器可以初步地解决这一问题,但对使用驾驶模拟器得到结果的有效性仍有待考究。

传感器技术的发展使得交通传感器价格变得低廉,并有助于建立大规模交通传感器网络以收集非常详细的交通数据(每隔 20~30s)。这些先进的传感器也使一些令人激动的安全应用成为可能,例如 NDS 项目和 SPMD 项目。道路传感器产生的详细的宏观交通数据和描述驾驶人行为和车辆运行状况的时间序列数据对深层次的交通安全分析非常重要。近来,这些新的安全数据集引起了许多关注,但仍需要大量的工作以有效管理和充分利用这些大型异构安全数据,这些数据通常是高度非结构化的,有许多不同的形式,以不同的速率生成且可能出现错误或遗漏。

有了大型异构安全数据集,未来公路交通安全研究和应用将具有动态、主动和智能的特点,而非被动、回溯的。未来公路安全研究和应用将严重依赖于各类新技术,如网联车辆、车载 OBD 系统、雷达和激光传感器、视频系统、移动设备和众包数据。这些新技术和现有技术将使安全分析人员清楚了解在事故或接近事故发生事件前到底发生了什么。对接近事故发生事件的分析将为如何防止事故的发生提供额外的有价值的建议,事故风险的动态变化性质将被更好地刻画与了解。在未来的安全分析中,将使用高分辨率的交通数据,而不是年平均每日交通量这种平均事故风险数据。

9.7 习题

1. 交通安全中人为因素研究主要有哪几部分？对人为因素研究来说，NDS 数据集相比驾驶模拟器产生的数据好在哪里？对有关自然驾驶的研究进行总结，并说明你认为现有的 NDS 项目可以怎样改进。

2. 简述交叉口事故数量模型和路段事故数量模型各自有哪些解释变量。请说明为什么要将道路划分为同质的路段？如何使用事故数量建模结果？在事故数量建模中经常使用什么方法？预测得到的事故数量和实际值存在显著差异的原因是什么？

3. 请说明事前和事后研究经常使用的方法及其优缺点。

4. 什么是事故损伤严重程度建模？如何使用模型结果？事故损伤严重程度建模通常需要哪些解释变量？

5. 使用详细的传感器数据和驾驶人行为与车辆运行状况的时间序列数据（如 NDS 数据集）如何深入研究交通安全？试提出一些本章没有讨论的研究主题。

6. 为什么事故数量建模不适用多元线性回归模型？如何处理含有过多零数据的事故数量数据？

7. 与统计模型相比，使用神经网络进行事故数量建模有什么优势与劣势？如何解决神经网络的局限性？

8. 说明事故受伤严重程度建模中常用的方法和其优缺点。

9. 请说明交通安全研究中经常使用哪些不同类型的数据以及从何处获取这些数据。

10. 你认为使用平均数据（例如年平均日交通量）进行事故数量建模有哪些局限性？

11. 来自交通传感器网络的大型安全异构数据集给未来网联和自动驾驶车辆带来了哪些潜在的机遇和挑战？

参考文献

[1] Mobile Technology Fact Sheet. Available from <http://www.pewinternet.org/fact-sheets/mobile-technology-fact-sheet/>, (accessed 1.10. 16).

[2] K.L. Campbell, The SHRP 2 Naturalistic Driving Study. Available from <https://insight.shrp2nds.us/documents/shrp2_background.pdf>, (accessed 5.10.16).

[3] http://safety.fhwa.dot.gov/hsip/resources/fhwasa09029/sec6.cfm, (accessed 1.10.16).

[4] C.S. Duncan, A.J. Khattak, F.M. Council, Applying the ordered Probit model to injury severity in truck-passenger car rear-end collisions,, Transp. Res. Rec. 1635 (1998) 63−71.

[5] National Automotive Sampling System (NASS) General Estimates System (GES) 2010 Coding and Editing Manual. U.S. Department of Transportation, National Highway Traffic Safety Administration, and National Automotive Sampling System. 2011.

[6] Federal Motor Carrier Safety Administration [FMCSA]. Summary of Hours of Service Regulations <https://cms.fmcsa.dot.gov/regulations/hours-service/summary-hours-service-regulations>, (accessed 1.10.16).

[7] http://www-01.ibm.com/common/ssi/cgi-bin/ssialias?subtype=AB&infotype=PM&htmlfid=GVC03014USEN&attachment=GVC03014USEN.PDF, (accessed 1.10.16).

[8] Q. Chen, X. Song, H. Yamada, and R. Shibasaki, Learning deep representation from big and heterogeneous data for traffic accident inference, In: Proceedings of the Thirtieth AAAI Conference on Artificial Intelligence (AAAI-16), February 12−17, 2016, Phoenix, Arizona, USA, 2016, pp. 338−344.

[9] Q. Shi, M. Abdel-Aty, Big Data applications in real-time traffic operation and safety monitoring and

improvement on urban expressways,, Transp. Res. Part C 58 (2015) 380−394.
[10] USDOT. Connected Vehicle Safety Pilot Program. <http://www.its.dot.gov/factsheets/pdf/JPO_SafetyPilot.pdf>, (accessed 1.10.16).
[11] J. Liu, A. Khattak, Delivering improved alerts, warnings, and control assistance using basic safety messages transmitted between connected vehicles, Transp. Res. Part C 68 (2016) 83−100.
[12] D. Lord, A. Manar, A. Vizioli,, Modeling crash-flow-density and crash-flow-V/C ratio for rural and urban freeway segments,, Accid. Anal. Prev. 37 (1) (2005) 185−199.
[13] D. Lord, S.P. Washington, J.N. Ivan, Poisson, Poisson-gamma and zero-inflated regression models of motor vehicle crashes: Balancing statistical fit and theory, Accid. Anal. Prev. 37 (1) (2005) 35−46.
[14] J.J. Song, M. Gosh, S.-P. Miaou, B. Malik, Bayesian multivariate spatial models for roadway traffic crash mapping,, J. Multivar. Anal. 97 (1)) (2006) 246−273.
[15] E.S. Park and D. Lord, Multivariate Poisson-Lognormal models for jointly modelling crash frequency and severity. Paper presented at the 86th Annual Meeting of the Transportation Research Board, Washington, D.C., 2006.
[16] S.-P. Miaou, D. Lord,, Modeling traffic crash-flow relationships for intersections: Dispersion parameter, functional form, and Bayes versus empirical Bayes,, Transport. Res. Rec. 1840 (2003) 31−40.
[17] F.L. Mannering, C.R. Bhat, Analytic methods in accident research: Methodological frontier and future directions, Analytic Method. Accid. Res. 1 (2014) 1−22.
[18] P.T. Savolainen, F.L. Mannering, D. Lord, M.A. Quddus, The statistical analysis of highway crash-injury severities: A review and assessment of methodological alternatives, Accid. Anal. Prev. 43 (3) (2011) 1666−1676.
[19] M. Abdel-Aty, Analysis of driver injury severity levels at multiple locations using ordered Probit models, J. Safety. Res. 34 (5) (2003) 597−603.
[20] K. Train, Discrete Choice Methods with Simulation, Cambridge University Press, New York, 2003.
[21] S. Cardell, F. Dunbar, Measuring the societal impacts of automobile downsizing, Transport. Res. Part A 14 (5-6) (1980) 423−434.
[22] J. Swait, A structural equation model of latent segmentation and product choice for cross-sectional revealed preference choice data, J. Retail Consumer Serv. 1 (2) (1994) 77−89.
[23] C. Marzban, A. Witt, A Bayesian neural network for severe-hail size prediction, Weather Forecasting 16 (5) (2001) 600−610.
[24] K.E. Fish, J.G. Blodgett, A visual method for determining variable importance in an artificial neural network model: An empirical benchmark study, J. Targeting Measurement Anal. Market. 11 (3) (2003) 244−254.
[25] D. Delen, R. Sharda, M. Bessonov, Identifying significant predictors of injury severity in traffic accidents using a series of artificial neural networks, Accid. Anal. Prevention 38 (3) (2006) 434−444.
[26] K. Hornik, M. Stinchcombe, H. White, Multilayer feed forward networks are universal approximators, Neural Netw 2 (5) (1989) 359−366.
[27] D.J.C. Mackay, Bayesian methods for adaptive models. Ph.D. Dissertation, California Institute of Technology, Pasadena, California, 1992.
[28] R.M. Neal, Bayesian learning for neural networks. Ph.D. Dissertation, University of Toronto, Toronto, Ontario, 1995.
[29] F. Liang,, Bayesian neural networks for nonlinear time series forecasting, Statistics Comput. 15 (1) (2005) 13−29.
[30] Y. Xie, D. Lord, Y. Zhang, Predicting motor vehicle collisions using Bayesian neural network models: An empirical analysis, Accid. Anal. Prev. 39 (5) (2007) 922−933.
[31] S. Handy, Critical assessment of the literature on the relationship among transportation, land use, and physical activity, Resource paper for TRB Special Report (2005) 282.
[32] J.N. Ivan, P.J. Ossenbruggen, X. Qin, J. Pendarkar, Rural Pedestrian Crash Rate: Alternative Measures of Exposure. Report No. UCNR 11-10, New England UTC, 2000.
[33] K. Shriver, Influence of environmental design on pedestrian travel behavior in four Austin neighborhoods, Transport. Res. Rec. 1578 (1997) 64−75.
[34] R.J. Schneider, L.S. Arnold, D.R. Ragland,, Pilot model for estimating pedestrian intersection crossing volumes, Transport. Res. Rec. 2140 (2009) 13−26.

[35] National bicycle and pedestrian documentation project (NBPD). <http://bikepeddocumentation.org/>, (accessed 1.10.16).

[36] Research Department, Downtown Denver Partnership, Inc. Downtown Denver Summer 2013 Pedestrian Count Report. <http://www.downtowndenver.com/wp-content/uploads/2013/10/DowntownDenverPedestrianCountReport2013.pdf>, (accessed 1.10.16).

[37] A. Mednis, G. Strazdins, R. Zviedris, G. Kanonirs, and L. Selavo, Real time pothole detection using android smartphones with accelerometers, in: 2011 International EEE Conference on Distributed Computing in Sensor Systems and Workshops (DCOSS), pp. 1−6, 2011.

[38] SHRP2 Solutions Tools for the Road Ahead, Creating a safer transportation system: How the new SHRP2 safety databases can take us there, (accessed 1.05.16).

第 10 章

多式联运交通应用的数据分析

10.1 简介

货物多式联运被定义为使用两种或者更多种方式把集装箱中的货物从始发地运送到目的地。货物多式联运由三个部分组成：前期运输（集装箱从托运人到始发站的运输）、长途运输（集装箱从始发站到目的站的运输）和最终运输（集装箱从目的站到接收人的运输）。通常，前期运输和最终运输是通过货车进行的，而长途运输则是通过铁路、航空或水运进行的。集装箱从一种模式转换到另一种模式是在联运终点站进行的。

多式联运的兴起可以追溯到 18 世纪。在早期，当需要进行模式转换时（如轮船换为火车），储存货物的箱子、滚筒或袋子从一种模式被卸下，然后用手工劳动和原始设备重新装载到另一种模式。因此，转移过程非常缓慢。在 20 世纪 50 年代中期，随着 Malcom McLean 创建了标准化的多式联运集装箱，这一过程才变得非常有效。由于使用了集装箱，机械起重机大大方便了模式的转换。如今，在美国的大多数港口、码头起重机（也被称为船到岸起重机）每小时可以装卸 40 个集装箱。

美国目前拥有世界上最大的货运系统[1]，2012 年，它平均每天运送 5400 万吨货物，价值近 480 亿美元，其中大部分货物通过货车或铁路运输（货车运输 67%，铁路运输 10%）。到 2040 年，货运量预计将增至 7800 万吨（约 45% 的增比）[2]。近年来，多式联运对托运人的吸引力越来越大，并且这种趋势很可能会继续，因为政府监管机构正在考虑制定政策，促使货运模式从公路转向联运，以缓解公路上的拥堵和排放。

10.1.1 ITS 驱动的多式交通联运

智能交通系统（ITS）赋能多式联运，将改善规划、运营效率、能源消耗、安全、空气排放和顾客满意度。货运先进旅行者信息系统（FRATIS）是新兴的基于信息技术的多式联运系统之一，它已经应用于几个美国城市。具体来说，FRATIS 已被应用于利用港口的排队时间和道路上的实时交通信息来优化货车的移动。

10.1.2 面向 ITS 驱动多式交通联运的数据分析

由于 FRATIS 和其他新兴的基于 ITS 的系统为货物多式联运提供了大量数据，因此数据分析知识对于运输规划人员和决策者理解和利用此大数据集至关重要。数据分析是一门收集、组织和分析数据集以识别模式并得出结论的科学，而大数据是指由多方面的电子系统产生的大量可用信息。通过利用强大的数据分析，相关部门可以简化全球运输，并使用各种运输方式安排更高效的送货上门，提高多式联运货车的利用率。数据分析还可以用来可视化政府监管对港口和经济的影响。总之，数据分析可以提供更好的问题洞察力，并让物流行业的成员更有效地响应。

本章将讨论与货物多式联运应用相关的数据分析技术，阐述描述性和预测性数据分析技术的使用。除了通过相对简单的示例演示如何应用这些技术外，还将展示如何使用统计软件 R 应用这些技术。

10.2 描述性数据分析

10.2.1 单变量分析

单变量分析应用于由一个变量组成的数据集。如果数据集包含连续变量，那么兴趣检测量就是变量的集中趋势和扩散。这些检测量可以通过直方图或箱线图来表示。表 10-1 总结了对连续变量的兴趣检测量。对于分类变量，频率表可用于确定每个类别的总计数或计数百分比。柱状图可以用来可视化频率数据。

表 10-1 连续变量的兴趣检测量

集中趋势	离差度量	可视化方法
均值（Mean） 中值（Median） 众数（Mode） 最小值（Min） 最大值（Max）	范围（Range） 四分位数（Quartile） 四分位间距（Interquartile range） 方差（Variance） 标准差（Standard deviation） 偏度和峰度（Skewness and kurtosis）	直方图（Histogram） 箱线图（Box plot）

能够获得描述性统计数据（例如均值、标准差、偏度和峰度），并使用诸如直方图的图形技术，对于执行更高级的单变量分析技术是必不可少的。货物多式联运应用中的一类常用技术是数据拟合，即确定最适合数据的理论分布。确定理论分布对数据的拟合程度的一种方法是拟合优度（goodness-of-fit，GOF）检验。GOF 检验统计量表明指定的理论分布将产生提供的随机样本的可能性。

三种最常见的 GOF 检验：
1）卡方检验（Chi-squared）。
2）K-S 检验（Kolmogorov-Smirnov）。
3）A-D 检验（Anderson-Darling）。

这些检验实质上是对样本数据是否来自规定的分布（零假设）进行假设检验。如果计算出的检验统计量大于在期望置信水平下临界值，则拒绝零假设。

1. 卡方检验

卡方检验统计量的计算如下[3]

$$x^2 = \sum_{i=1}^{k} \frac{(O_i - E_i)^2}{E_i} \quad (10\text{-}1)$$

式中，k 是区间的总个数；O_i 是区间 i 的观测频率；E_i 为区间 i 的期望频率，可用下式计算

$$E_i = n \times (F(x_2) - F(x_1)) \quad (10\text{-}2)$$

式中，F 为被测概率分布的累积分布函数（CDF）；x_1 和 x_2 是区间 i 的极限；n 是观测值的总数。自由度为 $k - p - 1$，p 为样本数据的估计参数（包括 location、scale 和 shape）的个数。

2. K-S 检验

K-S 检验统计量计算方法如下[3]

$$D_n = \sup\left[F_n(x) - \hat{F}(x)\right] \quad (10\text{-}3)$$

式中，n 是数据点的总数；$\hat{F}(x)$ 表示假设分布；$F_n(x) = \frac{N_x}{n}$，N_x 为小于 x 的 X_i 的个数。

3. A-D 检验

A-D 检验统计量的计算方法如下[4]

$$A^2 = -n - \frac{1}{n}\sum_{i=1}^{n}(2i-1) \times \left[\ln F(X_i) + \ln(1 - F(X_{n-i+1}))\right] \quad (10\text{-}4)$$

式中，n 是样本量；$F(x)$ 是理论 CDF。

4. 关于卡方、K-S 和 A-D 检验的评论

如前所述，卡方检验统计量的值取决于数据的区间划分。但在这方面，没有明确的指南来选择区间的大小[5]。卡方检验的另一个缺点是它需要很大的样本量。当样本量较小时，可以使用 K-S 检验。对于大型样本，卡方和 K-S 检验都能阐述等效的结果。与 K-S 检验相比，A-D 检验赋予尾部更多的权重。但是，A-D 检验的临界值仅适用于一些特定的分布（正态、对数正态、指数、韦伯、第 1 型极值和逻辑分布）[6]。

> **例 10.1**
> 通过 ITS，一家货运公司可以在多式联运终点站的入口获得最近 50 辆货车的处理时间。出于规划目的，公司需要知道最适合数据的理论分布。使用卡方检验确定数据是否可以用均值为 1.3460216，标准差为 0.4155127 的对数正态分布来描述。

货车编号	处理时间 /min	货车编号	处理时间 /min	货车编号	处理时间 /min
1	3.5	18	7.2	35	2.3
2	4.7	19	2.4	36	2.6
3	3.7	20	6.8	37	3.1
4	2.9	21	4.3	38	2.1
5	1.3	22	5.3	39	2.8
6	1.7	23	1.6	40	4.6
7	4.2	24	4.7	41	6.7
8	3.7	25	5.7	42	3.9
9	4.0	26	3.8	43	4.8
10	3.7	27	4.1	44	4.9
11	3.4	28	5.4	45	2.5
12	5.6	29	7.9	46	3.9
13	3.5	30	8.4	47	5.3
14	3.2	31	3.5	48	2.5
15	2.7	32	4.3	49	3.2
16	5.9	33	5.6	50	2.1
17	6.1	34	6.3		

解决方案

为了应用卡方检验，首先需要把数据进行区间划分。对于本例，数据被划分为9个区间，货车处理时间的分布如图10-1所示。

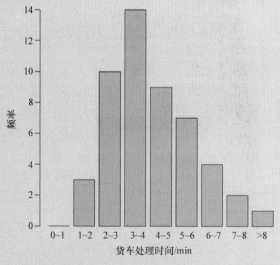

图10-1 货车处理时间直方图

计算出的理论频次（E_i）和卡方检验统计量如下：

货车处理时间 /min	观测频次（O_i）	理论频次（E_i）	$(O_i - E_i)^2$	$(O_i - E_i)^2/E_i$
0.01 ~ 1	0	0.0299429	0.00090	0.02994
1 ~ 2	3	2.8731703	0.01609	0.00560
2 ~ 3	10	10.8857644	0.78458	0.07207
3 ~ 4	14	13.1414340	0.73714	0.05609
4 ~ 5	9	9.9169312	0.84076	0.08478
5 ~ 6	7	6.0680828	0.86847	0.14312
6 ~ 7	4	3.3643072	0.40411	0.12012
7 ~ 8	2	3.3643072	0.04766	0.02675
> 8	1	1.938689	0.88114	0.45450
	$\Sigma = 50$	$\Sigma = 50$		$\Sigma = 0.99298$

使用公式（10-2）计算理论频次 E_i。例如，对于区间 1（$i = 1$），

$$E_1 = 50 \times (F(1) - F(0.01))$$

对数正态分布的 CDF 表达式为 $\Phi\left(\dfrac{\ln x - u}{\sigma}\right)$，其中 Φ 是标准正态分布的 CDF。因此，

$$E_1 = 50 \times \left(\Phi\left(\frac{\ln 1 - 1.34602}{0.41551}\right) - \Phi\left(\frac{\ln 0.01 - 1.34602}{0.41551}\right)\right) = 0.0299429$$

标准正态 CDF 值可以从任何可用的统计学书本的表格中获得，也可以使用 R 等统计软件获得。本例中的 CDF 值使用 R 指令 pnorm（-3.23942349）计算而来。如表中所示，计算所得的卡方统计量为 0.99298，在自由度为 6（9 — 2 — 1）和 5% 的置信水平下的卡方临界值为 12.59。由于 0.99298 < 12.59，所以不能拒绝零假设（数据来自于对数正态分布）。

注意，如果观测频次和期望频次完全一致，那么卡方检验统计量将等于 0。卡方检验统计量随着观测频次和期望频次的差异增大而增大。因此，只有当卡方检验统计量大于卡方临界值时，才能拒绝原假设。

在 R 中，能很容易地实现卡方检验。下面的指令可以解决例 10.1。

```
obs_freq <- c(0, 3, 10, 14, 9, 7, 4, 2, 1)
exp_freq <- c(0.0299429, 2.8731703, 10.8857644, 13.1414340, 9.9169312, 6.0680828,
 3.3643072, 1.7816774, 1.9386896)
chisq.test(x = obs_freq, p = exp_freq/sum(exp_freq))
Chi-squared test for given probabilities
data: obs_freq
X-squared = 0.99298, df = 8, p-value = 0.9983
```

可以看出，卡方检验统计量与我们的计算值一致。

用 R 可以很容易地确定最适合的分布。下面的 R 命令可用于检查数据是否符合对数正态分布。请注意，软件包 "fitdistribuplus" 是必需的。

```
library(fitdistrplus)
fitlogn <- fitdist(truck_processing_time,"lnorm")
gofstat(fitlogn)
Goodness-of-fit statistics

                              1-mle-lnorm
Kolmogorov-Smirnov statistic   0.07120655
Cramer-von Mises statistic     0.03071099
Anderson-Darling statistic     0.21197206
```

对数正态分布的参数可以通过下面的 R 命令得到。

```
summary(fitlogn)
Fitting of the distribution 'lnorm' by maximum likelihood
Parameters:
    estimate Std. Error
meanlog 1.3460216 0.05876237
sdlog   0.4155127 0.04155018
Loglikelihood:  -94.3359   AIC:  192.6718   BIC:  196.4958
Correlation matrix:
              meanlog        sdlog
meanlog  1.00000e+00  -8.67426e-12
sdlog   -8.67426e-12   1.00000e+00
```

为了准确地对工作流程建模，必须确定最合适的分布和相关参数。它应该遵循这样的流程而不是假设一个适当的分布，比如负指数。

10.2.2 双变量分析

两个变量之间是否有关系可以通过相关、交叉列表、方差分析或回归等方法来确定。交叉列表是多式联运中常用的方法。交叉制表法涉及到构建一个列联表来显示每个变量的频率，然后使用卡方检验来确定这些变量在统计上是独立的还是相关的。

例 10.2

出于规划的目的，客户希望分析其分包商的性能。下表提供了 A 或 B 公司是否准时交货的数据（Y=Yes, N=No）。

公司	准时
A	Y
B	N
A	N
A	N
B	Y
A	N
B	N
B	Y
A	Y
B	N
B	N

解决方案

评估上表所示的数据是困难的，即使它包含了11个数据对；真实的数据集可能有更多样本。交叉列表能够以一种更加简明的方式来呈现数据。用"公司"表示行，用"准时"表示列，交叉列表的结果如下：

		准时		
		Y	N	总计
公司	A	2	3	5
	B	2	4	6
	总计	4	7	11

注意到交叉列表方法把一个大的数据集缩减为只有几行和几列（确切的行列数取决于每个变量可取值的数量）。

为了确定"公司"和"准时发货"之间是否存在关联，可基于下列假设进行卡方检验：

H_0："公司"和"准时发货"之间没有关联

H_a："公司"和"准时发货"之间存在关联

回想一下卡方公式10-1，为了计算卡方检验统计量，我们需要先计算期望值。每个单元格的期望频次的通式是：

$$E_{ij} = \frac{T_i - T_j}{N} \quad (10\text{-}5)$$

式中，E_{ij}为第i行、第j列对应单元格的期望频次；T_i是第i行计数的总和，T_j是第j列计数的总和；N是表中计数的总数。

期望频率计算如下：

		准时		总计
		Y	N	
公司	A	$\frac{5\times4}{11}=1.8181$	$\frac{5\times7}{11}=3.8181$	5
	B	$\frac{6\times4}{11}=2.1818$	$\frac{6\times7}{11}=3.8181$	6
	总计	4	7	11

每个单元格的卡方值计算如下：

		准时		总计
		Y	N	
公司	A	$\frac{(1.8181-2)^2}{1.8181}=0.01818$	$\frac{(3.1818-2)^2}{3.1818}=0.010389$	5
	B	$\frac{(2.8181-2)^2}{2.8181}=0.01525$	$\frac{(3.8181-2)^2}{3.8181}=0.008658$	6
	总计	4	7	11

卡方检验统计量是每个单元格值的和，即 0.05238。

自由度等于 $(r-1)\times(c-1)$，其中，r 是行数，c 是列数。因此，上述问题的自由度是 $(2-1)\times(2-1)=1$。在 5% 置信水平下，卡方临界值是 3.84。假如检测统计量（0.0513）不大于或者登记临界值（3.84），我们便不能拒绝零假设。即，"公司"和"准时发货"之间没有关联。

在 R 中，利用包"rpivotTable"能很容易地实现交叉列表分析。下面的指令将给出交叉制表的流程。

```
library(rpivotTable)
rpivotTable(Data,rows = "Carrier", cols = c("On-Time"))
```

卡方检验的结果可以利用下面的 R 指令获得。

```
result <- xtabs(~Carrier + On-Time, Data)
summary(result)
Call: xtabs(formula = ~Carrier + On-Time, data = Data)
Number of cases in table: 11
Number of factors: 2
Test for independence of all factors:
    Chisq = 0.05238, df = 1, p-value = 0.819
    Chi-squared approximation may be incorrect
```

可以看到，卡方检验统计量和自由度与我们的计算值一致。注意，由于样本量小，R 发出警告，检验结果可能无效。

10.3 数据预测分析

10.3.1 双变量分析

上述章节说明了交叉列表分析用来确定两个变量之间是否存在关联或者关系。如果建立了一种关系，通常的做法是将这种关系用于预测。通常假设这种关系是线性的。这个假设提供了一组方便且易于处理的方程，称为简单线性回归。

$$y = b_0 + b_1 x \tag{10-6}$$

式中，y 是因变量；x 是自变量；b_0 为截距；b_1 是回归线的斜率。

b_0 和 b_1 的计算公式如下

$$b_0 = \bar{y} - b_1 \bar{x} \tag{10-7}$$

$$b_1 = \frac{SS(xy)}{SS(x)} \tag{10-8}$$

式中，$SS(xy)$ 和 $SS(x)$ 的定义如下

$$SS(xy) = \sum xy - \frac{(\sum x)(\sum y)}{n} \tag{10-9}$$

$$SS(x) = \sum x^2 - \frac{(\sum x)^2}{n} \tag{10-10}$$

例 10.3

大都市规划机构可以从 ITS 启用的综合货运数据库访问以下数据，这些数据包含有关在海港附近经营的不同运输公司的船队规模和行程的信息。利用调查数据建立可用货车数量与一天内的港口航运次数之间的线性关系，并利用这种关系预测一家新的具有 10 辆货车的运输公司将进行多少次港口运输。

出于规划的目的，客户希望分析其分包商的性能。下表提供了 A 或 B 公司是否准时交货的数据（Y = Yes, N = No）。

运输公司	港口运输次数/天	可用货车数量
1	3	4
2	1	2
3	2	3
4	4	4
5	3	2
6	2	4
7	6	8
8	4	6
9	5	6
10	2	2

解决方案

$SS(x)$ 的计算如下：

港口运输次数 / 天	可用货车数量	x^2	xy
3	4	16	12
1	2	4	2
2	3	9	6
4	4	16	16
3	2	4	6
2	4	16	8
6	8	64	48
4	6	36	24
5	6	36	30
2	2	2	4
$\sum = 32$	$\sum = 41$	$\sum = 205$	$\sum = 156$

$$SS(x) = \sum x^2 - \frac{(\sum x)^2}{n} = 205 - \frac{(41)^2}{10} = 36.9$$

$$SS(xy) = \sum xy - \frac{(\sum x)(\sum y)}{n} = 156 - \frac{(41)(32)}{10} = 24.8$$

$$b_1 = \frac{SS(xy)}{SS(x)} = \frac{24.8}{36.9} = 0.6721$$

$$b_0 = \bar{y} - b_1 \bar{x} = \frac{32}{10} - (0.6721)\left(\frac{41}{10}\right) = 0.4444$$

因此，描述可用货车数量与一天内的港口航运次数之间的线性关系的方程是

$$y = 0.4444 + 0.6721x$$

为了预测新的运输公司的港口运输次数，把 $x = 10$ 代入上式。即是

$$y = 0.4444 + 0.6721(10) = 7.1653$$

下面的 R 命令可用于获得示例 10.3 中问题的简单线性回归模型。

```
port_trips <- c(3, 1, 2, 4, 3, 2, 6, 4, 5, 2)
trucks_avail <-c(4, 2, 3, 4, 2, 4, 8, 6, 6, 2)
linear_model <- lm(port_trips ~ trucks_avail)
summary(linear_model)
Call:
lm(formula = port_trips ~ truck_avail)
Residuals:
```

```
    Min     1Q  Median      3Q     Max
-1.13279 -0.47290  0.02304  0.44512  1.21138
Coefficients:
           Estimate Std. Errort  value Pr(>|t|)
(Intercept) 0.4444   0.5852    0.759 0.469391
truck_avail 0.6721   0.1293    5.199 0.000823 ***
Signif. codes: 0 '***' 0.001 '**' 0.01 '*' 0.05 '.' 0.1 ' ' 1
Residual standard error: 0.7852 on 8 degrees of freedom
Multiple R-squared: 0.7717,  Adjusted R-squared: 0.7431
F-statistic: 27.03 on 1 and 8 DF,  p-value: 0.0008229
```

可以看到，R 生成的 b_0 和 b_1 的值与我们的计算值一致。

如果可用的货车数量为 10 辆，则使用简单回归模型来预测港口运次，可以使用以下 R 命令。

```
newdata = data.frame(trucks_avail=10)
predict(linearmodel, newdata)
```

结果是 7.1653，它与我们的计算结果一致。

直线与数据的拟合程度可用 R^2 值，即决定系数，来确定。R^2 的取值范围从 0 到 1，其中 1 对应一个完美的模型。决定系数的定义如下

$$R^2 = \frac{SS(y) - SSE}{SS(y)} = 1 - \frac{SSE}{SS(y)} \tag{10-11}$$

式中，SSE 是点到最小二乘法直线的平方偏差之和，$SS(y)$ 定义如下

$$SS(y) = \sum y^2 - \frac{(\sum y)^2}{n} \tag{10-12}$$

例 10.3 估计的简单回归模型的决定系数的计算留给读者作为练习。

通常，为了度量线性关系的强度，可使用 Pearson's 相关分析系数。它的定义如下：

$$r = \frac{SS(xy)}{\sqrt{SS(x)SS(y)}} \tag{10-13}$$

Pearson's 相关系数 r 的性质：
① r 的取值范围为 [-1, 1]。
② r 与 b_1 的符号一致，即最小二乘直线的斜率。
③ 当数据点落在斜率为正的直线附近时，r 接近 1。
④ 当数据点落在斜率为负的直线附近时，r 接近 -1。
⑤ 如果所有的数据点都恰好落在斜率为正的直线上，则 $r = +1$。
⑥ 如果所有的数据点都恰好落在斜率为负的直线上，则 $r = -1$。
⑦ 当 r 接近 0 时，表示 y 和 x 之间几乎没有线性关系。

例 10.4
验证 Pearson's 相关系数的平方根与例 10.3 中决定系数的值相等。
解决方案
$SS(x)$ 和 $SS(xy)$ 在例 10.3 中已被计算。

$$SS(x) = \sum x^2 - \frac{(\sum x)^2}{n} = 205 - \frac{(41)^2}{10} = 36.9$$

$$SS(xy) = \sum xy - \frac{(\sum x)(\sum y)}{n} = 156 - \frac{(41)(32)}{10} = 24.8$$

$SS(y)$ 计算如下：

$$SS(y) = \sum y^2 - \frac{(\sum y)^2}{n} = 124 - \frac{(32)^2}{10} = 21.6$$

应用公式 10-13，得：

$$r = \frac{SS(xy)}{\sqrt{SS(x)SS(y)}} = \frac{24.8}{\sqrt{(36.9)(21.6)}} = 0.8784$$

因此，$r^2 = 0.7717$，它与决定系数相等。

10.3.2 多变量分析

在货物多式联运应用中，兴趣变量（因变量）通常与 2 个或者更多的解释变量相关联。在这种情况下，我们使用一个多元回归模型来取代简单的回归模型。具有两个解释变量的多元回归模型的形式如下

$$y = b_0 + b_1 x_1 + b_2 x_2 \tag{10-14}$$

式中，b_0 是 y 轴方向上的截距；b_1 是 x_1 发生 1 单位变化时 y 的变化；b_2 是 x_2 发生 1 单位变化时 y 的变化。

b_0，b_1 和 b_2 可通过下式计算

$$b_1 = \left(\frac{r_{y,x_1} - r_{y,x_2} r_{x_1,x_2}}{1 - \left(r_{x_1,x_2}\right)^2}\right)\left(\frac{SD_y}{SD_{x_1}}\right) \tag{10-15}$$

$$b_2 = \left(\frac{r_{y,x_2} - r_{y,x_1} r_{x_1,x_2}}{1 - \left(r_{x_1,x_2}\right)^2}\right)\left(\frac{SD_y}{SD_{x_2}}\right) \tag{10-16}$$

$$b_0 = \bar{y} - b_1 \bar{x}_1 - b_2 \bar{x}_2 \tag{10-17}$$

式中，SD 代表标准差；r 为变量间的相关系数。相关系数的计算公式如下

$$r_{y,x_1} = \frac{n\sum y \times x_1 - \sum y \sum x_1}{\sqrt{n\sum x_1^2 - (\sum x_1)^2}\sqrt{n\sum y^2 - (\sum y)^2}} \qquad (10\text{-}18)$$

$$r_{y,x_2} = \frac{n\sum y \times x_2 - \sum y \sum x_2}{\sqrt{n\sum x_2^2 - (\sum x_2)^2}\sqrt{n\sum y^2 - (\sum y)^2}} \qquad (10\text{-}19)$$

$$r_{x_1,x_2} = \frac{n\sum x_1 \times x_2 - \sum x_1 \sum x_2}{\sqrt{n\sum x_1^2 - (\sum x_1)^2}\sqrt{n\sum x_2^2 - (\sum x_2)^2}} \qquad (10\text{-}20)$$

例 10.5

利用终端摄像头和图像处理技术,货运公司能够在海运集装箱码头的入口处获得如下数据。使用这些数据建立多元线性回归模型,货车排队时间作为因变量,入口处理时间和排队长度作为解释变量。然后用建立的模型预测 6 辆货车的排队序列且入口处理时间为 5min 情况下的货车排队时间。

排队长度 / 货车数量	入口处理时间 /min	货车排队时间 /min
1	2	2
3	2	5
2	3	7
4	8	15
2	4	10

解决方案

计算变量的均值和标准差,如下:

变量	均值	标准差
货车排队时间(y)	7.8	4.9699
排队长度(x_1)	2.4	1.1402
入口处理时间(x_2)	3.8	2.4900

随后,按如下方式计算相关值。

y	x_1	x_2	y^2	x_1^2	x_2^2	$y*x_1$	$y*x_2$	x_1*x_2
2	1	2	4	1	2	2	4	2
5	3	2	25	9	2	15	10	6
7	2	3	49	4	9	14	21	6
15	4	8	225	16	64	60	120	32
10	2	4	100	4	16	20	40	8
$\sum = 39$	$\sum = 12$	$\sum = 19$	$\sum = 403$	$\sum = 34$	$\sum = 97$	$\sum = 111$	$\sum = 195$	$\sum = 54$

应用公式（10-18）~（10-20）（计算变量间的相关值），可得

$$r_{y,x_1} = \frac{5 \times 111 - 39 \times 12}{\sqrt{5 \times 34 - (12)^2}\sqrt{5 \times 403 - (39)^2}} = 0.7677$$

$$r_{y,x_2} = \frac{5 \times 111 - 39 \times 19}{\sqrt{5 \times 97 - (19)^2}\sqrt{5 \times 403 - (39)^2}} = 0.9444$$

$$r_{x_1,x_2} = \frac{5 \times 54 - 12 \times 19}{\sqrt{5 \times 34 - (12)^2}\sqrt{5 \times 97 - (19)^2}} = 0.7397$$

回归系数的计算如下

$$b_1 = \left(\frac{0.7677 - 0.9455 \times 0.7397}{1 - (0.7397)^2}\right)\left(\frac{4.9699}{1.1402}\right) = 0.6575$$

$$b_2 = \left(\frac{0.9455 - 0.7677 \times 0.7397}{1 - (0.7397)^2}\right)\left(\frac{4.9699}{2.4900}\right) = 1.6644$$

$$b_0 = 7.8 - 0.6575 \times 2.4 - 1.6644 \times 3.8 = -0.1027$$

最终，基于公式（10-14），得

$$y = -0.1027 + 0.6575x_1 + 1.6644x_2$$

为了预测货车排队时间，把 $x_1 = 6$ 和 $x_2 = 5$ 代入上式即可。得

$$y = -0.1027 + 0.6575 \times 6 + 1.6644 \times 5 = 12.1643 \text{（min）}$$

下面的 R 代码可以用来获得例 10.5 问题的多元线性回归模型。

```
queue_length <- c(1,3,2,4,2)
gate_time <- c(2,2,3,8,4)
queueing_time <- c(2,5,7,15,10)
mreg <- lm(queueing_time ~ queue_length + gate_time)
summary(mreg)
Call:
lm(formula = queueing_time ~ queue_length + gate_time)
Residuals:
1       2       3       4       5
-1.8836 -0.1986  0.7945 -0.8425  2.1301
Coefficients:
             Estimate Std. Error t value Pr(>|t|)
(Intercept)  -0.1027     2.4883   -0.041   0.971
```

```
queue_length    0.6575      1.4177    0.464  0.688
gate_time       1.6644      0.6492    2.564  0.124
Residual standard error: 2.176 on 2 degrees of freedom
Multiple R-squared: 0.9042, Adjusted R-squared: 0.8084
F-statistic: 9.438 on 2 and 2 DF, p-value: 0.09581
```

可以看到，R 语言计算的 b_0、b_1 和 b_2 和我们计算的一致。

为了用上述模型预测入口处理时间为 5min 排队长度为 6 的货车排队时间，可以使用下面的 R 代码。

```
newdata = data.frame(gate_time = 5, queue_length = 6)
predict(mreg, newdata)
```

结果等于 12.1643，这与我们的计算值一致。

针对超过两个解释变量的问题，使用解析方程确定多元线性回归模型的系数可能会很繁琐。在实际中，统计软件是获取模型系数和确定系数的选择方法，如 R。在 R 中，添加另一个解释变量非常简单。只需要再加上一个加号和变量名。例如，假设例 10.5 中存在第三个解释变量：transaction type，则有三个变量的 R 指令如下：

```
mreg <- lm(queueing_time ~ queue_length + gate_time + transaction_type)
```

10.3.3 模糊变量回归

尽管多元回归能够应用于各种各样的问题，但也有不适用的情况。这些情况包括：①样本数据过小；②误差不是正态分布；③解释变量和因变量之间的关系是模糊的；④与被建模事件关联的模糊性；⑤线性假设不适用。模糊回归能够用于这些情况。它以模糊集理论为基础，由 Tanaka 等[7]在 1982 年提出。模型中的观测值与预测值之间的偏差反映了数据模式的模糊性。数据的模式由模型的模糊参数表示，它可以用线性规划求解。线性规划的目的是在一定程度的隶属度拟合约束下使模糊偏差最小化。假设一个案例，因变量为 y，解释变量为 x_1 和 x_2。X_p 和 x_p 的关系是 $X_p = x_{ip}$，$p = 0, 1, 2$；$i = 1, \cdots, n$。模糊回归模型可表示为

$$\tilde{y} = \tilde{A}_0 X_0 + \tilde{A}_1 X_1 + \tilde{A}_2 X_2 \tag{10-21}$$

式中，$\tilde{A}_0$，$\tilde{A}_1$ 和 $\tilde{A}_2$ 是模糊系数；$X_0 = x_{i0} = 1$，$X_1 = x_{i1}$，$X_2 = x_{i2}$；$i = 1, \cdots, n$，n 是观测值的总数。

用模糊中心（a_k）和半径（c_k）表示每个模糊值，则有

$$\langle y_\alpha, y_c \rangle = \langle \alpha_0, c_0 \rangle + \langle \alpha_1, c_1 \rangle X_1 + \langle \alpha_2, c_2 \rangle X_2 \tag{10-22}$$

用线性规划求解模糊参数，如下：

最小化

$$Z = c_0 \sum_{i=1}^{n} x_{i0} + c_1 \sum_{i=1}^{n} x_{i1} + c_2 \sum_{i=1}^{n} x_{i2} \tag{10-23}$$

约束为

$$\sum_{k=0}^{2}\alpha_k x_{ik} + (1-h)\sum_{k=0}^{2}c_k x_{ik} \geq y_i, \forall i=1,\ldots,n \qquad (10\text{-}24)$$

$$\sum_{k=0}^{2}\alpha_k x_{ik} - (1-h)\sum_{k=0}^{2}c_k x_{ik} \leq y_i, \forall i=1,\ldots,n \qquad (10\text{-}25)$$

式中，$c_k \geq 0$；$\alpha_k \in R$；$x_{i0}=1$；$0 \leq h \leq 1$，h 为确定因子。

通过线性规划可获得 α_k 和 c_k。将它们代入公式（10-23）即可进行预测。

例 10.6
把模糊回归应用在例 10.5 中的数据上。

解决方案
应用线性规划，确定因子 $h=0.9$，则有：
最小化

$$Z = c_0\sum_{i=1}^{n}x_{i0} + c_1\sum_{i=1}^{n}x_{i1} + c_2\sum_{i=1}^{n}x_{i2} = 5c_0 + 12c_1 + 19c_2$$

约束为

$$\alpha_0 + \alpha_1 + 2\alpha_2 + (1-0.9)(c_0 + c_1 + 2c_2) \geq 2$$

$$\alpha_0 + \alpha_1 + 2\alpha_2 - (1-0.9)(c_0 + c_1 + 2c_2) \leq 2$$

$$\alpha_0 + 3\alpha_1 + 2\alpha_2 + (1-0.9)(c_0 + 3c_1 + 2c_2) \geq 5$$

$$\alpha_0 + 3\alpha_1 + 2\alpha_2 - (1-0.9)(c_0 + 3c_1 + 2c_2) \leq 5$$

$$\alpha_0 + 2\alpha_1 + 3\alpha_2 + (1-0.9)(c_0 + 2c_1 + 3c_2) \geq 7$$

$$\alpha_0 + 2\alpha_1 + 3\alpha_2 - (1-0.9)(c_0 + 2c_1 + 3c_2) \leq 7$$

$$\alpha_0 + 4\alpha_1 + 8\alpha_2 + (1-0.9)(c_0 + 4c_1 + 8c_2) \geq 15$$

$$\alpha_0 + 4\alpha_1 + 8\alpha_2 - (1-0.9)(c_0 + 4c_1 + 8c_2) \leq 15$$

$$\alpha_0 + 2\alpha_1 + 4\alpha_2 + (1-0.9)(c_0 + 2c_1 + 4c_2) \geq 10$$

$$\alpha_0 + 2\alpha_1 + 4\alpha_2 - (1-0.9)(c_0 + 2c_1 + 4c_2) \leq 10$$

$$c_0, c_1, c_2 \geq 0$$

$$\alpha_0, \alpha_1, \alpha_2 \in R$$

上述的线性规划可使用 R 程序包 "lpSolveAPI" 解决。下面的 R 代码可用来获得决策变量（α_k 和 c_k）

```
library(lpSolveAPI)
lp.truck <- make.lp(0,6)
lp.control(lp.truck, sense = "min")
set.objfn(lp.truck, c(0, 0, 0, 5, 12, 19))
add.constraint(lp.truck, c(1, 1, 2, 0.1, 0.1, 0.2), ">=", 2)
add.constraint(lp.truck, c(1, 1, 2, -0.1, -0.1, -0.2), "<=", 2)
add.constraint(lp.truck, c(1, 3, 2, 0.1, 0.3, 0.2), ">=", 5)
add.constraint(lp.truck, c(1, 3, 2, -0.1, -0.3, -0.2), "<=", 5)
add.constraint(lp.truck, c(1, 2, 3, 0.1, 0.2, 0.3), ">=", 7)
add.constraint(lp.truck, c(1, 2, 3, -0.1, -0.2, -0.3), "<=", 7)
add.constraint(lp.truck, c(1, 4, 8, 0.1, 0.4, 0.8), ">=", 15)
add.constraint(lp.truck, c(1, 4, 8, -0.1, -0.4, -0.8), "<=", 15)
add.constraint(lp.truck, c(1, 2, 4, 0.1, 0.2, 0.4), ">=", 10)
add.constraint(lp.truck, c(1, 2, 4, -0.1, -0.2, -0.4), "<=", 10)
set.bounds(lp.truck, lower=c(-Inf, -Inf, -Inf), upper=c(Inf, Inf, Inf), columns=1:3)
set.bounds(lp.truck, lower=c(0, 0, 0), upper=c(Inf, Inf, Inf), columns=4:6)
solve(lp.truck)
get.objective(lp.truck)
get.variables(lp.truck)
```

在最优情况下，决策变量为：

$\alpha_0 = -2.333$

$\alpha_1 = 1.5$

$\alpha_2 = 1.875$

$c_0 = 0$

$c_1 = 0$

$c_2 = 4.583$

因此，模糊回归的系数如下：

$\alpha_0 - c_0 = -2.333$

$\alpha_1 - c_1 = 1.5$

$\alpha_2 - c_2 = -2.708$

$\alpha_0 + c_0 = -2.333$

$\alpha_1 + c_1 = 1.5$

$\alpha_2 + c_2 = 6.458$

模糊回归模型并不是给出一个具体的排队时间值，而是排队时间的范围。让 $x_1 = 6$，$x_2 = 5$，排队时间预测值的下限是 $-2.333 + 1.5(6) - 2.708(5) = -6.873$ min，排队时间预测值的上限是 $-2.333 + 1.5(6) + 6.458(5) = 38.957$ min。注意，预测值没有规定的界限；因此，最小预测值可能是负数。

为了将上述预测值与多元线性回归预测值进行比较，可以使用该方法的平均预测值（预测范围的中值）。对于本例，货车的平均排队时间为 16.04min。

10.4 章节总结与结论

运输规划人员和分析人员需要具备数据分析技术,以便能够理解和可视化货物多式联运的数据。本章介绍了常用的技术:数据闭合、交叉列表、线性回归和模糊回归。这些技术涵盖了单变量、双变量及多变量分析的整个范围。除了通过相对简单的例子说明如何应用这些技术外,本章节还展示了如何使用 R 软件应用这些技术。还为那些希望将这些技术应用于更复杂问题的人提供了额外的练习。

目前的通信和信息技术及 ITS 系统使第三方物流供应商、货车运输公司、铁路、海洋运输公司和终端运营商能够合作,提供从起点到目的地的成本效益高、效率高的货运服务。信息共享的机会将改善地方和区域的多式联运业务。然而,由于数据源很大,并且以不同的格式、分辨率和时间尺度存在,这也将对相关部门构成挑战。为了在未来的ITS 赋能的多式联运货物运输系统中取得成功,相关者将需要应用本章讨论的数据分析技术。

10.5 习题

1. 对例 10.1 中的数据进行 A-D 检验。

2. 下表给出了码头运营商对确定货车在入口处的排队时间是否与天气有关的调查结果。货车排队时间分为 L(低于 30min)或者 H(不低于 30min),天气分为 N(无雨)、L(小雨)和 H(大雨)。请确定货车排队时间是否与天气有关。

编号	时间	天气	编号	时间	天气	编号	时间	天气
1	L	L	18	L	L	35	L	L
2	L	N	19	H	N	36	H	L
3	L	N	20	H	H	37	L	M
4	L	N	21	H	N	38	L	H
5	H	M	22	H	M	39	H	L
6	H	H	23	H	L	40	H	L
7	L	M	24	H	H	41	H	L
8	L	L	25	H	L	42	L	N
9	L	H	26	L	M	43	H	L
10	H	H	27	L	L	44	H	M
11	H	H	28	H	H	45	L	N
12	L	N	29	H	N	46	L	L
13	L	H	30	H	M	47	H	M
14	H	L	31	H	M	48	L	H
15	L	N	32	L	L	49	H	N
16	H	L	33	H	M	50	H	H
17	L	L	34	L	L			

3. 计算例 10.3 中估计的简单回归模型的决定系数（R^2）。

4. 一类铁路公司希望确定一个多式联运集装箱的总运输成本与解释变量之间的关系。解释变量包括：运输距离、多式联运次数和货物所需交付时间。10 种不同类型货物的数据如下表所示。

货物	总运输成本/（$1000/集装箱）	运输距离 /mile	运输次数	所需交付时间 / 天
1	5.0	500	2	7
2	4.8	550	2	7
3	6.5	600	3	14
4	6.5	650	3	7
5	5.3	550	2	14
6	6.5	700	4	7
7	7.0	800	4	7
8	6.8	600	2	14
9	7.5	700	3	7
10	5.7	550	2	7

（1）写出多元回归模型；（2）估计决定系数（R^2）；（3）使用开发的模型来预测一个联运集装箱的运输成本，该集装箱在 14 天内通过 3 次联运运输 700mile。

5. 使用习题 10.4 中的数据建立一个模糊回归模型，其中因变量为总运输成本，解释变量为运输距离和运输次数。

10.6 习题答案

1. A^2 = 0.21197206, critical value = 0.740230338.
2. χ^2 = 3.28556, critical value = 7.81.
3. R^2 = 0.7717.
4. (1) Costs = −0.4836 + 0.0110*Distance−0.2957*Transfer + 0.0684*Delivery time; (2) 0.73; and (3) $7286.21/container.
5. α_0 = 0.36, α_1 = 0.0088, α_2 = 0.19, c_0 = 7.8, c_1 = 0, and c_2 = 0.

参考文献

[1] Research and Innovative Technology Administration, Bureau of Transportation Statistics, Freight Transportation: Global Highlights, 2010, Publication BTS. US Department of Transportation, Washington, DC, 2010.
[2] E. Strocko, M. Sprung, L. Nguyen, C. Rick, J. Sedor, (Publication FHWA-HOP-14-004) Freight Facts and Figures 2013, FHWA, US Department of Transportation, 2013.

[3] A.M. Law, W.D. Kelton, Simulation Modeling and Analysis, third ed., McGraw-Hill Book Company, New York, NY, 2000.
[4] T.W. Anderson, D.A. Darling, A Test of Goodness of Fit, Am. Stat. Assoc. J. 49 (268) (1954) 765−769.
[5] Jankauskas, L (1996). BestFit, distribution fitting software by Palisade Corporation, in: J.M. Charnes, D.J. Morrice, D.T. Brunner, J.J. Swain (Eds.), Proceedings of the Winter Simulation Conference.
[6] Ricci, V (2005). Fitting distributions with R. R project web site. <http://cran.r-project.org/doc/contrib/Ricci-distributions-en.pdf>, 2010. (accessed 15.05.10).
[7] H. Tanaka, S. Uejima, K. Asai, Linear regression analysis with fuzzy model, IEEE Transac. Syst. Man Cybernet. Soc. 12 (6) (1982) 903−907.

第 11 章 Chapter

交通领域的社交媒体数据

11.1 社交媒体数据简介

社交媒体正迅速地变得无处不在。一项调查表明,89% 的美国人使用互联网,72% 使用手机,在发达国家中这组数字相当可观[1]。此外,这些技术正在发展中国家快速传播。另外,这些技术的大多数用户使用它们来参与社交媒体。Pew 研究中心的数据显示,全球 76% 的互联网用户参与社交媒体,这个比例在很多发展中国家中甚至更高。因此,多样的社交媒体平台增强了数百万或数十亿的用户的实时互动。

社交媒体的定义要比某些特定的正式社交网站(如 Twitter、Facebook 或 LinkedIn)宽泛得多。通俗来说,通过用户互动提供任何种类社会经验的任何网站或者应用都可以视为社交网络。例如,不被正式称为社交网络的网站(如 Flickr 或者 Youtube),但允许社交互动,可能也被视为社交媒体。同样地,许多互联网驱动的基于手机的聊天应用程序也允许社交互动。

随着时间迁移,在线社交平台作为一种共享数据的方式已经被全球公众所接受,因为这些平台对可以负担得起的信息发布几乎没有限制[2]。人们通过社交媒体分享个人想法/情感,日常活动信息以及在线图片/视频,企业分享广告,消费者分享产品评价。此外,对突发新闻和政治评论的分析也会定期发布在社交网站上。在某种程度上,由于可以从社交媒体获取有价值的信息而不受地点限制,社交媒体数据被广泛应用于不同的领域,包括政治竞选、组织群众运动、灾难和危机应对以及救灾协调[3]。

社交媒体在交通运输中的作用越来越大。美国联邦、州和地方交通机构越来越多地使用社交媒体来传播交通和建设信息。展望未来,社交媒体可能会给交通规划和工程的许多方面带来革命性的变化,由于它能实时或近乎实时地产生大量的数据。研究学者已经开始挖掘社交媒体数据和众包数据用于多样的交通工程应用,如对计划内或计划外事件的交通预测、交通事故检测和交通状态评估[4]。多项研究表明,社交媒体数据在扩展甚至取代公共机构使用的传统交通数据收集平台方面是可行的[4, 5]。最近的一份交通合作研究项目报告确定了社交媒体在交通运营中的五种最佳用途:①实时时刻表更新;②服务信息;③消费者反馈收集;④员工敬业度;⑤使用社交媒体作为娱乐媒体[6]。本章也总结了有效使用社交媒体所面临的主要挑战，如社会数据分析专家的缺乏，找到合适的在线参与协议的需要，网络安全问题以及用户个人隐私问题。所有问题都必须解决以最大化社交媒体数据源的潜能。本章概述了社交媒体数据在交通运输领域的最新应用，分为以下6节。第11.2节介绍社交媒体数据的特征，第11.3节回顾最新的社交媒体数据分析工具和算法，第11.4节简要概述了社交媒体在交通领域中的新兴应用，第11.5节概括了未来的研究挑战和可能的解决方案，第11.6节为本章总结与结论。

11.2 社交媒体数据特征

为了利用各种社交媒体平台产生的数据，我们需要理解数据的特征。虽然存在各种各样的社交媒体平台，但只有那些支持特定种类的社会活动的才适用于交通应用。例如LinkedIn，一个高度成功地促进计算机网络设计的专业环境，将不会成为合适的交通信息来源。另一方面，Twitter或者Facebook是支持自发和异构内容的平台，它们能够被挖掘来支持交通应用。

社交媒体"大数据"的定性和定量的特征包括数量、速度、准确性、多样性和价值。为依次示例说明，我们提供了一个样本tweet。它是通过在Twitter的流式API上追踪"交通事故"这个词而创建的实时集合的一部分。

例 11.1

一条通过跟踪"交通事故"关键字获得的推文。

{"created_at":"Fri Jun 24 14:51:58 +0000 2016","id":746355191134359552,"id_str":"746355191134359552","text":"**Accident cleared on Crescent Cty Connection NB at US-90 #traffic #NOLA https:\/\/t.co\/9is45BqHqI**","source":"\u003ca href = \"http:\/\/www.sigalert.com\/Map.asp?region = New + Orleans\"rel = \"nofollow\"\u003eTTN NO traffic\u003c\/a\u003e","truncated":false,"in_reply_to_status_id":null,"in_reply_to_status_id_str":null,"in_reply_to_user_id":null,"in_reply_to_user_id_str":null,"in_reply_to_screen_name":null,"user":{"id":249850238,"id_str":"249850238","name":"TTN New Orleans","screen_name":"TotalTrafficNO","location":"New Orleans, LA","url":"http:\/\/www.totaltraffic.com","description":"If you see traffic problems call (504) 620-1000","protected":false,"verified":false,"followers_count":4122,"friends_count":316,"listed_count":115,"favourites_count":39,"statuses_count":40835,"created_at":"Wed Feb 09 22:32:34 +0000 2011","utc_offset":-18000,"time_zone":"Central Time (US & Canada)","geo_enabled":true,"lang":"en","contributors_enabled":false,"is_translator":false,"profile_background_color":"C0DEED","profile_background_image_url":"http:\/\/abs.twimg.com\/images\/themes\/theme1\/bg.png","profile_background_image_url_https":"https:\/\/abs.twimg.com\/images\/themes\/theme1\/bg.png","profile_background_tile":false,"profile_link_color":"0084B4","profile_sidebar_border_color":"C0DEED","profile_sidebar_fill_color":"DDEEF6","profile_text_color":"333333","profile_use_background_image":true,"profile_image_url":"http:\/\/pbs.twimg.com\/profile_images\/439097660549500928\/vnN84gOJS_normal.png","profile_image_url_https":"https:\/\/pbs.twimg.com\/profile_images\/439097660549500928\/vnN84gOJS_normal.png","default_

> profile":true,"default_profile_image":false,"following":null,"follow_request_sent":null,"notifications":null},"geo":{"type":"Point","coordinates":[29.95058,-90.08514]},"coordinates":{"type":"Point","coordinates":[-90.08514,29.95058]},"place":{"id":"dd3b100831dd1763","url":"https:\/\/api.twitter.com\/1.1\/geo\/id\/dd3b100831dd1763.json","place_type":"city","name":"New Orleans","full_name":"New Orleans, LA","country_code":"US","country":"United States","bounding_box":{"type":"Polygon","coordinates":[[[-90.137908,29.889574],[-90.137908,30.075628],[-89.884108,30.075628],[-89.884108,29.889574]]]},"attributes":{}},"contributors":null,"is_quote_status":false,"retweet_count":0,"favorite_count":0,"entities":{"hashtags":[{"text":"traffic","indices":[56,64]},{"text":"NOLA","indices":[65,70]}],"urls":[{"url":"https:\/\/t.co\/9is45BqHqI","expanded_url":"http:\/\/bit.ly\/17huQb8","display_url":"bit.ly\/17huQb8","indices":[71,94]}],"user_mentions":[],"symbols":[]},"favorited":false,"retweeted":false,"possibly_sensitive":false,"filter_level":"low","lang":"en","timestamp_ms":"1466779918832"}

11.2.1 数量和更新速度

个人使用移动设备所产生的社交数据通信通常很短。一条 tweet 限制在 140 词以内，根据实现的不同，这大约等于 200B。植入到 Twitter 和 Facebook 内的图片或视频通常被按比例缩小，以保证它们能被轻易地通过无线连接在移动设备上看到。我们还将留言板和论坛作为社交媒体的形式：论坛和留言板中的纯文本通常少于一页的长度或只有几千字节的大小。但是，社交媒体交互的频率非常高且形式多样（如文本信息、图片和链接）。社交媒体的数量，从大数据浪潮开始时就被人为是理所当然的"大"[7]，来源于数百万的参与者积极地在线上产出并传播社交内容这一事实。例如，据 Twitter 在 2013 年的 IPO 归档报道，月活动用户超过 2 亿，他们每天发出 5 亿条推文，数量惊人[8]。这相当于每天至少 100GB 的核心内容。此外，对于用于交通运输中的推文，它们需要被包装并转化为 JSON 格式的文档。如例 11.1 所示，与整个推文的大小相比，突出的 200B 的核心内容是极小的。相比之下，核心内容的速率高于 Dhaka 和 Nairobi 等发展中城市的日常 GPS 采样率[9]，而由于 JSON 格式推文的完整大小，实际的流媒体速率将会高出几倍。

11.2.2 真实性

由于社交媒体数据是由个人创造的，它们所传达信息的准确性和一致性具有一定的不确定性。这种不确定性可能来自多种原因。它可能是一些单词（如街道名称）拼写方式的不同，尤其是推特上 140 个字符的限制。例如，"I-85 高速公路"可能被拼写成"I-85""I85""i85"或"i-85"。如例 11.1 所示，"Crescent City Connection"这个位置在推文中写作"Crescent Cty Connection"。因为 Twitter 的 API 跟踪器只支持直接的案例敏感匹配，这方面的准确性可能导致无法收集所有的相关数据。另一个导致潜在的不确定性和不精确性的原因是无意地传播错误信息（由于缺乏来自发推人的直接信息，或者只是拼写错误）。人们希望随着时间的迁移错误信息能被其他社交媒体参与者纠正。然后，应该值得注意的是如果发布原始错误信息的人是个有影响力的用户，那就难以期望通过社会团体得以更正。他们理所当然地信任有影响力的用户，除非有影响力的用户本人做出更正。

11.2.3 变化性

社交媒体的异质性源于两个主要原因：数据自身的内容多样性和数据结构的形式多样性。尽管 Twitter 官方支持纯文本信息，但后端框架运行嵌入可以通过 Twitter 应用程序查看的图片和视频。从数据挖掘的角度看，这意味着依赖 Twitter 数据的应用将需要有能力区分只包含文本的推文和包含指向其他资源链接的推文，其可能是更多的文本（外部网页）、图片或视频。异质性的第二个原因是社交媒体格式本身的多样性，这导致了传播内容所需的数据结构格式的差异。可以通过查看一个 Twitter 的 JSON 对象的整体结构观察到这一点[10]，其中有些属性已经过时或者尚未激活。此外，不同的社交媒体平台有各种各样的形式，包括照片和视频分享、博客、微博、社交网站、社会新闻和维基百科[11]，它们具有不同的数据结构。因此，任何需要集成多源数据的应用都不得不解决这种异质性问题。

11.2.4 价值

社交媒体的价值有两种形式。首先，通过在流行的社交媒体平台上发布内容，区域和地方各级的交通部门能够参与到社交媒体活动中向公共发布新闻和实时服务警报，例如在他们管辖的范围内发布关于交通事故、道路施工或道路封闭等信息的推特或者博客。社会媒体的第二个价值来自于它提供实时或近乎实时数据的能力，以协助交通事故检测和管理。尽管很多研究[4, 5, 12, 13]在检测这个想法的潜能，但一个广泛的调查显示，推文附带的地理位置信息缺乏给相关数据提取带了巨大的挑战[14]。在 Twitter 中，为了确保隐私，地理定位功能默认是禁用的。只有通过分析 Twitter 提供的特殊全尺寸数据才能得到积极的结果，但是，获取这些数据的成本较高，通过公共场所获得的有限的社交媒体数据不太可能有足够的交通应用价值。需要更多的数据和数据架构来克服这个挑战。

11.3 社交媒体数据分析

大多数的社交媒体平台提供了允许有限的数据访问并进行数据挖掘研究的 API。因此，社交媒体上的数据被挖掘出来用于不同的目的，并且通常都是可行的[15]。由于用户数量庞大，企业广泛使用各种社交媒体平台来衡量市场情绪，了解公众对产品的看法，预测商业风险等。例如，社交媒体分析服务提供商 Samepoint 识别用户如何看待不同的产品，并在社交平台上讨论它们。同样地，一旦学术机构和研究中心整合了社交媒体数据分析工具，他们便能通过监听网络社区、发现社会观点、衡量公众情绪和参与社区对话来进行研究。图 11-1 展示了美国南卡莱罗那州的 Clemson 大学的研究设备，社交媒体监听中心获取并分析了社交媒体数据。Salesforce Radian6 被用于在该中心捕获多个社交媒体（例如，Facebook、Twitter、YouTube、LinkedIn、blogs 和其他在线社区）的超过 1.5 亿的对话源。该中心利用图形分析平台，从社交媒体内容中获取情感、流行话题、地理位置信息等，并利用这些信息进一步了解在线公众对高校体育运动、执法部门应急管理活动等的看法。

图 11-1　南卡莱罗那州 Clemson 大学中的社交媒体监听中心[16]

为了在交通系统的实时管理中发挥作用，社交媒体数据的交通应用将侧重于各种社会活动中的交通管理，如体育赛事或音乐会，以及交通事故、天气状况等。然而，统计数据集和社交媒体数据之间有很大的差别：相比于传统交通数据，社交媒体数据是动态的、庞大的和嘈杂的。虽然数据挖掘技术已在不同领域的静态数据集上使用多年，但海量的动态社交媒体数据需要专业工具的开发和细化来识别重要的和隐藏的用户和群体行为。

为了分析社交媒体数据，根据数据集的组织结构（例如带标签的、无标签的或者部分标签的），使用了监督和无监督的机器学习算法。基于规则的分类和决策树方法是传统的监督方法，应用于标签数据子集（称为训练数据），以识别用于对数据集进行分类的模式。另一方面，聚类方法则利用无监督算法，通常在无标签数据集之间使用相似性，对数据集进行分组。然而，为了解决社交媒体平台的内容的多样性/异质性，开发了很多不同的分析工具，如组检测工具[17, 18]、组行为分析工具[19]和影响传播识别工具[20, 21]。

社交媒体数据可以看作是图形表示，因此数学图论可以用来分析社交媒体数据。在社交媒体图中，用户被识别为顶点/节点。节点之间的关系使用图中的链接表示。然而，把海量的社交媒体数据放到一个图形结构中是一个挑战，由于它需要大量的计算机内存和处理能力。

虽然数据挖掘工具主要是由计算机科学家开发的，但由于社交媒体数据挖掘应用程序在不同学科领域的出现，针对特定领域的创新和高效的数据挖掘解决方案仍有着巨大的需求。如前所述，社交媒体数据有不同的格式，例如文本、图片和多媒体，其中文本是最常见的数据类型。因此，开发文本挖掘算法对不同的社交媒体数据分析应用至关重要。有大量的文本挖掘算法专门用于文本内容的分析或者节点之间的连锁分析，最近的一些研究开发了结合这两种分析特征的算法。

关键词搜索方法常用于分析结构化的社交媒体数据，例如表格、树和图形格式的数据。然而，将关键字搜索应用于链式文档数据集却非常复杂，因为：①考虑到文档内容和链接，精确查询语义的表达具有内在的复杂性；②为满足关键字搜索的已识别子图制定优先级排序策略的困难；③在将关键字搜索应用于大型图数据时，实现所需计算和时间效率的复杂性。对于使用复杂数据库索引方法的 XML 和关系数据集，DBX-plorer 和 DISCOVER 是两种最流行的搜索算法[22, 23]。此外，在关键字搜索中使用图的逐个链接和索引属性来识别无模式图中的子图。

通常使用文本分类算法分析文本内容对社交网络节点（即用户节点）加以标记。然而，分析社交媒体文本是极具挑战性的，因为非标准词汇的使用、标记的稀疏性（比如分布在较大的地理位置）及文本自身的噪声。分类技术还可以使用节点之间的内容和链接特性。Chakraborti 等[24]使用类似于社交媒体数据的 web 数据应用了第一个这样的组合方法。在他们的研究中，Bayesian 方法用于带标签的数据集。当节点标签缺失时，引入松弛标记方法，它使用多次试错直至到达收敛水平的方式来标记无标签的节点。

基于公共特征（如节点间的连接性），聚类算法可用于划分大型网络。图的划分是一个 NP 难题，对于社交媒体图这样的大型网络来说是个挑战。基于链接的聚类方法已经被用于确定社区和集群的信息网络[25, 26]。然而，对于具有不同内容类型的异质节点特征的社交媒体数据，开发聚类算法是困难的。尽管关键字搜索、分类和聚类算法被引入到社交媒体数据分析中并被应用到不同的领域，但它们大多数无法扩展到海量的社交数据，并且对于动态数据和异质性数据是无效的。

诸如车载传感器或者手持型移动设备的逐渐增多提供了新的实时数据（例如车辆位置、速度和方向），它能够与社交媒体数据整合用于进一步提高对用户行为和由于特别事件或交通事故引起拥堵的交通状态的理解。此外，基于社交媒体的研究结果可以使用传感器数据进行交叉验证，反之亦然。然而，也存在一些难点。首先，这些传感器数据提高了个人化的信息，因此在数据挖掘中保护用户的隐私是至关重要的。其次，虽然传感器数据和社交媒体数据本质上都是动态，但传感器数据以一种更快的速率在产生，需要更多的实质存储和处理设施。Citisense 应用[27]、Green GPS[28]和 INRIX 车辆跟踪应用[29]是三种使用传感器数据的平台。Citisense 应用融合多源传感器数据，比如手机定位数据、出租车位置数据和固定的路侧传感器数据，来识别城市中最活跃（人口稠密）的区域。这些新型的分析平台为公共机构提供了有价值的信息用来协助合理地分配资源以保证更好的服务。

尽管任何社交平台的用户已经和其他用户建立了关系（即链接），但在传感器网络中，数据点间并不存在确定的关系，需要通过分析实体的行为、位置和底层交互来开发派生关系。传感器之间的动态关系可以通过使用所收集数据的随机性能和应用隐马尔科夫模型进行建模[30]。此外，图形流模型可以通过测量节点之间的最短路径、节点之间的连接、网络的拓扑结构和时空动态来研究一组不断变化的参与者/传感器之间的关系[31]。这些类型数据集的概要算法开发必须考虑：①能够用于不同分析场景的概要结构的广泛适用性；②服从一次通过的约束；③大数据集的时间和空间上的效率；④动态数据集的有效性；⑤储层取样，以确保在任何给定时间都有足够的样本量；⑥示意图、直方图和小波分解是三种常用的动态抽样技术。

11.4 社交媒体数据在交通领域中的应用

在交通运输领域，最近的研究探索了社交媒体数据在交通规划、交通预测、计划及意外事件（比如体育活动）期间的实时交通管理、交通信息发布[4, 13, 32-38]。这些研究提出了不同的方法（包括机器学习和统计分析）从社交媒体平台上用户分享的文本信息中抽取所需的与交通相关的数据（例如拥堵状况和事件信息）。此外，机构还利用社交媒体向公众传播信息和接收用户的信息。

11.4.1 交通规划

对于交通规划项目，有效的公共参与应使公众参与到规划和决策过程中。公众参与应该通过把相同目的的人聚集到一起以提高群体意识[39]。除了传统的公众参与技术（例如公众集会或者网络/问卷调查），诸如 Facebook 和 Twitter 帖子的在线参与方法正在被应用，因为它们可能为更广泛的公众参与提供途径。研究表明所观测的推文情感代表了更广泛公众的意见[40, 41]。

除了促进信息从公众到交通机构的流动之外，社交媒体亦能改善从交通机构到公众的信息流动。针对此目的，Majumdar[38]调查了地方政府使用社交媒体的程度。对得克萨斯州的地方政府委员会的调查显示，近一半使用了包括 Facebook、Twitter、YouTube、LinkedIn 和众多博客的多源社交媒体平台使公众了解机构的计划和信息（如维修导致的服务终端）。研究发现，各机构需要深入开发社交媒体策略来刺激公众参与到长期或短期的交通规划中。

11.4.2 交通预测

社交媒体也能够用于长期的交通预测。He 等[12]提出了一个交通预测模型，他们把社交媒体中的交通信息用于旧金山湾区的高速路网。他们使用地理位置过滤器从 Twitter 流接口中收集数据。该过滤器包含了一个经纬度边界箱（−122.75，36.934，−121.75，38.369）。他们分析了交通量和推文数量的相关性，发现基于网络的社交媒体活动和路上的交通活动的强度是负相关的。最终，他们基于推文语义开发了一个优化框架来提取相关的交通指标，结果表明如果社交媒体数据与来自交通传感器的数据相结合能够提高交通预测的精度。Ni 等人[35]探究了在特殊事件（如体育活动）下的基于社交媒体数据的快速路短期流量预测。他们发现使用传统交通数据（即来自交通检测器的数据）与推文特征两种数据的模型预测结果优于仅使用传统交通传感器的预测结果。结合推文特征的模型把均方根误差（RMSE）和平均绝对百分比误差（MAPE）分别降低24%和7%。

11.4.3 预定事件中的交通管理

为了评估与公共聚集相关的交通需求，Zhang 等人[4]进行了使用 Twitter 检测计划事件的研究。他们研究了用体育活动相关的推文来预测这一事件下的纽约地铁乘客流量。他们收集了棒球比赛一个赛季 81 个比赛日的推文。使用这些推文，这个方法能够以98.3%的精确率识别棒球比赛。为了预测乘客流量，他们利用基于混合损失函数的优化预测（OPL）和支持向量回归（SVR）两方面的优势，开发了一个集成模型。分析结果表明，与单独使用 OPL 和 SVR 的效果相比，使用二者集成的方法进一步提升了预测精度和鲁棒性。

11.4.4 突发事件中的交通管理

很多研究调查了非计划的交通事件期间，社交媒体数据在交通管理中的使用情况。对于实时的事件信息，Schulz 和 Ristoski[37] 使用了语义 web 技术（即链式开放数据云，LOD）并结合机器学习算法研究了 Twitter 数据。他们使用来自 LOD 数据和推文的特征进行推文分类（他们定义了包括车祸、枪击和火灾三类）。模型结构取得了精度为 89% 的事件识别。Chen 等人[13] 结合一个语言模型和铰链—损失马尔科夫随机场提出了一个统一的统计框架用来交通拥堵监测。INRIX 探测速度数据集和收集的华盛顿特区和费城的推文被使用，并且通过不同的时—空及其他的性能度量检测了它们的有效性。这项研究发现，与传统的传感器数据相比，社交媒体数据没有冗余。Sakaki 等人[42] 把社交媒体视为社会传感器，提出了一个从社交媒体中抽取重要的事件信息（即时空信息）。首先把推文划分为两组——交通相关的推文和非交通相关的推文。用推文识别严重的交通状态能够达到 87% 的精确率。在另一个研究中，Gu 等人使用了一个自适应数据获取方法来归类与交通事件相关的推文。在开发了自适应数据采集方法以更好地识别交通事故之后，创建了一个重要关键字及其组合的字典。借助社交媒体数据，Lin 等人[43] 能够线性回归模型预测恶劣天气对快速路管理的影响，并编译了 Buffalo-Niagara 都市区的天气数据、Twitter 数据和交通信息。利用真实的天气数据评估了灵敏度和虚警率。四个数据集的灵敏度取值在 8% ~ 68.6%，虚警率的取值范围为 1% ~ 18%。随后，线性回归模型被开发，用于估计恶劣天气对快速路速度的影响。与天气相关的推文的加入提高了线性回归模型的精度。

11.4.5 交通信息传播

除了检测交通状态之外，各机构需要把重要的实时信息发布给公众。Wojtowicz 和 Wallace[36] 调查了机构在这项任务中使用社交媒体的情况。不同的交通机构有不同的做法，几个关键因素能够影响机构的社交媒体项目，包括社交媒体政策的制订（机构使用社交媒体数据的目标和目的）、使用标准语言的正确消息结构以及适当的人员配备和与其他机构的协调。另一篇文章研究了社交媒体如何被交通机构使用[44]。他们对 34 家机构进行了线上调查，发现机构的最重要的目的是使用社交媒体与乘客进行交流。这项研究建议使用标题和标签，以便乘客可以很容易地识别与交通有关的信息，还确认了交通机构所面临的障碍，包括人员配备的限制、发布更新的时间需求、一些乘客（包括残疾人）无法使用社交媒体和担心乘客会通过社交媒体批评该机构。Schweizter[45] 发现 Twitter 上的帖子反映了人们对交通服务的极大不满。

在通信技术、传感器和车辆技术不断发展的世界里，交通运输成为了一个集驾驶人、行人、车辆、设施等为一体的动态移动系统。大量的创新概念和蓬勃发展的技术，如拼车、共享汽车、自动驾驶和电子商务，影响了交通系统，改变了人们的出行、购物和通勤方式。除了传统的交通规划、运营和管理，这些大规模变化对能源和排放的影响变得越来越重要。然而，车辆行驶里程的不确定性对能源的巨大影响需要更多的研究。社交媒体数据能够用来分析未来出行和相关系统影响的趋势。政策制定者和商业部门可以利用社交媒体作为前沿，促进采用更高效的旅行模式、车辆技术和共享选项。

11.5 社交媒体数据分析的未来研究问题和挑战

11.5.1 社交媒体：一个补充性的交通数据源

在将来，传感器设备的数量和种类，如各式车载传感器和手持型移动设备，将会提供持续增长的实时数据集（例如位置、速度和行驶方向），这能够与社交媒体数据整合进一步提高对用户行为和实时交通状态的了解。然而，保护社交媒体用户敏感数据的需求，以及访问较少个人数据的需求，可能会危及数据挖掘的结果。因此，开发保护机制来帮助促进社交媒体数据与传感器数据的广泛应用，同时又不侵犯隐私，是一项巨大的挑战。

11.5.2 潜在的数据基础设施

社交媒体数据的不断渗透及文本挖掘和分析方法的创新将利用社交媒体作为交通数据源的补充。在以前的社交媒体分析研究中，焦点一直在社交媒体内容本身。据我们所知，在交通研究中如何吸收和存储社交媒体数据的问题几乎没有被提出来讨论。难点在于推文自身的复杂的格式。推文以原始的 JavaScript Object Notation（JSON）格式收集，其中包含属性之间的层次关系。对于标准的结构化查询语言（SQL）系统，推文无法直接转化成基于行的元组。唯一的解决方案是在 SQL 或 NoSQL 系统中把推文存储为特定的 JSON 类型的数据块。

在强调分析研究而不是数据设施的研究环境中，MongoDB 通常被选为存储推文的首选方案[46-48]。然而，在运输中心的生产环境中，需要额外的组件以确保性能和弹性，正如文献 [49] 所表述的那样。此外，Twitter 提出的限制将会限制收集推文链接节点的数量。为了支持推文内容的多样性使用，必须设计一种机制在内部生成推文的副本，而并不影响到分析性能。

从数据存储和管理的角度来看，这项工作的基础设备必须是设计用来连接交通系统的综合数据设施的一部分[50]，正如图 11-2 中所示的虚线所标记的箱体中的组件。而

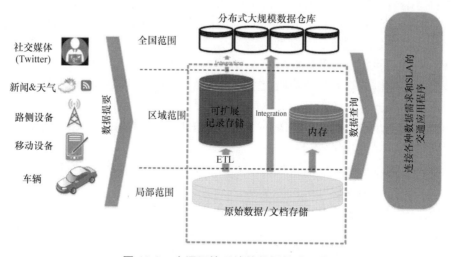

图 11-2 交通运输系统的数据基础设施

原始设计需要跨越不同组件对数据进行连续的解析和传播，这将导致基于服务级别协议（SLA）的交通应用程序的数据可用性延迟。为了克服这个缺陷，Rahman 等人提出了一种流数据传输方法[51]。使用这种方法，一个名为 Kafka 的面向消息的中间组件[52]将会负责获取初始 Twitter 数据流并以并行方式复制该数据流。由此产生的复制品将会被重新定向到不同的存储组件，在这些组件中可以执行不同的数据驱动应用程序。这一方案如图 11-3 所示。

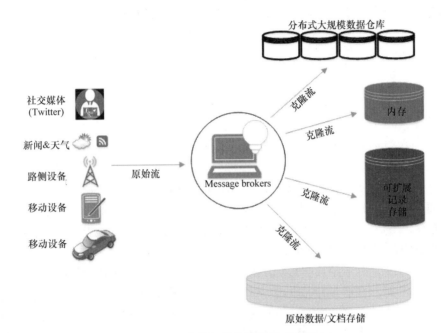

图 11-3 公共机构的流式发布方法

图 11-3 所示的数据设施是一个后端，用于支持包括社交媒体在内的线上流数据的动态过滤方法。它的关键功能能够增加交通事故信息量，但在开源工具中缺失，其中包括：

1）使用用户提供的一组初始关键字，数据流必须以近乎实时的方式采样，并动态建议带有最新趋势的原始关键字集扩展。这将允许动态数据过滤，以适应主题和事件驱动的主要来源变动，例如社交媒体数据流。

2）开发模块化插件方法促进从二手数据（例如来自新闻供应者或者 RSS 提要的内容）的关键词抽取，这允许在主要数据源之外查找相关话题和关键字。

3）启用全自动化以及交互式关键字选择，为用户提供易用的数据过滤工具，允许"微调"他们的查询和数据收集。

4）构建分布式管理设施，通过动态地向数据流和计算组件提供硬件资源来平衡性能。这可以通过本地或远程可用资源完成。

开发这个工具以及必需的支持基础设施需要解决大数据中的基础问题。虽然主题检测和关键字优化是人们熟知的研究问题，把二者相结合是一个独特的算法挑战。这些问题的解决方案必须经过优化以处理高容量的高速率的数据流。这还需要开发一个可扩展的、可跨域查询应用的计算基础设施。

尽管图11-3所描述的管理设施是基于可伸缩实时系统的Lambda架构[53]，但它可能需要把批处理层的历史数据合并到最终的NoSQL数据库中以脱离基线模型。这个决策基于两个观察。首先，与社交媒体相关的研究案例关注的是线上流数据，而非本地仓储。其次，所提的工具面向个人数据驱动的社会研究人员和机构的研究小组，他们可能没有大规模网络基础设施的现场管理和技术支持。基于这些观察，发达的基础设施应该具有下面的设计选择：

1）数据设施不应该仅依靠现有的静态仓储。数据设施应该依靠对刚刚展开的交通事件的识别，并假设这些事件很少或没有先验信息。相反，流处理组件将能够通过短时间内的多源数据流的整合分析事件的全局状态。

2）为了领域内的专家能够使用这个工具，他们中的很多人可能无法配置和维护分布式计算资源，计算设施应该分离成交互式和分布式部分。交互式设施的目标是安装在一台高端计算机上，而分布式设施的配置和部署是全自动化的，并能使用当地或社区的资源。

3）基础设施应该动态地为流处理组件和计算组件提供计算资源。这使该工具能够支持需要访问不同信息流集合的研究领域。此外，随着时间的展开，新的信息来源（例如链接到新博客的文章）将成为可用的流媒体。

4）该工具的设计和实施应该具有延展性和模块性。换言之，可插拔的应用程序接口（API）应该被设计并实施用于数据流管理，以支持来自线上数据源的数据集成和融合，使得领域研究的主要研究人员，以及任何未来的社区用户，可以参与为他们的数据源开发API。

所述的动态分布式流管理设施的预期结构如图11-4所示。通过设计和实现该基础设施，可以解决以下有关基础设施在交通部门的生产环境中的适用性的问题：

1）合适的流处理引擎（SPE）的评估和选择：存在许多开源流处理系统[54-57]。然而，在性能、有效性、容错性方面，特别是在收集多样信息流方面，却没有对这些工具进行综合性的评估和基准检测。诸如Samza、Spark Streaming、Storm和S4的SPE应该被评估。应该为基准测试目的开发数据流引擎，该引擎能用于合成大数据生成的研究。

2）多个SPE的集成：虽然绩效评估研究可能会在SPE中提供一个初步的排名，但可以假设，有必要将多个SPE结合起来，以利用它们在处理不同信息流方面的可能优势。

3）基础设施弹性集成：以前的工作考察了个体SPE中的支持弹性[58-60]。图11-4中的基础设施着眼于不同抽象水平下的弹性，这是为了扩展和平衡多个SPE实例的资源，以及分析来自不同SPE的集成数据的内部计算资源。前期的大数据基础设施的动态配置工作应该被利用到共享环境中[61, 62]。

4）从分布式位置动态提供计算资源：基础设施应该为支持跨越地理和管理上的不同位置的资源扩张而设计，而不是限制同质资源的弹性（例如计算云上的相同集群或相似虚拟机中的计算节点）。

5）数据溯源：为了降低来自不同信息流以及基于ML滤波处理的数据重复的程度，应该研究通过数据版本控制和数据索引方案等机制来存储数据源头的不同方法。

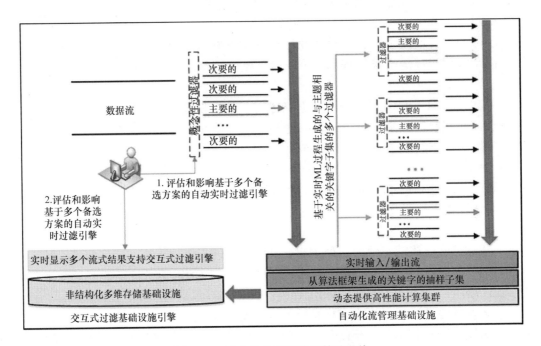

图 11-4　动态分布式流管理基础设施

11.6　章节总结与结论

　　社交媒体允许用户将他们的想法、观点和个人经历公开化，并与他人分享。新兴的社交媒体平台，以及越来越多的公众参与社交媒体，为交通机构创造了一个独特的机会，以最小的成本投入从社交媒体用户那里收集与交通相关的信息。交通机构也是用社交媒体向公众发布信息。这一章简要概述了社交媒体的特征，它确定了从不同社交媒体平台产生的数据中挖掘相关信息的方法。不同的数据分析算法将会协助各种各样的分析社交媒体数据的方法适用于这种数据在交通运输中的多种应用。最后，概括了未来研究尤其是在数据存储、处理和可达性等方面的问题和挑战，强调了社交媒体数据如果和其他流数据合并，可能成为扩充公共机构提供的道路交通相关数据的潜在可靠数据源。如果收集来的社交媒体数据（比如推文）并不广泛，公共机构可以使用动态分布式流管理设施把社交媒体数据和其他交通数据一并摄取并存储。

　　由于平板计算机、智能手机、笔记本计算机和台式计算机的高使用率和方便的网络访问，具有独特的特征用户服务的不同社交媒体平台在过去的十年里受到了数百万的甚至数十亿用户的欢迎。这些新型的数据源产生了海量的由用户制造的异质性内容，并且正在成为关键的大数据来源，用于理解在商品市场和社会趋势分析等不同领域的用户行为。这些数据在交通规划、交通事故检测、交通公共服务以及其他交通运输应用中具有巨大的潜力。尽管在过去的几十年中已经进行了大量的研究，但开发有效算法的主要挑战是：①确保数据源隐私的分析的开发；②考虑时空维度的可扩展算法的开发；③针对持续增长的社交媒体内容的有效的计算平台和算法的创建。

在为交通规划、运营和管理补充所需数据方面，社交媒体的未来前景一片光明。伴随着持续增长的用户基础，从社交媒体获得数据将更有针对性、更频繁、更广泛。因此，为交通运输规划和管理准备有用且丰富的数据集非常重要。本章中讨论的动态分布式社交媒体数据流基础设施的规划和采用将会是这个准备的关键。

11.7 习题

1. 社交媒体数据的特征是什么？
2. 利用 Twitter 流数据 API，通过追踪以下字符收集一个小时的推文：
   a. "Traffic"
   b. "Accident"
   c. "Accident" and "I26"
   d. "Accident" or "I26"
3. 基于习题 2 收集的推文，回答下列问题：
   a. 在高峰期间和非高峰期间，推文的到达率是多少？
   b. 有多少个独特的推文句柄？
   c. 有多少句柄可以视为"官方资源"（例如交通部门等公共机构）或者像新闻通道的主流媒体资源？
   d. 识别一些交通事件，然后计算所有句柄发布的关于这些事件的推文的重复数量。官方和非官方句柄是否有差异？是否有关于事件的非官方推文发布早于官方推文发布？
   e. 从集合中选择一个交通事件，以根的方式构建传播网络并作为官方句柄。传播率是指直接地通过官方句柄或者间接地通过推文转发了解到此事件的其他 Twitter 句柄数量。介绍一种计算传播速率的方法（事件信息在社交网络中的传播速率有多快）。对不同的官方句柄进行计算并比较结果。
4. 习题 2 中收集到的推文是否属于"大数据"？
5. 确定社交媒体数据分析的方法。哪种方法可应用于习题 2 收集的推文？

参考文献

[1] J. Poushter, Smartphone ownership and Internet usage continues to climb in emerging economies, <http://www.pewglobal.org/2016/02/22/smartphone-ownership-and-Internet-usage-continues-to-climb-in-emerging-economies/>, 2016 (accessed 27.09.16).

[2] M. Adedoyin-Olowe, M. Mohamed, F. Stahl, A survey of data mining techniques for social media analysis. arXiv preprint arXiv:1312.4617, 2013.

[3] P. Gundecha, H. Liu, Mining social media: a brief introduction, Tutor. Oper. Res. 1 (4) (2012) 1–17.

[4] Z. Zhang, M. Ni, Q. He, J. Gao, Mining transportation information from social media for planned and unplanned events, <http://www.buffalo.edu/content/www/transinfo/Research/socialmediaminingforevents/_jcr_content/par/download/file.res/MiningSocialMediaEvents_FinalReport.pdf>, 2016 (accessed 27.09.16).

[5] Y. Gu, Z.S. Qian, F. Chen, From Twitter to detector: real-time traffic incident detection using social media data, Transport. Res. C Emerg. Technol. 67 (2016) 321−342.

[6] S. Bregman, Uses of social media in public transportation, Transport. Res. Board 99 (2012).

[7] L. Manovich, Trending: the promises and the challenges of big social data, Debates in the digital humanities 2 (2011) 460−475.

[8] S. Kim, Twitter's IPO filing shows 215 million monthly active users, <http://abcnews.go.com/Business/twitter-ipo-filing-reveals-500-million-tweets-day/story?id=20460493>, 2013 (accessed 27.09.16).

[9] K. Lantz, S. Khan, L.B. Ngo, M. Chowdhury, S. Donaher, A. Apon, Potentials of online media and location-based big data for urban transit networks in developing countries, Transport. Res. Record J. Transport. Res. Board 2537 (2015) 52−61.

[10] Twitter streaming API, <https://dev.twitter.com/overview/api> (accessed 27.08.16).

[11] C.C. Aggarwal, Social Network Data Analytics, Springer, New York, NY, 2011.

[12] J. He, W. Shen, P. Divakaruni, L. Wynter, R. Lawrence. Improving traffic prediction with tweet semantics, in: The International Joint Conference on Artificial Intelligence, 2013.

[13] P.T. Chen, F. Chen, Z. Qian, Road traffic congestion monitoring in social media with hinge-loss Markov random fields, in: 2014 IEEE International Conference on Data Mining, 2014, pp. 80−89.

[14] Z. Quan, Real-time incident detection using social media data, <http://www.dot7.state.pa.us/BPR_PDF_FILES/Documents/Research/Complete%20Projects/Operations/Real_time_Incident_Detection_Using_Social_Media_Data.pdf>, 2016 (accessed 20.09.16).

[15] P. Gloor, J. Krauss, S. Nann, K. Fischbach, D. Schoder, Web science 2.0: identifying trends through semantic social network analysis. Comput. Sci. Eng. 4 (2009) 215−222.

[16] Clemson University Social Media Listening Center, <http://www.clemson.edu/cbshs/departments/smlc/contact/index.html>, 2016 (accessed 01.11.16).

[17] E.-A. Baatarjav, S. Phithakkitnukoon, R. Dantu, Group recommendation system for Facebook. On the Move to Meaningful Internet Systems (2008), Springer Berlin Heidelberg, 211−219.

[18] D. Zhou, I. Councill, H. Zha, C. Giles. Discovering temporal communities from social network documents, in: Seventh IEEE International Conference on Data Mining, 2007, pp. 745−750.

[19] L. Tang, H. Liu, Toward collective behavior prediction via social dimension extraction, IEEE Intell. Syst. 25 (4) (2010) 19−25.

[20] N. Agarwal, H. Liu. Modeling and data mining in blogosphere, volume 1 of Synthesis Lectures on Data Mining and Knowledge Discovery. Morgan and Claypool, 2009.

[21] P.K. Akshay Java, T. Oates, Modeling the spread of influence on the blogosphere. Technical Report UMBC TR-CS-06-03, University of Maryland Baltimore County, Baltimore, MD, 2006.

[22] S. Agrawal, S. Chaudhuri, G. Das. DBXplorer: a system for keyword based search over relational databases, in: ICDE Conference, 2002.

[23] V. Hristidis, Y. Papakonstantinou. Discover: keyword search in relational databases, in: VLDB Conference, 2002.

[24] S. Chakrabarti, B. Dom, P. Indyk. Enhanced hypertext categorization using hyperlinks, in: ACM SIGMOD Conference, 1998.

[25] D. Bortner, J. Han. Progressive clustering of networks using structure-connected order of traversal, in: ICDE Conference, 2010.

[26] N. Mishra, R. Schreiber, I. Stanton, R.E. Tarjan, Finding strongly-knit clusters in social networks, Internet Math. 5 (1−2) (2009) 155−174.

[27] Citisense, <https://citisense.com/> (accessed 09.30.16).

[28] R. Ganti, N. Pham, H. Ahmadi, S. Nangia, T. Abdelzaher, GreenGPS: A Participatory Sensing Fuel-Efficient Maps Application, Mobisys, San Francisco, CA, 2010.

[29] INRIX, <http://inrix.com/> (accessed 01.11.16).

[30] T. Choudhury, B. Clarkson, S. Basu, A. Pentland. Learning communities: connectivity and dynamics of interacting agents, in: International Joint Conference on Neural Networks, 2003.

[31] C.C. Aggarwal, H. Wang (Eds.), Managing and Mining Graph Data, Springer, New York, NY, 2010.

[32] M. Adedoyin-Olowe, M. Mohamed, F. Stahl, A survey of data mining techniques for social media analysis. arXiv preprint arXiv:1312.4617, 2013.

[33] P. Gundecha, H. Liu, Mining social media: a brief introduction, Tutor. Oper. Res. 1 (4) (2012) 1−17.
[34] J. He, S. Wei, D. Phani, L. Wynter, R. Lawrence. Improving traffic prediction with Tweet semantics, in: The International Joint Conference on Artificial Intelligence, 2013.
[35] M. Ni, Q. He, J. Gao, Using social media to predict traffic flow under special event conditions, in: The 93rd Annual Meeting of Transportation Research Board, 2014.
[36] J. Wojtowicz, W.A. Wallace, The use of social media by transportation agencies for traffic management, in: Transportation Research Board 95th Annual Meeting, no. 16-6217, 2016.
[37] A. Schulz, P. Ristoski, The car that hit the burning house: understanding small scale incident related information in microblogs, in: Seventh International AAAI Conference on Weblogs and Social Media, 2013.
[38] S.R. Majumdar, The case of public involvement in transportation planning using social media, in: Transportation Research Board 95th Annual Meeting, no. 16-2604, 2016.
[39] American Planning Association, Planning and Urban Design Standards. Wiley Graphic Standards, John Wiley & Sons, Hoboken, NJ, 2006.
[40] A. Tumasjan, T.O. Sprenger, P.G. Sandner, I.M. Welpe, Election forecasts with Twitter: how 140 characters reflect the political landscape, Social Sci. Comp. Rev. (2010) 1−17.
[41] Tweetminster. Is word-of-mouth correlated to general election results? The results are in, <http://www.scribd.com/doc/31208748/Tweetminster-PredictsFindings>, 2010 (accessed 25.06.10).
[42] T. Sakaki, Y. Matsuo, T. Yanagihara, N. Chandrasiri, P. Naiwala, K. Nawa, Real-time event extraction for driving information from social sensors, in: 2012 IEEE International Conference on Cyber Technology in Automation, Control, and Intelligent Systems (CYBER), 2012, pp. 221−226.
[43] L. Lin, M. Ni, Q. He, J. Gao, A.W. Sadek, Modeling the impacts of inclement weather on freeway traffic speed: exploratory study with social media data, Transport. Res. Record J. Transport. Res. Board (2482) (2015) 82−89.
[44] B. Susan, Uses of social media in public transportation, vol. 99. Transportation Research Board, 2012.
[45] L. Schweitzer, Planning and social media: a case study of public transit and stigma on Twitter, J. Am. Plan. Assoc. 80 (3) (2014) 218−238.
[46] K. Fu, C.L. Yen, L. Chang-Tien, TREADS: a safe route recommender using social media mining and text summarization, Proceedings of the 22nd ACM SIGSPATIAL International Conference on Advances in Geographic Information Systems, ACM, 2014, 14.
[47] M. Liu, K. Fu, C.T. Lu, G. Chen, H. Wang, November. A search and summary application for traffic events detection based on twitter data, Proceedings of the 22nd ACM SIGSPATIAL International Conference on Advances in Geographic Information Systems, ACM, 2014, 18.
[48] K. Fu, C.T. Lu, R. Nune, J.X. Tao, Steds: social media based transportation event detection with text summarization, in: 2015 IEEE 18th International Conference on Intelligent Transportation Systems, 2015, pp. 1952−1957.
[49] S. Barahmand, S. Ghandeharizadeh, J. Yap, A comparison of two physical data designs for interactive social networking actions, Proceedings of the 22nd ACM international conference on Information & Knowledge Management, ACM, 2013.
[50] K. Lantz, S. Khan, L.B. Ngo, M. Chowdhury, S. Donaher, A. Apon, Potentials of online media and location-based big data for urban transit networks in developing countries, Transport. Res. Record J. Transport. Res. Board (2537) (2015) 52−61.
[51] M. Rahman, Y. Du, L. Ngo, K. Dey, A. Apon, M. Chowdhury, An innovative way to manage data for connected vehicle applications, in: The 95th Transportation Research Board Annual Meeting, 2016.
[52] J. Kreps, N. Narkhede, J. Rao, Kafka: a distributed messaging system for log processing, in: Proceedings of the NetDB, 2011, pp. 1−7.
[53] N. Marz, J. Warren, Big Data: principles and best practices of scalable realtime data systems, Manning Publications Co. Greenwich, CT, USA, 2015.
[54] R. Ranjan. Streaming big data processing in datacenter clouds, 78−83. <http://doi.ieeecomputersociety.org/10.1109/MCC.2014.22>. (accessed 31.07.16).
[55] S.G. Kamburugamuve, D.L. Fox, J. Qiu, Survey of distributed stream processing for large stream sources, Technical report. 2013, Available at <http://grids.ucs.indiana.edu/ptliupages/publications/survey_stream_processing.pdf>. (accessed 31.07.16).
[56] M. Gorawski, A. Gorawska, K. Pasterak, A survey of data stream processing tools, Information Sciences and Systems, Springer, New York, NY, 2014.

[57] J.W. Anderson, Kennedy K., Ngo L.B., Luckow A., Apon A.W. Synthetic data generation for the Internet of things, in: 2014 IEEE International Conference on Big Data (Big Data), 2014, pp. 171−176.

[58] V. Gulisano, R. Jimenez-Peris, M. Patino-Martinez, C. Soriente, P. Valduriez, Streamcloud: an elastic and scalable data streaming system, in: IEEE Transactions on Parallel and Distributed Systems, 23 (2012) 2351−2365.

[59] R. Tolosana-Calasanz, Bañares, J.Á., Pham, C. and Rana, O.F. Resource management for bursty streams on multi-tenancy cloud environments, Fut. Gener. Comput. Syst., 2015.

[60] T. Heinze, Z. Jerzak, G. Hackenbroich, C. Fetzer, Latency-aware elastic scaling for distributed data stream processing systems, in: Proceedings of the 8th ACM International Conference on Distributed Event-Based Systems, 2014, pp. 13−22.

[61] W.C. Moody, L.B. Ngo, E. Duffy, A. Apon, Jummp: job uninterrupted maneuverable mapreduce platform, in: 2013 IEEE International Conference on Cluster Computing (CLUSTER), 2013, pp. 1−8.

[62] L.B. Ngo, M.E. Payne, F. Villanustre, R. Taylor, A.W. Apon, Dynamic provisioning of data intensive computing middleware frameworks: a case study, in: The Workshop on the Science of Cyberinfrastructure: Research, Experience, Applications and Models (SCREAM-15), 2015.

第 12 章

交通数据分析中的机器学习

12.1 简介

　　机器学习代表了一系列的方法。这些方法使计算机通过系统地发现可用数据中具有统计意义的模式，能够自动化地进行数据驱动的模型的构建和编程。尽管机器学习方法在近期才变得流行，但早在20世纪30年代，托马斯·罗斯（Thomas Ross）便第一次尝试开发一种模仿生物行为的机器[1]。1959年，亚瑟·塞缪尔（Arthur Samuel）将机器学习定义为"在不直接针对问题进行编程的情况下，赋予计算机学习能力的一个研究领域"[2]。当时在华盛顿大学就读的学生托马斯·罗斯（Thomas Ross）和他的教授史蒂文森·史密斯（Stevenson Smith）演示了一只能够通过人工迷宫找到路的机器鼠[1]，而亚瑟·塞缪尔的研究则包含了对计算机进行编程的方法，让计算机能够"像人或动物一样做出学习的行为"。随着计算机和通信技术发展，利用这些机器学习算法识别数据中日益复杂和隐藏的模式成为可能。此外，现在可以开发出能够自动适应更大和更复杂数据的模型，帮助决策者实时估计多个可能情形的影响。

　　交通系统目前正从技术驱动的独立系统向数据驱动的综合系统演化。例如，研究人员正致力于根据数据的质量和规模，改进现在的智能交通系统（ITS）应用以及开发新的应用[3]。随着获取到更多数据，现在可以识别如实时交通流和不同交通流条件下个体驾驶人的行为，以显著提高现有交通系统运行的效率并预测未来的趋势。例如，为交通事件管理提供实时决策支持，可在紧急情况下挽救人员生命，缩短事故恢复时间。自动驾驶车辆中的各类算法是机器学习的另一个例子，已经开始对交通系统产生重大影响。在这种情景中，汽车（机器）通过各种传感器感知数据，再做出驾驶决策，为乘客提供安全高效的出行体验。在以上两种情形中，机器学习方法在多个数据集中搜索，利用复杂的算法识别模式、做出决策和（或）预测未来的情况。

　　机器学习包含多种方法算法，其中有些方法算法早在"机器学习"被定义前就已经存在。而时至今日，研究者们仍在不断改进现有的方法和开发更有效率的新方法。对这部分进一步深入回顾超出了本书的范围。本章节简要概述了智能交通系统应用中的数据预处理和机器学习方法。

12.2 机器学习模型

不同的机器学习模型可以从"学习"的类型上进行划分。目前，基本的学习模型包括：①监督学习，使用提前标记过的数据来指导学习过程；②无监督学习，使用未进行标注的数据；③半监督学习，同时使用了标注的和未标注的数据；④强化学习，通过一系列的反馈/奖励循环来引导学习过程。

12.2.1 监督学习

监督学习基于既包括自变量（输入），也包括因变量（输出）的数据，训练出一个函数（或算法），来进行输入输出计算。例如在一条给定的公路上，输入可以是流量（单位时间内通过的车辆数）、当前的时刻、驾驶人的年龄，然后相关联的输出可以是平均速度。学习算法会利用这些数据，自动地训练出一个函数（或算法），这个函数（或算法）能够通过给定的输入来计算出速度。通常而言，学习的目标是找到预测误差最小的函数，即在测试数据中，计算值和真值的差异最小的函数。在这类情况中，可以通过预先设定的可接受误差阈值来控制学习过程。监督学习的过程好比是一个驾校教练在各种情况下（输入变量）告诉学员所对应的正确的操作（输出变量）。然后学员逐渐将这些教导理解，转化成自己的驾驶行为。而预先设定的阈值好比是驾照考试中通过考试的分数线。在这个例子之中，学员开始训练之前，知道什么是正确的驾驶（即真值中的输出）和实现它们的操作（即真值中的输入）。对于学员而言，学习驾驶的过程好比一个迭代的过程，不断地进行练习，直至达到可以通过驾照考试的驾驶水平。在每一次的练习之中，学员犯下的错误由驾校教练进行指正。这一迭代训练的过程会一直持续，直到学员顺利拿到驾照。

监督学习方法分为两大类别：分类和回归。举例来讲，给定一个路段上车辆的速度信息，可以提出以下两类问题：

1）根据该路段的限速，估计有多少驾驶人超速。

2）根据过去的数据，估计该路段上未来的平均速度。

解决第一个问题的方法在于把车辆的数据按照限速值，划分为超速和未超速两类，因此第一个问题是一个分类问题。而第二个问题通过过去的数据来进行未来数据的预测，可以被看作是一个回归函数。

1. 分类

对于分类问题，机器学习算法的目标是根据训练数据集对给定的输入进行分类。分类问题的训练数据集包括了按类分类的输入输出对。许多分类问题都是二元分类问题，也就是只有两个类别，比如"是"和"否"。举例而言，机动车的速度数据可以划分为"超速"和"未超速"两个类别。另一类分类问题把数据分为多个类别，比如根据流率、速度等数据，可以将一个路段的服务等级划分为"A""B""C""D""E""F"六个类别。当一个训练好的分类算法得到一组新的观测值时，该算法将每个观测值分类到一组预定的类之中。在后续章节中将给出更为详细的介绍。

2. 回归

对于一个回归问题，机器学习算法的目标是得到一个连续的函数来表示输入输出数据之间的关系，让机器能够理解输入的变化如何使输出变化。回归问题也可以看作是预测问题。举例来说，给定一条路段上流量和速度的历史数据，输出可以是下一时间该路段的平均速度。输入变量和输出变量之间的关系可以由函数模型表示，比如线性函数、非线性函数、logistics 函数等。

对上述部分进行总结。监督学习依赖于历史数据的可用性。为了训练模型，数据必须同时包含输入值和与之对应的输出值，这点至关重要。当输出具有分类性质时，使用分类方法；而对于连续输出，则使用回归方法。

12.2.2 无监督学习

无监督学习方法仅依赖底层无标记的数据来识别数据中隐含的模式，而不是借助已知的输入输出对来推断模型。同样以驾校学员为例，在无监督学习中的学员不知道什么是正确的驾驶，也没有教练在他一旁对他进行指导。在这种情况下，学员通过观察其他驾驶人来推测什么是正确的驾驶。需要注意的是，每个学员对"正确驾驶"的认知可能会有所不同。聚类和关联分析是解决无监督学习问题的两类常用方法。

1. 聚类

聚类方法根据数据点之间的相似程度，把数据分为几个不同的簇。通常，聚类算法依靠数学模型来衡量未标记的数据点之间的相似程度。数据点之间的相似性可以通过多种方法来识别，例如欧几里得距离。举例而言，有一个交通工程师通过摄像头记录了某一路段高峰小时的交通数据，但是他没有得到比如路段限速等关于交通控制的数据。这个工程师想要识别出激进的驾驶人、保守的驾驶人和普通驾驶人。这个工程师的目标可以表示为，通过观察驾驶人的驾驶模式数据，比如加速度和减速度，将他们聚类为激进的驾驶人、保守的驾驶人和普通驾驶人三类。需要注意在这种情况下，聚类的逻辑规则是由工程师基于自己的领域专业知识定义的。

2. 关联分析

关联分析方法侧重于识别出给定数据中的特定趋势，表现出数据的主要模式，或者说表示出各个数据之间的关联关系[4]。举例而言，给定一路段的交通事故数据，找出肇事驾驶人年龄、事故发生时肇事驾驶人的血液酒精浓度以及事故发生时刻之间的关联关系，可以为设置酒驾检测点和检测时间提供关键依据，减少交通事故的数量和严重程度。以驾校学员为例，关联分析方法可以看成是学员将"正确的驾驶行为"和特定的年龄群体和速度范围相关联。

总而言之，无监督学习通过算法中提供的逻辑来进行复杂的模式识别。

12.3 数据理解

不论是在监督学习还是无监督学习中，数据集的质量、种类、大小会显著影响机器学习算法的准确度、效率和鲁棒性。尽管任何机器学习程序的目标中都包含通过模型来表示现实状态，但学习到的模型通常并不能代表真实世界，其代表的只是由数据集所表示的"现实"。

图 12-1 中的流程图展示了机器学习算法开发过程的典型流程方法。如图所示,对于任何机器学习程序,数据预处理和学习取决于真实问题是如何定义的以及数据是如何得到的。

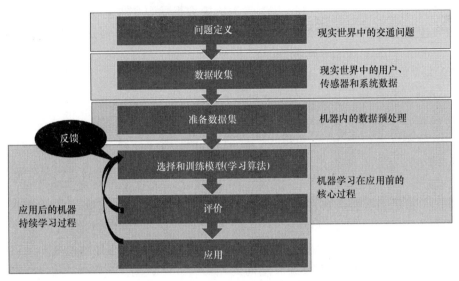

图 12-1　机器学习算法开发流程

12.3.1　问题定义

问题定义是任何机器学习程序的第一步,其十分关键,直接影响到后续所有的关键步骤。下面列出了一些问题,只有正确理解了这些问题,才能正确地定义问题并选择合适的机器学习方法。

1)在学习过程中,有哪些是需要考虑的输入和输出?

2)这些变量的重要性都一样吗?对于那些相互关联的变量,我们能否找到一个加权方案(有可能是非线性的),用权重因数将这些变量进行表示?

3)我们所需要的机器学习方法属于哪一个类别(分类、聚类、回归)?我们的问题和数据集是否满足监督学习/无监督学习/半监督学习的条件?

4)什么大小和类型的数据将被用于学习的过程?

问题的理解和定义是一个复杂的过程,受到多个因素影响,比如用户的认知和决策者的特定需求。以决策为导向的交通规划方法是确定、定义、优先考虑交通规划和工程问题的方法之一[5]。对于交通数据分析应用而言,问题定义过程给出了所需的输出参数和可能的输入参数这一重要信息。然而,我们仍需要进一步研究问题的解决是否需要机器学习方法。塔拉森科(Tarassenko)[6]给出了以下三条标准来判断一个问题是否需要使用机器学习方法,只有同时满足三条标准的问题才需要机器学习方法。

1)对于给定的一系列输入变量 x 和输出变量 y,必须有符合逻辑的证据表明输入输出变量之间满足如 $y = f(x)$ 的映射关系。

2)在上述的函数关系 f 的形式是未知的,即目前没有明确的算法或数学表达式来给出问题的解。

3）必须存在有用来定义输入和输出变量的数据集，以训练和测试学习算法。

12.3.2 数据收集

问题定义提供了有关应用程序所需输出的信息，但是识别问题的输入取决于几个参数。例如，要为给定的公路路段提供准确的行驶时间信息，所需的输出应为近期路段的平均速度。但是这些信息不能表明哪些输入需要被考虑。因此，数据收集的第一步是制定一个可行的输入输出变量表。尽管不存在一套关于制定这个表的规则，对于一个交通工程师而言，关于交通系统的基本知识、用户的统计信息以及他们的行为习惯有着很大的影响。识别输入变量的方法之一是通过线上或线下调查的方式，从多个该领域专家处得到共识。例如，德尔菲法可以用来识别一系列输入变量[7]。在这一方法中，有关领域的专家们先在第一轮中回答一组一般性的调查问题，然后在第二轮中回答一组个人化定制的问题以提炼第一轮的观点。从第二轮开始，参与者在回答之前会回顾上一轮总体的回答情况[7]。这一方法能够保证对于给定的输出，与给出的一组输入是显著相关的。此外，这一方法还可以减少输入变量的个数，以及给出不同输入变量在数据预处理之中的权重/优先级。

数据收集的第二步是了解有多少数据是充足的。回答这个问题没有什么特定的规则。虽然研究人员已经开发了一些特定于算法的指标[8]，一般的方法是使用数据中有代表性的、能够反映现实世界中的不同特征的数据集的大小作为依据，以保证学习算法在大多数时候能够成功进行。通常，数据的可用性、数据的时间以及一些有根据的猜测在这一步骤中起着关键作用。但是，如图12-1所示，也可以开发一种反馈算法，先在现实中实现，之后再评价和训练学习算法。这种方法如果能够成功执行，可以提供一个可持续的、长期的解决方案，克服了有限的数据集所导致的多变性和不准确性。通常来讲，获取更多的数据总是比更少的数据要好，因为有着多种方法可以确定优先级，以及去除掉那些统计上不显著、不相关的部分。不过，使用这些方法也有着代价，它们会增加整个系统的运行时间和复杂度。

12.3.3 数据融合

机器学习程序的效率和效果与机器学习算法使用的数据的质量和多样性有关。数据融合方法把多个数据集按照一定的策略，整合成单一的、整体的、结构化的数据集；提取出数据中隐含的信息；比起只使用一个数据集，有着更高的准确性。在地理空间领域，数据融合可以看作是把各类地图和各类数据相结合。例如，将近期公路交通事故的位置图与路面状况图相结合，可以帮助识别路面恶化对公路交通事故的潜在影响。对每个数据集或每个数据集中的输入变量进行排序和（或）标注优先级是构建结构化数据集的常用方法，这一过程可以通过决策算法[9]或调查法来确定权重。图12-2给出了新一代路面管理系统的一个例子，其中使用数据融合和分析方法组合多个数据源，以预测路面随时间的性能变化。

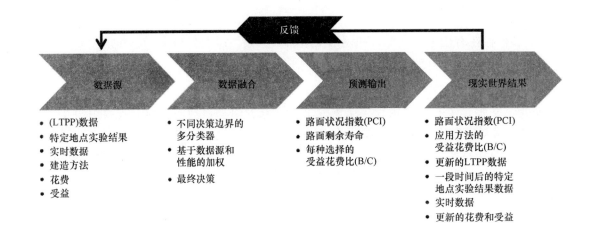

图 12-2 智能路面管理系统

在这个例子中,长期路面性能(the long-term pavement performance,LTPP)数据是一个美国全国范围的数据,该数据和特定位置的实验室结果和各种传感器采集的实时数据融合。在本例中,实时数据有着比 LTPP 数据更高的优先级,这种构造方法和其他的成本相关的数据为研究输入和输出变化间的关联提供了不同的角度。最后,一个成功的系统应当有能力给出多个备选方案以及预测它们的效益率,为决策者提供依据。在现实中使用后的结果会作为反馈,以通过连续机器学习过程,进一步提升效果。

根据数据来源以及输入和输出变量之间的关系,数据融合方法可以分为以下几类[10]。数据融合方法的详细介绍见参考文献 [11]。

1)互补型:当每个数据源中的输入变量分别提供了关于解决方案和(或)输出的部分信息时,这些输入变量为互补型。例如,给定一条公路,来自单个车辆的速度信息和路测单元的位置信息是互补的,将这些信息结合,可以提升该道路上速度预测的准确度。

2)冗余型:当两个来自不同数据源的输入变量提供相同信息时,这些输入变量为冗余型。例如,雷达和摄像头分别提供了对于同一路段同一位置的平均速度信息。

3)协同型:当不同数据源中的不同输入变量可以组合产生新的虚拟变量(哑变量)以提高准确性时,这些输入变量为协同型。例如,将道路的平均速度和摄像头图像信息结合,估计该路段的密度。

12.3.4 数据预处理

数据预处理很有必要进行。数据预处理的目标为去除原始数据中的噪声,并使得在复杂的数学计算中潜在误差最小化。数据集中的噪声代表了数据中的误差,例如测量误差和未校准设备引起的误差,这些可能会严重影响学习过程。这种科学计算中的数值误差是最典型的陷阱之一[12]。例如截断误差和舍入误差、灵敏度、条件和机器精度问题。要减少或去除这些噪声可以使用不同的滤波方法[13]。对数据进行空间或图形上的可视化通常可以显示出异常值及它们对其他变量的影响。去除这些异常值[14]可以提升机器学习模型的精度。在去除异常值时,要充分理解问题本身和关于各个变量的基本知识,以得到更好的最终结果。

标准化是数据预处理中的关键步骤,标准化在一定边界内对数据进行调整,以减少冗余、消除数值问题和提升结果的可解释性。标准化可以根据输入输出变量的均值和方差来实现,例如将数据的均值调整为零,方差调整为单位方差。下式表达了该标准化方法

$$normalized\_x_i = \frac{x_i - \mu_x}{\sigma_x}$$

式中,x_i代表了输入(或输出)变量x中第i个元素,μ_x和σ_x分别代表了变量x的均值和标准差。

标准化也可以通过将原数据缩放至新的最大最小值的方法进行,如下式所示

$$rescaled\_x_i = \frac{x_i - x_{imin}}{x_{imax} - x_{imin}} \times (new_{imax} - new_{imin}) + new_{imin}$$

式中,x_{imax}和x_{imin}分别代表x中第i个元素的最大值和最小值;new_{imax}和new_{imin}代表了x中第i个元素的目标最大值和最小值。

如果数据值有着数量级上的显著差别,可以考虑通过对数转化来进行标准化。此外,常用的标准化方法还包括了平方根变换和使用如高斯分布和泊松分布等分布的标准化[15]。

12.4 机器学习算法

从线性回归分类到复杂的神经模糊系统,机器学习算法十分多样。本节将介绍几种常用的机器学习算法,这些机器学习算法可以通过各种开源和商用软件进行实现。

12.4.1 回归

根据测量误差的要求给定一个目标变量(例如路段平均车速),其大小取决于一个或多个输入变量(例如流量)。回归描述了目标变量(输出变量)和输入变量之间的关系,并通过拟合函数的方式,量化了误差。

数值计算中,训练数据被分为了目标变量(例如速度)s_i,$i = 1, \cdots, n$,和相关联的输入变量(例如流量)v_i,其中每个输入变量都可以表示为向量的形式。广义的回归模型可以表示为$s_i = f(v_i) + \varepsilon_i$的形式,式中$\varepsilon_i$代表了回归的误差。图12-3中分别展示了线性模型和非线性模型的例子。

线性回归:对于单变量线性模型$f(v_i) = w_0 + w_1 v_i$,即

$$s_i = w_0 + w_1 v_i + \varepsilon_i$$

式中,未知参数w_0,w_1称为回归系数或权重。对于给定的回归系数,可计算出拟合优度,例如使用残差平方和(RSS)计算

$$RSS(w_0, w_1) = \sum_{i=1}^{n} (s_i - [w_0 + w_1 v_i])^2$$

为了得到最佳的线性拟合,我们要找到使得RSS最小的w_0,w_1。通过对$RSS(w_0, w_1)$

分别求 w_0，w_1 的导数，最佳的回归系数可由下式给出

$$w_1^* = \frac{\sum_{i=1}^n v_i s_i - n\bar{v}\bar{s}}{\sum_{i=1}^n v_i^2 - n\bar{v}^2}$$

$$w_0^* = \bar{s} - w_1^* \bar{v}$$

式中，$\bar{v} = \frac{1}{n}\sum_{i=1}^n v_i, \bar{s} = \frac{1}{n}\sum_{i=1}^n s_i$。对于其他广义模型，最佳回归系数可能为别的形式。例如梯度下降法的数值优化方法，也可以在其中使用。

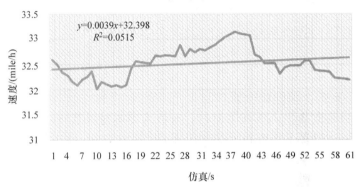

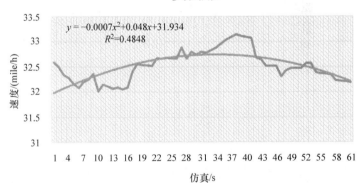

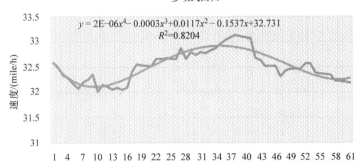

图 12-3　回归模型示例

多项式回归：该模型中，函数 f 通过一个 p 阶多项式表示

$$s_i = w_0 + w_1 v_i + w_2 v_i^2 + \cdots + w_p v_i^p + \varepsilon_i$$

当 $p=1$ 时，该模型即先前定义的线性模型。当 $p=2$ 时，模型称为二次多项式。多项式模型通常用于如天气预报、流感监测、需求预测等复杂数据中。我们还可以对其进行更广义的扩展，如下式所示

$$s_i = w_0 h_0(v_i) + w_1 h_1(v_i) + w_2 h_2(v_i) + \cdots + w_p h_p(v_i) + \varepsilon_i$$

多元回归：在该模型 f 中包含了多个特征，每个特征是由一个或多个输入组成的函数。多元回归之中，输出 s 仍然是一个标量，但是输入是一个 d 维向量 $v = (v[0], v[1], v[2], \cdots, v[d-1])^{\mathrm{T}}$。

多元线性回归模型表示为

$$s_i = w_0 \boldsymbol{v}_i[0] + w_1 \boldsymbol{v}_i[1] + w_2 \boldsymbol{v}_i[2] + \cdots + w_{d-1} \boldsymbol{v}_i[d-1] + \varepsilon_i$$

向量形式表示为

$$s_i = \boldsymbol{v}_i^{\mathrm{T}} \boldsymbol{w} + \varepsilon_i$$

式中，$\boldsymbol{w} = (w_0, w_1, w_2, \cdots, w_{d-1})^{\mathrm{T}}$ 代表了有未知参数组成的向量。

更广义的，该模型可表示为

$$s_i = w_0 h_0(\boldsymbol{v}_i) + w_1 h_1(\boldsymbol{v}_i) + w_2 h_2(\boldsymbol{v}_i) + \cdots + w_q h_q(\boldsymbol{v}_i) + \varepsilon_i = \sum_{j=0}^{q} w_j h_j(\boldsymbol{v}_i) + \varepsilon_i$$

多元模型的 RSS 可由下式计算

$$RSS(\boldsymbol{w}) = \sum_{i=1}^{n} \left(s_i - \boldsymbol{h}^{\mathrm{T}}(\boldsymbol{v}_i) \boldsymbol{w} \right)^2$$

式中，$\boldsymbol{h}^{\mathrm{T}}(\boldsymbol{v}_i) = (h_0(\boldsymbol{v}_i), h_1(\boldsymbol{v}_i), \cdots, h_q(\boldsymbol{v}_i))$，$\boldsymbol{w} = (w_0, w_1, w_2, \cdots, w_q)^{\mathrm{T}}$，矩阵形式为

$$RSS(\boldsymbol{w}) = (\boldsymbol{s} - \boldsymbol{H}\boldsymbol{w})^{\mathrm{T}} (\boldsymbol{s} - \boldsymbol{H}\boldsymbol{w})$$

式中，$\boldsymbol{s} = (s_1, s_2, \cdots, s_n)^{\mathrm{T}}$；$\boldsymbol{H}$ 为列向量 $\boldsymbol{h}(\boldsymbol{v}_i)$ 组成的矩阵。为了得到最优的权重，我们通过计算 RSS 的梯度并使其降低到零

$$\nabla RSS(\boldsymbol{w}) = \nabla \left[(\boldsymbol{s} - \boldsymbol{H}\boldsymbol{w})^{\mathrm{T}} (\boldsymbol{s} - \boldsymbol{H}\boldsymbol{w}) \right] = -2\boldsymbol{H}^{\mathrm{T}} (\boldsymbol{s} - \boldsymbol{H}\boldsymbol{w}) = 0$$

$$\Rightarrow \boldsymbol{w}^* = (\boldsymbol{H}^{\mathrm{T}} \boldsymbol{H})^{-1} \boldsymbol{H}^{\mathrm{T}} \boldsymbol{s}$$

矩阵 $\boldsymbol{H}^{\mathrm{T}} \boldsymbol{H}$ 当且仅当 $\boldsymbol{H}$ 满秩时为可逆矩阵。由于矩阵 $\boldsymbol{H}^{\mathrm{T}} \boldsymbol{H}$ 为 q 维方阵，对其求逆的复杂度为 $O(q^3)$。该方法求逆可以得到精确解，但是对于大型矩阵或病态矩阵其非常不稳定。因此我们可以使用数值优化方法作为替代，例如梯度下降法

$$w^{(k+1)} = w^{(k)} + \eta H^{\mathrm{T}}\left(s - Hw^{(k)}\right)$$

式中，η 为合适的步长。

选择合适的回归模型：要选择合适的回归模型，通常按照以下流程进行：

1) 定义拟合优度或损失函数 $L(y, f(x))$，例如，RSS。

2) 计算数据集的平均残差 $\frac{1}{n}\sum_{i=1}^{n} L(y_i, f(x_i))$。

3) 绘制平均训练误差与模型复杂度的关系图。

误差会随着模型更加复杂而减小（例如多项式拟合中高次多项式误差较小）。一些微小的误差不会影响模型做出正确的预测，除非你的训练集中已经包含了所有可能出现的特征情况。过小的拟合误差实际上会导致过拟合，过拟合指模型拟合了数据中的噪声和干扰。因此，在评估训练误差与模型复杂度的关系时，我们寻找误差率降低的拐点。高次多项式拟合的其他典型问题包括各种异常点（如局部极大值点和极小值点）的产生，在 $\{v_i\}$ 流形的边界上 f 的效果很差。

图 12-3 中的回归模型使用了单个车辆速度随时间变化的数据。该数据通过微观交通仿真软件生成。沿 x 轴方向表示了速度随着时间的变化（即每个仿真秒对应的速度）。图中共表示了三个回归模型，每个模型都在寻找速度和时间的关系，这些模型可以进一步预测未来的速度。对于每个模型，"y"代表了目标速度，"x"代表了以秒为单位的时间。R^2 代表了模型的拟合优度、模型的准确度。

12.4.2 决策树

决策树是一种非参数方法，其结构类似于树和流程图，可用于分类问题[16-19]。决策树从一个主问题开始，主问题是研究对象中必须解决的问题。然后给出该问题的数个可能的决策（这些决策不一定都对应明确的答案）。之后对每个决策进行检验，检验其结果是否需要进一步决策。如果该解决方案需要进一步决策，那么再一次给出几种可能的决策，然后对这些决策进行检验。这一过程不断循环，生成树状的结构，即决策树。当决策树满足初始决策（即主问题/与之对应的决策）时，这一过程终止。在分类问题当中，决策树通常从包含信息量最多的属性开始，划分为若干个子树，这样做可以使下一问题取决于当前问题的答案。

图 12-4 为一个简单的决策树，该决策树通过速度阈值来对驾驶人的行为（保守、普通、激进）来进行分类。决策树的一大优点是便于解释。如图所示，根据驾驶人的车辆类型和速度，可以将他们分成保守、普通、激进三类驾驶人。例如，如果一个驾驶重型车辆的人平均速度超过了 60mile/h，那么他会被分类为激进的驾驶人。

Breiman 等人[20] 给出了使用有标注的训练数据集时，构建分类和回归决策树的基本步骤：

1) 寻找信息最丰富的属性和相应的阈值来拆分父节点。如果是在决策树的最开始，那么父节点即决策树的根节点。

2) 对每个父节点的值，寻找下一个最适合划分数据集的特征，然后设定阈值对其进行划分。

3）如果某一划分下对应的所有数据点都有着相同的标注，那么这个节点转化为对应标注的一个叶节点。

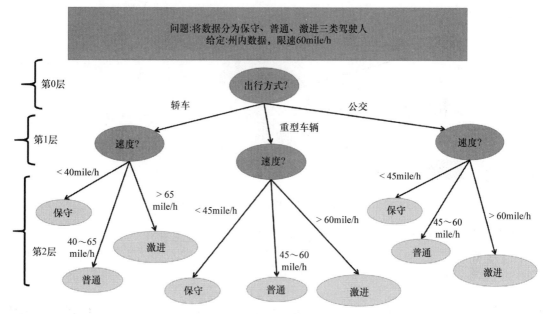

图 12-4　简单的分类决策树

4）如果不满足某一划分下对应的所有数据点都有着相同的标注，有两种选择：可以停止划分，把这一节点转化为叶节点（接受不完美的决策树）；也可以寻找新的特征继续对数据进行划分（进一步生长树）。

此外，构建决策树必须考虑以下条件[18]：

1）数据的属性在每一级和（或）每一节点上进行检测。如图 12-4 中第一级检测了数据集中的速度属性。

2）拆分数目（分支因子）。在上面的示例中，第二级每个节点被划分为三个分支。

3）停止条件。

对于分类决策树，不纯度级别被用来衡量决策树的效果好坏。如果决策树能正确分类所有的数据，那么这些分支和分类被称为纯的[16]。两个分支或分类之间的不纯度可以通过多种方法计算，例如基于信息熵的不纯度、基尼系数不纯度、误分类不纯度。下式给出了基于信息熵的不纯度的计算方法

$$i_{Entropy}(N) = -\sum_{j} P(w_j) \log P(w_j)$$

式中，$i_{Entropy}(N)$ 代表了节点 N 的信息熵，$P(w_j)$ 代表了节点 N 中类别 w_j 出现的概率。

12.4.3　神经网络

神经网络（NN）或人工神经网络（ANN）旨在模拟神经系统的功能和结构[21]。神经网络最早于 1943 年由 McCulloch 和 Pitts 提出[21]，在机器学习和数据分析领域广泛流行。神经网络是一些交通应用中十分强力的工具[22, 23]。与神经系统类似，神经网络的基

本单位是一个神经元，它利用"传递函数"来计算给定输入的输出[22]。如图 12-5 所示，这些神经元连接在一起构成网络，数据在这个网络中流动（从输入层到处理层最终到输出层）。这些连接是加权的，可以表示数据流通过传递函数输入输出的权重。

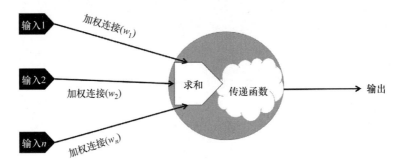

图 12-5　人工神经网络的基本单元：神经元

通常，输入 x 和输出 y 之间的关系可以表示为

$$y_m = f\left(B_m + \sum_{i=1}^{n} W_{im} x_i\right)$$

式中，y_m 代表输出；x_i 代表了输入层 X 第 i 个包含 n 个输入变量的输入；B_m 代表了该神经元的偏置；W_{im} 代表了从输入层第 i 个神经元到第 m 个神经元的连接权重。传递函数一般是一个非线性函数，例如径向基函数、sigmoid 函数。

人工神经网络的结构通常含有三层：输入层、隐藏层、输出层。如图 12-6 所示，隐藏层通过额外神经元组，连接了输入层和输出层。对隐藏层 H 的第 m 个神经元，其输出可以表示为

$$H_m = f\left(B_{hm} + \sum_{i=1}^{n} W_{im} x_i\right)$$

式中，H_m 为隐藏层 H 的第 m 个神经元的输出；B_{hm} 代表了该隐藏层神经元的偏置；x_i 代表了输入层 X 第 i 个包含 n 个输入变量的输入；W_{im} 代表了从输入层第 i 个神经元到隐藏层第 m 个神经元的连接权重。

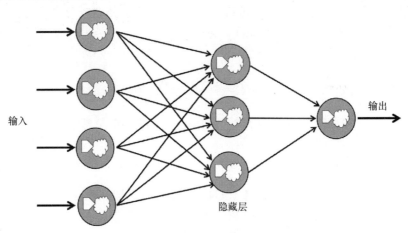

图 12-6　典型的人工神经网络结构

隐藏层 H 的输出会作为下一层的输入，如果只有一层隐藏层，那么 H_m 为输出层的输入。因此，输出神经元的预测由下式给出

$$P_k = f\left(B_0 + \sum_{i=1}^{n} W_{ik} H_i\right)$$

式中，P_k 为输出层 P 的第 k 个神经元预测的输出；B_0 代表了该神经元的偏置；H_i 代表了隐藏层 H 第 i 个包含 n 个隐藏神经元的输入；W_{ik} 代表了从隐藏层第 i 个神经元到输出层第 k 个神经元的连接权重。

从这些方程中可以明显地看出，输入层、隐藏层、输出层之间连接起来的权重是神经网络结构的主干，而算法的性能依赖于这些权重。神经网络算法的学习（训练）包括了确定这些权重的多种方法。其中一种常用的方法是通过梯度下降法最小化误差，也被称为反向传播算法[18, 19, 24]。反向传播神经网络（BP 神经网络，BPNN）将误差从输出层传递到输入层，并通过改变权重和偏置值来提升网络的准确度。每一轮训练后，各权重值向使预测误差缩小的方向变化。误差函数由下式给出

$$E = \frac{1}{2}\sum_{i=1}^{n}(T_i - P_i)^2$$

式中，T_i 为第 i 个输入对应的目标输出；P_i 为该输入进入神经网络的预测输出。

多层感知机（MLP）可以在 Matlab 中实现，我们主要考虑以下几个 Matlab 函数：

1）Feedforwardnet，构建网络结构。
2）Configure，设置网络参数。
3）Train，训练网络。
4）Sim，使用测试集模拟网络计算输出。
5）Perform，计算网络在测试集的表现。

12.4.4 支持向量机

支持向量机是一种基于风险的监督学习方法，通过识别每类数据点之间具有最大间隔的边界来对数据模式进行分类[25]。支持向量机找到一个具有设定好的误差边界的函数，该函数将输入变量映射到输出变量，使得预测输出与实际输出的偏差不超过设定的误差边界（图 12-7）。

给定一组有标注的数据点（输入—输出点对）$S = \{(x_i, y_i)\}_{i=1}^{n}$

式中，$y_i \in \{-1, +1\}$ 代表了点 x_i 的类别标注，即：$(x_i, y_i) \in R^{d+1}$，d、n 分别为特征数目和标注数据点。在二分类问题中，数据点被标注为 +1、-1，分别对应类别 C^+、C^-，即 $S = C^+ \cup C^-$。最佳的分类器（软间隔支持向量机）由参数 w、b 决定，w、b 通过求解以下凸优化问题得到

$$minimize \frac{1}{2}\|w\|^2 + C\sum_{i=1}^{n}\xi_i$$

$$\text{subject to } y_i(w^T x_i + b) \geq 1 - \xi_i, i = 1, \cdots, n$$
$$\xi_i \geq 0, i = 1, \cdots, n$$

得到的预测函数为 $f(x) = wx + b$。

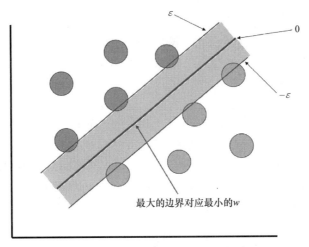

图 12-7 支持向量机（SVM）概念

误分类的惩罚大小由参数 C 和松弛变量 ξ_i 控制。

在复杂的情况下（在实践中常常出现），由 w 所确定的超平面不能把数据分为两个类别。解决这一问题的一个常用方法是将 S 映射到高维空间并在那里找到一个超平面。现有的许多支持向量机的方法不会求解原问题，而是求解原问题的对偶问题，因为这样做收敛速度更快、更为可靠[26]。

在使用支持向量机时，必须非常注意数据的类型、算法和实现。非平衡数据（C^+ 和 C^- 的大小可能有很大差异）是支持向量机模型中经常遇到的潜在问题之一。而规模较小的类的准确度往往比规模更大的类更重要，例如在医疗保健领域，病人的数目要小于正常人的数目，但更为重要。在这类情况之中，应使用特殊的支持向量机模型，例如加权支持向量机，给不同类别的错误不同的惩罚力度。映射到高维空间的类型也非常重要。

当点的数目或维数较大时，训练一个传统的支持向量机模型就变得非常耗时。求解对偶问题的复杂度在 $O(dn^2)$ 到 $O(dn^3)$ 之间。为了解决这一问题，可以使用如并行计算[27]、内存高效解算器[28]和分层法[29]。在 Matlab 中，支持向量机通过函数 $fitcsvm(X;y)$ 实现，其中 X 训练数据矩阵，y 是训练标签的向量。可以指定核函数、核尺度参数、拉格朗日乘子的初始估计以及其他参数。

12.4.5 聚类

将未标注的数据分成几组，使相互类似的数据点处于同一分类（簇）中是数据分析中最常见的问题之一。这类问题主要可分为两类：严格聚类和模糊聚类，其区别在于将数据映射到各个分类的方式。严格聚类中一个点只可以属于一个类别，而模糊聚类中一个点可以属于多个类别。在选择聚类算法时，必须了解聚类模型的两个关键属性，即：

1）算法使用什么相似性度量。

2）算法模型和优化过程中不同聚类之间的分隔标准是什么。

根据问题和算法的不同，簇的数目可能是输入给定的，但也可能不是。常见的衡量数据点之间相似度的方法包括有欧氏距离、余弦相似度、汉明距离、互信息和KL散度。分隔的标准包括最大化簇内的相似度、最小化不同簇间的相似度、最小化簇内元素到簇中心的距离等。

k-means（k均值）聚类算法是最为常用的聚类算法之一，其根据是否预先定义聚类数目、严格聚类或模糊聚类分为多个版本。下面介绍基本的严格聚类、预先给定k个簇的版本：

给定大小为n的数据集$S=\{x_i\}_{i=1}^n$，预先定义的簇数k，聚类算法的目标是找到一个S到簇$C=\{C_1,\cdots,C_k\}$的多对一映射，使得数据点到簇中心的平方距离总和最小，即

$$minimize \sum_{j=1}^{k} \sum_{x \in C_j} \| x - \mu_j \|^2 \text{ 在所有}S\text{到簇}C=\{C_1,\cdots,C_k\}\text{的映射中}$$

式中，μ_j代表簇C_j的所有点的算数平均值（或质心）。通常计算出最优的S到簇C的映射是很困难的，还没有多项式时间内的算法。不过，实际中集中近似求解和启发式算法都可以相当快地找到一个好的映射。对此更为详细的信息以及其他聚类算法可参阅参考文献[30]。

12.4.6 评价

不论使用什么机器学习模型，对其进行评价都是必不可少的一步。一个合理的评价应当使用训练集中不包含的数据用于测试。基于这一理念，在训练任何机器学习算法模型之前，数据集应当被分成两个部分：训练集和测试集。训练集数据用于机器学习算法训练；测试集用于评价训练出的模型的效果（即真实的性能）。有以下几个步骤需要考虑：

1）测试和训练过程需要多少数据？虽然提供足够多样的数据来训练算法很重要，但是测试数据也必须能够反映模型的真实性能。

2）怎样划分测试集和训练集比较合适？当测试集被分离出后，如果训练集不能反映数据所有的特征变化，会导致学习算法失效。

3）类似的，即使学习算法有充足的训练数据，在测试数据中也可能表现得"太好而不真实"或是"结果不准确"。

k-fold交叉验证（cross validation）是一种广泛应用的机器学习评价方法。在该方法中，整个数据集被分为k组（通常每组的数据量是一样的）。其中一组数据用作测试集，其余数据作为训练集。这一过程重复k次，每次使用不同的组作为测试集，最终获得k个模型。将每个模型测试的结果取平均，作为最终算法的效果。这一过程如图12-8所示。

该方法有以下优势：

1）所有的数据都用于了训练和测试，但是不会同时用于两者。

2）重复k次减少了因为训练集/测试集异常而导致的过好或过差表现。

3）可以使用双侧z检验（$k>30$）或双侧t检验（$k<30$）对性能进行统计验证。

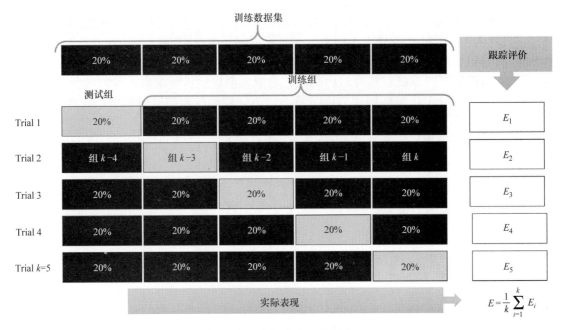

图 12-8 交叉验证方法，该例中 $k = 5$

12.5 案例分析

下面的案例中使用三种机器学习模型来预测路段的车速。数据使用微观交通仿真软件 VISSIM 生成，储存于 Excel 文件（"Data.xlsx"）中。Matlab 代码在附录中提供。使用了①支持向量机；②决策树；③人工神经网络三种机器学习算法。数据分为了训练集和测试集。对各个模型，输入变量是流量（vehicle/h）和密度（vehicle/mile），输出变量是速度（mile/h）。图 12-9 展示了各个算法的性能。

支持向量机		决策树		MLP神经网络	
真实速度 /(mile/h)	预测速度 /(mile/h)	真实速度 /(mile/h)	预测速度 /(mile/h)	真实速度 /(mile/h)	预测速度 /(mile/h)
32.59	32.612	32.59	32.49	32.59	32.584
32.5	32.556	32.5	32.49	32.5	32.516
32.16	32.364	32.16	31.83	32.16	32.159
32.2	32.366	32.2	32.232	32.2	32.252
32.36	32.502	32.36	32.255	32.36	32.32
32.01	32.305	32.01	32.095	32.01	31.99
32.15	32.405	32.15	32.112	32.15	32.135
32.05	32.33	32.05	32.095	32.05	32.028
32.09	32.352	32.09	32.095	32.09	32.062
32.41	32.528	32.41	32.558	32.41	32.368
预测准确率	0.9234	预测准确率	0.7085	预测准确率	0.9983
预测误差	0.0766	预测误差	0.2915	预测误差	0.0017

a)

图 12-9 各算法性能

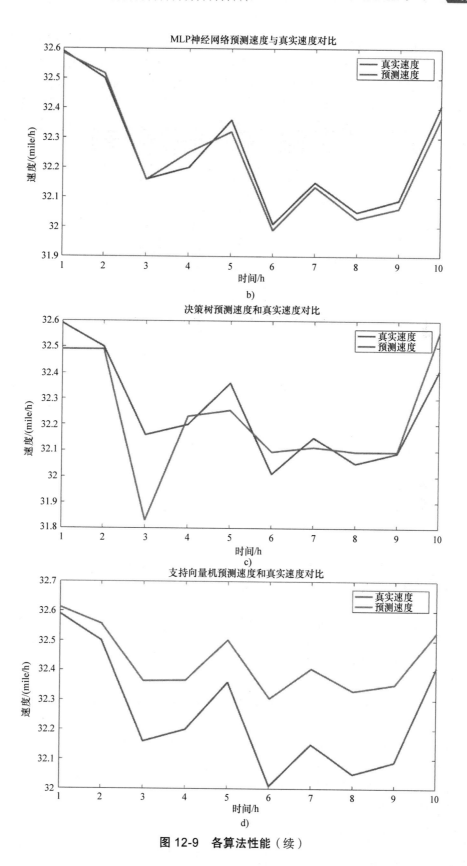

图 12-9 各算法性能（续）

如图12-9所示，神经网络表现得比其他两个算法要好。然而，通过观察Excel中的数据可以发现，这些数据不能表示真实世界中速度的不确定性和多样性，因为真实世界的速度预测模型会在一整天的时间中采集数据。数据中速度的柱状图如图12-10所示。从该柱状图中可以看出，速度主要在31mile/h到34mile/h之间变化。尽管该模型看上去十分准确，但是超出这一范围可能会表现的较差。由此可见，尽管Excel中包含了600行数据用于机器学习算法，在实际应用之前可能需要更多的训练和数据。

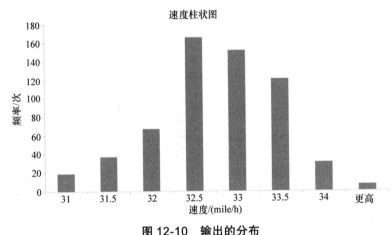

图12-10　输出的分布

12.6　章节总结

本章介绍了交通数据处理中的机器学习方法。数据提供给这些机器学习算法，训练得到结果。尽管使用机器学习算法可显著改善交通数据处理，但使用时一定要慎重考虑问题的定义并理解测试和训练数据集。

12.7　习题

1. 监督学习和无监督学习有什么差别？
2. 线性回归和多项式回归有什么差别？
3. 在进行机器学习前的数据预处理有哪些必要的步骤？
4. 什么方法可用于验证模型的真实性能？
5. 选取一个包含至少一个输出变量和三个或更多输入变量的交通数据集：
   a. 将数据分为训练集（占总数据量的80%）和测试集（占总数据量的20%）。
   b. 使用一种回归方法和神经网络方法得到两个不同的预测模型。
   c. 只使用训练集进行交叉检验，计算两个模型各自的性能。不使用测试集。
   d. 使用测试集分别评价两个模型。
   e. 比较步骤c和d中得到的结果。
   f. 提出你的结论、意见和建议。

参考文献

[1] T. Ross, The synthesis of intelligence—its implications, Psychol. Rev. 45 (2) (1938) 185.
[2] A.L. Samuel, Some studies in machine learning using the game of checkers, IBM J. Res. Develop. 3 (3) (1959) 210−229.
[3] J. Zhang, F.-Y. Wang, K. Wang, W.-H. Lin, X. Xu, C. Chen, Data-driven intelligent transportation systems: a survey, IEEE Trans. Intell. Transport. Syst. 12 (4) (2011) 1624−1639.
[4] R. Agrawal, T. Imieliński, A. Swami, Mining association rules between sets of items in large databases, ACM SIGMOD Record, No. 22, ACM, New York, NY, 1993, pp. 207−216.
[5] Meyer, M., and E. Miller. Urban transportation planning: a decision-oriented approach, 2001.
[6] L. Tarassenko, Guide to Neural Computing Applications, Butterworth-Heinemann, Oxford, UK, 1998.
[7] F. Hasson, S. Keeney, H. McKenna, Research guidelines for the Delphi survey technique, J. Adv. Nurs. 32 (4) (2000) 1008−1015.
[8] A.K. Jain, R.P.W. Duin, J. Mao, Statistical pattern recognition: a review, IEEE Trans. Pattern. Anal. Mach. Intell. 22 (1) (2000) 4−37.
[9] R. Polikar, Ensemble based systems in decision making, IEEE Circuits Syst. Mag. 6 (3) (2006) 21−45.
[10] H.F. Durrant-Whyte, Sensor models and multisensor integration, Int. J. Robot. Res. 7 (6) (1988) 97−113.
[11] F. Castanedo, A review of data fusion techniques, Sci. World J. 2013 (2013).
[12] M.T. Heath, Scientific Computing, McGraw-Hill, New York, NY, 2002.
[13] F. Marczak, C. Buisson, New filtering method for trajectory measurement errors and its comparison with existing methods, Transport. Res. Record J. Transport. Res. Board (2315) (2012) 35−46.
[14] P.J. Rousseeuw, A.M. Leroy, Robust Regression and Outlier Detection, John Wiley & Sons, New York, NY, 2005.
[15] J. Friedman, T. Hastie, R. Tibshirani, The Elements of Statistical Learning, Springer, Berlin, 2001.
[16] Mogha, P., N. Sharma, and S. Sharma. Big Data. IJRIT Int. J. Res. Infor. Technol.—White Paper, 2013.
[17] X. Wu, V. Kumar, J.R. Quinlan, J. Ghosh, Q. Yang, H. Motoda, et al., Top 10 algorithms in data mining, Knowl. Inform. Syst. 14 (1) (2008) 1−37.
[18] R.O. Duda, P.E. Hart, D.G. Stork, Pattern Classification, John Wiley & Sons, New York, NY, 2012.
[19] E. Alpaydin, Introduction to Machine Learning, MIT Press, 2014.
[20] L. Breiman, J. Friedman, C.J. Stone, R.A. Olshen, Classification and Regression Trees, CRC press, 1984.
[21] W.S. McCulloch, W. Pitts, A logical calculus of the ideas immanent in nervous activity, Bull. Math. Biophys. 5 (4) (1943) 115−133.
[22] M. Dougherty, A review of neural networks applied to transport, Transport. Res. Part C Emerg. Technol. 3 (4) (1995) 247−260.
[23] M.G. Karlaftis, E.I. Vlahogianni, Statistical methods versus neural networks in transportation research: differences, similarities and some insights, Transport. Res. Part C Emerg. Technol. 19 (3) (2011) 387−399.
[24] P.J. Werbos, Backpropagation through time: what it does and how to do it, Proc. IEEE 78 (10) (1990) 1550−1560.
[25] V. Vapnik, The Nature of Statistical Learning Theory, Springer Science & Business Media, New York, NY, 2013.
[26] R. Fletcher, Practical Methods of Optimization, John Wiley & Sons, New York, NY, 2013.
[27] K. Zhu, H. Wang, H. Bai, J. Li, Z. Qiu, H. Cui, et al., Parallelizing support vector machines on distributed computers, Adv. Neural. Inf. Process. Syst. (2008) 257−264.
[28] C.-C. Chang, C.-J. Lin, LIBSVM: a library for support vector machines, ACM Transac. Intell. Syst. Technol. 2 (3) (2011) 27.
[29] T. Razzaghi, I. Safro, Scalable multilevel support vector machines, Proc. Comp. Sci. 51 (2015) 2683−2687.
[30] C.C. Aggarwal, C.K. Reddy, Data Clustering: Algorithms and Applications, CRC Press, 2013.

附 录

```matlab
%--- Code for matlab example--- excel file is provided in XXXXXXX
filename=(['Data','.xlsx']);
A = xlsread(filename);
X = zeros(601,2);
X(:,1)=A(:,8);
X(:,2)=A(:,6);
Y = A(:,7);

K = 2;
c = cvpartition(Y,'KFold',K);
for k = 1:K
    X_training = X(c.training(k),:);
    X_test = X(c.test(k),:);
    Y_training = Y(c.training(k));
    Y_test = Y(c.test(k));
    Ytest = Y_test';
    Xtrain = X_training';
    Ytrain = Y_training';
    Xtest = X_test';
    %------------------------[Support vector machine]-----------
    svm_mdl = fitrsvm(X_training,Y_training,'Standardize',true);
    svm_yfit = predict(svm_mdl,X_test);
    svm_compare = abs(Y_test - svm_yfit)< 0.5;
    svm_accuracy(k) = sum(sum(svm_compare)) / numel(svm_yfit) ;
    %------------------------[Decision tree]------------
    tree_mdl = fitrtree(X_training(:,:),Y_training);
    tree_yfit = predict(tree_mdl,X_test(:,:));
    tree_compare = abs(Y_test - tree_yfit)< 0.5;
    tree_accuracy(k) = sum(sum(tree_compare)) / numel(tree_yfit) ;
    %-----------------[Artificial neural network]------------------
    
    MLP_hiddenLayerSize = 20;
    MLP_net = feedforwardnet(MLP_hiddenLayerSize, 'trainlm');
    MLP_net.inputs{1}.processFcns = {};
    
    MLP_net.outputs{2}.processFcns = {};
    MLP_net.divideFcn = 'dividetrain';
    MLP_net.trainParam.epochs = 200; % Maximum number of epochs to train
    MLP_net.trainParam.goal = 0.01; % Performance goal
    MLP_net.trainParam.max_fail = 60; % Maximum validation failures
    MLP_net.trainParam.mc = 0.9; % Momentum constant
    MLP_net.trainParam.min_grad = 1e-10; % Minimum performance gradient
    MLP_net.trainParam.show = 10; % Epochs between displays
    MLP_net.trainParam.showCommandLine = 0; % Generate command-line output
    MLP_net.trainParam.showWindow = 1; % Show training GUI
    MLP_net.trainParam.time = inf; % Maximum time to train in seconds
    MLP_net.trainParam.Lr = 0.001; % Learning Rate
    MLP_net.layers{1}.transferFcn = 'logsig';
    MLP_net.layers{2}.transferFcn = 'purelin';
    %train the network
    [MLP_net,train_record] = train(MLP_net,Xtrain,Ytrain);
    Network_output = MLP_net(Xtest);
```

```
    MLP_Comparision = abs(Network_output-Ytest)<0.5;
    MLP_Accuracy(k) = (sum(sum(MLP_Comparision))/numel(Network_output));
end
% -----[code to generate SVM figure]------
figure;
x = 1:sum(Y_test);
plot(x(1:10),Y_test(1:10),x(1:10),svm_yfit(1:10),'LineWidth',2)
legend('True Speed','Predicted Speed');
title('Compare the True Speed with the Predicted Speed by SVM');
ylabel('Speed')
xlabel('Time')
values = table(Y_test,svm_yfit,'VariableNames',{'True_Speed','Predicted_Speed'});
values(1:10,:)

ts = tinv([0.025 0.975],K-1);
svm_accuracy = sum(svm_accuracy)/K;
svm_performance_CI = ts(1,2)*std(svm_accuracy)/sqrt(K);
svm_error = 1-svm_accuracy;
svm_error_CI = ts(1,2)*std(svm_error)/sqrt(K);

disp(svm_accuracy);
disp(svm_error);
% -----[code to generate Decision Tree figure]------
figure;
x = 1:sum(Y_test);
plot(x(1:10),Y_test(1:10),x(1:10),tree_yfit(1:10),'LineWidth',2)
legend('True Speed','Predicted Speed');
title('Compare the True Speed with the Predicted Speed by Decision Tree');
ylabel('Speed')
xlabel('Time')
values = table(Y_test,tree_yfit,'VariableNames',{'True_Speed','Predicted_Speed'});
values(1:10,:)

ts = tinv([0.025 0.975],K-1);
tree_accuracy = sum(tree_accuracy)/K;
tree_performance_CI = ts(1,2)*std(tree_accuracy)/sqrt(K);
tree_error = 1-tree_accuracy;
tree_error_CI = ts(1,2)*std(tree_error)/sqrt(K);

disp(tree_accuracy);
disp(tree_error);

% -----[code to generate ANN figure]------
figure;
x = 1:sum(Y_test);
plot(x(1:10),Ytest(1:10),x(1:10),Network_output(1:10),'LineWidth',2)
legend('True Speed','Predicted Speed');
title('Compare the True Speed with the Predicted Speed by MLP Neural Network');
ylabel('Speed')
xlabel('Time')
values=table(Ytest',Network_output','VariableNames',
{'True_Speed','Predicted_Speed'});
values(1:10,:)

ts = tinv([0.025 0.975],K-1);
MLP_Accuracy = sum(MLP_Accuracy)/K;
MLP_performance_CI = ts(1,2)*std(MLP_Accuracy)/sqrt(K);
MLP_error = 1-MLP_Accuracy;
MLP_error_CI = ts(1,2)*std(MLP_error)/sqrt(K);

disp(MLP_Accuracy);
disp(MLP_error);
```

Data Analytics for Intelligent Transportation Systems, 1st edition
Mashrur Chowdhury, Amy Apon, Kakan Dey
ISBN: 9780128097151
Copyright © 2017 Elsevier Inc. All rights reserved.
Authorized Chinese translation published by China Machine Press.

《智能交通系统数据分析》（马晓磊　于海洋　译）
ISBN：9787111675921
Copyright ©Elsevier Inc. and China Machine Press.All rights reserved.

No part of this publication may be reproduced or transmitted in any form or by any means, electronic or mechanical, including photocopying, recording, or any information storage and retrieval system, without permission in writing from Elsevier (Singapore) Pte Ltd. Details on how to seek permission, further information about the Elsevier's permissions policies and arrangements with organizations such as the Copyright Clearance Center and the Copyright Licensing Agency, can be found at our website: www.elsevier.com/permissions.

This book and the individual contributions contained in it are protected under copyright by Elsevier Inc. and China Machine Press (other than as may be noted herein).

This edition of Data Analytics for Intelligent Transportation Systems is published by China Machine Press under arrangement with ELSEVIER INC.

This edition is authorized for sale in China only, excluding Hong Kong, Macau and Taiwan. Unauthorized export of this edition is a violation of the Copyright Act. Violation of this Law is subject to Civil and Criminal Penalties.

本版由ELSEVIER INC.授权机械工业出版社在中国大陆地区（不包括香港、澳门以及台湾地区）出版发行。

本版仅限在中国大陆地区（不包括香港、澳门以及台湾地区）出版及标价销售。未经许可之出口，视为违反著作权法，将受民事及刑事法律之制裁。

本书封底贴有Elsevier防伪标签，无标签者不得销售。

注　意

本书涉及领域的知识和实践标准在不断变化。新的研究和经验拓展我们的理解，因此须对研究方法、专业实践或医疗方法作出调整。从业者和研究人员必须始终依靠自身经验和知识来评估和使用本书中提到的所有信息、方法、化合物或本书中描述的实验。在使用这些信息或方法时，他们应注意自身和他人的安全，包括注意他们负有专业责任的当事人的安全。在法律允许的最大范围内，爱思唯尔、译文的原文作者、原文编辑及原文内容提供者均不对因产品责任、疏忽或其他人身或财产伤害及/或损失承担责任，亦不对由于使用或操作文中提到的方法、产品、说明或思想而导致的人身或财产伤害及/或损失承担责任。

北京市版权局著作权合同登记　图字：01-2020-4406号。

图书在版编目（CIP）数据

智能交通系统数据分析 /（美）马什鲁·乔杜里（Mashrur Chowdhury），（美）艾米·阿彭（Amy Apon），（美）卡坎·戴伊（Kakan Dey）编著；北京航空航天大学交通科学与工程学院组译；马晓磊，于海洋译 . —北京：机械工业出版社，2021.3

书名原文：Data Analytics for Intelligent Transportation Systems

国外高校优秀教材系列 . 交通类

ISBN 978-7-111-67592-1

Ⅰ . ①智… Ⅱ . ①马… ②艾… ③卡… ④北… ⑤马… ⑥于… Ⅲ . ①交通运输管理 – 智能系统 – 高等学校 – 教材 Ⅳ . ① U495

中国版本图书馆 CIP 数据核字（2021）第 032933 号

机械工业出版社（北京市百万庄大街 22 号　邮政编码 100037）
策划编辑：李　军　责任编辑：李　军
责任校对：张晓蓉　封面设计：马精明
责任印制：邓　敏
河北鑫兆源印刷有限公司印刷
2021 年 5 月第 1 版第 1 次印刷
184mm×260mm ·16.5 印张 ·385 千字
0 001—1 500 册
标准书号：ISBN 978-7-111-67592-1
定价：99.00 元

电话服务　　　　　　网络服务
客服电话：010-88361066　机 工 官 网：www.cmpbook.com
　　　　　010-88379833　机 工 官 博：weibo.com/cmp1952
　　　　　010-68326294　金 书 网：www.golden-book.com
封底无防伪标均为盗版　机工教育服务网：www.cmpedu.com